Magdalena Saryusz-Wolska
Mikrogeschichten der Erinnerungskultur

Medien und kulturelle Erinnerung

Herausgegeben von
Astrid Erll · Ansgar Nünning

Wissenschaftlicher Beirat
Aleida Assmann · Mieke Bal · Vita Fortunati · Richard Grusin · Udo Hebel
Andrew Hoskins · Wulf Kansteiner · Alison Landsberg · Claus Leggewie
Jeffrey Olick · Susannah Radstone · Ann Rigney · Michael Rothberg
Werner Sollors · Frederik Tygstrup · Harald Welzer

Band 8

Magdalena Saryusz-Wolska

Mikrogeschichten der Erinnerungskultur

»Am grünen Strand der Spree« und die Remedialisierung des Holocaust by bullets

DE GRUYTER

Gedruckt mit freundlicher Unterstützung der Alexander von Humboldt Stiftung.
Die Publikation entstand im Rahmen eines vom Deutschen Historischen Institut Warschau geförderten Forschungsprojekts.

Unterstützt von / Supported by

Alexander von Humboldt
Stiftung / Foundation

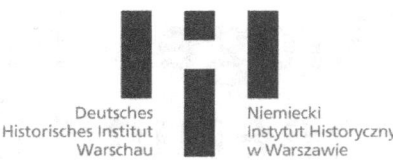

ISBN 978-3-11-135311-1
e-ISBN (PDF) 978-3-11-074552-8
e-ISBN (EPUB) 978-3-11-074556-6
ISSN 2629-2858
DOI https://doi.org/10.1515/9783110745528

Dieses Werk ist lizensiert unter einer Creative Commons Namensnennung – Nicht-kommerziell – Keine Bearbeitung 4.0 International Lizenz. Weitere Informationen finden Sie unter http://creativecommons.org/licenses/by-nc-nd/4.0/.

Library of Congress Control Number: 2022930260

Bibliografische Information der Deutschen Nationalbibliothek
Die Deutsche Nationalbibliothek verzeichnet diese Publikation in der Deutschen Nationalbibliografie; detaillierte bibliografische Daten sind im Internet über http://dnb.dnb.de abrufbar.

© 2023 Magdalena Saryusz-Wolska, publiziert von Walter de Gruyter GmbH, Berlin/Boston
Dieser Band ist text- und seitenidentisch mit der 2022 erschienenen gebundenen Ausgabe.
Dieses Buch ist als Open-Access-Publikation verfügbar über www.degruyter.com.
Coverabbildung: Ort der Erschießung der Jüd:innen aus Orscha. Foto: Andrei Liankevich, 2020. Druck und Bindung: CPI books GmbH, Leck

www.degruyter.com

Für Maria und Helena
Ihr seid beide großartig!

Inhalt

Prolog: Orscha 1941 —— 1

Einführung: Wieso drei Geschichten über *Am grünen Strand der Spree*? —— 19
    Die Außergewöhnlichkeit der Erschießungsszene —— 21
    Erinnerungsgeschichte als Mikrogeschichte —— 25
    Bewegungen der Erinnerungskultur —— 33
    Die Remedialisierung der Erinnerungskultur —— 36
    Zum Aufbau des Buches: Dreimal dieselbe Geschichte erzählen —— 40

Erste Geschichte: Akteure und Institutionen —— 48
    Der Autor —— 52
    Die Lektor:innen —— 60
    Die Rezensent:innen —— 69
    Der Herausgeber —— 81
    Der Hörspielregisseur —— 82
    Der Intendant und der Fernsehregisseur —— 89
    Fazit: Soziale Netzwerke —— 99

Zweite Geschichte: Authentizität und Affekte —— 106
    Unzumutbare Stellen —— 111
    Die detailreiche Beschreibung —— 122
    Schweigende Reaktionen —— 141
    Die gestraffte Vertonung —— 150
    Die erweiterte Verfilmung —— 156
    Affektive Reaktionen —— 176
    Fazit: Widersprüche —— 183

Dritte Geschichte: Medien und Technologien —— 186
    Das Gespräch —— 192
    Die Schriftmedien —— 197
    Die Tonmedien —— 214
    Die Bildmedien —— 220
    Fazit: Infrastrukturen —— 237

Fazit: Sackgassen der Erinnerungskultur —— 240
    Wege in die Sackgasse —— 244
    Das ‚Auftauchen' des Massakers —— 250
    Das subkutane Gedächtnis —— 259

Bibliografie und Quellen —— 266
    Literatur und veröffentlichte Quellen —— 266
    Unveröffentlichte Quellen —— 292
    Filmografie —— 298

Personenregister —— 299

Danksagung —— 307

Prolog: Orscha 1941

Nach dem deutschen Angriff auf die Sowjetunion erreichten die Einheiten der 18. Panzer-Division am 16. Juli 1941 die Stadt Orscha (Vinnitsa 300), im Osten der Belarusischen Sozialistischen Sowjetrepublik. Binnen weniger Tage wurde Orscha zerstört (Abb. 1). Ziel der Kämpfe waren hauptsächlich die Brücke am Dnepr sowie der große Rangierbahnhof, an dem sich die Bahnlinien von Minsk nach Smolensk und von Vitebsk nach Mogilev kreuzten. Sie waren Teil der strategischen Bahnverbindung zwischen Berlin und Moskau sowie zwischen Leningrad und Odessa. Parallel zu den Bahnlinien verliefen zwei wichtige Fernstraßen, die sich ebenfalls bei Orscha kreuzten. Vor Kriegsausbruch lebten dort ca. 37.000 Menschen – knapp 8.000 davon waren Jüd:innen[1] (Vinnitsa 698; Smilovickij 191). Infolge der industriellen Entwicklung der Stadt und eines damit einhergegangenen starken Zuzugs in den 1920er und 1930er Jahren stieg auch die Zahl der dort ansässigen Jüd:innen. Bis auf wenige Landwirte, Ärzte und Lehrer übte die Mehrheit von ihnen handwerkliche Berufe aus.

Die jüdischen Kinder und Jugendlichen hatten zwei jüdische Schulen besuchen können, bevor diese Mitte der 1930er Jahre im Zuge der sowjetischen Maßnahmen gegen die Religionen geschlossen wurden (Spector und Wigoder 944). Nach dem Ausbruch des Zweiten Weltkriegs flohen zahlreiche Jüd:innen aus Orscha in die Tiefen der Sowjetunion (Felgina; Irum). Bereits einen Tag nach ihrem Einmarsch hängten die Deutschen Chain-Jankel' Ronkin – er war das erste jüdische Kriegsopfer in Orscha (Vinnitsa 300). In den folgenden drei Jahren wurden in Orscha mehrere tausend Jüd:innen ermordet. Nur ein Bruchteil von ihnen ist in der Opferdatenbank von Yad Vashem namentlich verzeichnet (Central Database); die genaue Zahl der überlebenden Jüd:innen aus Orscha ist nicht bekannt. Der russische Historiker Gennadij Vinnitsa nennt nur 16 Personen, die entweder von Partisaneneinheiten oder von Nachbar:innen aufgenommen wurden (304). Zwei Einwohner:innen aus Orscha verlieh Yad Vashem den Titel der Gerechten unter den Völkern. Einige der geflüchteten Jüd:innen kehrten nach dem Krieg zurück, so dass die jüdische Kultur in Orscha zumindest teilweise wiederaufgebaut wurde (Abb. 2).

Unmittelbar nach der Eroberung der Stadt wurden in Orscha zwei große Kriegsgefangenenlager eingerichtet: das Durchgangslager 203 und das Stamm-

---

[1] Wie ich gendere, erläutere ich in der Einführung. In Bezug auf den von der weiblichen Pluralform abgeleiteten Begriff ‚Jüd:innen' sei hier nur erwähnt, dass er das genozidale Ausmaß der Massenerschießungen in der besetzten Sowjetunion hervorhebt. Diese Exekutionen waren ausdrücklich gegen die Zivilbevölkerung, also auch Frauen und Kinder, gerichtet.

Abb. 1: Großflächige Zerstörungen in Orscha, Blick auf das Flussufer. Foto: Anonym, vermutlich 1941. Quelle: Privatbesitz.

Abb. 2: Der jüdische Friedhof in Orscha, Foto: Andrei Liankevich, 2020.

lager 353 (Kohl 149 – 150).² In direkter Nähe befanden sich zudem weitere Lager für sowjetische Kriegsgefangene. Bis 1943 blieb die Stadt ein wichtiger Stützpunkt für zahlreiche Einheiten der Heeresgruppe Mitte. Die Feld- und Ortskommandanturen mit Sitz in Orscha waren der 286. Sicherungs-Division unterstellt (Romanovsky 1711) – einer Einheit, die in zahlreichen Fällen an der Vernichtung der sowjetischen Jüd:innen beteiligt war (Boern 64 – 91; Hamburger Institut für Sozialforschung, *Vernichtungskrieg* 122). Von September 1941 bis 1943 war in Orscha ein ungefähr zwanzig Mann zählendes Teilkommando der Einsatzgruppe 8, bestehend aus SD-Männern und Angehörigen des 3. Reserve-Polizei-Bataillons stationiert (Landgericht München 677; Wehmeier 464). Eine Zeit lang war die Stadt auch Teil des Operationsgebiets des Sonderkommandos 7b (Kohl 268 – 269).³

Zu den ersten Maßnahmen der deutschen Besatzungsmacht gehörte die Einrichtung eines Judenrats sowie die Ernennung des Buchhalters Každan zu dessen Vorsitzenden (Vinnitsa 301). Die Besatzer führten zudem eine Sperrstunde sowie Essensausgaben ein – Jüd:innen mussten die Straßen früher als die übrigen Einwohner:innen Orschas verlassen und der Zugang zu Lebensmitteln wurde ihnen erheblich erschwert. Konkret bedeutete dies: „An die jüdischen Bewohner wurden nur Lebensmittel ausgegeben, wenn welche nach dem Kauf durch die russischen Bewohner übriggeblieben waren," so der russische Verwaltungsmitarbeiter A. Skakun später (Černoglazova 172; Rozenberg 48).⁴ Ein anderer Zeitzeuge berichtete wiederum, wie die Jüd:innen im benachbarten Dorf den Deutschen gegenüber für Essen und ihr Überleben zur Zahlung verpflichtet waren. Sobald sie dafür keine Mittel hatten, wurden sie erschossen (Yahad in-Unum 00:26).

In den letzten August- und ersten Septembertagen 1941 wurden die jüdischen Bewohner:innen von Orscha aus ihren Häusern vertrieben und im Ghetto eingesperrt (Vinnitsa 301; Koch 268), das sich in der Engelsstraße am nordöstlichen

---

2 Zu den Kriegsgefangenenlagern in der Nähe von Orscha siehe die Akten im Bundesarchiv Ludwigsburg B162/21208.
3 Die Stationierung beider Kommandos in Orscha bestätigen u. a. die *Ereignismeldungen UdSSR*, welche als eine der Hauptquellen für die Erforschung des Holocaust in der besetzten Sowjetunion gelten (Mallmann u. a. 902 – 903).
4 Die Protokolle vom Minsker Prozess gegen deutsche Kriegsverbrecher (1946) werden hier anhand der Dokumentensammlung *Tragedija evreev Belorussii v gody nemeckoj okkupacii, 1941 – 1944 gg* (Černoglazova), der Publikationen von Aleksandr Rozenberg, Gennadij Vinnitsa, Peter Kohl und des Katalogs der Ausstellung *Vernichtungskrieg. Verbrechen der Wehrmacht 1941 bis 1944* zitiert. Die erwähnten Publikationen drucken teilweise unterschiedliche Ausschnitte aus den Protokollen ab. Bei Zitaten aus den deutschsprachigen Veröffentlichungen wird die bereits vorhandene Übersetzung übernommen. Zitate aus dem Russischen wurden von Andrea Huterer ins Deutsche übersetzt.

Rande der Stadt befand (Vinnitsa 304). Manche Zeitzeugen berichten sogar von einem zweiten Ghetto (Spector und Wigoder 944). Dies könnte zwar einige Unstimmigkeiten in den Zahlenangaben erklären, vor allem die Diskrepanz zwischen der Zahl der 1939 in Orscha ansässigen Jüd:innen und der ermittelten Zahl der jüdischen Opfer in der Stadt, doch ließen sich diese Aussagen bisher weder mithilfe von Archivdokumenten noch durch Feldforschungen im Stadtgebiet bestätigen. Selbst der Ort, an dem sich das zweite Ghetto befunden haben sollte, ist unbekannt (Vinnitsa 304).[5]

Die Topografie des Ghettos in der Engelsstraße ist hingegen gut erforscht. Von östlicher Seite war es durch das Flüsschen Orschitza und von westlicher Seite her durch einen Stachelzaun begrenzt. Der stellvertretende Ortskommandant, Hauptmann Paul Eick, zeichnete nach Kriegsende eine Karte (Abb. 3) mit 39 Gebäuden, die sowohl Wohnhäuser als auch Scheunen und Ställe darstellten (Romanovsky 1710). Andere Quellen nennen lediglich 20 bis 25 Häuser, womit vermutlich nur vereinzelte Anwesen oder Höfe gemeint sind (Černoglazova 171; Smilovickij 190). Auf engstem Raum wohnten zwischen August bzw. September und November 1941 ungefähr 2.000 bis 3.000 Menschen (Vinnitsa 303–304; Rozenberg 50; Ioffe 241). Je nach Berechnung lebten in jedem Haus also – und wir sprechen hier von kleinen, hölzernen Parterrehäusern (Abb. 4) – zwischen fünfzig und hundertfünfzig Menschen. Mehrere von ihnen starben täglich an Kälte und Hunger (Arad 187), denn die Jüd:innen im Ghetto erhielten pro Person eine Tagesration von nur zehn bis fünfzehn Gramm Mehl und einer kleinen Portion Kartoffeln (Černoglazova 171), und selbst diese Mengen wurden oft reduziert. Ihre dramatische Lage verschlimmerte ferner die bereits genannte Tatsache, dass die Jüd:innen regelmäßig eine bestimmte Geldsumme sowie Schmuck- und Wertgegenstände an die Ortskommandantur überreichen mussten (Černoglazova 172; Rozenberg 47; Smilovickij 190).

Bereits im August 1941, also noch vor der Einrichtung des Teilkommandos Orscha, fand die erste geplante Massenerschießung statt. Eine aus Smolensk verlegte Einheit der Einsatzgruppe B ermordete 43 Juden wegen angeblicher Beteiligung an „Sabotage und kommunistischer Agitation" (Vinnitsa 301; Klein 159; Romanovsky 1712). Im September fanden weitere Erschießungen von Jüd:innen statt (Romanovsky 1711; Landgericht München 669). Wie die meisten frühen

---

5 Die Errichtung zweier Ghettos wäre nichts Ungewöhnliches gewesen. So schreibt Felix Ackermann im Hinblick auf Grodno – einer Stadt an der Memel, heute in Belarus an der Grenze zu Polen – von Ghetto Nr. 1 und Nr. 2, wobei im ersten vor allem Juden „zusammengepfercht" worden seien, die „einen Beruf ausübten oder anderweitig als *nützlich* eingestuft wurden" und Zwangsarbeit leisteten. Im zweiten Ghetto sollten „nur diejenigen leben, die keine wertvolle Arbeitskraft darstellten" (Ackermann 161).

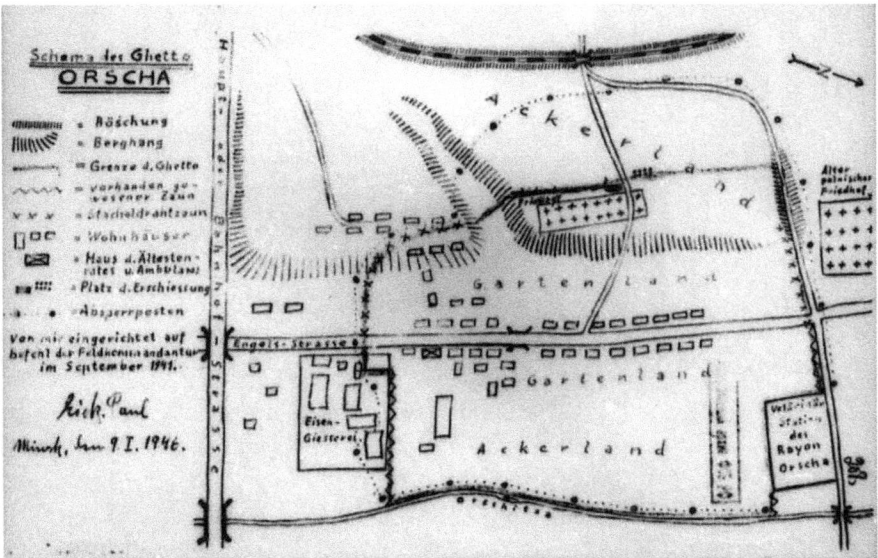

Abb. 3: Plan des Ghettos von Orscha, gezeichnet vom stellvertretenden Ortskommandanten Paul Eick während des Minsker Prozesses am 9. Januar 1946. Quelle: FSB Archiv, Moskau.

Exekutionen in der besetzten Sowjetunion wurden sie unter dem Vorwand der Partisanenbekämpfung durchgeführt (Baumeister 984; Reuss 40–41; Boern 81). Im Oktober folgten weitere Erschießungen von 200 bis 800 Menschen (Curilla 440–441). Diese Exekutionen sollen in einer Mulde in der Nähe des Dneprufers entlang der Sovietskaja Straße stattgefunden haben (Vinnitsa 302). Am 19. November 1941 führten Eick und der Chef des örtlichen SD eine Begehung des Ghettos durch (Hamburger Institut für Sozialforschung, *Vernichtungskrieg* 122; Rozenberg 50), woraufhin es am folgenden Tag von Angehörigen mehrerer deutscher Militäreinheiten abgesperrt wurde. Am 26. und 27. November 1941 wurde das Ghetto schließlich ‚liquidiert', womit in der NS-Sprache die Ermordung aller Einwohner:innen gemeint war.

Während die deutsch- und englischsprachige Forschungsliteratur die ersten Erschießungen in Orscha mehrmals erwähnt – hauptsächlich, weil sie Gegenstand des Münchner Strafverfahrens gegen die Führung des Einsatzkommando 8 waren (Landgericht München) –, ist die Auflösung des Ghettos nur lückenhaft erforscht. Ein möglicher Grund ist die Quellenlage: Die *Ereignismeldungen UdSSR* enthalten keine Angaben über das Massaker von Orscha, und in den Verhörprotokollen, die im Zuge der Münchner Ermittlungen angefertigt wurden, lassen sich nur vereinzelte Hinweise auf dieses Geschehen finden. Erst nachdem Hans Gra-

Abb. 4: Hof in der Engelsstraße auf dem ehemaligen Gelände des Ghettos von Orscha. Foto: Andrei Liankevich, 2020.

alfs, Angehöriger des Einsatzkommando 8, im April 1964 wegen Beihilfe zum Mord zu drei Jahren Haft verurteilt worden war (Landgericht Kiel), meldete sich ein gewisser Willy Kirst, der an der Ostfront in der Kesselwagenkolonne 706 gedient hatte, bei der Zentralen Stelle der Landesjustizverwaltungen zur Aufklärung nationalsozialistischer Verbrechen in Ludwigsburg, um von der Massenerschießung der Ghettobewohner:innen vom 26. und 27. November 1941 zu berichten. Da das Urteil schon gefällt worden war, verfolgten die Ermittler die Angelegenheit nicht weiter. Das Massaker blieb ungesühnt.

In Anbetracht der Tatsache, dass die Auflösung des Ghettos von Orscha in den Quellen kaum thematisiert wird, gibt auch die von Yad Vashem (Online Guide) geführte Liste der Massenerschießungsstätten lediglich Auskunft über den Tatort, ohne aber den Zeitpunkt der Erschießung und die geschätzte Zahl der Opfer zu nennen. Das von der Stiftung Denkmal für die ermordeten Juden Europas geführte Portal über europäische Gedenkstätten liefert zwar insgesamt mehr Informationen, folgt aber ausschließlich den Befunden von Vinnitsa. Größere Aufmerksamkeit erhielt die Auflösung des Ghettos von Orscha hingegen durch die sogenannte erste Wehrmachtsausstellung (Hamburger Institut für Sozialforschung, *Vernichtungskrieg* 122–123). So wurde beispielsweise Eicks Aussage vor dem sowjetischen Militärtribunal in Minsk im Rahmen des vom 15. bis zum 29. Januar

1946 stattgefundenen Prozesses gegen deutsche Kriegsverbrecher (Zeidler) zitiert, in der er behauptete, Obersturmführer Reschke mit der Auflösung des Ghettos beauftragt zu haben. Obwohl Reschke das Teilkommando Orscha tatsächlich geführt hatte, beanspruchte Hauptsturmführer Hans Hermann Koch vor demselben Tribunal die Tat für sich (Koch 268–269). Diese Diskrepanz ist insofern relevant, als Reschkes Teilkommando dem Einsatzkommando 8 unterstand und Koch der Chef des Sonderkommando 7b war. Zwar wurde die Glaubwürdigkeit der Aussagen der Angeklagten im Minsker Prozess inzwischen mehrmals in Frage gestellt (Zeidler), doch ist es aufgrund der Tatsache, dass zumindest Teile beider Kommandos in Orscha stationiert waren, durchaus möglich, dass sie bei der Auflösung des Ghettos kooperierten.

Um mehr über den Ablauf des Massakers von Orscha zu erfahren, müssen wir uns auf die wenigen, verstreuten und teils widersprüchlichen Quellen stützen. Wie in zahlreichen anderen Forschungsarbeiten zum Holocaust in der besetzen Sowjetunion liefern die Akten der sowjetischen und westdeutschen strafrechtlichen Ermittlungen gegen die Täter den Großteil der Informationen. 1946 verurteilte das Minsker Tribunal Eick und Koch zu Tode. Anfang der 1960er Jahre sprachen die Landesgerichte München und Kiel Urteile wegen Beihilfe zum Mord gegen die Führung des Einsatzkommando 8 aus: Vier der Angeklagten erhielten bis zu neunjährige Haftstrafen. Nun herrscht aber Uneinigkeit darüber, wie mit derartigen Quellen umzugehen sei. Christopher Browning („Perpetrator Testimony" 10–12) behauptet, dass Täteraussagen für bestimmte Forschungsfragen und unter bestimmten Voraussetzungen durchaus hilfreich sein können. Jan Tomasz Gross hingegen steht Täteraussagen viel skeptischer gegenüber. In seiner paradigmatischen Studie über den Mord an den Jüd:innen aus dem polnischen Städtchen Jedwabne argumentiert er, dass den Stimmen der Opfer prinzipiell das größte Gewicht zuzuschreiben sei (Gross 101). Dies mag im gut dokumentierten Fall von Jedwabne durchaus nachvollziehbar sein, gestaltet sich in Bezug auf den Holocaust in der besetzten Sowjetunion aber insofern als schwirig, als es sich um ein historisches Ereignis handelt, von dem aufgrund des vor Ort durchgeführten Völkermords nur wenige Überlebende berichten konnten. Es gibt schlichtweg keine Quellen, die das Massaker von Orscha aus jüdischer Perspektive schildern könnten.

In Anbetracht dieser Quellenlage sind Aussagen von Zuschauer:innen – nach Raul Hilberg bezieht sich die Kategorie der *bystander* auf nicht-jüdische Einwohner:innen der besetzten Gebiete – besonders hilfreich. Ein erheblicher Teil der russischen Forschung zum Holocaust in der besetzten Sowjetunion basiert auf eben solchen Aussagen. Zuschauer gab es dem erwähnten Willy Kirst zufolge allerdings auch unter deutschen Soldaten, die an der Ostfront im Einsatz waren: „Der SS-Angehörige hatte sich darüber beschwert, daß Angehörige unserer Einheit den Erschießungen zugeschaut hatten." (Kirst 2225) Dieses Phänomen des Zuschauens[6] wirft die Frage auf, wessen Perspektive wir bei der Rekonstruktion der Ereignisse einnehmen. Besonders eklatant erscheint dieses Dilemma bei der Verwendung von Akten aus Strafermittlungen. Wie viel Glauben dürfen wir den Aussagen von Männern schenken, die eine Anklage verhindern wollten oder den eigenen Freispruch anstrebten? Wohlwissend, dass die Täter ihr Verhalten in der Regel zu rechtfertigen versuchten, konfrontiere ich – soweit sich dies umsetzen lässt – ihre Behauptungen mit anderen zur Verfügung stehenden Aussagen.

Meine Schilderung des Massakers von Orscha orientiert sich am chronologischen Ablauf der einzelnen Handlungen – von der Absperrung des Ghettos bis hin zur Entsorgung der Leichen. Es ist eines von tausenden Massakern dieser Art (Pohl 37), die in der deutschen Erinnerungskultur von anderen Ereignissen der Holocaustgeschichte überschattet wurden. Während die Praxis des Mordens in den Konzentrationslagern und in den Ghettos detailliert erforscht und im kulturellen Gedächtnis vermittelt wird, ist der genaue Ablauf der Massenerschießungen in Osteuropa weitgehend unbekannt. Vor diesem Hintergrund folge ich dem Prinzip der von Katrin Stoll und Alexandra Klei geforderten ‚Sichtbarmachung' des Verbrechens. Dazu gehören die Identifizierung der deutschen Täter und ihrer einheimischen Helfer:innen, ein Blick auf die „materielle Beschaffenheit" (Stoll und Klei 13) des Geländes, sprich: des Tatorts, sowie auf den Umgang mit den Habseligkeiten und der Bekleidung der Opfer. Ferner müssen die Methoden der Spurenbeseitigung unter die Lupe genommen werden. Diesem Fragenkatalog sowie der Berücksichtigung unterschiedlicher Quellen zum Trotz bleibt mein Zugang zu den historischen Ereignissen aus Orscha begrenzt. Letztendlich präsentiere ich hier ein weiteres Narrativ über das Massaker, das auf Aussagen von Zeitzeugen – Zuschauer:innen wie Tätern – basiert und deshalb zwangsläufig lückenhaft bleibt.

Die Datenbank von Yad Vashem (Central Database) gibt Auskunft über einige Personen, die 1941 in Orscha ermordet wurden – ob sie im Ghetto oder im Zuge der Massenerschießungen ums Leben kamen, lässt sich in der Regel nicht mehr

---

[6] In einigen Fällen fotografierten die Zuschauer die Ereignisse. So etwa stammt ein Großteil der Fotografien, die in den sogenannten Wehrmachtsausstellungen gezeigt wurden, aus Beständen, die sich aus privaten Fotografien aus dem Kriegseinsatz zusammensetzen. Diesem Phänomen widmete sich die 2000 in Berlin gezeigte Ausstellung *Foto-Feldpost. Geknipste Kriegserlebnisse 1939–1945* (Jahn und Schmiegelt). Auch in den Ermittlungen gegen die Führung des Einsatzkommando 8 wurden immer wieder Fotografien als Beweisstücke herangezogen, allerdings enthalten die Akten in der Zentralen Stelle lediglich Auflistungen dieser Fotografien und ihre Beschriftungen.

klären. Unter den identifizierten Opfern finden sich ganze Familien, etwa drei Generationen der Aramovs und der Gershons. Nur wenige Namen sind mit einem Beruf verknüpft, aber es scheint, als seien alle Berufsgruppen in Orscha von der Vernichtung der Jüd:innen betroffen gewesen. Die Datenbank nennt u. a. Fabrikarbeiter:innen, Lokführer und Bahnarbeiter, Buchhalter, Landwirte, Lehrer:innen, Schneider, Schuster, Verkäufer, eine Schauspielerin, einen Verleger, eine Krankenschwester, eine Hebamme und einen Arzt. Darüber hinaus verzeichnet sie auffallend viele Schüler:innen – sie hatten die Zukunft der Orschaer Jüd:innen darstellen sollen. Stattdessen wurden sie als Kinder und Jugendliche, oft vor den Augen ihrer Eltern, ermordet.

Die Auflösung des Ghettos erfolgte auf Befehl von Eick, der den SD anforderte (Rozenberg 51; Černoglazova 171–172; Hamburger Institut für Sozialforschung, *Vernichtungskrieg* 122). Es war freilich nicht das erste Mal, dass die Wehrmacht über die Ermordung von Jüd:innen entschieden hatte. So hatte das Einsatzkommando 8 in den ersten Novembertagen 1941 eine ähnliche ‚Aktion' in Gomel, ungefähr 250 km südlich von Orscha, durchgeführt (Curilla 442). In der Aussage des Teilkommandoführers lesen wir: „Die Aktion im Raum von Gomel [...] habe ich auf Anforderung bzw. Aufforderung der dort stationierten Wehrmachtseinheiten durchgeführt. Ich wurde von dem diese Einheiten kommandierenden Offizieren jeweils gebeten, mit meinem Kommando zu kommen, da alles vorbereitet sei." (Schulz W. 1393) In Orscha beteiligte sich die Wehrmacht nicht nur an der Anforderung eines Einsatzkommandos, sondern auch an der Absperrung und Überwachung des Ghettos, womit Eick die Gendarmerie der Ortskommandantur sowie die ihm unterstellten Hilfswachmannschaften beauftragt hatte (Hamburger Institut für Sozialforschung, *Vernichtungskrieg* 122). Nachdem die Erschießungen begonnen hatten, bestellte er laut eigener Aussage zusätzliche Soldaten für die Überwachung des Erschießungsplatzes (Černoglazova 170; Arad 187). Ein Schutzpolizist behauptete zudem, in Orscha seien die Jüd:innen „von der Wehrmacht zur Exekutionsstätte gebracht worden" (Schulz G. 1914).

Am frühen Morgen des 26. November 1941 wurden die Jüd:innen aus dem Ghetto geführt (Vinnitsa 303). Die SD-Männer befahlen dem Judenrat, alle Ghettobewohner:innen über eine bevorstehende Umsiedlung zu informieren (Prusin 14; Smilovickij 190). Die Deutschen nahmen etwa 30 Handwerkerfamilien, die Zwangsarbeit leisteten, von der Erschießung aus und ermordeten sie erst später (Prusin 14; Bröde 888). Die nicht-jüdischen Einwohner:innen von Orscha, die im Minsker Prozess aussagten, berichteten, die Evakuierung des Ghettos habe ein fünfzehnköpfiges Kommando unter der Leitung von Eick durchgeführt (Černoglazova 171). Sowohl die Mitglieder dieses Kommandos als auch Eick behaupteten hingegen fast übereinstimmend, dass sie vom russischen Ordnungsdienst unterstützt worden seien (Wachtendonk 295; Wiechert 451; Baumeister 983; Hamburger Institut für Sozialforschung, *Vernichtungskrieg* 122). Mag es sich bei diesen Aussagen mit großer Wahrscheinlichkeit um einen rhetorischen Versuch der Schuldabweisung gehandelt haben, so erwähnten auch andere Zeug:innen die Beteiligung von nicht-jüdischen Einwohner:innen Orschas (Rozenberg 53; Prusin 14). Daran ist nichts Verwunderliches, denn vielerorts waren einheimische Ordnungsdienste mit der Bewachung der Erschießungsstellen sowie der Opfer auf ihrem Weg dorthin beauftragt (Rein 254–306; Dean 161–167; Boern 100).

Am Tag der Erschießung waren die Gruben bereits ausgehoben gewesen (Černoglazova 170). Der Bericht der Kommission, die im September 1944 den Erschießungsort untersuchte, verzeichnet zwei Gruben mit einer Länge von 23 Metern, einer Breite von sechs Metern und einer Tiefe von drei Metern (Oršanskoja Gorodskaja Komisija 4). Das entspricht in etwa – um sich diese Größe vor Augen zu führen – einem durchschnittsgroßen Schwimmbecken. Vergleicht man diese Zahlen mit den u. a. in Yad Vashem (Untold Stories) verfügbaren Bildern anderer Erschießungsstellen in Osteuropa, so scheinen diese Gruben zu den größten ihrer Art zu gehören. Ende November 1941 herrschte bereits Dauerfrost in Orscha, weshalb die Gruben im Vorfeld ausgehoben werden mussten (Kirst 2223; Yahad-In Unum). Darüber, wer genau diese Aufgabe übernommen hatte, geben die Quellen keine Auskunft. Der belarusische Historiker Leonid Smilovickij (190) behauptet zwar, dass die Gruben bereits einige Tage zuvor von sowjetischen Kriegsgefangenen ausgegraben worden seien, doch scheinen auch Sprengungen möglich gewesen zu sein – beide Methoden schließen sich gegenseitig nicht aus.

Die Erschießung fand hinter dem jüdischen Friedhof statt, der sich bis heute auf einem kleinen Hügel zwischen dem ehemaligen Ghetto und dem Bahndamm befindet. Das Gelände war von weitem zu sehen, so dass es sich keinesfalls um ein verborgenes Verbrechen handelte. Anders als an vielen anderen Orten, an denen die Morde in versteckten Waldgebieten verübt wurden (Kwiet), war die Auflösung des Ghettos von Orscha für die lokale Bevölkerung sowie für die deutschen Truppen durchaus zu beobachten. Die Jüd:innen wurden in kleineren Marschkolonnen zum Friedhof geführt (Prusin 14; Vinnitsa 303). Smilovickij (190) schreibt zudem, dass ein Teil von ihnen zum Bahnhof gebracht, in die Güterwagen gezwungen und woanders getötet worden sei. Der Historiker stützt sich dabei auf die – allerdings als umstritten geltenden (Vinnitsa 303) – Aufzeichnungen eines Einwohners von Orscha namens A.F. Kasperskij. Wenn auch keine andere Quelle diese Behauptung bestätigt, so ist sie nicht gänzlich zu widerlegen, zumal im weitläufigeren Gebiet um Orscha bereits eine Mordinfrastruktur in vollem Gange war. Das Einsatzkommando 8 benutzte nämlich in der ungefähr 75 km entfernten Stadt Mogilev, die entlang derselben Bahnlinie wie Orscha liegt, einen

Gaswagen zum Töten der Jüd:innen (Reuss 45–46; Boern 99; Beer).⁷ Es ist daher nicht vollends ausgeschlossen, dass die Deutschen eine Gruppe von Jüd:innen tatsächlich mit der Bahn von Orscha zum Gasauto abtransportierten. Davon abgesehen erreichten die am 26. und 27. November 1941 erschossenen Jüd:innen den Tatort zweifelsfrei zu Fuß, da sich der Erschießungsort nur wenige Meter hinter dem Ghettozaun befand.

Mehrere Zeugen behaupteten, dass die Jüd:innen gefasst in den Tod gegangen seien. Ein SS-Mann sagte nach dem Krieg beispielsweise aus: „Ich habe die todesmutige Haltung der Juden bewundert. Meistens gingen sie sehr gefasst zur Grube." (Stein 861) Selbstredend kann diese Aussage als Rechtfertigungsstrategie des Täters gedeutet werden, denn Zeugnisse aus anderen Orten belegen, dass zahlreiche Opfer weinten, schrien und Fluchtversuche unternahmen (Desbois *passim*). Von der Gefasstheit der Opfer in Orscha berichteten auch einheimische Zeug:innen, wobei sie die Exekutionen in der Regel aus größerer Entfernung beobachteten und die Stimmen der Jüd:innen möglicherweise schlichtweg nicht hören konnten; so erinnert sich ein von Yahad-In Unum (00:46) interviewter Mann an Jüd:innen, die still und von lokalen Polizisten überwacht im Schnee in Richtung Orscha gingen.

Zu den umfassend belegten Erkenntnissen über die Erschießungen osteuropäischer Jüd:innen gehört die vollständige Entkleidung der Opfer. Die Quellen zu den frühen Massakern in der besetzten Sowjetunion liefern jedoch ein differenzierteres Bild: Widerholt findet sich die Angabe, dass die Opfer gezwungen worden seien, nur ihre Schuhe und Oberbekleidung abzulegen (Boern 76; Walke, „Split Memory" 186).⁸ Zwar behaupteten einige Männer aus dem Einsatzkommando 8, dass auch diese Maßnahme erst im Sommer 1942 eingeführt worden sei (Baumeister 982), doch besteht aufgrund der übereinstimmenden Aussagen der einheimischen Zeug:innen sowie der Fotodokumentation anderer Orte kein Zweifel, dass sich die Frauen, Männer und Kinder, die bei sehr strengem Frost am 26. und 27. November 1941 in Orscha getötet wurden, mindestens bis auf die Unterwäsche entkleiden mussten. Daraufhin wurden die „Sachen und die Kleidung der Opfer in den Lagerschuppen der Bezirksverwaltung geschafft" und dort gezählt, wie Verwaltungsmitarbeiter Skakun zu Protokoll gab (Černoglazova 172).⁹

---

7 Die Verwendung des Gasautos in Mogilev wird in den Ermittlungen gegen Otto Bradfisch, dem Kommandanten des Einsatzkommandos 8, mehrmals erwähnt. Die Akten befinden sich im Bundesarchiv Ludwigsburg (Zentrale Stelle), Sign. B162/3275–3284.
8 Hierzu vgl. die von Yad Vashem veröffentlichten Fotografien aus dem Projekt The Untold Stories.
9 Vereinzelt wird von Plünderungen der Habseligkeiten und Kleider der Jüd:innen nach ihrem Tod berichtet (Walke, „Split Memory" 186).

Die mutmaßliche Stille und Gefasstheit endeten spätestens nach dem ersten Schuss, woran einige SS-Männer erinnern: „Natürlich haben Frauen und Kinder insbesondere dann geschrien und geweint, wenn ihre Angehörigen von ihnen getrennt und zur Grube gebracht wurden. Auch weiß ich, daß die Opfer, solange sie noch familienweise zusammen waren, gebetet haben." (Stein 861) Den genauen Ablauf der Erschießungen selbst schildern hingegen nur vereinzelte Quellen. Während ihrer Vernehmungen behaupteten die meisten Mitglieder der Einsatzkommandos, sie hätten die Morde nicht gesehen, sondern lediglich akustisch vernommen. Ähnliches berichtete die einheimische Bevölkerung, was auch auf die Tatsache zurückzuführen sein mag, dass die meisten Erschießungsstellen abgesperrt waren. Umso bedeutender ist die Aussage von Willy Kirst über das Massaker von Orscha:

> Ich habe [...] in meinem Taschenkalender von 1941 eine Eintragung vom 26. Nov. 1941 in Steno aufgefunden. Sie lautet: „Juden des Ghettos werden heute erschossen. Männer, Frauen und Kinder, 2000. Herrgott bewahre uns, an diesen Dingen Unschuldige vor deiner Rache". [...] Am Morgen des 26. November hörten wir laufend Maschinenpistolenschüsse. Mein Standort war das Lehrerseminar in Orscha, in welchem unsere Einheit untergebracht war. Es lag etwa 200 m von dem Flüsschen Oicha [Orschitza] entfernt, am westlichen Ufer. Das Ghetto von Orscha lag am östlichen Ufer dieses Flüsschen, also jenseits unserer Unterkunft und etwa 200 bis 300 m von uns entfernt.
> Von unserem Kradmelder[10] [...] hörte ich, daß dort Juden aus dem Ghetto erschossen würden. [...] Ich ging ein Stück an den Erschießungsort heran, um mir ein eigenes Bild von dem dortigen Geschehen machen zu können. Mit eigenen Augen sah ich dann aus einer Entfernung von etwa 100 m eine Menschenschlange von etwa schätzungsweise 600 Personen. Es handelte sich um Männer, Frauen und Kinder. Junge Menschen und auch Greise waren dabei. Sie mußten sich untereinander stützen, es war ein richtiger Elendszug. Die Menschen waren halb verhungert. Die Menschen machten den Eindruck, als ob sie sich mit letzter Kraft voranschleppten. Ich konnte nicht den ganzen Zug übersehen, sondern nur dessen Spitze. Vorne an der Spitze wurden von dort stehenden SS-Leuten einzelne Gruppen von ca. 10 Personen abgeteilt. Diese Gruppen wurden fortgeführt, offenbar zur Erschießung. Das konnte ich aber nur aus den Schüssen und dem Schreien, das ich hörte [...], folgern. Sehen konnte ich den Erschießungsvorgang von meinem Standplatz auch nicht. Ich habe aber mittags von anderen Einheitsangehörigen gehört, daß diese auch die Erschießungen mit angesehen hatten. [...] Unser Rechnungsführer [...] schildert z.B. ganz genau, wie ein altes Ehepaar erschossen wurde, welches Arm in Arm zur Erschießungsstelle ging. (Kirst 2224–2225)

---

10 ‚Kradmelder' ist eine Abkürzung für ‚Kraftradmelder' – Verbinder bzw. Boten, die sich mit Kraftfahrzeugen im Kampfgelände bewegten.

Skakun lieferte im Minsker Prozess weitere Details:

> Das Ghetto grenzte an den jüdischen Friedhof, der auf einem Hügel lag. Dorthin hatten sie die Gruppe, etwa 150 – 200 Personen, in Begleitung eines verstärkten Konvois gebracht. [...] Die Leute, Erwachsene wie Kinder, mussten sich auf Befehl der Deutschen selbst ausziehen, ihre Kleidung und sonstige Sachen auf Haufen werfen und in die Grube springen. Dann waren ebenda, in den Gruben, dumpfe Maschinengewehrsalven zu hören. (Černoglazova 171)

Anders als die meisten nicht-jüdischen Einwohner:innen von Orscha befand sich Skakun als Mitarbeiter der deutschen Verwaltung in unmittelbarer Nähe der Ereignisse. Seine Aussage gehört daher zu den umfangreichsten Schilderungen des Massakers. Er bestätigt nicht nur die Annahme, dass sich die Opfer ausziehen mussten – wobei sich auch aus seiner Schilderung nicht schließen lässt, ob sich die Jüd:innen ganz oder nur bis auf die Unterwäsche entkleideten –, sondern er schildert auch den weiteren Ablauf der Erschießungen. Während Skakun von Maschinengewehrsalven berichtet, erwähnen andere Zeugen, dass sie einzelne Schüsse gehört hätten. Über den Einsatz beider Waffenarten lesen wir in der Urteilsbegründung des Prozesses gegen die Führung des Einsatzkommando 8:

> Die [durch die] Angehörigen des EK 8 und der zugeteilten Polizeizüge vorgenommenen Erschiessungen [erfolgten] in der Weise, dass besonders eingeteilte SS-Führer oder Polizeiangehörige innerhalb des Grabens die vor ihnen auf dem Boden oder auf den bereits Erschossenen liegenden Menschen durch Genickschüsse, die sie aus ihren Maschinenpistolen abgaben, töteten. (Landgericht München 670)

Manche Täter versuchten diese Praxis der ‚Gnadenschüsse' zu rechtfertigen; so behaupteten noch im Zuges des Prozesses einige von ihnen: „Ich habe es für meine selbstverständliche Pflicht gehalten, einem Opfer irgendwie Leiden oder Marter zu ersparen, wenn es nicht tödlich getroffen war." (Ditner 801)

Sowohl Kirst als auch Skakun standen in einiger Entfernung von der Erschießungsstelle. Um ein genaueres Bild von dieser Erschießungspraxis zu gewinnen, lohnt es sich, Aussagen zu anderen Exekutionen heranzuziehen, die im gleichen Zeitraum in der Region zwischen Mogilev, Orscha und Gomel von demselben Einsatzkommando durchgeführt wurden. Oft äußern sich die Täter nämlich nur allgemein, ohne konkrete Orte und Zeitpunkte anzugeben. Folgendermaßen berichtet ein Polizist des Einsatzkommando 8 von den „großen Erschießungsaktionen der Juden" von 1941 und Anfang 1942:

> Die Säuglinge und Kinder wurden uns meist in die Grube gelegt und dann erschossen. Wir alle waren bei der Erschießung der Juden schon damals erstaunt, wie ruhig im Durchschnitt diese Menschen in den Tod gingen. Natürlich hat es an der Erschießungsstelle auch

furchtbare Szenen gegeben. Es war ja auch so, daß diejenigen, die später erschossen werden sollten, die Erschießung Vorangegangener beobachten konnten. Die Opfer mussten sich zunächst etwa 20 – 30 m von der Erschießungsgrube aufhalten. Sodann wurden sie einzeln zu der Erschießungsgrube gebracht und dann dort erschossen. Auf dem kurzen Weg zu der Erschießungsgrube standen einige Bewacher. Die Opfer wurden regelmäßig von 2 Mann an die Grube gebracht. (Bauer L. 989 – 990)

Besonders auffallend ist hier die Schilderung der Ermordung von Säuglingen und Kindern. Wurden im Zuge der ersten Erschießungen zwischen August und Anfang Oktober 1941 unter dem Vorwand der Partisanenbekämpfung hauptsächlich Männer ermordet, so kommt in diesen Aussagen nun die genozidale Dimension der Tat zum Vorschein. In diesem Zusammenhang berichtet ein Angehöriger des 3. Reserve-Polizei-Bataillons von einer nicht näher bestimmten Erschießung in der Nähe von Mogilev:

Zu diesem Zweck [des Genickschusses] hatten sie sich eine Frau mit einem Säugling und einige Männer aufgespart, die in die Grube steigen mußten. Die Frau mußte ihr kleines Kind auf den Leichenberg legen, das dann von einem SD-Mann vom Grubenrand aus erschossen wurde. Anschließend wurden die Frau und die Männer, die auch schon in der Grube standen, durch Genickschuß erledigt. (Walkhoff 1176)

Grausame Maßnahmen gegenüber Kindern schildert auch A.F. Kasperskij: „Die Kinder vergrub man bei lebendigem Leibe oder legte sie aufs Knie und brach ihnen mit einem Schlag ihr Rückgrat." (zit. n. Vinnitsa 303)

Ungefähr zu diesem Zeitpunkt führten die Deutschen das sogenannte Sardinenpacken ein. Am 30. November und 8. Dezember 1941 fanden im lettischen Wald von Rumbula zwei der größten Erschießungsaktionen in Osteuropa statt. An diesem Tatort wurden die Leichen geschichtet: Die Jüd:innen mussten sich vor der Erschießung auf die toten Körper der vor ihnen Ermordeten legen, um möglichst wenig Platz einzunehmen (Ezergailis 239 – 270). Zuvor stapelten die Täter die Leichen auch in Babyn Jar (Rhodes 321). In Orscha wurden die Erwachsenen vor der Erschießung auch dazu gezwungen, in die Grube zu steigen. Ob sie sich so wie die Kinder hinlegen mussten, ist nicht klar. In einer Aussage über ein Massaker in derselben Region behauptet ein Angehöriger des Einsatzkommando 8: „Ich sah dort [in der Grube] mehrere aufeinanderliegende Schichten von Leichen, beiderlei Geschlechter und auch Kindesleichen." (Walkhoff 1176) Über Obersturmführer Hans Graalfs berichteten andere SS-Männer, er habe die Leichen getreten und mit seinen Schuhen „ordentlich" in die gewünschte Position zurechtgerückt (Lewy 103).

In den Quellen über das Massaker von Orscha sticht eine Besonderheit hervor – es wiederholen sich nämlich Berichte über mit Leichen gefüllte Pökelfässer. Die sowjetische Kommission, die 1944 den Ort untersuchte, verzeichnete 24 Bottiche (Oršanskoja Gorodskaja Komisija 4; Rozenberg 51). Ferner sprach einer der beteiligten Polizisten von Leichen in „Sauerkrautfässern" (Schulz G. 1915). Wir können nur spekulieren, was dies zu bedeuten hatte: Möglicherweise stellten sich die Gruben im Zuge der Erschießung als zu klein heraus, und angesichts des tief gefrorenen Bodens konnten auf die Schnelle keine neuen Gruben ausgehoben werden. In unmittelbarer Nähe der Erschießungsstelle befanden sich ein Fleischkombinat sowie ein Hof, auf dem die Erträge aus den örtlichen Kolchosen eingemacht wurden. Die Täter konnten sich daher der dort befindlichen Silos oder Bottiche bedient haben. In den darauffolgenden Tagen wurden die Leichen verbrannt. Skakun erinnerte sich:

> Anschließend wurden dort innerhalb von fünf Tagen die Leichen der hier Verscharrten wie auch die Leichname von Personen verbrannt, die man von anderen Massenerschießungsstätten hergebracht hatte. Die Leute, die in der Nähe des Friedhofs wohnten, erstickten fast am Rauch und Leichengestank. (Černoglazova 171)

Hans Hermann Koch vom Sonderkommando 7b behauptete zudem, seine Einheit habe nach der Erschießung der Jüd:innen das Ghetto niedergebrannt. „Das haben wir an jedem Ort gemacht. In Slonim, in Baranowici, und in Orscha," gab er zu Protokoll (Koch 268). Dies widerspricht allerdings anderen Aussagen, das Ghetto sei nach seiner Auflösung zwar menschenleer, aber intakt geblieben: „Fenster und Türen der Häuser standen offen, Kleider und sonstige Gegenstände lagen verstreut auf den Wegen des Ghettos." (Kirst 2225)

Die Überlegungen zum Umgang mit den Leichen und zur Größe der Grube führen zur fundamentalen Frage: Wie viele Menschen wurden am 26. und 27. November in Orscha ermordet? Willy Kirst notierte 2.000 Opfer. Eick nannte im Minsker Prozess 1.750 Jüd:innen und Skakun sprach in derselben Verhandlung von 1.873 Toten (Černoglazova 170). Auf die Frage des Staatsanwalts, wie er auf diese präzise Zahl gekommen sei, antwortete er: „Sehen Sie, ich musste sie [die Leichen] nicht exakt zählen, aber nach den Angaben, die im Zusammenhang mit dem Erhalt von Lebensmittelkarten eingingen, waren es 1.873." Der Staatsanwalt fragte nach: „Sie haben also diese Zahl von 1.873 Personen den Listen entnommen, die zum Erhalt von Lebensmitteln zusammengestellt worden waren?" Skakun bestätigte: „Ja, diese Listen wurden zwei Tage nach der Erschießung vorgelegt." (Černoglazova 172) Musste Eick als der für das Ghetto zuständige stellvertretende Ortskommandant wissen, wie viele Menschen dort unmittelbar vor der Auflösung gewohnt hatten, und gründete Skakun seine Aussage auf der Zahl der übriggebliebenen Lebensmittelmarken, so fällt die Schätzung von Kirst ins Auge. Schließlich handelt es sich um eine sehr große Zahl von Menschen, die gruppenweise über zwei Tage verteilt erschossen wurden. Zu keinem Zeitpunkt standen sie alle beisammen, so dass man sie hätte zählen können. Der Soldat erklärte deswegen: „Die Zahlenangabe über die Opfer in Höhe von 2.000, die sich in meinem Taschenbuch befindet, muß auf Schätzungen oder auf Gerüchten beruhen. Es wurde damals jedenfalls in unserer Einheit von dieser Zahl gesprochen." (Kirst 2224) Ähnlich wie zahlreiche andere Aussagen in den Akten der Münchner und Kieler Ermittlungen belegt Kirsts Behauptung, dass die Deutschen in der besetzten Sowjetunion untereinander über die Erschießungen sprachen, und zwar nicht nur die unmittelbar involvierten Polizisten, SD- und SS-Männer, sondern auch ganz ‚gewöhnliche' Wehrmachtssoldaten. Im Zuge der Ermittlungen wurden diese Unterhaltungen von den Angeklagten als eine Art Verteidigungsstrategie angeführt, indem letztere behaupteten, von den Erschießungen nur ‚vom Hörensagen' gewusst zu haben (Stoll 218).

Die Kommission von 1944 nannte andere Zahlen, weshalb Vinnitsa (303) von einer „Konfusion in Bezug auf die Zahl der umgekommenen Juden von Orscha" schreibt. Zu solchen Konfusionen kommt es bei der Untersuchung von Tatorten in der ehemaligen Sowjetunion vergleichsweise oft, da die Deutschen im Rahmen der ‚Aktion 1005' hunderttausende Leichen verbrannten und Spuren der Gruben verwischten. Auch in Orscha wurden solche Maßnahmen vorgenommen, was die Rekonstruktion der Ereignisse erheblich erschwert (Angrick 536–538). Nichtsdestoweniger lassen sich die unterschiedlichen Zahlen zumindest teilweise erklären: Im Kommissionsbericht werden zunächst 2.900 und schließlich sogar 6.000 Leichen erwähnt (Oršanskoja Gorodskaja Komisija; Arad 187). Bei der ersten Zahl, die sich auf die Leichen auf dem jüdischen Friedhof bezieht, handelt es sich wahrscheinlich um alle Ghettobewohner:innen, die in Orscha ermordet wurden – einschließlich jener, die verhungerten oder in früheren Exekutionen erschossen wurden. Die zweite Zahl betrifft alle Leichen, die in insgesamt 120 Massengräbern in Orscha gefunden wurden – sie umfasst also auch nicht-jüdische Einwohner:innen der Stadt und vermutlich einige Kriegsgefangene. Folglich deutet alles darauf hin, dass in dem Massaker am 26. und 27. November 1941 zwischen 1.750 und 2.000 Menschen ermordet wurden. Weitere 14.000 Leichen wurden 1969 während der Bauarbeiten eines Leinenkombinats in einem anderen Stadtteil entdeckt (Kohl 150) – vermutlich handelte es sich dabei um Insassen aus den Kriegsgefangenenlagern.

1968 wurde ein Denkmal für die Opfer des Massakers von Orscha errichtet (Jurianov), auf dem zu lesen ist: „Hier liegen sowjetische Bürger, die von deutschfaschistischen Aggressoren am 26. November 1941 getötet wurden." Unabhängig von ihrer ethnischen Zugehörigkeit wurden in der Sowjetunion alle Opfer des ‚Großen Vaterländischen Krieges' als ‚sowjetische Bürger' geehrt. Auf der Rückseite des Sockels wurde zudem eine einfache, handgemachte Betonplatte mit der Inschrift befestigt: „Ewige, heilige Ruhe den von unseren Feinden unschuldig

Abb. 5: Das Denkmal für die Opfer von Orscha. Foto: Andrei Liankevich, 2020.

ermordeten. Wir werden euch niemals vergessen. Meiner Familie. Vom Sohn der lieben Mutter, dem lieben Bruder, den lieben Schwestern und anderen Verwandten." (Jurianov) Nach einer Restaurierung des Denkmals wurde die Platte allerdings entfernt.

Neben dem Friedhof stand noch ein zweiter, provisorischer Gedenkstein. Dieser wurde im Juli 2014 mit einem größeren Obelisken ersetzt, auf dem auf Belarusisch, Englisch und Hebräisch der „Opfer des Nazismus" sowie der „brutal ermordeten Kinder aus dem Ghetto von Orscha" gedacht wird (Abb. 5). Die Initiative ging vom Belarusischen Jüdischen Komitee, der Simon Mark Lazarus Stiftung, die sich für das Gedenken an die belarusischen Holocaustopfer einsetzt (Belarus Holocaust Memorial Project), sowie von zwei weiteren Familienstiftungen aus den USA aus. Das zwischen alten Bäumen errichtete Denkmal wurde im Jahr 2020 anlässlich des 75. Jahrestages des ‚großen Sieges' der Roten Armee erweitert. Die Bäume wurden gefällt und die Wiese gepflastert. Neben lokalen jüdischen Organisationen beteiligten sich diesmal auch staatliche Institutionen – die regimetreue Kommunistische Partei von Belarus sowie der Verband der Veteranen des Afghanistankrieges – am Umbau (Lebedeva).

Die Auflösung des Ghettos von Orscha beobachtete nicht nur Willy Kirst, sondern auch der Maler, Musiker und spätere Schriftsteller Hans Scholz, der im November 1941 im Kraftwagen-Transport-Regiment 605 diente. Womöglich standen sie sogar gemeinsam unterhalb des Hügels, auf dem sich die Erschießung vor ihren Augen abspielte? Vielleicht waren auch Angehörige anderer Einheiten dabei? Jedenfalls machten beide Männer Notizen und berichteten einige Jahre nach Kriegsende aus freien Stücken über ihre Beobachtungen. Kirst meldete sich bei der Zentralen Stelle in Ludwigsburg, da er in der Zeitung vom Prozess gegen Hans Graalfs gelesen hatte. Scholz beschrieb die Erschießung der Jüd:innen aus Orscha auf elf Seiten seines ersten Buches *Am grünen Strand der Spree. So gut wie ein Roman* [1955]. Obwohl er das wohl detailreichste Bild eines Massenmordes in der westdeutschen Literatur geschaffen hatte, wurde er von keiner Behörde dazu befragt. 1956 erhielt er den Fontane-Preis für seinen Roman, woraufhin die *Frankfurter Allgemeine Zeitung* ihn in 71 Folgen abdrucken ließ. Im selben Jahr lief im Südwestfunk eine fünfteilige Hörspielinszenierung des Romans – die Schilderung des Massakers wurde in einer elfminütigen Szene umgesetzt. Im Frühjahr 1960 sendete schließlich das Deutsche Fernsehen – der damals einzige Fernsehkanal in der Bundesrepublik – die Romanverfilmung als ebenfalls fünfteilige Miniserie. Die zweiundzwanzigminütige Sequenz des Massakers von Orscha löste ein großes Medienecho aus. So schnell alle vier Fassungen Einzug in die bundesrepublikanische Erinnerungskultur gehalten hatten, so schnell verschwanden sie daraus wieder. Bereits wenige Jahren nach der Ausstrahlung der Fernsehserie waren Spuren von *Am grünen Strand der Spree* in der bundesrepublikanischen Medienlandschaft kaum mehr nachzuweisen.

Einführung: Wieso drei Geschichten über *Am grünen Strand der Spree?*

Am 5. September 1955 veröffentlichte der Hoffmann und Campe Verlag den Roman *Am grünen Strand der Spree* von Hans Scholz, und bereits ein Jahr darauf erschien er sowohl als Fortsetzungsroman in der *Frankfurter Allgemeinen Zeitung* [*FAZ*] als auch als fünfteiliges Hörspiel unter der Regie von Gert Westphal im Südwestfunk [SWF]. 1960 produzierte der Nord- und Westdeutsche Rundfunkverband [NWRV] einen ebenfalls fünfteiligen Fernsehfilm, für den Fritz Umgelter als Regisseur beauftragt worden war. Jede Fassung enthält eine ausführliche Darstellung des Massakers von Orscha. Ihre Entstehungs- und Wirkungsgeschichten spiegeln den Aushandlungsprozess von Sagbarkeitsregeln in Bezug auf die deutschen Gewaltverbrechen wider. Um diesen zu verstehen, konzentriere ich mich im Folgenden auf den Umgang mit den NS-Verbrechen an den sowjetischen Jüd:innen in *Am grünen Strand der Spree*. Nimmt man es genau, gründen meine Überlegungen auf elf Seiten des Buches, drei Folgen des Feuilletonromans, elf Minuten des Hörspiels und zweiundzwanzig Minuten der Fernsehserie. Obwohl die einzelnen Folgen der Medieninszenierungen jeweils eigene Titel haben,[1] bleibe ich aus Gründen der Lesbarkeit bei dem übergeordneten Titel *Am grünen Strand der Spree*.

In seinem Roman führt Hans Scholz die Figur des Infanteristen Jürgen Wilms ein, dem Kameraden von der geplanten Exekution erzählen, woraufhin er zwei Stunden Urlaub beantragt und sich – wie einst der Schriftsteller selbst – hinter den Bahndamm stellt, mit Blick auf den jüdischen Friedhof, wo sich die Erschießung vor seinen Augen abspielt. Der fiktive Soldat schreibt seine Eindrücke in einem Tagebuch ausführlich nieder – teilweise stimmen sie auch mit den historischen Tatsachen überein. In Wilms' Aufzeichnungen findet das Massaker an einem kalten Herbsttag am jüdischen Friedhof von Orscha statt, bei den Opfern handelt es sich um 1.800 jüdische Männer, Frauen und Kinder. Die Leichen, die nicht mehr in die Grube passen, werden in „Betonröhren" entsorgt (*AGSS* 59). Die Schützen allerdings, die Wilms beobachtet, gehören nicht dem deutschen Einsatzkommando an, das den Mord in Wirklichkeit verübte, sondern sind lettische Volksarmisten, die an der historischen Exekution in Orscha faktisch nicht beteiligt waren. Dieser literarische Bericht, der anschließend für Hörfunk und Fernsehen

---

[1] Die fünf Hörspielfolgen tragen die folgenden Titel: 1. *Einer fehlt in der Runde*, 2. *Der OI spielt Sinding*, 3. *Die Chronik des Hauses Bibiena*, 4. *Kastanien und märkische Rübchen*, 5. *Kennst du das Land...?*. Die Titel der fünf Folgen der Fernsehserie lauten: 1. *Das Tagebuch des Jürgen Wilms*, 2. *Der General*, 3. *Preußisches Märchen*, 3. *Bastien und Bastienne 1953*, 4. *Capriccio Italien*.

OpenAccess. © 2022 Magdalena Saryusz-Wolska, publiziert von De Gruyter. Dieses Werk ist lizenziert unter einer Creative Commons Namensnennung – Nicht kommerziell – Keine Bearbeitung 4.0 International Lizenz. https://doi.org/10.1515/9783110745528-002

adaptiert wurde, steht im Mittelpunkt meines Interesses. Technisch gesehen konzentriere ich mich jeweils auf eine kurze Passage eines mehrteiligen Werks, doch trägt das fiktive Tagebuch an und für sich auch Merkmale eines alleinstehenden Werkes, wofür letztendlich die Tatsache spricht, dass Scholz es ursprünglich als eigenständige Erzählung verfasste. Der SWF sendete die Episode sowohl als einleitenden Teil der Serie als auch separat, und der NWRV plante sogar, diese Folge der Fernsehserie für einen Kinofilm zu adaptieren.

Neben dem Bericht von Wilms enthält der Roman sechs weitere Episoden, die sich mit einer Ausnahme alle im Zeitraum zwischen 1934 und 1954 abspielen. Verbunden werden diese Geschichten durch eine Rahmenhandlung: Im April 1954 treffen sich vier alte Freunde in der berühmten Westberliner Jockey Bar, um die Heimkehr ihres Kameraden aus der Gefangenschaft zu feiern. Im Laufe des Abends erzählen sie sich Geschichten und Anekdoten. Die strikte Trennung zwischen Rahmenhandlung und Binnengeschichten wird dabei mehrfach durchgebrochen, so dass ein dichtes „Geschichtengewebe" entsteht (Heck und Lang, „‚So gut wie ein Roman'" 241),[2] als dessen übergreifendes Thema sich „das Verhalten des Einzelnen in Kriegs- und Nachkriegszeiten" (Heck, „Quality-TV" 228) herauskristallisiert. Im ersten Kapitel liest der Heimkehrer Hans-Joachim Lepsius aus dem Tagebuch von Wilms vor. Die beiden Soldaten trafen sich kurz vor Lepsius' Entlassung aus dem Kriegsgefangenenlager, wo ihm Wilms sein Tagebuch übergab. In den übrigen Episoden geht es um die Bekanntschaft eines deutschen Soldaten mit einer russischen Partisanin, ein deutsches Offizierskasino in Norwegen, eine bis ins 18. Jahrhundert zurückreichende Familiensaga, einen geflüchteten, nun im Spreewald ansässigen Schauspieler, ein amerikanisches Kriegsgefangenenlager sowie eine erfundene Liebesgeschichte in Italien.[3] Aus heutiger Perspektive gehört die Beschreibung des Massakers im ersten Kapitel zu den stilistischen Höhepunkten des Buches – Scholz' Zeitgenossen hingegen lobten den Roman für seine treffsichere Wiedergabe des Jargons der Zeit. Ähnlich verhält es sich mit dem Hörspiel und der Fernsehserie: Fallen die ersten Episoden, die in der besetzten Sowjetunion spielen, in meiner Wahrnehmung bis heute noch durchaus überzeugend aus, so ist der Rest stark in den zeitgenössischen Diskursen verankert und daher schwieriger zu rezipieren.

---

[2] Stephanie Heck und Simon Lang präsentieren eine genauere Struktur des Romans, in der sie auch die Anekdoten aus der Rahmenhandlung berücksichtigen, und kommen dabei auf acht Binnenerzählungen und sechs metadiegetische Erzählungen (Heck und Lang, „‚So gut wie ein Roman'" 239–240).

[3] Eine vollständige Zusammenfassung von Buch und Fernsehfilm liefert Hans Schmid in seiner geistreichen Rezension der DVD. Darin geht er auf zahlreiche zeitgenössische Kontexte ein und erläutert die Bedeutung einzelner Symbole und Figuren.

In jüngster Zeit hat das wissenschaftliche Interesse an *Am grünen Strand der Spree* merklich zugenommen. In dem 2020 publizierten Sammelband über Roman, Hörspiel und Fernsehserie behandeln die Autor:innen ein breites Spektrum an Themen aus allen Kapiteln und Folgen (Heck, Lang, Scherer). Aufgrund der unterschiedlichen – noch dazu in einem relativ kurzen Zeitraum entstandenen – medialen Inszenierungen bezeichnen sie *Am grünen Strand der Spree* als ‚Medienkomplex'. Diesen ergiebigen Begriff übernehme ich für die vorliegende Studie. Im Gegensatz zu den Herausgeber:innen des erwähnten Bandes ist es allerdings nicht mein Anliegen, Roman, Hörspiel und Fernsehfilm wieder in Erinnerung zu bringen. Vielmehr interessieren mich die sozialsystemischen Strukturen der (fehlenden) Präsenz des Holocaust in der bundesrepublikanischen Erinnerungskultur, die anhand dieses Beispiels gut veranschaulicht werden können. Die zahlreichen Publikationen über den Verlauf der ‚Vergangenheitsbewältigung'[4] in den 1950er und 1960er Jahren[5] möchte ich um einen vertieften und detailreichen Blick auf die Mikrodimension des medialen Umgangs mit der ‚schwierigen Vergangenheit'[6] ergänzen. Mein Anliegen ist es, die mediale Darstellung der Exekution in Orscha möglichst genau zu verstehen – nicht mehr, aber auch nicht weniger.

Die Außergewöhnlichkeit der Erschießungsszene

Vor dem Hintergrund der westdeutschen Erinnerungskultur der 1950er Jahre stellt die detaillierte und ‚plurimediale' (Erll und Wodianka 2) Schilderung der Massenerschießung der Jüd:innen aus Orscha zweifelsfrei eine signifikante Ausnahmeerscheinung dar. Diese Feststellung lässt sich auch auf unsere heutige Erinnerungskultur übertragen, in der die Erschießungen von ungefähr 1,5 Millionen[7] osteuropäischer Jüd:innen im Vergleich zu den Gräueltaten in den Konzentrati-

---

4 Trotz der berechtigten Kritik, die Norbert Frei (13–14) am Begriff ‚Vergangenheitsbewältigung' übt, verwende ich ihn hier aufgrund seiner großen semantischen Reichweite (Reichel 21–22) sowie der Tatsache, dass es sich um eine zeitgenössische Kategorie handelt, die den Diskurs der 1950er und 1960er Jahre bedeutend prägte. Da es sich mehr um einen Quellenbegriff als um eine analytische Kategorie handelt, verwende ich Anführungszeichen, worin ich Manfred Kittel (*Die Legende*) folge.
5 Mehr dazu u. a. in Brochhagen; Frei; Herf; Kittel; Moeller, *War Stories*; Niven; Reichel.
6 Zum Begriff *difficult past* siehe Wagner-Pacifici und Schwartz.
7 Hinsichtlich der Opferzahl des *Holocaust by bullets* gibt es unterschiedliche Schätzungen. Mary Fulbrook (105) schreibt beispielsweise von 1,8 Millionen. Ich folge hier den Angaben von Paul A. Shapiro.

ons- und Vernichtungslagern weiterhin wenig präsent sind. Der inzwischen umfangreichen historiografischen Forschungsliteratur über den *Holocaust by bullets*[8] folgten nur vereinzelte Romane, Filme oder Fernsehsendungen, die das kulturelle Gedächtnis hätten prägen können (Vice, „Beyond words'"). Bereits vor dreißig Jahren konstatierte der Historiker Omer Bartov (276), dass das historische Wissen über die Kriegsverbrechen während des ‚Ostfeldzugs' sich lediglich gering auf das Bild der Deutschen vom Krieg auswirkte. Trotz zahlreicher Publikationen, Ausstellungen und Dokumentarfilme, die seitdem entstanden sind, hat Bartovs These nichts an Gültigkeit eingebüßt. Die deutsche Erinnerung an die Besatzung der Sowjetunion ist von heldenhaften Wehrmachtssoldaten und ehrenhaften Kriegsopfern geprägt. Die von den Deutschen verübten Massenerschießungen, in denen ungefähr 25 Prozent der im Holocaust ermordeten Jüd:innen ums Leben kamen, haben in diesem Narrativ nach wie vor wenig Platz. Aus deutscher Sicht liegen ihre Schauplätze immer noch „irgendwo ‚im Osten'" (Stoll und Klei 10), und während in fast jeder deutschen Stadt Denkmäler, Tafeln oder Stolpersteine an die aus Deutschland deportierten Jüd:innen erinnern, sind die osteuropäischen Jüd:innen, die von Deutschen in ihren Heimatorten ermordet wurden, in der deutschen Erinnerungslandschaft größtenteils nicht präsent. Das in dieser Studie behandelte ‚doppelte Vergessen' – also die fehlende Auseinandersetzung mit den deutschen Kriegsverbrechen in Osteuropa einerseits und die unerhebliche Präsenz von *Am grünen Strand der Spree* in der deutschen Mediengeschichte andererseits – illustriert anschaulich die Dynamik der bundesrepublikanischen Erinnerungskultur.

Auch wenn das fiktive und plurimediale Tagebuch von Jürgen Wilms weit davon entfernt ist, den heutigen Maßstäben im Umgang mit der NS-Vergangenheit gerecht zu werden, steht im Mittelpunkt der ersten Geschichte von *Am grünen Strand der Spree* die Erinnerung an die deutsche Täterschaft. In diesem Sinne gehen Roman, Hörspiel und Fernsehserie den späteren Entwicklungen der westdeutschen Erinnerungskultur weit voraus. In der Darstellung von NS-Verbrechen war *Am grünen Strand der Spree* für die damaligen Verhältnisse „vermutlich sogar singulär" (Scherer, „So gut wie" 111). Kulturtexte, die sich gezielt mit der deutschen Täterschaft auseinandersetzen, gewannen nämlich erst im 21. Jahrhundert an Popularität (McGlothlin, „The Voice" 34). Hingegen konnte Scholz (Rede zum Heinrich-Stahl-Preis; „Rede anlässlich der Aufnahme") schon vor sechzig Jahren behaupten, er habe das Thema bewusst hervorgehoben.

---

[8] In der deutschsprachigen Forschung hat sich die direkte Übersetzung ‚Holocaust durch Kugeln' des von Patrick Desbois geprägten Begriffs *la Shoah par balles* bzw. *Holocaust by bullets* bisher kaum durchgesetzt. Aus diesem Grunde verwende ich den englischen Terminus.

So sehr sich der Romanautor bemüht haben mag, seine Leserschaft auf die ‚deutsche Schuld' aufmerksam zu machen, so offensichtlich ist seine Strategie, die Erschießungspassage an die zeitgenössische Erwartungshaltung anzupassen. Dazu gehört etwa die Tatsache, dass Protagonist Jürgen Wilms nicht an der Erschießung teilnimmt, sondern ihr nur als Zuschauer beiwohnt. Ähnliche Anpassungsstrategien sind auch in der Hörfunk- und Fernsehfassung zu hören bzw. sehen. Im Gegensatz zu Hörspielregisseur Gert Westphal, der die Beschreibung des Massakers in *Am grünen Strand der Spree* leicht kürzte, baute Fernsehfilmregisseur Fritz Umgelter die Szene wesentlich aus, indem er die Ankunft der Jüd:innen mit dem Zug zeigte, Aufnahmen hinzufügte, in denen Wilms ein jüdisches Mädchen zu retten versucht, und einen psychopatischen SS-Mann einführte, der die Erschießung beaufsichtigt. Anhand dieser beträchtlich ausgestalteten Szene veranschaulichten die Autor:innen der revidierten ‚Wehrmachtsausstellung' Anfang der 2000er Jahre die Wandlungen im Umgang mit der Beteiligung der Wehrmacht am Holocaust: „Die Befehlsgewalt übt ein SS-Offizier aus, während Angehörige der Feldgendarmerie den Exekutionsort abriegeln und lettische Kollaborateure die Erschießungen ausführen. Ein Wehrmachtssoldat sieht der Mordaktion hilflos zu." (Hamburger Institut für Sozialforschung, *Verbrechen* 675) Die Filmszene betone, so die Kurator:innen, die Betroffenheit des Soldaten, der auf diese Weise geradezu als weiteres Opfer denn als (Mit-)Täter dargestellt werde.

Ungeachtet der moralisch zweifelhaften Haltung von Wilms bezeichneten die Autor:innen der ‚Wehrmachtsausstellung' die Fernsehverfilmung von *Am grünen Strand der Spree* als „Provokation, durch die der Blick auf fragwürdige Traditionen und gesellschaftliche Tabus gelenkt wurde" (Hamburger Institut für Sozialforschung, *Verbrechen* 675). Norman Ächtler („Sieh" 79) bezeichnet die Romanpassage über das Massaker als „Wagnis". Medienhistoriker Knut Hickethier („Der Zweite" 94) spricht wiederum von einer „Zäsur" und Geschichtsdidaktiker Peter Seibert („Medienwechsel" 74) von einem „Bruch des kollektiven Schweigens". Bei genauerer Betrachtung stellt sich allerdings die Frage, ob diese Deutungen den einzelnen Fassungen von *Am grünen Strand der Spree* nicht nachträglich zugeschrieben wurden. ‚Brüche' und ‚Zäsuren' kommen in der Gedächtnisgeschichte nämlich selten vor, zumal sich die Dinge meist langsam ändern, im Zuge komplexer Prozesse, die sowohl ihre Vor- als auch ihre Nachgeschichten haben. Dementsprechend handelt es sich nicht bei jedem neuen Motiv, das zum ersten Mal in der Erinnerungskultur auftaucht, zwangsläufig um einen ‚Bruch'. Schließlich verschwand *Am grünen Strand der Spree* samt der Erschießungsszene genauso schnell aus der Medienöffentlichkeit,[9] wie der Medienkomplex dort aufgetaucht war.

Heute ist besagter Medienkomplex allenfalls Spezialist:innen bekannt. Die Herausgeber:innen des ihm gewidmeten Sammelbandes behaupten zudem, dass selbst die wenigen Erwähnungen in der Forschungsliteratur unmittelbar auf die Darstellungen des Massakers zurückgehen. Laut Christian Hißnauer („Spiel | Film" 216) werde dies dem Medienkomplex allerdings „nicht gerecht – auch wenn das sicherlich eine seiner größten Leistungen ist." Für meinen Ansatz ist die multimediale Schilderung des Massakers – samt ihrer Entstehungs- und Wirkungsgeschichte – hingegen von herausragender Relevanz. Meine Erfahrungen mit *Am grünen Strand der Spree* zeigen auch, dass die Erschießungsszene trotz einiger existierender Forschungsarbeiten kaum bekannt ist. Im Laufe der letzten vier Jahre präsentierte ich *Am grünen Strand der Spree* mehrfach vor deutschem und internationalem Fachpublikum, und fast immer löste ich mit der Feststellung, dass derartige Darstellungen in den 1950er und frühen 1960er Jahren möglich gewewsen waren, große Verwunderung aus.

Das wohl prominenteste Beispiel für die fehlende Beachtung des Romans ist Ernestine Schlants Monografie über den Holocaust in der westdeutschen Literatur – dabei hätte die Erschießungsszene in *Am grünen Strand der Spree* ihre Überlegungen gut ergänzen können. Auch in anderen literaturhistorischen Abhandlungen kommt *Am grünen Strand der Spree* gar nicht oder nur am Rande vor. Erste Studien zum Hörspiel sind erst 2020 erschienen. Zum Fernsehfilm und den darin enthaltenen Bildern des Massakers von Orscha gibt es hingegen tatsächlich vereinzelte Veröffentlichungen.[10] Dabei sind antiquarische Ausgaben des Buches immer noch leicht erhältlich, der Feuilletonroman der *FAZ* kann in jeder größeren Bibliothek gelesen werden, und das Hörspiel bzw. die Fernsehserie sind inzwischen auf DVD und im Internet unbegrenzt verfügbar. Die Erschießungsszsene ist daher in unmittelbar greifbarer Nähe und dennoch kaum präsent. Dieses Paradoxon nehme ich zum Anlass, *en detail* über die komplexen, inneren Mechanismen der Erinnerungskultur nachzudenken.

Um dem absehbaren Einwand vorzugreifen, mein Verfahren basiere auf aus dem Kontext gerissenen Fragmenten, handelt es sich dabei um eine weit ver-

---

9 Den Begriff der Medienöffentlichkeit bzw. der medialisierten Öffentlichkeit benutze ich in Anlehnung an Christina von Hodenbergs Studie *Konsens und Krise*. Werner Faulstich (72) zufolge sind in diesem Bereich „am ehesten Momente der bürgerlichen Öffentlichkeit (,vierte Gewalt') sichtbar".
10 An dieser Stelle verzichte ich auf eine genaue Präsentation des Forschungsstandes zu *Am grünen Strand der Spree*. Auf die existierende Fachliteratur nehme ich im Verlauf des Buches ausführlich Bezug.

breitete Kulturtechnik. So werden Szenenausschnitte und längere Zitate regulär in der Lehre verwendet. Ein kurzer Blick in Gymnasiallehrbücher zeigt, dass dort lediglich Ausschnitte literarischer Texte abgedruckt sind. In nur wenigen Fällen sind die Schüler:innen dazu verpflichtet, das jeweilige Werk in seiner Gesamtheit zu lesen; meist wird die Kunst der Interpretation anhand kurzer Textpassagen geübt. Noch vor zwanzig bis fünfundzwanzig Jahren kannten Studierende der Filmwissenschaft die Klassiker der Filmgeschichte hauptsächlich aus Beschreibungen und Einzelszenen, die in der Vorlesung gezeigt wurden. Universitätsinstitute verfügten jeweils nur über eine VHS- bzw. DVD-Kopie eines Titels, die schwer unter den Dutzenden von Studierenden zu verteilen war. Diese Lehrerfahrung prägt die Erinnerung an die Studienzeit vieler heutiger Geisteswissenschaftler:innen. Heutzutage ist es zwar einfacher, Kopien anzufertigen, aber die Praxis, nur vereinzelte Szenen zu schauen, wird wiederum durch Onlineplattformen wie YouTube angetrieben, die aus Gründen des Urheberrechts nur kurze Ausschnitte zeigen. Vor diesem Hintergrund bieten sich gerade die Mikrogeschichte und -soziologie zur Analyse solch fragmentierter Rezeptionspraktiken an.

Erinnerungsgeschichte als Mikrogeschichte

Die Tatsache, dass die vorliegende Studie von einer einzigen Szene ausgeht, verlangt nach einem entsprechenden methodischen Ansatz. Mein Fokus auf die plurimediale Darstellung des Massakers von Orscha zielt auf eine extreme ‚Vergrößerung' des Untersuchungsgegenstandes: Wie unter einem historischen Mikroskop (Medick 44; Schlumbohm 22; Levi 95) betrachte ich diese äußerst kurzen Momente der westdeutschen Mediengeschichte. Folglich schlage ich eine detaillierte Analyse aus mikro-, wenn nicht gar *nanohistorischer* Perspektive vor. Diese „basiert auf realhistorischen Ereignissen und verlangt nach genuiner Archivforschung. Sie bringt Geschichten hervor, die auf Mustern, Trends und Regelmäßigkeiten basieren." (de Vries J. 34) Der mikrohistorische Zugang erlaubt mir, die Tatsache zu erkennen, die in den *memory studies* bisher kaum Beachtung fand – nämlich, dass Erinnerungskultur auf Mikroebene ‚gemacht' wird. Sie wird von einzelnen Akteur:innen, unter bestimmten soziokulturellen und medialen Bedingungen produziert, rezipiert und weiterverarbeitet. Den Mechanismen dieser komplexen und detailreichen Vorgänge widme ich mich nun am Beispiel der plurimedialen Darstellung der Erschießungsszene in *Am grünen Strand der Spree*.

Mikrohistoriker:innen nehmen oft und gern Bezug auf die Behauptung von Clifford Geertz, Ethnologen würden nicht *über*, sondern *in* Dörfern forschen (Medick 44; Hiebl und Langthaler 11; Levi 93). Analog dazu ist die Mikrogeschichte ein Ansatz, nicht über das Kleine, sondern im Kleinen nach der Erkenntnis zu suchen. Diese Metapher greife ich auf: Die dichte Beschreibung der Geschichte von *Am grünen Strand der Spree* gibt Einblick in die Mikromechanismen und -strukturen der westdeutschen Erinnerungskultur. „Im Zentrum der Mikrogeschichte stehen [...] nicht isolierte Individuen, sondern die sozialen Beziehungen," schreibt Jürgen Schlumbohm (22). In diesem Sinne geht es also weniger um einzelne Autor:innen, Produzent:innen, Redakteur:innen oder Rezipient:innen als um das gesamte Netzwerk von Menschen, Institutionen, Technologien und Ästhetiken des kulturellen Gedächtnisses. Diese Arbeitsweise ist in den einzelnen wissenschaftlichen Disziplinen, die zu den *memory studies* beitragen, nicht neu. In der Geschichtswissenschaft sind mikrohistorische Ansätze längst bestens etabliert, ähnlich wie mikrosoziologische Untersuchungen in der Soziologie. In der Ethnologie zählt die dichte Beschreibung zu den grundlegenden Methoden, und die Literaturwissenschaft stützt sich oft auf das Verfahren des *close reading*. Auch in den Kunst-, Film- und Musikwissenschaften stellen Detailstudien kein Neuland dar. In der kulturwissenschaftlichen Erinnerungsforschung aber finden diese methodischen Ansätze noch kaum Anwendung. In den folgenden Kapiteln stelle ich daher drei Fallstudien vor, die ich als eine Art mikrohistorisches und interdisziplinäres Denkexperiment betrachte.

Der im Folgenden erarbeitete Ansatz stellt mich vor dreierlei Herausforderungen. Auf die ersten zwei macht der Mitbegründer der Mikrogeschichte, Giovanni Levi, aufmerksam (95, 109). Für ihn besteht die Mikrogeschichte erstens aus der dichten Beschreibung quellengesättigter Forschungsobjekte, und zweitens aus sozialstrukturellen Interpretationen der Fallbeispiele. Das bedeutet, dass man nah an den Quellen bleiben muss, aber soziologisch bzw. anthropologisch fundierte Schlussfolgerungen, die über die Mikroebene hinausgehen, formulieren darf. Der Fokus auf konkrete Handlungen einzelner Akteur:innen ermöglicht zudem, geschichtswissenschaftliche Narrative mit erkennbaren Protagonist:innen und klaren Konflikten zu verfassen. Auf diese Weise können potenziell gut lesbare und dennoch wissenschaftlich präzise Geschichten entstehen, wie etwa Carlo Ginzburgs mikrohistorischer Klassiker *Der Käse und die Würmer*, der weltweit zum Bestseller avancierte. Die dritte Herausforderung formuliert der deutsche Historiker Hans Medick (12), indem er auf die Perspektivenvielfalt in der mikrohistorischen Praxis hinweist. Mit anderen Worten: Mikrogeschichte zu betreiben, „heißt sich auf Komplexität einzulassen, einfachen und generalisierenden Erklärungsangeboten nicht zu trauen, sondern soziale und kulturelle Praxis aus dem eigenen Quellenmaterial zu erarbeiten." (Lanziger 49) Diesen Ansprüchen folgend, schlage ich in diesem Buch nicht eine, sondern gleich drei Mikrogeschichten der Erschießungsszene in *Am grünen Strand der Spree* vor, die auf einem breiten Quellenkorpus basieren, sozialstrukturelle Muster der westdeutschen Erinnerungskultur identifizieren und aus unterschiedlichen Perspektiven erzählt werden.

Erinnerungsgeschichte mikrohistorisch zu schreiben, bedeutet ‚hinter die Kulissen' der Erinnerungskultur zu schauen, um die Mechanismen ihrer Herstellung und Nutzung zu erfassen. Im Fall von *Am grünen Strand der Spree* stellen sich Fragen nach den Verhandlungsprozessen und der Vernetzung zwischen den Autor:innen, Verlagen und Rundfunkanstalten, nach ihren jeweiligen Interessen und Entscheidungswegen sowie nach den Reaktionen der Leser:innen, Hörer:innen und Rezipient:innen. Es handelt sich dabei um lang andauernde und aus der Ferne kaum sichtbare Prozesse, die sich größtenteils jenseits der medialisierten Öffentlichkeit abspielen. Und selbst wenn, nach vielen Gesprächen und zähen Verhandlungen, eine historische Begebenheit schließlich in einem literarischen bzw. Kunstwerk verarbeitet wird oder in die Medien gelangt, sagt das noch nichts über die erinnerungskulturelle Relevanz der Darstellung aus. Die kulturwissenschaftliche Erinnerungsforschung misst selbige vielmehr daran, ob sich andere Autor:innen auf die jeweilige Darstellung beziehen und ob sie Eingang in gesellschaftlich relevante Debatten findet. Mit anderen Worten: auschlaggebend ist vor allem die Öffentlichkeitswirkung, wie Christoph Cornelißen in seiner Definition der Erinnerungskultur betont: Erinnerungskultur umfasse alle „Repräsentationsmodi der Geschichte […], soweit sie Spuren in der Öffentlichkeit hinterlassen" (Cornelißen 1–2). Es gehe vor allem um den funktionalen Gebrauch von Geschichte, wobei in Deutschland der Erinnerung an den Holocaust eine besondere Rolle zugeschrieben werde (Cornelißen 7). Die größte Schwäche von Cornelißens Ansatz, nämlich seine Spannbreite und Unbestimmtheit, ist zugleich seine größte Stärke, denn ‚die Erinnerungskultur' wird somit zu einem *umbrella term*, der sich auf die unterschiedlichsten Formen des öffentlichen Umgangs mit der Vergangenheit bezieht. Meines Erachtens sollte dieser – positiv wie kritisch zu sehend – ergiebige Begriff jedoch von einer strukturierten Reflexion über seine soziale und mediale Dimension begleitet werden.

Für eine breite Öffentlichkeit medialisierte Geschichte ist also Resultat von Handlungen, die im sozialen, politischen, wirtschaftlichen und kulturellen Umfeld von Autor:innen, Redakteur:innen, Regisseur:innen usw. vollzogen werden. Unter ebenso komplexen Umständen werden sie – oder eben auch nicht – gelesen, gehört, gesehen, kommentiert, verschwiegen, gepriesen, verachtet usw. Dieser Prozess lässt sich aber nicht an den Kulturtexten und -bildern selbst ablesen. Für seine Rekonstruktion bedarf es zunächst mühsamer (Archiv-)Recherchen und dazu des Glücks, um die richtigen Quellen auszuwerten. Als ich zum ersten Mal im Nachlass des Fernsehfilmregisseurs Fritz Umgelter im Archiv der Akademie der Künste stöberte, wurde mir das Potenzial einer historisch orientierten Arbeit über *Am grünen Strand der Spree* bewusst. Dennoch zeigte sich eine entscheidende Lücke: Es fehlte der Nachlass von Hans Scholz, ohne den das Projekt in dieser Form nicht realisierbar gewesen wäre. Das änderte sich 2018, als das Archiv der Akademie der Künste die Scholz-Sammlung der Forschung zur Verfügung stellte. Über diesen speziellen Fall hinaus, ist die Kulturgeschichte der frühen Bundesrepublik prinzipiell ein fruchtbares Feld für detaillierte und quellenbasierte Forschungen. Seit 1945 wurde in Westeuropa kein Archivbestand kriegsbedingt zerstört. Telefonanschlüsse waren nicht in jedem Haushalt verfügbar, die Gesprächsqualität nicht immer zufriedenstellend und die Kosten hoch, weshalb die Briefkultur noch in den späten 1950er Jahren stark verbreitet war. Dabei war der Gebrauch einer Schreibmaschine eine Selbstverständlichkeit, selbst in privaten Korrespondenzen. Da das Entziffern von Handschriften mit einem hohen Zeitaufwand verbunden ist, steigert die Schreibmaschine nicht nur die Effizienz der damaligen Schreiber:innen und Leser:innen, sondern auch heutiger Forscher:innen. Gleichzeitig gibt die Materialität der Typoskripte samt Streichungen, Korrekturen und Randnotizen oft wertvolle Hinweise auf die Verfasstheit der Autor:innen. Ebenso selbstverständlich war es, Durchschlag- und Kohlepapier zu benutzen, um Kopien anzufertigen: Sollte also ein Brief im Nachlass der Adressat:innen nicht enthalten sein, ist mit großer Wahrscheinlichkeit davon auszugehen, dass er sich im Nachlass der Absender:innen finden lässt. Ferner war es üblich, Meinungen zu Büchern und Filmen auf dem Postweg mittzuteilen. Dort, wo wir heute Kommentare im Internet schreiben und lesen, griffen die Leser:innen und Zuschauer:innen nicht selten zur Feder oder der erwähnten Schreibmaschine. Nichtsdestoweniger war die Anzahl an Briefen, Notizen, Entwürfen usw. sicherlich kleiner als die Unmengen an E-Mails und Nachrichten, die wir heute verfassen. Allein wegen der Papier- und Portokosten sowie der Wegzeiten zur Post und Briefkästen konnte man nicht unendlich (oft) schreiben. Groß war auch der Drang zur Archivierung, was aufgrund der analogen und überschaubaren Kommunikationsmedien mit einfachen Mitteln zu erreichen war. Für gewöhnlich beauftragten Personen des öffentlichen Lebens Pressedienste, die ihnen in regelmäßigen Abständen Zeitungsauschnitte mit Berichten über sie selbst und ihre Arbeiten zuschickten. Hans Scholz hatte die Gewohnheit, diese zusätzlich mit eigenen handschriftlichen Kommentaren zu versehen. Von einer solchen Quellenlage werden Forscher:innen im Hinblick auf die Untersuchung des elektronischen und digitalen Zeitalters nur träumen können.

Vor dem Hintergrund dieser unglaublichen Fülle an persönlichen Quellen, die in deutschen Archiven lagern, ist es gleichsam bemerkenswert, dass die Geschichte der westdeutschen ‚Vergangenheitsbewältigung' nach wie vor von der Forschung zu politischen Institutionen, Personen des öffentlichen Lebens sowie vielfach veröffentlichten Kulturtexten dominiert wird. Die Forschungsliteratur zur juristischen Aufarbeitung von NS-Verbrechen, zu personellen und institutionellen

Kontinuitäten zwischen dem NS-Staat und der Bundesrepublik sowie zu öffentlichen Debatten und Repräsentationen von Gewalt ist kaum noch zu überblicken. Gleichwohl existieren auch Arbeiten, die die Erinnerungsgeschichte ‚von unten' untersuchen – Lutz Niethammer analysiert beispielsweise den Umgang mit der NS-Vergangenheit auf der Grundlage der *oral history*. Weitere ‚von unten' verfasste Erinnerungsgeschichten präsentieren u. a. Konrad Jarausch in *Zerrissene Leben* und Hanne Leßau in *Entnazifizierungsgeschichten*. Während Jarausch die verschiedenen Sichtweisen auf die deutsche Geschichte des 20. Jahrhunderts anhand von privaten Tagebüchern rekonstruiert, untersucht Leßau die individuellen Auslegungen der Entnazifizierung auf der Grundlage von Entnazifizierungsfragebögen und privaten Korrespondenzen. Derartige Analysen erinnerungsgeschichtlicher Mikroprozesse sind allerdings vergleichsweise selten und bedienen sich in der Regel auf biografischer Ebene konstruierter Erklärungsansätze. Meine Herangehensweise besteht hingegen darin, die Mikrogeschichte eines Ereignisses des kulturellen Gedächtnisses zu erzählen; in diesem Sinne schreibe ich die Biografie eines Kulturtextes in seinem medialen Umfeld.

Die sozialen und medialen Praktiken wiederum, die die Herstellung und Nutzung des kulturellen Gedächtnisses begleiten, sind in der Öffentlichkeit größtenteils unsichtbar. So spielte sich beispielsweise die Mehrheit der kaum wahrgenommenen Ermittlungen gegen NS-Täter:innen hinter verschlossenen Türen ab, unter Ausschluss der Medienöffentlichkeit. Ob und wie Hunderte von Mitarbeiter:innen der Staatsanwaltschaften, Polizeidienststellen und Gerichte über die Vernichtung der Jüd:innen sowie die Massenmorde an anderen Gruppen der Zivilbevölkerung sprachen, lässt sich kaum noch rekonstruieren. Ähnlich steht es um die interne Kommunikation der Verlage und Rundfunkanstalten. Zwar können wir problemlos auf die Bücher und Filme zurückgreifen, in denen Kriegsverbrechen thematisiert werden und die auch gedruckt bzw. gedreht wurden – welche Manuskripte die Verleger und Produzenten aber nicht herstellen ließen und wie sie darüber sprachen, lässt sich nur in Bruchteilen ermitteln. Folglich gewährt die erstaunlich gute Quellenlage zu *Am grünen Strand der Spree* einen einzigartigen Einblick in diese verborgene Welt des Aushandlungsprozesses des kulturellen Gedächtnisses. Obwohl das fiktive Tagebuch von Jürgen Wilms die Thesen über das Beschweigen und Verdrängen der NS-Kriegsverbrechen in der Bundesrepublik der Nachkriegszeit auf den ersten Blick nicht widerlegt – ein unbeteiligter Soldat beobachtet ein Massaker, das hauptsächlich von Nicht-Deutschen verübt wird, und äußert seine Betroffenheit –, offenbart die Geschichte von *Am grünen Strand der Spree* zahlreiche Risse im Bild des Beschweigens und Verdrängens. In diesem Sinne sind die Diskussionen im Verlag und in den Rundfunkanstalten sowie die sehr unterschiedlichen Reaktionen der Leser:innen, Hörer:innen und Zuschauer:innen als das wohl aussagekräftigste Material zu behandeln, das es in diesem

Zusammenhang zu untersuchen gilt, da es einen Einblick in eine unterschwellige Erinnerungskultur gewährt, die auf der Oberfläche der Medienöffentlichkeit kaum in Erscheinung tritt – eine Form der Erinnerung, die ich als ‚subkutanes Gedächtnis' bezeichne.

In seiner grundlegenden Studie zum kollektiven Gedächtnis stellt Maurice Halbwachs fest, dass Erinnerung in bestimmten ‚sozialen Rahmen' entstehe – in der deutschen Sprachfassung wurde *les cadres sociaux* etwas umständlich mit ‚sozialen Bedingungen' übersetzt. In Bezug auf *Am grünen Strand der Spree* lenkt das Konzept des Soziologieklassikers unsere Aufmerksamkeit auf folgende Fragen: Wie und in welchen Rahmen schufen Kultur- und Medienvertreter:innen die Darstellung eines grausamen Massenmordes, der von Mitgliedern der eigenen Gesellschaft verübt wurde? Wie und in welchen Rahmen wurde diese Schilderung wahrgenommen? Während bei Halbwachs hauptsächlich die Klassen-, Religions- und Familienzugehörigkeit von Individuen zur ‚Rahmung' des Gedächtnisses beitrug, bedarf der Begriff heute einiger Ergänzungen. Gewiss spielt der familiäre oder soziale Hintergrund von Akteur:innen eine bedeutende Rolle in der Wahrnehmung der Vergangenheit – sowohl auf individueller als auch auf kollektiver Ebene. Für den Umgang mit den Darstellungen des Massakers von Orscha sind aber auch ‚diskursive Rahmen' von Belang: Welche Themen wurden damals in der Öffentlichkeit diskutiert? Wie wurde über die deutschen Verbrechen in Osteuropa gesprochen? Wie veränderten sich die Diskurse über den Umgang mit der NS-Vergangenheit zwischen Manuskriptabgabe und Fernsehfilmpremiere? Ferner die ‚medialen Rahmen' (Erll, „Erinnerungskultur und Medien" 19): Welchen Stellenwert hatten Bücher einzelner Verlage auf dem Buchmarkt? Welche erinnerungskulturelle Funktion wurde dem älteren Medium des Radios respektive dem jungen Medium des Fernsehens zugesprochen? Neben der Erfassung besagter sozialer, diskursiver und medialer Rahmen der Schilderung des Massakers von Orscha geht es mir um ihre Historisierung. Rezeptionsästhetiker:innen, allen voran Hans Robert Jauß („Literaturgeschichte"), forderten bereits in den 1970er Jahren, die jeweiligen Gegenwarten von Leser:innen und Betrachter:innen zu berücksichtigen. Dieses Desiderat hat nach wie vor nichts an seiner Aktualität eingebüßt.

Die Mikrogeschichte der Erinnerungskultur konzipiere ich daher als Zusammenführung von vier Ansätzen der kulturwissenschaftlichen Erinnerungsforschung. Erstens befassen sich die in diesem Feld tätigen Wissenschaftler:innen mehrheitlich mit hermeneutischen Analysen kultureller Repräsentationen von Geschichte. Das geht auf die u. a. von Aleida Assmann (*Der lange Schatten* 54) formulierte Annahme zurück, das kulturelle Gedächtnis sei an materielle Träger gebunden und werde über Symbole und Zeichen vermittelt. In der Forschungspraxis wird dieser Gedanke in unzähligen Literatur-, Film-, Kunst-, Museums-, Ritualanalysen usw. umgesetzt. Trotz zahlreicher Stimmen in der Holocaustforschung, die den Begriff der Repräsentation kritisch hinterfragen (Friedländer; Ehrenreich und Spargo), insbesondere in Bezug auf traumatische Erinnerungen (Golańska, *Affective*),[11] wird er die kulturwissenschaftliche Erinnerungsforschung vermutlich noch lange dominieren. Selbst wenn wir uns vom ‚repräsentationalen' Denken lösen wollten, ist es immer noch Ausgangspunkt der Kritik. „Anstatt uns zu einem authentischen Ursprung zu führen oder uns einen nachprüfbaren Zugang zum Realen zu ermöglichen," konstatiert Andreas Huyssen (5), „basiert die Erinnerung [...] selbst auf Repräsentation." Folglich löst sich auch die vorliegende Studie nicht von diesem Paradigma. Ich verstehe sie aber als Intervention in die *memory studies*, um den vorherrschenden hermeneutischen Ansatz um Aspekte der Herstellung und Nutzung von erinnerungskulturell relevanten ‚Repräsentationen' zu erweitern.

Zweitens hielten jüngst Ansätze der globalen und transkulturellen *memory studies* Einzug in die kulturwissenschaftliche Erinnerungsforschung (u. a. Assmann und Conrad; Inglis; Young N.). Sie reflektieren die Diskussion über die Globalisierung der Erinnerung an den Holocaust, die zunächst von Daniel Levy und Natan Sznaider angestoßen und später von Michael Rothberg fortgesetzt wurde. Diesen Thesen möchte ich nicht widersprechen. Je mehr wir uns aber berechtigterweise mit der Globalität von Erinnerungskulturen beschäftigen – was angesichts der Etablierung der postkolonialen und transkulturellen Studien auch immer häufiger zu beobachten ist –, desto weniger konzentrieren wir uns auf den konkreten Ablauf und die historische Dimension dieser Prozesse. Dabei sind die Global- und die Mikrogeschichte nicht zwangsläufig als Gegensätze zu begreifen (Epple; de Vries J.). Den Vertreter:innen beider Ansätze ist nämlich gemein, die Dominanz der Nationalgeschichten durchbrechen zu wollen: Während die Globalgeschichte nach transkulturellen Erklärungsmustern sucht, konzentriert sich die Mikrogeschichte auf individuelle und lokale Prozesse, die quer durch national relevante Kategorien verlaufen. Dazu gehören persönliche Handlungsräume, medialisierte Kommunikationswege oder sozialstrukturelle Bedingungen in Bezug auf das kollektive Gedächtnis.

Drittens möchte ich auf ein Desiderat eingehen, das sich in der kulturwissenschaftlichen Erinnerungsforschung häufiger wiederholt. Mithilfe einer mikrohistorischen Untersuchung der einzelnen Fassungen von *Am grünen Strand der Spree* beabsichtige ich – mit Wulf Kansteiner gesprochen („Finding Meaning" 180) – die „soziologische Grundlage der historischen Repräsentation zu be-

---

11 In der Einführung und im ersten Kapitel ihres Buches präsentiert Dorota Golańska (*Affective*) eine umfangreiche Übersicht des Forschungsstandes zur Kritik des Repräsentationsmodells in Bezug auf die Präsenz von traumatischen Erinnerungen in der (Erinnerungs-)Kultur.

leuchten". Zu Recht fordern viele Forscher:innen eine stärkere Berücksichtigung der Rezeption, denn ein Zusammenhang zwischen kulturellem Gedächtnis und medialisierter Erinnerung besteht nur dann, wenn letztere auch ‚wahrgenommen' wird (Törnquist-Plewa u. a. 3). Dabei geht es nicht zwangsläufig um den ‚Einfluss' des Romans oder des Films auf das kollektive Gedächtnis. Diese einseitige Beziehung wird neuerdings in Zweifel gezogen – zugunsten der These, dass auch Rezipient:innen ihre Vorstellungen auf Kulturtexte projizieren (Moller; Rauch; Garncarz).

Viertens ist *Am grünen Strand der Spree* kein anspruchsvolles Werk, sondern ein Stück Populärkultur, das sich an ein Massenpublikum richtete. Dies ist insofern bedeutend, als sich die kulturwissenschaftliche Erinnerungsforschung oft mit künstlerisch ambitionierten Werken befasst, deren gesellschaftliche Wahrnehmung aber kaum über die Feuilletons großer Zeitungen hinausreicht. Im Gegensatz dazu handelt diese Fallstudie von einem Beispiel medialisierter ‚Populärerinnerung'. Alison Landsberg (*Prosthetic Memory* 2) zufolge sind es gerade solche Vergangenheitsbilder, die Individuen Geschichte nahebringen. Ohne dieser These widersprechen zu wollen, stelle ich hier allerdings das gegenteilige Verhältnis in den Mittelpunkt. In der frühen Bundesrepublik hatten so gut wie alle erwachsenen Bürger:innen individuelle Erinnerungen an den Zweiten Weltkrieg. Millionen ehemaliger deutscher Soldaten wussten sehr genau, was in den besetzten Gebieten geschehen war, so dass die Funktion von Kriegsliteratur oder -filmen vielmehr in der Bereitstellung kollektiver Narrative bestand, mithilfe derer unbequeme Erinnerungen sinnstiftend gedeutet werden konnten.[12]

Disziplinär ist diese Studie schwer zu verorten. Laut Christina von Hodenberg („Expeditionen" 26–27) würden mediengeschichtliche Themen gleichermaßen von Historiker:innen wie von Medien- und Kommunikationswissenschaftler:innen bearbeitet, die aufgrund unterschiedlicher Forschungsfragen, Ansätze und Methoden aber oft aneinander vorbeiredeten. Derartige Diskussionen über disziplinäre Zuordnungen finde ich ähnlich wie von Hodenberg wenig zielführend. Ich gehe von meinem Forschungsobjekt aus, also von der Schilderung des Massakers von Orscha in den unterschiedlichen Fassungen von *Am grünen Strand der Spree*, und untersuche es mit allen der interdisziplinären Erinnerungsforschung zur Verfügung stehenden Methoden und Techniken. Auch das ist eine Prämisse der Mikrogeschichte, die geschichts- und sozialwissenschaftliche Methoden miteinander verbindet.

---

[12] Für die Literatur siehe u. a. Norman Ächtlers Monografie *Generation in Kesseln*, für Fernsehfilme vgl. u. a. Christoph Classens *Bilder der Vergangenheit*.

Bewegungen der Erinnerungskultur

Die kulturwissenschaftliche Erinnerungsforschung erlebt derzeit, wie Ann Rigney konstatiert, eine Schwerpunktverschiebung vom ‚Produkt' zum ‚Prozess' („Cultural Memory" 68). Das kulturelle Gedächtnis existiert nicht, es ‚passiert' – im doppelten Wortsinn von ‚Geschehen' und ‚Vorbeigehen'; das Gedächtnis ‚wandert' und ‚bewegt sich'. Bereits vor zwanzig Jahren äußerte Annette Kuhn diesen Gedanken in Bezug auf die Erinnerungskultur, doch erst im Zuge intensiver Migrationsströme und immer ‚flüchtigerer' Gegenwarten (Bauman) gewann er an Bedeutung. Diese Idee fügt sich in die erfolgreichen *travelling concepts* von Mieke Bal, die *travelling theory* von Edward Said, sowie die *travelling cultures* von James Clifford ein (Neumann und Nünning). Im Zusammenhang mit Letzterem betont Astrid Erll, dass „*jede* kulturelle Erinnerung ‚wandern' und sich bewegen *muss*, damit sie ‚am Leben bleibt', Individuen und Gruppen beeinflusst" („Travelling Memory" 12).[13] Rigney fügt hinzu, dass nur diese Erinnerungen, die „durch Medien wandern und von diversen Akteuren angeeignet werden" (*The Afterlives* 51–53), für das kulturelle Gedächtnis produktiv seien. Beide Autorinnen betrachten ihre Forschungsobjekte sehr gründlich und in ‚hoher Auflösung', allerdings im Weitwinkelobjektiv: Rigney fragt nach dem langen Nachleben von Walter Scotts Literatur, und Erll untersucht das ‚wandernde Gedächtnis' der *Odyssee* in seinem globalen Ausmaß. Im Gegensatz dazu erfasse ich das Auf- und Abtauchen von *Am grünen Strand der Spree* und der Schilderung der Ermordung der sowjetischen Jüd:innen wie in einer Nah- bzw. Detailaufnahme. Im Vergleich zu den Wandlungen, die im Fokus der globalorientierten Erinnerungsforschung stehen, handelt es sich hierbei um geradezu molekulare ‚Schwingungen', die auf der untersten Ebene der Erinnerungskultur zum Vorschein treten.

Derlei kleinste Gedächtnisbewegungen sind schon auf individueller Ebene zu erkennen: Hans Scholz, der anlässlich unterschiedlicher Feierlichkeiten – wie etwa der Verleihung des Heinrich-Stahl-Preises der Jüdischen Gemeinde oder der Aufnahme in die Akademie für Sprache und Dichtung – seine Biografie vorstellen musste, tat dies jedes Mal auf andere Weise. Er passte seine Erzählung seinem jeweiligen Publikum an, was in der Diskursanalyse als *framing* bezeichnet wird und in der kulturwissenschaftlichen Erinnerungsforschung dem Begriff der Halbwachs'schen ‚Rahmen' entspricht. So betonte Scholz bestimmte Episoden seiner Biografie immer wieder, wie etwa seine Verweigerung der Mitgliedschaft in der Reichskunstkammer, andere hingegen, darunter seine freiwillige Meldung zur Wehrmacht, erwähnte er nur zu bestimmten Anlässen und kommentierte sie

---

13 Betonung im Original.

zudem unterschiedlich. Abhängig von seinem Publikum stellte er sich als Maler, als Schriftsteller, als Intellektueller oder gar als Kneipengänger vor. Wir können derartige Strategien moralisch unterschiedlich werten, doch die Tatsache, dass Menschen – Scholz stellt hier keine Ausnahme dar – divergierende Elemente ihrer Vergangenheit selektiv kommunizieren, zeugt von der Flexibilität des individuellen Gedächtnisses, das sich an externe Erwartungshaltungen anpasst.

Seine Erlebnisse verarbeitete Scholz im Romanmanuskript. Dann nahmen die Lektor:innen im Verlag einige Änderungen vor, und im Zuge der Produktion von Hörspiel und Fernsehserie folgten weitere Überarbeitungen. Was den Zuschauer:innen schließlich im Fernsehen präsentiert wurde, lässt sich nur noch bedingt darauf zurückführen, was Scholz in Orscha gesehen hatte. Und dennoch äußerte er sich nach der Ausstrahlung so, als handele es sich um die Verfilmung seiner Memoiren (Scholz, „Der Autor"). Die Darstellung des Massakers von Orscha wird also zwischen den Texten und Bildern bewegt und kehrt dann wieder zum Urheber dieser konkreten Erinnerungen zurück. Was genau Scholz vor dem Fernseher dachte, und ob er die Szene oder Teile davon tatsächlich mit seinen Erinnerungen gleichsetzte, können wir selbstverständlich nicht wissen; in der Sozialpsychologie geht man aber davon aus, dass individuelle Erinnerungen durchaus von medialen Geschichtsbildern geprägt werden können (Welzer 185–207).

Betrachtet man *Am grünen Strand der Spree* aus einer breiteren Perspektive, wird schnell klar, dass es sich um einen „außergewöhnlichen Normalfall" (Hiebl und Langthaler 12) handelt. Der Medienkomplex repräsentiert den Großteil der Kulturproduktion, der keine politischen Debatten hervorrief, wenn überhaupt nur eine geringe Zahl an nachfolgenden Autor:innen beeinflusste und selten erforscht wurde. In diesem Sinne haben wir es mit einem recht durchschnittlichen Werk der westdeutschen Kulturgeschichte zu tun. Ferner war Scholz keinesfalls der Erste, der die deutschen Kriegsverbrechen literarisch verarbeitete. Heinrich Böll etwa spricht in *Der Zug war pünktlich* [1949] von galizischen Ortschaften, die „nach Pogrom riechen" (27). Auf seiner Reise gen Osten denkt sein Protagonist Andreas mehrmals „an Czernowitz, und er betet besonders für die Czernowitzer Juden und für die Lemberger Juden, und in Stanislau sind auch sicher Juden, und in Kolomea" (Böll, *Der Zug* 39). Mehr wird über den Massenmord an den osteuropäischen Jüd:innen nicht gesagt – auch lässt sich dies nur aus dem Kontext schließen, zumal diese Gedanken im Zusammenhang mit seinen Betrachtungen über das Sterben aufkommen. Auf diese Weise sagt Böll, was er streng genommen nicht ausspricht, nämlich dass die Jüd:innen aus Galizien inzwischen tot sind. Ein anderes Beispiel wäre Paul Verhovens Film *Ich weiß, wofür ich lebe* [1955], der von einer Frau handelt, die zwei jüdische Kinder aus Osteuropa großzieht. In „unpopulären Rückblenden", wie es damals hieß, wird zwar gesagt, dass die Eltern der Kinder getötet wurden, am Ende aber wird „wieder einmal alles in Watte gepackt, verdrängt, und [...] in ein freundliches Ende gefunden" (Anonym, „Neu in Deutschland"; Anonym, „Probleme verspielt").[14] Im Gegensatz zu solchen in der Öffentlichkeit lediglich unterschwellig aufscheinenden Bruchstücken der kulturellen Erinnerung an die Ermordung der osteuropäischen Jüd:innen enthielt *Am grünen Strand der Spree* die mit Abstand ausführlichste Beschreibung eines Massenmordes während des Zweiten Weltkrieges. Bis heute lassen sich in der deutschen Literatur nur wenige vergleichbare Passagen finden; in der Weltliteratur füllte Jonathan Littell diese ‚Lücke' mit seinem monumentalen Täterroman *Die Wohlgesinnten* [franz. Orig. 2006, dt. Übers. 2008].

Der ambivalente Charakter von *Am grünen Strand der Spree* scheint für den westdeutschen Umgang mit der jüngsten Vergangenheit nicht ungewöhnlich zu sein. Eine Sichtung der Forschungsliteratur über die bundesrepublikanische ‚Vergangenheitsbewältigung' offenbart schnell, dass es *die eine* westdeutsche Erinnerungskultur nicht gab. Viele politische und gesellschaftliche Prozesse verliefen parallel zueinander, und die entscheidenden Wendungen erfolgten vermutlich irgendwo in Zwischenräumen. Zudem haben wir es mit der Politik der Regierung unter Konrad Adenauer zu tun, die sich der Aufarbeitung der Vergangenheit programmatisch in den Weg stellte.[15] Nicht ohne Grund sprach Theodor W. Adorno in seinem berühmten Vortrag „Was bedeutet Aufarbeitung der Vergangenheit?" (11) vom „Vergessen" und vom „Verdrängen des Gewußten oder halb Gewußten". Die These vom Verdrängen forcierten Alexander und Margarethe Mitscherlich, die 1967 ihren psychoanalytisch untermauerten Essay *Die Unfähigkeit zu trauern* veröffentlichten. Später prägte Hermann Lübbe den Begriff des kommunikativen Beschweigens für den stillen und dennoch konstruktiven Umgang der Nachkriegsgesellschaft mit den deutschen Kriegsverbrechen.

Das ‚Verdrängen' und ‚Beschweigen' umfasst aber nicht das ganze Bild des bundesrepublikanischen Umgangs mit der NS-Geschichte, zumal auch die zahlreichen strafrechtlichen Maßnahmen erwähnt werden müssen. Zwischen 1950 und 1960 leiteten die westdeutschen Staatsanwaltschaften mehr als 7.000 Ermittlungen gegen NS-Täter ein (Eichmüller 626). 1958 wurde der seinerzeit wohl bekannteste Fall – die Ermordung litauischer Jüd:innen durch das Einsatzkommando Tilsit – vor dem Ulmer Landgericht verhandelt (Fröhlich). Eine Folge-

---

14 Aufgrund der pandemiebedingten Zugangsbeschränkungen 2020/2021 ist es mir nicht gelungen, den Film im Archiv zu sichten, weshalb ich mich hier auf zeitgenössische Rezensionen beschränken muss.
15 Berüchtigtes Beispiel für den Umgang der Regierung Adenauer mit der NS-Vergangenheit ist der Fall von Hans Globke, Chef des Bundeskanzleramtes, der für seine Tätigkeit als Ministerialrat im Nationalsozialismus der Mittäterschaft im Holocaust beschuldigt wurde (Bästlein).

erscheinung u. a. dieses Prozesses war die Gründung der Zentralen Stelle der Landesjustizverwaltungen zur Aufklärung Nationalsozialistischer Verbrechen in Ludwigsburg (Krösche). Nichtsdestoweniger wurde gegen die bedeutende Mehrheit der NS-Täter:innen nie ermittelt, und nur ein Bruchteil der eingeleiteten Ermittlungen endete mit Verurteilungen (Fulbrook 355). Ferner konnten die meisten Verurteilten auf vorzeitige Entlassungen hoffen (Eichmüller). In der frühen Bundesrepublik existierte Verdrängung neben Aufarbeitungsversuchen, je nachdem, welche – juristische, politische, mediale oder gar familiäre[16] – Ebenen wir in Betracht ziehen (Berghoff 97). In diesem Sinne führt die Untersuchung nur einzelner Bereiche zu jeweils anderen Schlussfolgerungen.

Zu wesentlichen Umbrüchen in der westdeutschen Auseinandersetzung mit der NS-Vergangenheit kam es erst in den 1960er Jahren. Das „Herzstück deutscher Vergangenheitsbewältigung" (Reichel 10) waren die großen NS-Prozesse, allen voran der Frankfurter Auschwitz-Prozess. Bald schon befassten sich Kulturschaffende mit den Geschehnissen, beispielsweise Peter Weiss in seinem Drama *Die Ermittlung* [1965]. Im Gegensatz zu anderen Medienereignissen im Zusammengang mit der ‚Vergangenheitsbewältigung', wie etwa die Fernsehübertragung des Eichmann-Prozesses oder die Ausstrahlung der amerikanischen Serie *Holocaust* [1978/9], wird *Am grünen Strand der Spree* nur von vereinzelten Forscher:innen als relevante Etappe im Umgang mit dem NS-Erbe anerkannt. Wie konnte eine plurimediale, in den Massenmedien verbreitete Darstellung eines deutschen Kriegsverbrechens keinerlei langfristige Konsequenzen für die Erinnerungskultur nach sich ziehen? Bei der Bewegungsmetaphorik bleibend, scheint es, als seien die Schilderung des Massakers von Orscha sowie der gesamte Medienkomplex *Am grünen Strand der Spree* in eine Sackgasse der Erinnerungskultur geraten. Die durch Roman, Hörspiel und Fernsehserie vermittelte Erinnerung an die Ermordung der sowjetischen Jüd:innen hörte schnell auf zu ‚wandern' oder gar zu ‚schwingen' – und blieb stattdessen stehen. Wie kam es dazu? Bewegt sich *Am grünen Strand der Spree* aufgrund weiterer Wandlungen der Erinnerungs- und Medienkultur nun möglicherweise wieder aus dieser Sackgasse heraus?

Die Remedialisierung der Erinnerungskultur

Die Präsenz der Vergangenheit in der Gegenwart erfordert eine Medialisierung von Geschichte, denn das kollektive Gedächtnis ist auf Medien – im Sinne von ex-

---

16 Neben den in Fußnote 5 erwähnten Arbeiten sind hier u. a. die Forschungen von Niethammer, Reifenberger oder Rürup zu nennen.

ternen Trägern – angewiesen und ohne sie nicht denkbar. Schon Halbwachs kam zu dieser Erkenntnis und argumentierte, Gedächtnis würde erst im Kommunikationsakt entstehen. Das Verhältnis zwischen Medien und kollektiver Erinnerung wurde daraufhin mehrmals diskutiert – oft auch unter Verweis auf Benedict Anderson, der den Zusammenhang zwischen national imaginierten Geschichtsbildern und der Entwicklung der Massenmedien aufzeigte.

Die Geschichte wird nicht nur remedialisiert, sondern auch prämedialisiert, wie Astrid Erll (*Kollektives Gedächtnis* 160) in Anlehnung an Richard Grusin schreibt. Bestimmte Motive werden gerade deshalb oft remedialisiert, weil sie schon prämedialisiert wurden. Wir haben es mit einer kreis- oder spiralförmigen Bewegung zu tun, in der einzelne Bilder und Begriffe durch bereits existierende Vor-Bilder und Vor-Begriffe geprägt und anschließend reaktiviert werden. Die mit Blick auf die Erinnerungsforschung offensichtlichen Vorteile dieses dynamischen Modells erlauben es mir, den Medienkomplex *Am grünen Strand der Spree* als Prozess der Prä- und Remedialisierung zu betrachten. Im Gegensatz dazu geht das Konzept der Adaption – selbst in seiner prozessualen Auffassung (Hutcheon) – von einem grundsätzlich linearen Ablauf aus, in dem ein Werk als Reaktion auf ein Vorheriges entsteht. Das kulturelle Gedächtnis verläuft aber nicht linear, es ist vernetzt, verzweigt und es zirkuliert.

Der Gedanke eines genuinen Zusammenhangs zwischen Medien und kulturellem Gedächtnis stellt ferner den Kern der Theorie von Aleida und Jan Assmann dar. Geprägt von technologischem Determinismus schlägt der Assmannsche Ansatz ein Modell der Gedächtnisgeschichte vor, das sich nach den medientechnischen Innovationen, etwa der Erfindung der Schrift, des Buchdrucks oder der Fotografie, richtet (Assmann, „Zur Mediengeschichte"). Nun kam *Am grünen Strand der Spree* in einer entscheidenden medienhistorischen Epoche heraus, denn das Fernsehen war im Kommen; wenn auch die Medienrevolution zum Ende der 1950er Jahre nicht so augenscheinlich war wie sie es aus heutiger Sicht ist. Während sich die Ankunft des neuen Mediums vor allem am Kinomarkt niederschlug, hatte es auf die Verkaufszahlen von Büchern und Zeitungen sowie die Hörfunknutzung zunächst nur einen unerheblichen Einfluss (Meyen; Institut für Demoskopie 79–82). Mit Blick auf die vorliegende Studie stellt sich daher die Frage, wie sich die zeitgenössischen technologischen Veränderungen auch auf die Erinnerungskultur auswirkten.

Laut Andrew Hoskins („New Memory") beeinflusst jedes neu auftretende Medium bereits existierende Erinnerungsmodi. Das zeigt Hoskins u. a. am Beispiel des Übergangs von elektronischen zu digitalen Medien, also vor allem vom Fernsehen zum Internet. Während in der elektronischen Phase einige wenige große Medieninstitutionen das Massenpublikum kontrollierten, verteilen sich in der digitalen Phase die Kräfte auf mehrere, miteinander konkurrierende Institutionen sowie auf weltweit verstreute und unbestimmbare Nutzer:innen. Hoskins erläutert diesen Unterschied am Beispiel der Kriegsberichterstattung. In der elektronischen Phase stehen Fragen nach Sichtbarmachung und Vermittlung des Krieges an die Öffentlichkeit im Mittelpunkt. In der digitalen Phase geht es wiederum um die Gestaltung des Krieges für die Medien sowie die Gestaltung der Medien für den Krieg. Die Nutzer:innen bilden dabei „affektive Netzwerke" anstelle einheitlicher Öffentlichkeiten (Hoskins, „The Mediatization" 669). Der Großteil der heutigen Forschung konzentriert sich auf die medientechnologischen Entwicklungen der letzten Jahre bzw. Jahrzehnte. Die Anfänge der Epoche des Fernsehens, als das medial vermittelte Geschichtsbild zu einer Alltagserfahrung westlicher Gesellschaften avancierte, werden hingegen seltener in Betracht gezogen. Stewart Anderson und Wulf Kansteiner (446) behaupten sogar, dass das westdeutsche Fernsehen bis 1967 „weder die ‚Kriegsverbrechen' noch [...] die Kriminellen visualisierte". Dieser These ist deutlich zu widersprechen. Das bundesrepublikanische Fernsehen entwickelte sich bereits an der Wende der 1950er zu den 1960er Jahren zu einem Medium gesellschaftlicher Debatten und leistete einen Beitrag zur Etablierung neuer Geschichtsbilder (Classen; Keilbach, „Zeugen"; Bösch, „Geschichte"). Dank serieller Formate konnte die Aufmerksamkeit des Publikums über mehrere Tage und Wochen gehalten werden. Auch folgten der Ausstrahlung von *Am grünen Strand der Spree* im Frühjahr 1960 u. a. die Dokumentationsreihe *Das Dritte Reich* [1960/1961] und die Berichterstattung zum Eichmann-Prozess [1961] (Bösch, „Das Dritte Reich"; Keilbach, „Eine Epoche").

In diesem Sinne spiegelt *Am grünen Strand der Spree* nicht nur die rasante Karriere des Fernsehens wider, sondern auch den Aufstieg der Populärliteratur in der Nachkriegszeit sowie den langsamen Untergang des Fortsetzungsromans und des Hörspiels. Vor dem Hintergrund dieser Medienentwicklung vollzog sich der Wandel der westdeutschen Erinnerungskultur. Nichtsdestoweniger ist in Anlehnung an die Wissenschafts- und Technologiestudien zu überlegen, inwiefern die Medientechnologien über die Dynamik der Erinnerungskultur mitentscheiden. Freilich handelt es sich dabei um keinen neuen Gedanken, zumal bereits Platon im *Theaitetos* (197c–d) das Zusammenspiel zwischen Medien und Gedächtnis diskutierte – so entscheide nämlich die Wachshärte über die Beständigkeit von Erinnerungen, die auf einer Wachstafel verschriftlicht werden. Diese klassische Metapher lässt sich wörtlich deuten – es geht nicht nur um die Medialität von Gedächtnis, sondern auch um seine Materialität. Für das 20. Jahrhundert bedeutet dies, dass wir uns den technischen Aspekten von Erinnerungsmedien intensiver widmen sollten: Ist die Auflage zu gering, der Empfang zu schlecht, das Bild zu unscharf, wird sich das medial vermittelte Geschichtsbild schlecht durchsetzen können, und zwar unabhängig von seinem Inhalt.

In der Diskussion um die Remedialisierung als Grundlage der Erinnerungskultur möchte ich darüber hinaus die ‚Plurimedialität' hervorheben. *Am grünen Strand der Spree* birgt großes Potenzial für eine historische Untersuchung der ‚Wanderung' desselben Stoffes zwischen unterschiedlichen Medien. Heck, Lang und Scherer betonen die Einzigartigkeit des Medienkomplexes, der ihrer Ansicht nach nur mit Alfred Döblins Roman *Berlin Alexanderplatz* [1931] und seinen zeitnahen Hörfunk- und Filminszenierungen zu vergleichen sei. Mehrfache Adaptionen desselben literarischen Stoffes für Rundfunk und Kino waren in der frühen Nachkriegszeit allerdings nicht ungewöhnlich. Hierzu gehört etwa Gerhard Hauptmanns *Die Ratten* [1911] – ein Stück, das nach dem Ende des Zweiten Weltkrieges mit drei Hörspielinszenierungen und vier Verfilmungen, darunter zwei amerikanischen, bedeutend an Popularität gewann (Schauding). Ein anderes Beispiel ist Theodor Plieviers Bestseller *Stalingrad*, der unmittelbar nach dem Krieg als Buch erschien [1945], dreimal für den Hörfunk [zweimal 1948 und einmal 1953] und später fürs Fernsehen [1963] adaptiert wurde. Die Einzigartigkeit von *Am grünen Strand der Spree* – so Heck, Lang und Scherer – liege folglich vor allem in der relativ kurzen Zeit zwischen der Romanveröffentlichung und den Medieninszenierungen, wobei auch das für die damalige Zeit nichts Außergewöhnliches war. Wolfgang Borcherts Drama *Draußen vor der Tür* wurde als Hörspiel [1947], kurz darauf als Theaterstück [1947] und zwei Jahre später als Film unter dem Titel *Liebe 47* inszeniert; der Roman *So weit die Füße tragen* von Joseph Martin Bauer, der wie *Am grünen Strand der Spree* 1955 veröffentlicht wurde, diente zunächst dem gleichnamigen, achtteiligen Hörspiel von 1956 und anschließend der 1959 ausgestrahlten Miniserie als Vorlage. Beide Romane konkurrierten miteinander um den Fontane-Preis, der letztendlich Scholz verliehen wurde, und beide wurden auch von Fritz Umgelter verfilmt.

Neben den einzelnen Werken nahm das Publikum auch Rezensionen, Programmhefte, Plakate u. ä. wahr. ‚Plurimedialität' war – und bleibt – daher ein wesentlicher Bestandteil der Rezeption. Das daraus resultierende Forschungsdesiderat mehrere Medien gleichzeitig in Betracht zu ziehen, anstatt sich nur auf jeweils ein Medium zu konzentrieren, formulieren u. a. Janet Staiger und Sabine Hake. In diesem Zusammenhang bezeichnet Axel Schildt („Das Jahrhundert") für den deutschsprachigen Raum das 20. Jahrhundert als Epoche der „massenmedialen Ensembles". Andreas Fickers (51) ergänzt Schildts Konzept um den Gedanken, dass die Mediengeschichte kein linearer Prozess sei und das Auftreten ‚neuer' Medien, insbesondere des Fernsehens, einen rückwirkenden Einfluss auf die bereits existierenden Medien habe. Hinzu kommt das lange Nachleben einzelner Medienerscheinungen, das in den klassischen Narrativen der Mediengeschichte oft übersehen wird. Dementsprechend folgt die grundlegende Forschung zur Literatur-, Film- oder Theatergeschichte in der Regel einem bestimmten Muster: Die Geschichte einzelner Werke wird von der Idee über die Produktion bis hin zur Rezeption unmittelbar nach der Premiere besprochen. Dabei korrespondiert dieses Narrativ weder mit der Sicht der Produzent:innen noch mit der des Publikums. Bücher erscheinen in mehreren Auflagen – zunächst gebunden, danach im Taschenformat, als Hörbücher oder als E-Books. Filme werden über Monate, wenn nicht gar Jahre, gespielt – natürlich in immer abgelegeneren bzw. spezialisierteren Kinos –, bis sie auf DVD erscheinen, im Fernsehen ausgestrahlt oder über Streamingdienste angeboten werden. Theaterstücke werden immer neu aufgeführt, Kunstwerke neu ausgestellt oder digitalisiert. Für die *memory studies* ist dieses Nachleben Rigney (*The Afterlives* 51) zufolge ein Zeichen der Dynamik des kulturellen Gedächtnisses, dessen Erlöschen sich wiederum am Ausbleiben von Neufassungen, Neuausgaben oder Neuinszenierungen ablesen lässt. All diese Phänomene veranschaulicht *Am grünen Strand der Spree* auf Mikroebene.

Die Tatsache, dass sich die Rezeptionsforschung meist auf nur ein Medium konzentriert (Moller; Rauch; Bittereys und Meers), hat also vor allem mit der Struktur des akademischen Feldes zu tun – vereinfacht gesagt: Literaturwissenschaftler:innen interessieren sich vor allem für Leser:innen und Filmwissenschaftler:innen für Zuschauer:innen – als mit der alltäglichen Rezeptionspraxis, im Zuge derer Menschen mehrere Medien gleichzeitig nutzen. Dabei sollte es darum gehen, „zu erklären, wie verschiedene Medien sich gegenseitig und in ihrem Zusammenspiel die Gesellschaft beeinflussen," wie Christina von Hodenberg („Expeditionen" 36) auf den Punkt bringt. Beispielsweise verglichen Radiohörer:innen, die sich zur Hörspielfassung von *Am grünen Strand der Spree* äußerten, sie stets mit dem Buch; Fernsehkritiker taten dies indes seltener. Mit großer Wahrscheinlichkeit ist aber anzunehmen, dass sie anderthalb Jahre zuvor Berichte über den Verlauf des Ulmer Einsatzgruppenprozesses gelesen hatten. Wenige Wochen vor der Ausstrahlung der ersten Folge der Fernsehserie hatten sie im Hessischen Rundfunk Adornos Vortrag über die Aufarbeitung der Vergangenheit hören können. So schwer sich diese Zusammenhänge im Einzelnen nachweisen lassen, dürften sie den Blick auf die Erschießungsszene in allen Fassungen von *Am grünen Strand der Spree* doch mitgeprägt haben.

Zum Aufbau des Buches: Dreimal dieselbe Geschichte erzählen

Die Idee zu diesem Buch entwickelte sich seit 2014. Nachdem ich die Darstellung des Massakers zunächst in der Fernsehserie gesehen, dann im Hörspiel gehört und schließlich im Buch gelesen hatte, wollte ich mehr darüber wissen. Schon bald stellte sich die Forschungsliteratur zu *Am grünen Strand der Spree* als sehr spärlich heraus; tiefergründigere Erkenntnisse waren ohne Archivrecherche nicht möglich, wobei auch die Quellenlage anfangs nicht vielversprechend aussah. Das änderte sich mit der Übernahme des Scholz-Nachlasses durch das Archiv der Akademie der Künste. Auch durfte ich die Archivbestände des Hoffmann und Campe Verlags konsultieren. Die historischen Archive des SWR und WDR stellten weitere Dokumente zu Hörspiel und Fernsehfilm zur Verfügung. Ergänzende Materialien fand ich im Landesarchiv Berlin, im Bundesarchiv Militärarchiv in Freiburg sowie im Deutschen Literaturarchiv Marbach. Schließlich gelang es mir dank der Hilfe der Mitarbeiter:innen der Zentralen Stelle in Ludwigsburg sowie des Staatsarchivs München, die Akten zum Massaker von Orscha ausfindig zu machen.

Parallel dazu las ich Sylvie Lindepergs Buch „*Nacht und Nebel*". *Ein Film in der Geschichte*, ein schlagkräftiges und gut lesbares Beispiel für eine quellengesättigte Analyse eines scheinbar überschaubaren Ereignisses der Mediengeschichte. Lindeperg überzeugt mit einer präzisen Arbeitsweise und zahlreichen Querschnitten durch die Geschichte von Alain Resnais' berühmten Auschwitz-Film, den sie wie unter einem historischen Mikroskop betrachtet. Indem sie einen mikrohistorischen Ansatz für ihre Analyse wählt, untersucht sie die Geschichte von *Nacht und Nebel* nicht linear, sondern begreift die einzelnen Aufführungen und Fassungen als unterschiedliche Schichten, die sie gleichsam ein Palimpsest eine nach der anderen sorgfältig aufdeckt (Lindeperg, „*Nacht*" 13). Die Forscherin entfaltet die Geschichte jeder dieser Schichten in ihrer vollen Ausführlichkeit und Komplexität, so dass am Ende eine multidimensionale Erzählung über *Nacht und Nebel* entsteht. In Lindepergs Methode erkannte ich für mich die Möglichkeit, *Am grünen Strand der Spree* zu beschreiben. In der Fülle der Quellen, die den Medienkomplex dokumentieren, ließ sich jedoch keine klare narrative Linie erkennen. Ich formulierte – und, wie man diesem Einführungskapitel entnehmen kann, formuliere immer noch – verschiedene und teils entgegengesetzte Forschungsfragen anstelle eines zentralen Forschungsproblems. Einerseits barg die Schilderung des Massakers das Potenzial, einen erinnerungskulturellen ‚Bruch' zu erzeugen. In einer Zeit, in der noch selten über dieses Thema gesprochen wurde, konfrontierten Buchpassage, Hörspielszene und Fernsehfilmsequenz Millionen von Rezipient:innen mit fiktionalen Bildern der Ermordung osteuropäischer Jüd:innen. Andererseits enthielt diese Darstellung zahlreiche Motive zur Rechtfertigung dieser Tat, indem Scholz etwa von lettischen Schützen schrieb und Umgelter einen psychopathischen SS-Mann hinzufügte. Mehrmals überlegte ich im Gespräch mit Kolleg:innen, was die einzelnen Fassungen von *Am grünen Strand der Spree* sowie die Quellen zur Produktions- und Rezeptionsgeschichte des Medienkomplexes zu erzählen hätten. Je nachdem, aus welcher Perspektive ich das Material las, hörte und sah, mündete es in ein anderes Narrativ – über das Verhandeln der Sagbarkeitsregeln in Bezug auf den Holocaust, über die Entwicklung der Medienlandschaft an der Wende der 1950er zu den 1960er Jahren, und schließlich über die Leerstellen in der Erinnerung an den Holocaust. Auf zahlreichen Kolloquien und Tagungen disktierte ich über *Am grünen Strand der Spree*, bis mich eine Kommentatorin aufforderte: „Make a point." Ich antwortete: „There is no *one* point," worauf sie erwiderte: „Well, then this is your point". Dieser kurze Austausch erinnerte mich an Thomas Bauers Essay *Die Vereindeutigung der Welt*, in welchem er bemängelt, die moderne Kultur bevorzuge eindeutige Narrative. Ähnliche Prozesse lassen sich in der Wissenschaft beobachten; so verlangt etwa insbesondere die angloamerikanische Schreibkultur nach klaren Thesen und einleuchtenden Argumenten. Nicht ohne Grund fand die erwähnte Tagungsdiskussion auf Englisch statt.

Dem Sinn von Eindeutigkeit möchte ich an dieser Stelle nicht vollends widersprechen, ohne aber gleichzeitig dem Zwang der Vereindeutigung zu verfallen. *Am grünen Strand der Spree* stellt sicherlich keine relevante Forschungslücke dar, die es unbedingt zu schließen gilt. Es gibt gute Gründe, wieso Forscher:innen dem Medienkomplex bisher andere Romane, Hörspiele und Fernsehfilme vorgezogen haben. Die Not, Forschungslücken zu ‚stopfen' – um sich hier einer ironischen Bemerkung von Annette Vowinckel zu bedienen – führt nicht zwangsläufig zu guten Ergebnissen. Mir geht es in der vorliegenden Studie vielmehr darum, die Schilderung des Massakers von Orscha in all ihren historischen, gesellschaftlichen und kulturellen Aspekten zu ‚verstehen'. Man könnte mir hier Haarspalterei vorwerfen, aber wie oft haben Geisteswissenschaftler:innen die Gelegenheit, eine Buchpassage oder eine Filmszene so genau unter die Lupe zu nehmen, ohne sich vor Gutachter:innen oder Prüfungskommissionen für einen mangelnden ‚Weitblick' rechtfertigen zu müssen? Zumal es sich bei diesem Buch nicht um eine Qualifikationsarbeit handelt, habe ich mich dazu entschlossen, dieses Risiko einzugehen.

Die Idee, dreimal dieselbe Geschichte aus unterschiedlichen Perspektiven zu erzählen, geht auf zwei Gespräche zurück. Das eine führte ich mit meiner Kollegin Sabine Stach, die meine Dilemmata, wie ich mit *Am grünen Strand der Spree* umgehen solle, an Tom Tykwers Film *Lola rennt* [1998] erinnerten, da „ein und dieselbe Geschichte ja unterschiedlich ausgehen könnten". Das zweite Gespräch führte ich mit meinen Studierenden an der Lodzer Universität, nachdem sie mich fragten, wozu sie so viele unterschiedliche Kulturtheorien zu lernen hätten. Für die nächste Sitzung entwickelte ich eine Übung, in der wir ein einziges Artefakt – zunächst eine Fotografie und dann einen Kurzfilm – mithilfe verschiedener Theorien interpretierten, um am Ende festzustellen, dass wir ihm dadurch durchaus unterschiedliche Bedeutungen zuschrieben. Die Methode erreichte zwar ihr didaktisches Ziel, ließ mich aber zweifeln, wenn es darum ging, den Studierenden eine Antwort auf die Frage zu geben, warum in den meisten wissenschaftlichen Arbeiten ein, höchstens zwei theoretische Ansätze angewandt werden. Mir fiel keine überzeugende Erklärung ein, außer dass es die ungeschriebenen Regeln der Wissenschaft so verlangten. Die nachfolgenden Kapitel enthalten also drei Geschichten von *Am grünen Strand der Spree*, insbesondere des fiktiven Tagebuchs von Jürgen Wilms, aus drei Perspektiven verfasst. Das Ergebnis – um es an dieser Stelle vorwegzunehmen – ist weniger überraschend ausgefallen, als ich erhofft hatte. Anstatt Gegensätze zu beleuchten, ergänzen sich die Kapitel vielmehr.

Die erste Geschichte handelt von den Akteur:innen, die an der Zirkulation von *Am grünen Strand der Spree* beteiligt waren. Obwohl ich in diesem Kapitel bei den recht altmodischen Begriffen der ‚Produktion' und ‚Rezeption' bleibe, meine ich damit vielfältige Handlungen, die mit der Herstellung und Nutzung von Roman, Hörspiel und Fernsehserie zusammenhängen. Im Zentrum meiner Untersuchung stehen dabei die Strategien der Anpassung der Erschießungsszene an die damaligen Normen der ‚Vergangenheitsbewältigung'. Um dies analytisch zu beschreiben, wende ich die Strukturationstheorie von Anthony Giddens an. Der Soziologe richtet sich gegen eine Trennung zwischen mikro- und makrosoziologischen Ansätzen, aus deren Sicht die Gesellschaft entweder als Summe individueller Handlungen oder als feste Strukturen zu verstehen sei. Giddens strebt eine Verbindung dieser Modelle an: Jede Handlung trägt zur Entstehung von Sozialstrukturen bei, die wiederum individuelle Handlungen prägen. Ein ähnlicher Prozess kommt in der Verhandlung von Sagbarkeitsregeln zum Vorschein. Während die Schilderung des Massakers von Orscha zweifelsfrei die Grenzen des Sagbaren verschob, musste sie sich gleichzeitig an genau diesen Grenzen orientieren. Dies geschah, indem alle beteiligten Akteur:innen die Regeln miteinander verhandelten. Diesen Prozess untersuche ich von der ersten Fassung des Romanmanuskripts bis hin zu den Wiederholungen des Fernsehfilms.

Die zweite Geschichte widmet sich dem Text des Romans, dem Ton des Hörspiels und den Bildern des Fernsehfilms. In Anlehnung an die Authentizitätsforschung und die Prämissen des *affective turns* überlege ich, wie die Erschießungsszene von der ‚Echtheit' des Ereignisses überzeugen sollte. Welche Arten von Kriegsbildern galten damals als ‚wahr'? Weiterhin steht die Frage nach der affektiven Wirkung der Schilderung im Fokus meiner Untersuchung. Was ‚machte' sie mit ihren Produzent:innen und Rezipient:innen? Diese Überlegungen gehen mit einem *close reading* der entsprechenden Passagen im Buch sowie der Szenen in Hörspiel und Fernsehfilm einher. Im Gegensatz zum hermeneutischen Ansatz der klassischen Rezeptionsästhetik reflektiere ich nicht nur, wie zeitgenössische Rezipient:innen die Texte und Bilder hätten wahrnehmen können, sondern ich konfrontiere die Schilderung mit den tatsächlichen Reaktionen darauf. Hunderte von Rezensionen, Briefen und Umfragen geben einen Einblick in die emotionale Haltung der Deutschen gegenüber der ‚Vergangenheitsbewältigung'.

In der dritten Geschichte geht es um Medien aus zweierlei Perspektiven. Einerseits handelt sie von den Medienlogiken des Buchs, der Zeitung, des Hörfunks und des Fernsehens. In diesem Sinne knüpfe ich an Themen an, die in der deutschen Geisteswissenschaft seinerzeit stark im Weimarer Graduiertenkolleg „Medien der Historiographie" vertreten waren. Ich folge zudem den Überlegungen von Bruno Latour, der die Verbindungen zwischen Mensch und Technologie in den Mittelpunkt seiner Theorie stellt. Sie beeinflussen sich wechselseitig Wandel (Latour, *On recalling* 17), wobei es weniger darum geht, wie die Akteur:innen handeln, sondern darum, welche Gegebenheiten sie zu diesen Handlungen bewegen (Latour, *On recalling* 18). Von Latours Soziologie inspiriert frage ich, wie die materiellen Eigenschaften der Massenmedien die Vermittlung der Erschießungsszene beeinflussten: Welche Forderungen stellten sie an den Stoff? Andererseits spielen die Medien auf der intradiegetischen Ebene von *Am grünen Strand der Spree* eine wichtige Rolle. Die Männerfiguren aus der Rahmenhandlung verdienen ihr Geld in der Kinobranche. Das Tagebuch ist ‚das' Erinnerungsmedium schlechthin und Jürgen Wilms speichert seine Eindrücke zudem mithilfe eines Fotoapparats. Die Reflexion über den Medienwandel der Zeit begleitet also auch die Protagonist:innen.

Meine drei Geschichten verbindet der Gegenstand meiner Analysen, nämlich die erste Episode von *Am grünen Strand der Spree*. Was die drei Geschichten hingegen unterscheidet, sind die Forschungsfragen, die Analysemethoden sowie die medientheoretischen Ansätze. In der ersten Geschichte stehen die Medien als Institutionen im Mittelpunkt, darunter Verlage oder Rundfunkanstalten, während sie in der zweiten Geschichte als Vermittler von Bildern der Vergangenheit und in der dritten Geschichte vor allem als technische Apparate betrachtet werden, die sich auf die Konstruktion des kulturellen Gedächtnisses auswirken. Zwar sind die erste und die dritte Geschichte eng miteinander verwoben, da sie die sozialen und technologischen Voraussetzungen für die Zirkulation von *Am grünen Strand der Spree* in der bundesrepublikanischen Kultur behandeln. Mein Anliegen war es aber, sie separat darzustellen, zumal das Kapitel über die Akteur:innen und Institutionen soziologisch ausgerichtet ist, während das Kapitel über Medien und Technologien einen medienkulturwissenschaftlichen Schwerpunkt hat. Beide bilden einen Rahmen, in dem die zweite Geschichte eingebettet ist. Diese sollte wiederum nicht an letzter Stelle stehen, denn sie geht gezielt und detailliert auf die plurimediale Darstellung eines bis dato nicht darstellbaren Ereignisses ein.

Schließlich diskutiere ich, warum *Am grünen Strand der Spree* im (west-) deutschen kulturellen Gedächtnis außen vorgeblieben ist. Nach einer kurzen Phase intensiver Popularität nahm das Interesse der Medienöffentlichkeit an diesem Stoff ebenso rapide wieder ab, und der Medienkomplex geriet in die bereits erwähnte erinnerungskulturelle ‚Sackgasse'. Diese Metapher birgt freilich zahlreiche Gefahren, nicht zuletzt, da sie über die mikrohistorische Perspektive hinausgeht. Das spätere Desinteresse an *Am grünen Strand der Spree* nehme ich allerdings zum Anlass, über die Mechanismen und Strukturen des Außenvorbleibens bzw. des Nichtvorankommens nachzudenken. Die bedeutende Mehrheit der Literatur-, Radio- und Fernsehgeschichte ist kein Teil des Kanons und hat die Transformationsschwelle vom Speicher- ins Funktionsgedächtnis nie überwunden. „Auch das ist Teil der literaturgeschichtlichen Normalität," schreibt Aleida Assmann (*Formen* 40). „Nur eine winzig kleine Anzahl schafft letztendlich den Sprung ins Pantheon der großen Künstler, deren Werke heiliggesprochen und mit dem Gütesiegel andauernder Haltbarkeit ausgezeichnet werden." Während wir uns also auf einige wenige außergewöhnliche Werke konzentrieren, die ohne große Hindernis in die erinnerungskulturelle Gegenwart ‚gewandert' sind, bleiben zahlreiche Kulturtexte auf der Strecke liegen oder manövrieren sich in Sackgassen hinein – so oder so bleiben sie außen vor und müssen wenn, dann mit erheblichem Aufwand wieder ‚in Erinnnerung gerufen' werden.

Das multiperspektivische Erzählen der Geschichte der Erschießungsszene in *Am grünen Strand der Spree* macht einige Kompromisse erforderlich, insbesondere lassen sich Redundanzen nur schwer bis nicht vermeiden. Leser:innen, die das Buch von Anfang bis Ende zu lesen beabsichtigen, bitte ich um Verständnis, wenn sie mehrfach auf dieselben Faktenangaben stoßen. Akademische Bücher werden jedoch selten von der ersten bis zur letzten Seite gelesen; kaum jemand kann es sich leisten, alle relevanten Titel käuflich zu erwerben. Ferner setzen deutsche Universitätsbibliotheken immer öfter auf Präsenzbestände – Bücher werden also durchgeblättert, in Fragmenten eingescannt, aber kaum vollständig gelesen. Diese Tendenz ist so weit fortgeschritten, dass tausende E-Books an deutschen Universitätsbibliotheken aufgrund lediglich kapitelweise erworbener Lizenzen nur in Teilen heruntergeladen werden können. Was auf die Politik der großen Verlage und den Druck zur Effizienzsteigerung zurückgeht, prägt das Leseverhalten von Akademiker:innen, die bereits im Studium das fragmentarische Lesen üben – meistens suchen wir Ausschnitte aus, die für unsere eigene Forschungsarbeit relevant sind.[17] Um auf die Erfordernisse einer derart fragmentierten Lektüre einzugehen, erwähne ich die wichtigsten Hintergründe in allen drei Kapi-

---

17 Siehe dazu den scharfsinnigen Essay von Christoph Hoffmann, *Schreiben im Forschen*.

teln – wenn auch aus einem jeweils anderen Blickwinkel, der dem thematischen Schwerpunkt des Kapitels entspricht.

Wie diesem Einführungstext zu entnehmen ist, bevorzuge ich es, vorwiegend in der ersten Person Singular zu schreiben, solange es sich nicht um Bemerkungen allgemeiner Art handelt. Ich vermeide es, mich hinter ‚man' und ‚wird' zu verstecken – schließlich bin ich ohnehin als Autorin zu identifizieren. Das hat mit meiner akademischen Sozialisierung zu tun. Die wissenschaftliche Form des Polnischen – meiner Muttersprache, in der ich die meisten Gedanken formuliere, bevor ich sie auf Deutsch niederschreibe – verträgt nur wenig Passivkonstruktionen und kennt keine Indefinitpronomen. Mit Blick auf eine gendergerechte Schreibung habe ich mich für die Endung ‚:innen' in den Fällen entschieden, in denen es sich um geschlechtergemischte oder -unspezifische Gruppen handelt. Das Maskulinum Plural – beispielsweise ‚Drehbuchautoren', ‚Regisseure', ‚Intendanten' – bedeutet daher nicht das generische Maskulinum, sondern Gruppen, die sich tatsächlich nur aus Männern zusammensetzten. Auf diese Weise zeige ich die generelle Dominanz von Männern in bestimmten Berufsgruppen in den 1950er Jahren auf, was insbesondere für meine Argumentation im ersten Kapitel von Belang ist. Von dieser Regel gibt es jedoch zwei Ausnahmen: ‚soziale Akteure' und ‚Täter'. Während der erste Begriff eine analytische Kategorie in der Soziologie darstellt (u. a. Giddens, *Konstitution*; Latour, *Eine neue Soziologie*) und in der Fachliteratur daher kaum in anderen Formen vorkommt, schreiben einige Historiker:innen durchaus von ‚Täter:innen'. Allerdings bestand die Spezifik des *Holocaust by bullets* unter anderem darin, dass die Täter so gut wie ausnahmslos männlich waren. Nicht ohne Grund gab Christopher Browning seinem wegweisenden Buch den Titel *Ganz normale Männer*. Einer Erklärung bedarf auch die Verwendung der Form ‚Jüd:innen'. So geht es nicht nur darum, dass die Form ‚Jud:innen' grammatikalisch nicht korrekt wäre, sondern vielmehr auch zu betonen, dass sich unter den zivilen jüdischen Opfern in der besetzten Sowjetunion sehr viele Frauen, Kinder und alte Menschen befanden. Nach dem Krieg wurden die Massenmorde an den Jüd:innen sowohl im sowjetischen als auch im bundesrepublikanischen Diskurs mehrmals als Kampf gegen die Partisanen subsumiert. Demgegenüber hebt die Bezeichnung ‚Jüd:innen' die heterogene Struktur der Opfergruppen hervor und richtet den Fokus auf das genozidale Ausmaß dieser Massenmorde.

Zu allerletzt: ich meide ästhetische Urteile. Mehrmals wurde ich nach Vorträgen über *Am grünen Strand der Spree* gefragt: „Sind Buch, Hörspiel und Fernsehserie eigentlich gut?" Meines Erachtens besteht die Aufgabe der Kulturwissenschaft nicht in der Formulierung solcher Urteile. Dies sei Literatur-, Radio- und Fernsehkritiker:innen überlassen, zumal sich gegenwärtige Erwartungen an Kulturtexte oft wesentlich von zeitgenössischen Urteilen unterscheiden. Während ich den Medienkomplex mit einiger Mühe rezipiert habe, äußerten Leser:innen und Zuschauer:innen an der Wende der 1950er zu den 1960er Jahren grundsätzlich Begeisterung – letztlich hängt das ästhetische Urteil, um mit Hans Robert Jauß („Literaturgeschichte") zu schließen, ohnehin vom Erwartungshorizont der jeweiligen Gegenwart ab.

Erste Geschichte: Akteure und Institutionen

Dank der äußerst umfangreichen Forschung zum bundesrepublikanischen Umgang mit der NS-Vergangenheit ist inzwischen sehr viel über die Aufarbeitung von NS-Verbrechen bekannt. Ausführliche Studien beleuchten das Thema aus unterschiedlichen Perspektiven (u. a. Kittel; Berghoff; Olick; Frei; Herf; Reichel). Der Großteil dieser Arbeiten präsentiert ein breites Spektrum an politischen oder kulturellen Themen in Langzeitperspektive. Über die einzelnen Abläufe auf der Mikroebene wissen wir hingegen wesentlich weniger. Hierfür sind akteurszentrierte Ansätze notwendig, denn Mikrogeschichten brauchen Protagonisten. Die Medienhistorikerin Christina von Hodenberg („Expeditionen" 28) fordert daher „eine Rückkehr des Faktors Mensch" in die Forschung. Erst die Verbindung beider Ansätze, d.h. die Verankerung einzelner Menschen und ihrer Handlungen in einem politisch-gesellschaftlichen Umfeld, ergibt ein vollständigeres Bild.

Wie sich Makro- und Mikroperspektive miteinander kombinieren lassen, zeigt der Soziologe Anthony Giddens. Er überlegt, wie sich soziale Handlungen in bestehende Strukturen fügen und sich gleichzeitig an ihrer Konstruktion beteiligen (Giddens, *Die Konstitution*). Dieses Phänomen beschreibt er als „Dualität der Struktur" (Giddens, *Die Konstitution* 55–81, 352–359). Wie nun lässt sich dieser Gedanke auf *Am grünen Strand der Spree* übertragen? Die sozialen Handlungen, um die es in diesem Kapitel geht, beziehen sich auf die Produktions- und Rezeptionspraxis von Medieninhalten. Der Medienkomplex entstand vor dem strukturellen Hintergrund der Bundesrepublik in der Adenauerära, in der bereits bestimmte Normen des Umgangs mit der NS-Vergangenheit galten. Diese waren allerdings eher ‚stillschweigend' und ‚informell', um hier mit Giddens (*Die Konstitution* 74) zu sprechen. Für eine erfolgreiche Teilhabe an der Öffentlichkeit galt es, sie zu beachten, wenn auch ihnen nicht blind gefolgt werden musste.[1] Normen und Regeln, wie Giddens betont, lassen sich nämlich verhandeln. Sie existieren nicht außerhalb der sozialen Realität, sondern in ihr und werden von handelnden Individuen produziert, reproduziert und verändert.

Bücher, Feuilletonromane, Hörspiele und Fernsehfilme werden von sozial handelnden Akteuren geschaffen, produziert und auf den Medienmarkt gebracht.

---

[1] Aufgrund der Komplexität des Begriffs der Öffentlichkeit verzichte ich hier auf seine Vorstellung und Diskussion, die – wenn man es ganz genau nähme – ein eigenes Unterkapitel erfordern würden. Hierbei folge ich den Überlegungen von Werner Faulstich („Der Öffentlichkeitsbegriff") und Christina von Hodenberg (*Konsens und Krise*). Mein Verständnis dieses Begriffs basiert auf der von Faulstich präsentierten Kategorie der Medienöffentlichkeit bzw. der medialisierten Öffentlichkeit (Hodenberg, *Konsens* 71–72).

Anschließend trifft eine bzw. treffen mehrere Personen Entscheidungen über eventuelle Neuauflagen oder zusätzliche Sendetermine. Über die Funktionsweisen eines Werkes in der Erinnerungskultur bestimmen also Menschen wie Schriftsteller:innen, Lektor:innen, Regisseur:innen, das Publikum, usw. An diesem Prozess beteiligen sich auch Organisationen wie Verlage und Rundfunkanstalten. In jedem dieser Fälle würde Giddens von sozialen Akteuren sprechen, die wiederum im Rahmen von Institutionen handeln, denen er eine standarisierende Kraft zuschreibt. Dabei muss betont werden, dass Giddens (*Soziologie* 21–24) einen sehr breiten Institutionsbegriff bevorzugt, der alle Formen von Handlungsregulierungen umfasst. Neben wirtschaftlichen oder rechtlichen Regulierungen spielen dabei insbesondere symbolische und diskursive Ordnungen eine herausragende Rolle (Giddens, *Central Problems* 107). Erinnerungsmodi und Normen des Umgangs mit der Vergangenheit zählen mit Sicherheit dazu. Wie alle Institutionen werden sie weder gänzlich von oben aufgezwungen noch gänzlich von unten konstruiert, sondern unterliegen stattdessen ständigen Spannungen. Ihre Regeln unterliegen stets einem wechselwirkenden Prozess von Aneignung und Infragestellung.

Das Verhältnis zwischen dem Medienkomplex, seinen Akteuren sowie den damaligen Diskursen der ,Vergangenheitsbewältigung',[2] in die er eingebettet war, ließe sich auch mithilfe von Pierre Bourdieus Feldbegriff erklären:

> Die wirkliche Hierarchie der Erklärungsfaktoren macht [...] eine Umkehrung des gewöhnlichen Vorgehens erforderlich: Wer nicht Gefahr laufen will, der nachträglichen Illusion einer rekonstruierten Kohärenz zum Opfer zu fallen, der hat nicht zu fragen, wie dieser oder jener Schriftsteller (usw.) zu dem wurde, was er war, sondern wie er aufgrund seiner sozialen Herkunft und der ihr geschuldeten gesellschaftlich konstituierten Eigenschaften bestimmte gegebene Positionen einnehmen konnte oder auch, in manchen Fällen, durch einen bestimmten Stand des literarischen (usw.) Feldes vorgegebene oder zu schaffende Positionen produzieren und damit den in ihnen potentiell enthaltenen Standpunkt mehr oder vollständig und kohärent Ausdruck verleihen konnte. (Bourdieu, *Die Regeln* 341)

Giddens und Bourdieu untersuchen jeder auf seine Weise die Spannungen zwischen strukturellen Bedingungen und individuellen Handlungen. Beide legen auch nahe, dass die Erklärung eines ,sozialen Tatbestands' (Durkheim 105–114) ohne genaue Analysen einzelner Handlungen in ihrem sozialen Umfeld kaum möglich

---

2 Den umstrittenen Begriff der ,Vergangenheitsbewältigung' verwende ich – wie bereits in der Einführung dargelegt – aufgrund seiner großen Reichweite (Reichel 21–22) sowie der Tatsache, dass es sich um eine zeitgenössische Kategorie handelt, die den Diskurs der 1950er und 1960er Jahre prägte. Da es sich mehr um einen Quellenbegriff denn eine analytische Kategorie handelt, verwende ich Anführungszeichen, wobei ich Manfred Kittel folge (*Die Legende*).

ist. Während Bourdieu sich auf Reproduktionsmechanismen sozialer Strukturen konzentriert, spielen bei Giddens soziale Wandlungsprozesse eine wesentlich größere Rolle. Die Untersuchung dieser Dynamik erfordert die Kenntnis konkreter Akteure in ihrem Alltag, weshalb Giddens die Aufdeckung von Handlungsroutinen und -kontexten fordert. Bourdieu (*Die Regeln* 341) empfiehlt darüber hinaus „die soziale Herkunft [der Akteure] und die ihr geschuldeten gesellschaftlich konstituierten Eigenschaften" zu untersuchen. Nun sind historische Forschungen in diesem Bereich gänzlich von der jeweiligen Quellenlage abhängig, so dass eine dichte Beschreibung des routinierten und kontextualisierten Alltags der jeweiligen Akteure nur selten zu leisten ist.

Die Verbindungen zwischen der alltäglichen Praxis im Literatur- und Medienbetrieb einerseits und den Normen des Umgangs mit der Vergangenheit andererseits sind nur schwer greifbar. In den meisten Fällen lässt sich nur vermuten, was die Akteure zum Handeln bewegte und wie sich ihre Handlungen auf ihr Umfeld auswirkten. Medienhistoriker:innen wie Janet Staiger oder Alison Landsberg verweisen auf die Notwendigkeit, die jeweiligen Denkräume und Wahrnehmungshorizonte der Produzent:innen und Rezipient:innen zu erfassen. Neben den Inhalten der Presse, Rundfunkprogramme oder Büchern spielt dabei die Organisation der Medienöffentlichkeit eine wichtige Rolle. Im Fall der Bundesrepublik der Nachkriegszeit ist es beispielsweise bedeutsam, dass es hauptsächlich die überregionale Qualitätspresse wie etwa die *Frankfurter Allgemeine Zeitung* [*FAZ*] oder die *Süddeutsche Zeitung* war, die kritisch über vergangenheitspolitische Themen berichtete, und nicht etwa die *Bild*. Landsberg zufolge entscheiden nicht nur der Inhalt der Medien, sondern auch ihre inneren Logiken über die Entstehung und Wirkung von Repräsentationen der Geschichte. Aus diesem Grunde gehe ich in diesem Kapitel auf die Normen ein, die in den späten 1950er und frühen 1960er Jahren den medialen Umgang mit der NS-Vergangenheit prägten: Wie wurde über die Ermordung (ost-)europäischer Jüd:innen gesprochen? Welche Themen galten als ‚populär'? Wie wurden kontroverse Motive in die medialisierte Öffentlichkeit transportiert? Mit welchen Konsequenzen mussten Akteure rechnen, die den standardisierten Regeln zuwider handelten?

Sozialhistoriker:innen der Literatur formulierten für die Literaturwissenschaft ähnliche Fragestellungen. Um die literarische Produktion von ‚Sinn' zu erfassen, untersuchen sie nicht nur literarische Texte, sondern auch die sie produzierenden Akteure und Organisationen: Schriftsteller:innen, Verlage, Buchmärkte usw. Gefragt wird, wie im Zuge „literarische[r] Sinnverständigung [...] Konventionen zum einen vorausgesetzt, bestätigt, modifiziert oder verworfen, zum anderen auch erst [...] neu aushandelt werden." (Schönert 10) Dieser Ansatz ist stark von der soziologischen Systemtheorie geprägt (Heydebrandt u. a.). Letzterem macht die moderne Soziologie allerdings den Vorwurf, sich zu sehr auf die Systemstruktur anstatt auf ihre Dynamik zu konzentrieren. Zu den prominentesten Kritikern der Systemtheorie gehört der bereits erwähnte Giddens. Mithife seiner Konzepte der Strukturierung und der Dualität der Struktur versucht er, das statische Systembild weiterzudenken (Giddens, *Central Problems* 81–85). Dafür schlägt er vor, den Fokus auf zeitlich und räumlich erfassbare Handlungen zu verschieben (Reckwitz 315). Diesem Gedanken folgend strebe ich in diesem Kapitel eine akteurskonzentrierte Beschreibung an. Ich versuche zu erfassen, wie die Akteure im Literaturbetrieb, Rundfunk und Fernsehen die umfangreiche Darstellung eines NS-Gewaltverbrechens in die Öffentlichkeit brachten, und wie sie diese dort über einige Jahre aufrechterhielten, bis die Schilderung aus dem kollektiven Interesse – und schließlich Gedächtnis – verschwand.

In sozialhistorischen Ansätzen der Medienwissenschaft spielen die Begriffe der ‚Produktion' und ‚Rezeption' eine fundamentale Rolle, wobei sie meist separat untersucht werden (Hagen und Wasko; Biltereyst u. a.). Gillian Rose (24) zufolge befinden sich Medieninhalte allerdings in ständiger Bewegung und „zirkulieren". Ähnliche Ideen wurden schon wesentlich früher und auch außerhalb der westeuropäischen bzw. angelsächsischen Geisteswissenschaften entwickelt. In den 1970er Jahren sprach etwa der polnische Kultursoziologe Stefan Żółkiewski vom „sozialen Umlauf der Literatur", in dem Texte zwischen Produktion und Rezeption in unterschiedlichen „Zirkeln" kursieren würden. Eine Unterscheidung zwischen Produktion und Rezeption scheint in diesem Sinne ein pragmatisches, aber rein analytisches Vorgehen darzustellen. Medieninhalte werden im dynamischen Zirkulationsprozess verarbeitet, und die Produktion geht fließend in die Rezeption über, die wiederum eine weitere Produktion auslösen kann.

Das zirkuläre Modell des gekoppelten Produktions- und Rezeptionsprozesses hat großes Potenzial für Adaptionen (Hutcheon) und ‚plurimediale' Werke (Erll und Wodianka 2) wie *Am grünen Strand der Spree*. Die Verlagslektor:innen sind meist die ersten Leser:innen, die über die Aufnahme des Textes in die Medienöffentlichkeit entscheiden. Der Rezeptionsprozess ist also direkt mit dem (eventuellen) Produktionsverlauf verbunden – wird das Manuskript, das Exposé, das Drehbuch o. Ä. negativ bewertet, endet die Rezeption an diesem Punkt. Bei Adaptionen, darunter Literaturverfilmungen, Hörspielinszenierungen und Übersetzungen, kommen weitere Faktoren hinzu. Die Entscheidung über das Weiterleben eines Werks in anderen Medien oder anderen Sprachen fällt nämlich oft infolge positiver Reaktionen der Kritiker:innen. Die ‚öffentliche Rezeption' beeinflusst also maßgeblich die weitere Produktion, die parallel zur ‚internen Rezeption', wie der Bewertung von Exposés und Manuskripten, abläuft.

Das hier skizzierte Modell der ‚Produktion als Rezeption' kommt dem Begriff der *productive reception* nahe, den Ann Rigney in Anlehnung an Astrid Erlls Konzept der *travelling memory* formuliert. Rigney geht davon aus, dass das kulturelle Gedächtnis auf dem gegenseitigen Einwirken von Kulturrezeption und -produktion basiert: Erinnert werden nur diejenigen Medieninhalte, die in neuen Kontexten immer wieder „belebt" werden (Rigney, „Cultural Memory" 68; Rigney, *The Afterlife* 51). Dazu gehören intertextuelle und intermediale Bezüge wie Zitate oder Verfilmungen, aber auch der Druck von Taschenbuchausgaben oder die Verfügbarkeit von Filmen auf unterschiedlichen Trägern (Kampmann). Insbesondere die Filmgeschichte kennt viele Beispiele von Werken, denen erst Fernsehausstrahlungen, VHS- und DVD-Editionen den Weg in die Forschung oder ins Klassenzimmer gebahnt haben.

Die Aufhebung einer klaren Trennung zwischen Produktion und Rezeption hat noch weitere Vorteile. Während Produktionsprozesse oft gut dokumentiert sind, stellt uns die Rezeptionsgeschichte vor quellenbedingte Herausforderungen, da sich „Belege für eine Rezeption, die in der Vergangenheit stattfand, [...] nur schwer finden" lassen (Staiger 14). Durch das Einbeziehen der Produktion in die Rezeptionsanalyse gelangen wir also an neue Quellen, die gleichwohl entsprechend kritisch ausgewertet werden müssen. Ulrike Weckel argumentiert, dass die historische Rezeptionsanalyse dem Repräsentativitätsanspruch nie gerecht werden könne, und fordert daher qualitative Untersuchungen von Texten, die eine große Stimmenvielfalt widerspiegeln. Insbesondere in Bezug auf den Umgang mit der NS-Vergangenheit kann ein solches Vorgehen Auskünfte über das „Selbstbild der Betrachter und ihre persönlichen Einschätzungen deutscher Schuld und Verantwortung" geben (Weckel, „Plädoyer für Rekonstruktionen" 136). Aus diesem Grunde schlägt die Historikerin vor, neben den schwer zugänglichen Quellen zu individuellen Meinungen, wie etwa Interviews oder Umfragen, vor allem öffentliche Äußerungen aus möglichst unterschiedlichen Medien auszuwerten. Der Fall von *Am grünen Strand der Spree* zeigt, wie interne Dokumente aus Verlagen, Rundfunkanstalten, Filmproduktionsunternehmen o. Ä. diese Quellenvielfalt konstruktiv ergänzen können.

Der Autor

Erste Fragmente seines künftigen Romans verfasste Scholz bereits im Winter 1941/42, als er in Orscha stationiert war. Die Soldaten waren dort in einfachen Baracken einquartiert, da nach dem ersten Angriff nicht mehr viel von der Stadt übriggeblieben war. An dem großen Rangierbahnhof „trafen sich während der deutschen Okkupation die Züge mit den sowjetischen Kriegsgefangenen, deportierten Zivilist:innen. Ein Transport nach dem anderen. Hier wurden die Menschen auf dem Rangierbahnhof ausgeladen, aussortiert, umgeladen für die jeweiligen Lager." (Kohl 148) Hier kreuzten sich die Wege zahlreicher Soldaten, die sich über ihre

Erlebnisse an anderen Frontabschnitten austauschten (Abb. 6). In *Am grünen Strand der Spree* lässt einer der Protagonisten verlautbaren: „Jeder, der unter Hitlers Zeichen den alten Napoleonischen Heerweg nach Moskau gezogen ist, hat einmal Orscha passiert." (*AGSS* 72) Die Stadt war ein Knotenpunkt von transsporttechnischer wie kommunikativer Bedeutung, an dem sich die Soldaten nicht nur über ihren Alltag austauschen konnten, sondern auch über die verbrecherischen Maßnahmen der deutschen Kriegsführung: die Zerstörungen in den besetzten Gebieten sowie die Ermordung osteuropäischer Jüd:innen und sowjetischer Kriegsgefangener.

Abb. 6: Vor dem Offizierskasino in Orscha. Foto: Anonym, vermutlich 1941. Quelle: Privatbesitz.

Trotz seines niedrigen Dienstgrades erhielt Scholz als studierter Maler den Zugang zum Offizierskasino in Orscha mit dem Auftrag, es mit Wandgemälden zu schmücken. Die in seinem Nachlass aufbewahrten Notizen aus dieser Zeit enthalten jedoch weder genauere Verweise auf seine Tätigkeit in der besetzten Stadt noch auf die Auflösung des Ghettos von Orscha, die er im November 1941 beobachtete. Eigenen Behauptungen zufolge erzählte er während seines Urlaubs in Deutschland von den Vorgängen in Orscha (Scholz, Rede zum Heinrich-Stahl-Preis). Nach dem Krieg sprach er mit Ausnahme von *Am grünen Strand der Spree* allerdings nur selten von seinem Kriegseinsatz. „Genug vom Krieg" oder „Ich habe viel gesehen, viel gelernt, viel erlebt; Trauriges, Schlimmes auch Schönes...," entgegnete er ausweichend auf die Frage nach seinem Einsatz in der Sowjetunion (Scholz, „Jahrgang 1911" 110; Persönlichkeitsaufnahme 3). Wer war also der Mann, der im harten Winter 1941/42 die Massenerschießungen in Orscha beobachtete, nach Kriegsende seine Eindrücke detailliert aufschrieb, aber nur selten darüber sprechen wollte?

Hans Scholz gehörte nicht zu den jüngsten Soldaten. Er wurde 1911 in eine gutbürgerliche Berliner Anwaltsfamilie geboren.[3] Als er dreizehn wurde, zog seine Familie in eine geräumige Wohnung in der Fasanenstraße um, in unmittelbarer Nähe des Kurfürstendamms. Nach dem Abitur studierte Scholz zunächst Kunstgeschichte und danach Malerei an der Preußischen Akademie der Künste. Von seinen Kommiliton:innen schrieb er später: „Etliche Altersgenossen mögen sich Hitler angeschlossen haben. Ich tat es nicht." (Scholz, „Jahrgang 1911" 66) Sein Vater soll sich geweigert haben, ein Porträt von Hitler in seiner Kanzlei aufzuhängen, und, als das Bild schließlich dennoch angeschafft wurde, nahm seine Tochter „den allerersten Bombenfall zum Vorwand, das Hitlerbild zu zertrümmern," wie Scholz später berichtete (Scholz, „Jahrgang 1911" 66). Nach dem Studienabschluss trat er weder der Reichskunstkammer noch der NSDAP bei. Im Entnazifizierungsfragebogen gab er an, 1932 die SPD gewählt zu haben. Gleichzeitig aber hatte er Mitte der 1930er Jahre einen Auftrag zur Anfertigung von Wandgemälden im Speiseraum des olympischen Dorfes in Elstal bei Berlin angenommen:

> Ich habe während der Braunen Periode niemals ausgestellt [...], habe aber, ich mache kein Hehl daraus, aus öffentlicher und halböffentlicher Hand Aufträge angenommen und ausgeführt, meist großformatige Sachen und Wandgemälde. Kein Hehl deshalb, weil ich sonst niemals zum Malen oder, sagen wir, zur kommerziellen Nutzanwendung meines Studiums gekommen wäre. (Scholz, „Rede anlässlich der Aufnahme" 111)

Aller Wahrscheinlichkeit nach drückten Scholz' Auftraggeber bei der fehlenden Registrierung in der Reichskunstkammer ein Auge zu, denn die Bilder mussten pünktlich vor der Eröffnung der Olympiade fertiggestellt werden. Bei besagtem Auftrag handelte es sich aber keinesfalls um ein ‚unschuldiges' Kunstprojekt. Zum einen stellten die Bilder ‚arische' Männlichkeits- und Weiblichkeitsideale dar. So

---

3 Meine Biografie von Scholz folgt hier den Daten in seinem Nachlass, zwei autobiografischen Texten („„Jahrgang 1911'"; „Rede anlässlich der Aufnahme"), der Persönlichkeitsaufnahme im Landesarchiv Berlin sowie einer militärischen Kurzbiografie aus dem Bundesarchiv Militärarchiv Freiburg. Bis auf wenige Details stimmen die Angaben mit der Biografie von Scholz, die Stephanie Heck und Simon Lang („Selfmade") präsentieren, überein. Die Autor:innen machen leider keine Angaben zu ihren Quellen, so dass eine Abklärung der Differenzen nicht möglich ist.

ist auf einem dieser Wandgemälde beispielsweise zu sehen, wie ein Mann und ein Junge einen Baum pflanzen, während eine Frau mit einem Säugling auf dem Arm daneben steht (Hübner E. 577).[4] Zum anderen bewarb die NS-Propaganda das architektonische Konzept des Olympiadorfes wie folgt: „Es ist ein hinreißendes Zeugnis für die Leistungskraft der deutschen Architekten und Arbeiter [...] und der Ausdruck einer neuen deutschen Kultur, die sich auf allen Gebieten unseres Lebens äußert." (Saalbach 33) Als Scholz keine weiteren Aufträge mehr für Wandgemälde erhielt, malte er vorwiegend Porträts für die wohlhabenden Freunde seines Vaters und arbeitete als Saxofonist in Berliner Bars, vor allem in der Jockey Bar, die unweit seines Hauses gelegen war:

> Das *Jockey* symbolisiert die gute Zeit: das ausgelassene Leben und Feiern im ehemaligen Treffpunkt vieler internationaler Künstler der 1940er Jahre ebenso wie die dem Berlin der Weimarer Republik zugesprochene ‚Weltläufigkeit'. Die Bar, bereits vor dem Krieg zentraler Treffpunkt der geselligen Runde, dient demnach als eine kulturelle ‚Keimzelle', die selbst nach weltumstürzenden Geschehnissen fortbesteht und in der sich die alten Freunde nun wortwörtlich [...] ‚wiedersehen'. (Heck und Lang, „So gut wie" 237)

Scholz' Haltung gegenüber dem Nationalsozialismus blieb indifferent. Er nahm an politischen Diskussionen nicht teil und konzentrierte sich auf die Malerei, die Musik und sein Privatleben. Er engagierte sich weder für noch gegen das Regime, und lebte stattdessen das Leben eines Berliner Bonvivants.

Die Gegend, in der die Scholzens wohnten, war aufgrund ihrer zentralen Lage und der eleganten Häuser, Läden und Lokale sehr angesehen. Im Kiez befand sich auch die Synagoge an der Fasanenstraße. „Ich bin mit Juden großgeworden," sollte Scholz später erzählen („Jahrgang 1911" 77). In der Nachbarschaft waren zahlreiche jüdische Familien ansässig, darunter die Louriés, die als Besitzer einer Waffenfabrik in Russland während der Revolution von 1917 emigrieren mussten und über Schweden nach Deutschland gelangten. Die russische Staatsbürgerschaft war ihnen entzogen worden, die deutsche hatten sie nie erhalten. Nach dem Tod von Frau Lourié zog der Witwer in eine kleinere Achtzimmerwohnung in der Fasanenstraße, wo seine Tochter, Felicitas, den jungen Scholz kennenlernte. Ihre Beziehung hielt nicht lange an, da die Louriés 1934 – offiziell aufgrund ihrer Staatenlosigkeit – ausgewiesen wurden und nach Paris auswanderten. Scholz reiste ihnen über Italien nach. Kurze Zeit später zog Felicitas mit ihrer Familie in die USA und heiratete in Hollywood einen Mann aus der Filmbranche. Scholz

---

4 Bei der Referenz handelt es sich um eine zeitgenössische Fotografie des Raumes in der Dokumentation des Olympiadorfes (Hübner). Das Wandgemälde wurde von den sowjetischen Truppen, die nach Kriegsende die Räumlichkeiten des olympischen Dorfes nutzten, übermalt (Schwan 48–49).

kehrte nach Berlin zurück und tröstete sich in den Armen einer anderen jüdischen Frau, die er in der Kunstakademie kennenlernte, wobei ihn „die zuständige Ortsgruppe der NSDAP [...] überwachen [ließ], ob [er] nicht Rassenschande treibe." (Scholz, „Jahrgang 1911" 106) Nichtsdestoweniger blieb Felicitas die kommenden Jahrzehnte über Scholz' große verlorene Liebe. Als sie 1958 eine Entschädigung für das geraubte Familieneigentum einklagte, bot Hans von Berlin aus seine Hilfe an. Im Jahr darauf traf sich das Paar erneut in Paris, doch ihre erste Begegnung nach fast 25 Jahren war für beide enttäuschend.

Scholz' Einsatz im Krieg verlief ohne große Auffälligkeiten. Im August 1939 meldete er sich freiwillig zur Wehrmacht, woraufhin sich ein Dialog in *Am grünen Strand der Spree* bezieht:

> „Hans", fragte ich, „bist du ein Nazi?"
> „Nein", antwortete er, „das ist hier kein Mensch."
> „Aber wenn dein Hitler zu den Waffen ruft, mußt du trotzdem dabei sein!"
> „Mein Hitler?! Wir? Wir haben mit dem Pflaumenaugust nichts zu tun, aber..."
> „Was: aber?"
> „... Mein Gott, das verstehst du nicht." (*AGSS* 173).

Seine Entscheidung brachte Scholz nach dem Krieg einige Male in Erklärungsnot. Einmal sagte er, er „wollte wissen, wie Krieg ist, und Erfahrungen mit sich selbst machen" (Scholz, „Jahrgang 1911" 107–108). Ein andernmal rechtfertigte er sich, er habe dem Druck den Nazis entkommen wollen, denn „den Hitlerschen Verordnungen nach hätte [er] als Meisterschüler der Reichs- und Preußischen Akademie der Künstler, der [er] mittlerweile geworden war, nicht mitzumachen brauchen" (Scholz, „Rede anlässlich der Aufnahme" 112).

1940 wurde Scholz dem Kraftwagen-Transport-Regiment 605 zugewiesen. Über Frankreich, Jugoslawien und Polen gelangte er in die Sowjetunion.[5] Als Mitglied einer Nachschubeinheit versorgte er die Truppen mit Munition, Treibstoff und Lebensmitteln. Zu den Aufgaben des Regiments gehörte auch der Transport von Verwundeten in die Lazarette sowie von Kriegsgefangenen in die örtlichen Kriegsgefangenenlager (Schimke 41). Im November 1942 wurde Scholz zum Leutnant befördert. Anderthalb Jahre später, nach der Auflösung seiner Einheit, wurde er der 199. Infanterie-Division zugeteilt, die in Norwegen stationiert war. Im Januar 1945 erhielt Scholz das Kriegsverdienstkreuz 1. Klasse (199. Infanterie-Division). Das Kriegsende erlebte er in Berlin, floh dann aber nach Westdeutschland und gelangte in das amerikanische Kriegsgefangenenlager im

---

5 Angaben zu den jeweiligen Militäreinheiten im Zweiten Weltkrieg stammen aus Tessin, *Verbände und Truppen der deutschen Wehrmacht*.

französischen Attichy (Persönlichkeitsaufnahme 3). 1946 kehrte er nach Berlin zurück, zog in seine alte Wohnung, die einigermaßen unversehrt den Krieg überstanden hatte, und gründete eine kleine Werbefilmagentur. Da er nur wenige Aufträge erhielt, arbeitete er weiterhin gelegentlich als Maler, Musiker und Lehrer in einer privaten Kunstschule.[6] 1949 bestätigte ihm die britische Abteilung der Control Commission for Germany die Entnazifizierung.

In der – zumindest aus beruflicher Perspektive – relativ ruhigen Zeit der ersten Nachkriegsjahre versuchte Scholz sein Glück als Schriftsteller und verfasste das Manuskript, das später zu *Am grünen Strand der Spree* werden sollte. Die erste Fassung war ein Briefroman mit dem Titel *Märkische Rübchen und Kastanien*. Sie handelte von einer Gruppe von Männern, die sich in einer Westberliner Bar treffen und acht Briefe bzw. Geschichten verfassen, die einem befreundeten Paar als Hochzeitsgeschenk überreicht werden sollen. In das Manuskript flossen Fragmente aus den Notizen ein, die Scholz in der Sowjetunion gemacht hatte, Erinnerungen aus seinem Einsatz in Norwegen und der Zeit in amerikanischer Gefangenschaft. Ferner verarbeitete er seine Eindrücke aus dem Spreewald, wo er besonders gerne seine Freizeit verbrachte. Zwischen die einzelnen Geschichten baute er zahlreiche Anekdoten, Witze und Anspielungen auf die zeitgenössische Populärkultur ein. Der zweite Brief enthielt Fragmente eines fiktiven Tagebuchs und berichtete u. a. über die Ermordung der Jüd:innen von Orscha. Der Verfasser des Tagebuchs, ein fiktiver Soldat namens Jürgen Wilms, ist ein früherer Stammgast der Bar, der sich nun in sowjetischer Gefangenschaft befindet und seine Notizen über einen Heimkehrer nach Berlin schickt. Das Buchmanuskript war Susanne Erichsen gewidmet, Miss Germany von 1950, die Scholz in den Lokalen, in denen er auftrat, regelmäßig traf. Während einer dieser Abende lernte Erichsen den Geschäftsmann Krafft Killisch von Horn kennen (Erichsen 172) – das Motiv des Brautpaares, dem die Briefe bzw. Geschichten überreicht werden sollen, ist eine Anspielung auf diese Bekanntschaft.

Die Arbeit am Manuskript zog sich über mehrere Monate hin. Zu Beginn war es noch in der ersten Person Singular verfasst. Scholz bediente sich dabei kaum der Fiktionalisierungstechniken: So trug ein Protagonist etwa seinen Namen, und alle Geschichten stellten einen direkten Bezug zu Scholz' Biografie her. Die ersten Fassungen des Romans waren also vielmehr Ansammlungen detailgetreuer Beobachtungen und Anekdoten denn durchdachte Vorlagen eines fiktionalen

---

6 Das Biogramm von Hans Scholz in der deutschsprachigen Wikipedia (letzter Zugriff: 20. Januar 2021) informiert über seine Tätigkeit als Innenarchitekt für die sowjetische Militärregierung sowie als Dozent für Kunstgeschichte an einer Volkshochschule. Aus Scholz' Nachlass geht hervor, dass es sich dabei um vereinzelte Aufträge handelte und nicht um eine reguläre Tätigkeit. Die in dem Wikipedia-Biogramm aufgelisteten Fernsehfilme sind Kurzbeiträge und Reklamen.

Werks. Scholz war sich seiner Schwächen sowie seiner Position als Neuling im stark umkämpften Feld der westdeutschen Nachkriegsliteratur durchaus bewusst. Er scheute nicht, in einem erweiterten Freundeskreis von seinen Schreibversuchen zu berichten und um Ratschlag zu bitten. Auch wenn er Anfang der 1950er Jahre noch nicht im Mittelpunkt der Westberliner Kulturwelt stand, bemühte er sich, die Regeln des Literaturfeldes zu beachten. Er suchte Kontakt zu Menschen, die ihm beim Schreiben und Publizieren helfen konnten, darunter zu Paul Herrmann, der gerade den Erfolg seines Abenteuerromans *Sieben vorbei und acht verweht* [1952] feierte, sowie zu Eva Kalthoff, einer Literaturwissenschaftlerin, die später mit dem Filmregisseur Helmut Käunter zusammenarbeitete. Seine Pläne diskutierte Scholz auch mit Bekannten außerhalb Berlins. Das fiktive Tagebuch von Wilms schickte er beispielsweise dem jüdischen Musiker Gerhard Rothstein, der nach der Machtergreifung durch die Nationalsozialisten nach Südamerika auswanderte. Als dieser dem Schriftsteller später zur Publikation des Buches gratulierte, tat Rothstein dies aus der persönlichen Perspektive eines jüdischen Emigranten: „Jürgen Wilms und sein Tagebuch kann man wohl mit guten Gewissen als Gegengift für alle künftigen Kriegs- und Rassehetzer empfehlen." (Rothstein, Brief an Scholz)

Um die Umstände genauer zu erfassen, unter welchen die Beschreibung des Massakers von Orscha entstand, lohnt ein Blick auf die zeitgenössische öffentliche Debatte über die NS-Verbrechen. Die Ermordung sowjetischer Jüd:innen wurde bereits Ende 1947 und Anfang 1948 im Zuge des neunten Nachfolgeprozesses vor dem Internationalen Militärgerichtshof in Nürnberg thematisiert, infolgedessen 22 hochrangige Mitglieder der Einsatz- und Sonderkommandos verurteilt wurden. Der Historikerin Hilary Earl zufolge habe die Verteidigung ein Erklärungsmuster forciert, das bis in die Gegenwart wiederholt wird: Hitlers persönlicher Antisemitismus nämlich habe die Maschinerie der ‚Endlösung' von oberster Stelle aus angetrieben. Auch fand der Prozess nur ein schwaches Echo in der Presse, zumal Berichte über die Tätigkeit der Einsatzgruppen damals nicht an die Medienöffentlichkeit weitergegeben wurden (Earl 17).[7]

Nach dem Ende der Nürnberger Prozesse ermittelten mehrere westdeutsche Staatsanwaltschaften gegen NS-Täter, wobei nur ein verschwindend geringer Teil dieser Ermittlungen vor Gericht landete (Eichmüller; Fischer To. 70). Dazu gehört ein interessanter Fall des Landgerichts Darmstadt. 1954 wurden drei hochrangige Wehrmachtsoffiziere [!] des 691. Infanterie-Regiments der Beihilfe zum Mord im

---

[7] In den Geschichtswissenschaften fanden die Verhandlungsprotokolle allerdings verhältnismäßig früh Verwendung, da die Pioniere der Holocaustforschung, wie etwa Raul Hilberg oder Léon Poliakov, sie als Quellen nutzten.

Oktober 1941 an ungefähr 200 sowjetischen Jüd:innen aus dem Ort Krutscha bei Smolensk beschuldigt (Landgericht Darmstadt; Boern 93–118). Das Regiment war damals zwischen Orscha und Witebsk stationiert. Wie bei den Massenerschießungen, die Scholz kurze Zeit später beobachtete, handelte es sich bei diesem Mord um eine jener Exekutionen, die die vollständige Vernichtung der sowjetischen Jüd:innen zum Ziel hatten (Boern 119–134). Ähnlich wie die Nürnberger Einsatzgruppenprozesse rief der Prozess in Darmstadt keinerlei öffentliche Reaktion hervor,[8] obwohl – oder vielleicht gerade weil – die Angeklagten keine SS-Männer, sondern Wehrmachtsangehörige waren. Zwei von ihnen wurden zu Haftstrafen verurteilt und einer wurde freigesprochen. Gleichzeitig fanden bereits in den 1950er Jahren erste geschichtswissenschaftliche Untersuchungen der NS-Verbrechen statt, die vor allem im Umfeld des neugegründeten Münchner Instituts für Zeitgeschichte durchgeführt wurden (Berg N. 193–370). Gelangten die Forschungsergebnisse zunächst nur in seltenen Fällen an die Öffentlichkeit, so bildeten sie dennoch die Grundlage für spätere vergangenheitspolitische Entwicklungen. Die Forscher:innen, die sich mit der ‚Vergangenheitsbewältigung' in der Bundesrepublik befassen, sind sich inzwischen einig, dass der verzögerte, aber nicht ganz vernachlässigte Umgang mit der NS-Vergangenheit eine wesentliche Rolle beim Aufbau des westdeutschen Staates spielte (u. a. Frei; Herf; Kittel; Moses, *German Intellectuals*; Moeller, *War Stories*).

Eine Einschätzung, wie Scholz den zeitgenössischen Umgang mit der NS-Vergangenheit wahrnehmen könnte, fällt heute schwer. Der Prozess in Darmstadt fand genau zu der Zeit statt, als er an seinem Buch arbeitete, doch können wir vermuten, dass er davon nichts mitbekommen hatte. Auch finden sich in Scholz' Nachlass keine Anhaltspunkte dafür, dass er die Debatten über die ‚Vergangenheitsbewältigung' vor der Publikation seines Romans verfolgt haben könnte. Freilich waren seine Kriegserinnerungen der Ausganspunkt für viele Motive in *Am grünen Strand der Spree*. Nichts deutet aber darauf hin, dass er seine Erfahrungen, die vor dem Hintergrund der gesamten Kriegsgeneration sicherlich nicht zu den schlimmsten zählten, gezielt in seinem Buch aufarbeiten wollte. Für ihn hatte das Schreiben, soweit sich dies auf der vorhandenen Quellenlage behaupten lässt, keine therapeutische Funktion.

Eher ist davon auszugehen, dass Scholz nach einer neuen Beschäftigung suchte und dabei aus eigenen Erlebnissen schöpfte. Die Manuskriptbesprechungen mit Freund:innen und Bekannten aus Literaturkreisen weisen zudem auf

---

[8] Diese Annahme basiert auf einer Anfrage bei der Gedenkstätte deutscher Wiederstand, wo die Sammlung der im Rahmen des Projekts „Justiz und NS-Verbrechen" zusammengetragenen Zeitungsausschnitte aufbewahrt wird (Gedenkstätte, E-Mail).

seine Zielstrebigkeit hin. Obwohl *Am grünen Strand der Spree* Scholz' einziger Roman blieb, sicherte ihm das Buch eine etablierte Stellung unter den Berliner Kulturschaffenden. In den darauffolgenden Jahren widmete er sich vor allem dem Journalismus. Er rezensierte Musik- und Kunstveranstaltungen und berichtete ausführlich über seine Ausflüge in die ‚Ostzone'. Seine Reisereportagen veröffentlichte er hauptsächlich im *Tagesspiegel*, dessen Feuilleton er von 1963 bis 1976 leitete. 1960 erschien seine Essaysammlung *Berlin, jetzt freue dich*, später die zehnbändige Ausgabe seiner *Wanderungen und Fahrten in die Mark Brandenburg* [1973–1984], die – wie sich aus dem Titel schließen lässt – als Hommage an Theodor Fontane konzipiert worden war. Die Teilung Berlins war das einzige Thema, über das er sich politisch äußerte (Scholz, „Berlin, Berlin").

Scholz' spätere Behauptungen, er könne nicht über etwas schreiben, das er nicht selbst gesehen habe, sind durchaus treffende Selbsteinschätzungen (Anonym, „Boccacio in der Bar"; *Wanderungen* Bd. 4 110; Puszkar 312). Die Rolle des ‚Vergangenheitsbewältigers' war ihm sichtlich unangenehm, was eine interessante Episode aus seinem Lebenslauf veranschaulicht: Als 1960 in Berlin die Ausstellung *Ungesühnte Nazijustiz* gezeigt werden sollte, schlug Philosophieprofessor Wilhelm Weischedel, der sich einige Jahre zuvor begeistert über die Schilderung des Massakers von Orscha in *Am grünen Strand der Spree* geäußert hatte (Weischedel, Brief an Scholz), Scholz als Kuratoriumsmitglied der Ausstellung vor (Glienke 97). Diesem Gremium gehörten namhafte Persönlichkeiten des öffentlichen Lebens an, so etwa Heinz Galinski, Axel Eggebrecht, Axel Springer und Günter Grass. Scholz akzeptierte die Einladung, nahm aber weder an den Diskussionen noch an den Sitzungen des Kuratoriums teil. Die Mitgliedschaft im Ausstellungskuratorium erwähnte er nicht einmal in seinen tabellarischen Lebensläufen, die er immer wieder aktualisierte. Sein Beitrag zur Entstehung und öffentlichen Wahrnehmung der kontroversen Ausstellung war verschwindend gering bis nicht vorhanden – und jeglicher Versuch, seine Mitgliedschaft als vergangenheitspolitisches Engagement zu deuten, wäre eine Überinterpretation.

Die Lektor:innen

Sein Manuskript reichte Scholz zunächst beim Rowohlt Verlag ein. Die Absage erhielt er von niemand geringerem als dem Dichter und Mitbegründer der Gruppe 47 Wolfgang Weyrauch, der damals bei Rowohlt lektorierte (Oels 52). Weyrauch muss dem ebenfalls an den Treffen der Gruppe 47 teilnehmenden Musik- und Literaturkritiker Joachim Kaiser davon erzählt haben, denn dieser schrieb – ohne Namen zu nennen – über *Am grünen Strand der Spree:* „Seufzend vertieft man sich dann zwei Vormittage lang in ein gutgemeintes Kunstgewebe, mit freundlichem

Gruß schickt man es zurück und jener ältere Herr findet seine Ansichten über literarisches Cliquewesen wieder einmal bestätigt." (Kaiser 536) Der ‚ältere Herr' muss der damals 42-jährige Scholz gewesen sein, der sich von der Absage allerdings nicht entmutigen ließ. Er bat Paul Herrmann, der inzwischen bei Hoffmann und Campe unter Vertrag war, um Vermittlung bei seinen Verlegern. Tatsächlich empfahl Herrmann das Manuskript auch seiner Lektorin Harriet Wegener:

> Hans Scholz ist meiner Ansicht nach eine starke, erzählerische Begabung, indessen kann man über den Aufbau seines Romans geteilter Meinung sein. Da ich Herrn Scholz seit vielen Jahren gut kenne, lag mir sehr daran, daß sein Manuskript von kritischen Lesern durchgesehen wurde, die ihn selbst nicht kennen, und es hat mich nun gefreut, daß Sie, sehr verehrte gnädige Frau, einen ähnlichen Eindruck wie ich selbst von dem Buch von Herrn Scholz gewonnen haben. (Herrmann, Brief an Wegener)

Hoffmann und Campe ist ein traditionsreiches Haus, dessen Ursprünge bis ins 17. Jahrhundert reichen (Jungblut 18). Seinen guten Ruf machte sich der Verlag vor allem mit der Herausgabe der Werke von Heinrich Heine. 1941 erwarb der Unternehmer Kurt Ganske die Mehrheitsanteile und ergänzte das Verlagsangebot nach dem Krieg um einige Frauenzeitschriften wie *Für Sie* oder *Film und Frau*. Auf dieser Grundlage baute er ein kleines norddeutsches Medienimperium auf (Jungblut 149). In der Nachkriegszeit sorgte das äußerst differenzierte Programm – neben Fotoalben und Ratgebern umfasste es bedeutende zeitgenössische Autor:innen und Klassiker – für den kommerziellen Erfolg des Verlags. Parallel zu *Am grünen Strand der Spree* erschien etwa *So zärtlich war Suleyken* von Siegfried Lenz. Die Verantwortung für die Verlagsarbeit überließ Ganske seiner vertrauten Mitarbeiterin Harriet Wegener, die auch für die Entscheidung über die Aufnahme von *Am grünen Strand der Spree* verantwortlich war.

Anfang des 20. Jahrhunderts war Wegener von Hamburg nach Straßburg gezogen, da die Mädchenschulen in ihrer Heimatstadt nur wenige Klassen bis zur allgemeinen Hochschulreife führten (Stubbe-da-Luz 679). Nach Reisen durch Westeuropa, während derer sie Englisch, Französisch und Italienisch lernte, begann sie 1912 ein Studium der Germanistik und Geschichte an der Freiburger und Münchner Universität, das sie 1914 abbrach, um in einem Hamburger Krankenhaus verwundete Soldaten zu pflegen. Erst 1917 nahm sie das Studium wieder auf und wurde zwei Jahre später als eine der ersten Frauen in Norddeutschland an der Universität Kiel promoviert. Seit 1921 engagierte sie sich in der Deutschen Demokratischen Partei sowie im Hamburger Frauenclub Zonta, dem auch viele Sozialdemokratinnen und Jüdinnen angehörten (Stubbe-da-Luz 679). Nach der Schließung des Clubs 1933 führte sie ihn inoffiziell fort, was wenige Monate später ihre Entlassung von ihrer Bibliotheksstelle zur Folge hatte (Jungblut 62).

Daraufhin arbeitete sie als freiberufliche Lektorin und Übersetzerin, u. a. für den Hoffmann und Campe Verlag, und gewann so das Vertrauen von Kurt Ganske. Nachdem der Verlagssitz an der Außenalster sowie einige seiner Papier- und Buchlager die Bombardierungen im Zweiten Weltkrieg fast unversehrt überstanden hatten (Jungblut 116), besorgte Wegener schnellstmöglich eine Lizenz der britischen Militärregierung und brachte bereits 1946 die ersten Bücher auf den Markt, was Hoffmann und Campe unter den schweren Bedingungen der frühen Nachkriegszeit große Vorteile verschaffte (Jungblut 122). Gleichzeitig baute sie die Freie Deutsche Partei in Hamburg mit auf und wurde als deren Vertreterin in den Ausschuss für Zulassungen zur Universität berufen, um die NS-Vergangenheit von Lehrenden und Studierenden zu überprüfen (Stubbe-da-Luz 682).

Als Wegener das Manuskript von Scholz erhielt, wusste sie das erzählerische Potenzial und die Beobachtungsgabe des Autors zu schätzen, bestand aber auf Überarbeitungen. Auf die Beschreibung der Exekution in Orscha wollte sie nicht verzichten, hatte aber Bedenken, ob die Leser:innen die Passage akzeptieren würden. Dem Autor ließ sie mitteilen: „Die an sich sehr packende Schilderung der Erschießung der Juden müsste auch besser etwas gekürzt werden, da das ein Thema ist, von dem der heutige Leser nicht gern liest." (Hoffmann und Campe, Brief an Scholz vom 28. August 1953) Im Gegensatz zu Wegener verlangte der Lektor Otto Görner die komplette Streichung der Passage (Görner, Brief an Scholz). Dass er es ernst meinte, zeigt die Geschichte des zwei Jahre zuvor eingereichten Romans *Der Überläufer* von Siegfried Lenz, der vom besagten Otto Görner abgelehnt worden war (Berg G. 344–345). Das Manuskript von Lenz handelte u. a. von einem Wehrmachtssoldaten, der gegen Ende des Krieges die Seiten wechselte – für den Lektor war „ein Roman mit Überläufern der Deutschen Wehrmacht zur Roten Armee im politischen Klima der Adenauer-Zeit und angesichts der bedrohlichen Verhärtungen zwischen den Westmächten und dem Ostblock schlicht unvorstellbar" (Berg G. 347). Im Zuge der Vorbereitungen zu *Am grünen Strand der Spree* erinnerte Görner in einer internen Notiz an diese gescheiterte Publikation: „Es ist uns mit Lenz genauso ergangen, als wir ihm helfen wollten, mit seinem Partisanenroman zu Rande zu kommen." (Notiz vom 15. Mai 1954) Schließlich erschien das Buch von Lenz erst 2016, infolge einer zufälligen Entdeckung des Manuskripts im Deutschen Literaturarchiv. Obgleich der politische Kontext des Kalten Krieges in Bezug auf die Ablehnung des Manuskripts sicherlich eine Rolle spielte, macht der Germanist Friedmar Apel auf eine weitere Tatsache aufmerksam:

> Der Verlag wusste vermutlich damals und weiß es offenbar bis heute nicht, dass Otto Görner eine ziemlich dubiose Figur war. Er hatte in Leipzig bei dem Nazi-Volkskundler André Jolles studiert, seine akademische Karriere war aber an der Habilitation gescheitert. Görner trat der

SS bei und diente dem Regime unter anderem im Heimatwerk. Nach dem Krieg setzte er sich in den Westen ab und schlug sich mit freier Tätigkeit für Verlage durch. (Apel 10)

Tatsächlich war Görner ein engagierter Nationalsozialist der ersten Stunde. 1933 trat er der NSDAP und der SA bei. Er war Mitglied der Reichsschrifttumskammer und schrieb für die Zeitschrift *Der SA-Mann* (Anonym, Personalakte Görner).[9] In diesem Sinne suggeriert Apel, dass Görners ehemalige Treue zum NS-Regime auch seine Nachkriegstätigkeit als Lektor beeinflusst habe. Vermutlich sah er die literarische Auseinandersetzung mit den NS-Verbrechen nicht weniger kritisch als jedwede Anzeichen von Sympathie gegenüber dem Ostblock. Allerdings handelte es sich bei seinen Einwänden keinesfalls um einen Einzelfall, der lediglich auf Görners problematische Biografie zurückzuführen wäre. Auch in anderen Verlagen war eine interne Zensur nicht ungewöhnlich; so zwang etwa Joseph Witsch, Verleger von Erich Maria Remarque, seinen Autor dazu, sämtliche Fragmente des Romans *Zeit zu leben, Zeit zu sterben* [1954], die eine ‚deutsche Schuld' andeuteten, zu streichen (Schneider Th.). Demzufolge waren selbst erfahrene Autor:innen nicht davor gefeit, auf Geheiß ihrer Verlage auf politisch unbequeme Passagen verzichten zu müssen.

Bei Hoffmann und Campe setzte sich Wegener gegen ähnliche Forderungen letztendlich durch, so dass Scholz die Passage lediglich leicht kürzen musste. Nun mag man geneigt sein, ihr Engagement dafür, die Beschreibung des Massakers im Manuskript zu belassen, auf ihre politischen Ansichten sowie ihre antinationalsozialistische Haltung zurückzuführen. An anderer Stelle aber schlug sie vor, auf eine Nebenfigur – ein jüdisches Mädchen – zu verzichten. Aus Wegeners Korrespondenz mit Scholz und den anderen Lektoren geht hervor, dass sie stets das Verlagsinteresse im Blick hatte. Sie ließ Stellen streichen oder umformulieren, von denen sie glaubte, dass sie die Leser:innen nicht akzeptieren würden, verteidigte gleichermaßen aber Passagen, die sie für begründet und akzeptabel hielt. Somit übernahm Wegener eindeutig die Rolle des *gatekeepers*, der sowohl die Textentstehung beeinflusst als auch für die „Positionierung des Autors im verlegerischen und literarischen Feld" sorgt (Zajas 169). Ihre Arbeit war ein stetiger Balanceakt zwischen der Suche nach ausdrucksstarken Texten, die sich vor dem Hintergrund der literarischen Produktion der 1950er Jahre hervorhoben, und der Notwendigkeit, Trends und Sagbarkeitsregeln zu folgen: Einerseits musste das Literaturfeld stets reproduziert werden, andererseits ging es darum, den Verlag und seine Autor:innen darin erkennbar zu positionieren. Wegeners Verweis auf die poten-

---

9 Die im Bundesarchiv aufbewahrte Personalakte von Otto Görner endet 1939. Es ist mir daher nicht gelungen, Apels Behauptung über Görners Mitgliedschaft in der SS zu verifizieren.

ziellen Reaktionen der Rezipient:innen war demnach eine Artikulation der Regeln, die sie hier bewusst reproduzierte. Gleichzeitig zeigt ihre Entscheidung, die Beschreibung der Erschießungsszene dennoch zu veröffentlichen, dass sie versuchte, jene Regeln zu verschieben oder sie zumindest flexibel auszulegen.

Eine weitere Auseiandersetzung entfaltete sich um Scholz' Darstellung des Berliner Umlands, in die er seine umfangreiche Kenntnis der Berliner, Brandenburger und Lausitzer Regionalgeschichte sowie seine Ortserkundungen in die ‚Ostzone' hatte einfließen lassen. Besonders oft fuhr er in die Gegend von Königs-Wusterhausen, Finsterwalde und Cottbus, und entwickelte dabei ein Interesse für die sorbische Sprache und Kultur. Aus dieser Faszination gingen die wohl längsten Teilabschnitte des Manuskripts sowie der ursprüngliche Titel *Märkische Rübchen und Kastanien* hervor. Wegener und ihre Kollegen weigerten sich jedoch, derart lange Beschreibungen ostdeutscher Landschaften und Leute ins Buch aufzunehmen. Sie teilten dem Autor mit:

> Es erscheint uns, ganz abgesehen von sachlichen Einwendungen, doch nicht recht angezeigt, denjenigen Material zu liefern, welche den Menschen des deutschen Ostens für seinem Wesen nach slawisch erklären, um daraus politische Schlüsse zu ziehen. Wir glauben auch nicht, daß die westeuropäischen Leser, seien sie nun Alteingesessene oder Flüchtlinge, dafür im Augenblick viel Verständnis haben werden. (Hoffmann und Campe, Brief an Scholz vom 28. August 1953)

Für die Lektor:innen bei Hoffmann und Campe war Scholz' Begeisterung für die Lausitz offensichtlich ein Problem. Konnten allzu positive Schilderungen Vorwürfe der Sympathisierung mit dem ostdeutschen Regime provozieren, so galt es gleichzeitig, Vorurteile gegenüber slawisch(stämmig)en Bevölkerungsgruppen zu vermeiden. In internen Gesprächen befürchteten die Lektor:innen, die sorbischen Motive seien „Wasser auf die Mühle der Russen, die eines Tages die DDR gut und gern zu einem slawischen, weil wendischen Staat erklären werden" (Hoffmann und Campe, Notiz vom 6. Mai 1954). Für die Mitarbeiter:innen des Verlags war dies problematischer als die Schilderung des Massakers von Orscha, denn sie hielten die sorbische Kultur für eine Erfindung der SED-Propaganda. Zur Untermauerung ihrer Argumentation schickten sie ihrem künftigen Autor einen Artikel aus der *Zeit*, der die slawische Kultur in der Oberlausitz als eine Art Trojanisches Pferd der Sowjets darstellte (Anonym, „Bautzen heißt jetzt Budysyn"). Scholz kam der Bitte des Lektorats nach und kürzte den Text um ungefähr fünfzig Seiten. Die für den Roman verworfenen Fragmente veröffentlichte er Ende 1956 unter dem Titel *Schkola* in der Kulturzeitschrift *Der Monat* und zwei Jahre später als separate Kurzgeschichte im Münchner Langen Müller Verlag. Darüber hinaus versuchte er den Südwestfunk [SWF] für eine Vertonung des Textes zu gewinnen (Scholz, Brief an den Südwestfunk), doch der Sender zeigte kein Interesse. Die ob der Publikation der Erzählung befürchtete Kontroverse blieb aus: Das kleine und von Scholz illustrierte Buch fand so gut wie keine Beachtung, was aber nicht bedeutet, dass sich die Publikation zumindest für eine Partei nicht gelohnt hatte. Da Hoffmann und Campe die Rechte für das Manuskript noch vor den Kürzungen erworben hatte, durfte der Verlag eine Lizenzgebühr für die Veröffentlichung der verworfenen Erzählung bei Langen Müller verlangen.

Neben inhaltlicher Vorbehalte waren die Lektor:innen bei Hoffmann und Campe vor allem mit der Struktur des ursprünglichen Textes unzufrieden. Die Form des Briefromans erschien ihnen nicht zeitgemäß, weshalb Wegener gemeinsam mit einigen anderen Lektor:innen Scholz dazu ermutigte, eine neue Rahmenhandlung für die sieben übrig gebliebenen Geschichten zu konzipieren. Scholz griff dabei auf seine Erfahrungen als Barmusiker zurück und erweiterte das Motiv des Männerabends. Ab der dritten Fassung schilderte er eine Nacht in der ihm so vertrauten Jockey Bar. Die autobiografischen Bezüge waren dabei mehr als offensichtlich (Schmid): Anlässlich der Rückkehr eines Spätheimkehrers treffen sich die Teilnehmer der Runde in einer Bar. Einer nach dem anderen fangen sie an, Geschichten zu erzählen. Zunächst liest der Heimkehrer Hans-Joachim Lepsius aus dem Tagebuch seines Kameraden Jürgen Wilms vor, in welchem dessen Einsätze in Polen und der Sowjetunion dokumentiert sind. Wilms berichtet über den Besatzungsalltag in der polnischen Kleinstadt Maciejowice, beschreibt den Einmarsch in die Sowjetunion Ende Juni 1941 und schildert mit bemerkenswerter Genauigkeit die Schlacht bei Brest-Litowsk an der heutigen Grenze zwischen Polen und Belarus. Anschließend konzentriert sich sein Tagebuch auf den Kriegsalltag in Orscha, wo der Protagonist die Auflösung des Ghettos beobachtet. Dieses Ereignis erzählt er auf elf Buchseiten, obgleich er den historischen Tatsachen nicht immer gerecht wird, vor allem wenn es um die Darstellung der Täter geht. Das Kapitel endet abrupt mit Wilms' Rückkehr zu seiner Einheit. An das Tagebuch schließt ein gewisser Hesselbarth an, der über seine Erfahrungen an der Ostfront, ebenfalls in der Nähe von Orscha, und die Begegnung mit einer jungen russischen Partisanin berichtet. Da er Gefallen an ihr findet, möchte er sie vor der bevorstehenden Exekution retten, sie aber kehrt bewusst zur Erschießungsstelle zurück. Das darauffolgende Kapitel ist ein Drehbuchexposé, das den Alltag in einer deutschen Offizierskaserne in Norwegen darstellt. Die Kasernenroutine wird unterbrochen, als die Beziehung zwischen einer norwegischen Partisanin und einem deutschen Soldaten aufgedeckt wird. Der General akzeptiert das Verhalten seines Untergebenen und unternimmt nichts gegen seine Desertion. Es folgt eine Schachtelerzählung über die Geschichte der Familie Bibiena, zusammengestellt aus Berichten und Briefen, deren Handlung u. a. in einem märkischen Schloss spielt und Ereignisse aus dem Siebenjährigen Krieg mit dem Kriegsausbruch 1939 verknüpft. Ungefähr von da an konzentriert sich die Rahmenhandlung auf die

Person der schönen Babsybi oder Bärbel, die nach dem Vorbild der mit Scholz befreundeten Susanne Erichsen, besagter Miss Germany, gezeichnet ist. Der Protagonist der nächsten Erzählung ist ein ehemaliger Schauspieler aus Breslau, der im Krieg ein Bein verlor und Zuflucht im Spreewald fand. Am frühen Morgen taucht er sogar persönlich in der Bar auf; die späte Stunde seiner Ankunft wird mit den Schwierigkeiten an den Grenzkontrollen erklärt. Hier mischt sich der Barmusiker ein und berichtet von einem amerikanischen Kriegsgefangenenlager. Das Buch endet mit einer heiteren, aber erfundenen Urlaubsgeschichte aus dem faschistischen Italien, inspiriert von Scholz' Studienreisen. In der Rahmenhandlung kommt es zudem zur Wiederbegegnung eines durch den Krieg getrennten Paares, der besagten Bärbel und des Schauspielers Peter Koslowski.

Gemessen am ursprünglich eingereichten Manuskript waren die Änderungen alles andere als geringfügig: Aus dem Brief- entstand ein Episodenroman, in dem nur einige der Geschichten bzw. Teile selbiger über Briefe vermittelt werden. Den Empfehlungen seiner Lektor:innen nachkommend, strich Scholz mehr als die Hälfte des Textes über die Oberlausitz, kürzte die Passage über das Massaker von Orscha leicht und stellte nach weiteren Absprachen mit dem Verlag die Kapitelreihenfolge um. Während die erste Manuskriptfassung mit der barocken Geschichte aus dem Siebenjährigen Krieg anfing, eröffnete nun der Bericht aus Orscha die Erzählrunde. Diese Reihenfolge erklärte Scholz mit Bezug auf seine Kunstausbildung wie folgt:

> [Sie] stuft sich bewusst von den Stimmungen schwarz, weniger schwarz, grau mit rosa Einsprengseln am Ende, grau und rosa, rosa mit grauen Einsprengseln bis komplett rosa. Das ganze demgemäss farbige Gebilde hängt – man könnte vielleicht sagen, wie ein ausbalanciertes Mobile – an dem grossen schwarzen Balken der ersten Geschichte. (Scholz, Brief an Stark vom 4. Januar 1958)

Die Verschiebung des Berichts aus Orscha an den Anfang des Buches sowie die Behauptung, er trüge die restlichen Geschichten wie ein Balken, deutet darauf hin, welch große Bedeutung ihm der Autor zuschrieb.

Erst drei Monate vor der Veröffentlichung, als die letzten Korrekturfahnen gelesen wurden, diskutierte Scholz mit den Lektor:innen über den Titel. Da *Märkische Rübchen und Kastanien* nicht ansprechend genug schien, entschied man sich, stattdessen mit *Am grünen Strand der Spree* an die Berliner Motive und einen bekannten Schlager anzuknüpfen. Zwischenzeitlich gab es sogar die – im Endeffekt nicht umgesetzte – Idee, den Liedtext am Anfang des Buches abzudrucken (Hoffmann und Campe, Brief an Scholz vom 21. Juni 1955). Dass in Lübbenau eine Gaststätte ‚Zum grünen Strand der Spree' hieß, erfuhr Scholz erst 1958 (Bundesministerium für gesamtdeutsche Fragen). Es bleibt aber offen, ob die Lektor:innen wussten, dass auch eine Reihe an Broschüren, die 1943 den Berliner

Soldaten an die Front geschickt wurden, diesen Titel trug. Es handelte sich dabei um kleine Heimatbücher mit Liedern, Gedichten, Geschichten und Bildern aus Berlin und Brandenburg (Arendt). Da sich Scholz stark für die Berliner Kultur interessierte und selbst einer Einheit angehört hatte, deren Stab sich in Berlin befand, ist davon auszugehen, dass er die Broschüre während seines Militäreinsatzes auch erhalten oder zumindest von ihrer Existenz gewusst hatte. Weder sein Nachlass noch die Verlagsdokumente geben jedoch Auskunft darüber, ob er je einen Bezug zwischen der Broschüre und seinem eigenen Buch herstellte.

Die Überarbeitung des Manuskripts war eine kollektive Anstrengung. Ein Verlagsmitarbeiter klagte über den Autor:

> Er hat zwar an tausenden von Stellen korrigiert und gestrichen und seine Streichungen obendrein in jedem Fall überflüssigerweise mit Zettelchen überklebt, aber er hat zugleich 40 oder mehr Seiten neu hinzugeschrieben und im Grunde genommen nichts von dem geändert, was ihm Frau Dr. Wegener bei seinem Besuch in Hamburg nach eingehender Begründung zu revidieren empfohlen hat. (Hoffmann und Campe, Brief an Herrmann, 5. Mai 1954)

Wenige Monate später allerdings ließ sich Scholz von den meisten Überarbeitungsvorschlägen überzeugen und ging positiv auf die Kommentare der Lektor:innen ein. Es ist schwer zu sagen, ob diese Wende auf ein konkretes Ereignis, beispielsweise auf Gespräche mit Herrmann oder Wegener, zurückzuführen ist, oder ob er einsah, dass seine Verhandlungsposition als Debütant vergleichsweise schwach war. In jedem Fall akzeptierte er die Machtverhältnisse und stillschweigenden Regeln des Literaturfeldes.

Mit den Verlagsmitarbeitern Otto Görner und Walter Stark traf sich Scholz mehrmals persönlich, um Änderungen zu besprechen. Auch Herrmann, der inzwischen den Erfolg seines Romans *Sieben vorbei und acht verweht* feierte, beriet Scholz während der Revisionen. Er kommentierte die Manuskripte und vermittelte bei schwierigen Angelegenheiten zwischen Autor und Verlag. Bei Unstimmigkeiten und fehlender Kompromissbereitschaft lag die Entscheidung bei Wegener. In Anbetracht der Entfernung zwischen Hamburg und Berlin verlief der Großteil der Kommunikation auf dem Postweg, Telefongespräche sowie interne Besprechungen wurden ebenfalls dokumentiert. Nicht nur in Bezug auf die Beschreibung der ‚Ostzone' und des Massakers von Orscha, sondern auch hinsichtlich des gesamten Textes versuchten die Lektor:innen die Bedürfnisse potenzieller Leser:innen zu berücksichtigen. Am vielversprechendsten schien ihnen die Schilderung der Atmosphäre in der Westberliner Bar, zumal die isolierte Stadt großes Interesse in Westdeutschland weckte. Um den Text an den westdeutschen ‚Erwartungshorizont' (Jauß, *Ästhetische Erfahrung* 749–752) anzupassen, regten die Lektor:innen den Autor zum Ausbau der Berliner Motive an und entwickelten eine – wie sich später herausstellte – wirksame Strategie, das Buch als ‚Berolinesie' zu vermarkten. Fünfzehn Jahre später klagte Scholz allerdings: „Seltsamerweise zählte das Buch nahezu unabhängig von dem mir bekannten Inhalt zu den Berolinesien und ich folglich zu den Berolinisten [...]. Nun ist mir alle Berlinerei [...] ganz zuwider und hängt mir zum Halse raus. Ich wohne in Berlin und damit basta!" (Scholz, „Rede anlässlich der Aufnahme" 114) Da Scholz bei der Erschaffung dieser ‚Berolinesie' aber gerne kooperierte, ist diese Klage als Koketterie zu deuten.

Es finden sich einige Hinweise darauf, dass Scholz' Nachgiebigkeit einen wirtschaftlichen Grund gehabt haben könnte. Obwohl er als Kunstlehrer und Werbefachmann tätig war, hatte er mit fast vierzig Jahren finanziell immer noch nicht Fuß gefasst. In der Kommunikation mit den Verlagsmitarbeiter:innen berichtete er immer wieder von Geldproblemen. Verspätete Textlieferungen erklärte er damit, dass er an Exposés für Werbe- und Kulturfilme hatte arbeiten müssen. Der Verlag zahlte ihm daher Vorschüsse für das künftige Buch aus. Unter diesen Umständen verschoben sich die Machtverhältnisse noch stärker zugunsten von Hoffmann und Campe, obgleich niemand im Verlag Scholz unmittelbar unter Druck setzte. Um es in den Kategorien von Giddens auszudrücken, handelte es sich dabei um eine intensive, stillschweigende, aber nicht stark sanktionierte Praxis der Regelbestimmung (Giddens, *Die Konstitution* 74). Bemerkenswerterweise trug Scholz dieser ungleichen Ressourcenverteilung zum Trotz keinerlei Nachteile davon. Neben den Vorschüssen wurden ihm etwa die Kosten für teure Flugreisen zwischen Berlin und Hamburg erstattet. Von jedem verkauften Exemplar sollte er zudem 1,50 DM erhalten (Vertrag), was bereits bei geringen Auflagen ein akzeptables Einkommen in Aussicht stellte.

Die Art und Weise, wie der Autor mit seinem Verlag über das Buch verhandelte, wurde schließlich zum Thema öffentlicher Diskussionen. Der Autor klagte in einem Interview für den *Spiegel*, dass der Verlag die Passage über die Erschießung hatte streichen wollen, was wiederum zu Spannungen zwischen Autor und Lektor:innen führte (Scholz, Brief an Hoffmann und Campe vom 5. Mai 1956). Wegener beklagte: „Übrigens war die ‚Spiegel'-Legende, dass der Verlag die Juden-Erschiessungen heraushaben wollte, bis nach Amerika gedrungen, und ich wurde brieflich beschimpft. Dabei war es einzig und allein Dr. Görners Ansicht, der damit bei niemand Anklang fand." (Wegener, Brief an Scholz vom 28. Mai 1956) Otto Görner versuchte hingegen seine Vorschläge kleinzureden: „Über die Judenerschiessungen kann man geteilter Meinung sein. Fräulein Dr. Wegener war dafür, die Stellen zu kürzen, ich war für Weglassen. Doch gehört diese Frage wohl nicht zu den Hauptproblemen." (Görner, Notiz) Folglich sah sich Scholz gezwungen, zu erklären, die problematische Formulierung sei auf die Autorin des *Spiegel*-Artikels zurückzuführen. Ferner ergänzte er:

> Die *Spiegel*-Legende in der Judenfrage, an der ich ja leider mittelbar durch falsche Auslegung und Abänderung meiner Worte auch schuldig bin, ist wirklich ärgerlich. Das klingt so schlecht und ist eigentlich gegenstandslos, denn schliesslich beweist nichts so sehr wie das Erscheinen des Buches, welche Meinung der Verlag wirklich vertritt und in dieser Frage eingenommen hat. Oder meint man, der Autor habe irgendwelche Machtmittel besessen und den Verlag gezwungen. Wie denken sich *Spiegel*-Schreiber und -Leser das zumal bei einem Autor, den kein Mensch kannte. Dumm sowas! (Scholz, Brief an Wegener vom 28. Mai 1956)

Abgesehen davon, dass der *Spiegel* bei der Darstellung der Ereignisse nicht ganz falsch lag, ist der Briefwechsel zwischen Wegener und Scholz ein weiterer Beleg für die Machtverhältnisse zwischen Autor und Verlag. Eindeutig gibt Scholz zu, dass die Entscheidung über die letzte Fassung bei den Lektor:innen lag und er es war, der sich unterordnen musste. Trotz der heldenhaften Darstellung im *Spiegel*, derzufolge Scholz sich in Bezug auf die Erschießungsszene „unnachgiebig" gezeigt haben sollte, wird klar, dass er – wenn er das Buch veröffentlichen wollte – die vom Verlag festgelegten Regeln zu befolgen hatte. Und dieser stellte den Verkaufserfolg vor ästhetische oder gar ethische Bedenken.

Die Rezensent:innen

Der Roman erschien am 5. September 1955. Eine erste umfangreiche Rezension druckte *Die Zeit* am 20. Oktober. Hans Schwab-Felisch, dem Scholz einige Wochen zuvor das Buch persönlich zugeschickt hatte, schrieb eine enthusiastische Leseempfehlung und lobte die Art, wie der Autor „das Berliner und das Märkische Idiom beherrschte" (Schwab-Felisch, „Am grünen Strand"). Der Literaturkritiker war in Berlin als Sohn von Alexander Schwab aufgewachsen – Mitbegründer der Kommunistischen Arbeiterpartei Deutschlands, der 1943 im Zuchthaus in Zwickau ums Leben gekommen war (Gedenkstätte). Mitte der 1950er Jahre nahm Schwab-Felischs publizistische Karriere eine entscheidende Wende: Nachdem er seit 1949 in der Berliner Redaktion der *Neuen Zeitung* als Mitarbeiter des Starkritikers Friedrich Luft gearbeitet hatte, wechselte er 1956 zur *FAZ*, wo er bis 1961 neben Karl Korn verantwortlicher Redakteur für Literatur war (Hoeres 576).

Sicherlich erkannte Schwab-Felisch in dem Text von Scholz einige Berliner Motive, die ihm selbst einiges bedeuteten. Für den RIAS bereitete er Lesungen von Ausschnitten des Romans vor, in die er die Episoden über die Ostfront allerdings nicht aufnahm (Schwab-Felisch und Scholz). In seiner Rezension betonte er lediglich den breiten Blick auf die jüngste Geschichte, während er die Thematik des ersten Kapitels nur beiläufig erwähnte:

> Es ist viel in diesem Buch von unserer Zeit, die Szenen werden zum Panorama. Der Krieg ist darin mit allen seinen Scheußlichkeiten und Verbrechen und die Hilfslosigkeit, der Irrtum des Pflichteifers und seien Tragik, Anstand und Bösartigkeit, Trauer, viel Trauer, doch ebensoviel Witz und Fröhlichkeit, vor allem die Atmosphäre, wo immer die Schauplätze sind, wer immer auch handelt oder an Handlungen leidet. (Schwab-Felisch, „Am grünen Strand")

Auf diese Art setzte Schwab-Felisch den Maßstab für weitere Rezensionen. Auch in persönlichen Gesprächen empfahl er das Buch weiter und schickte den Roman u. a. der deutsch-jüdischen Exilschriftstellerin Gabriele Tergit nach London, was sie zu einem Treffen mit Scholz bewegte (Tergit, Brief an Scholz). Trotz seines Engagements für *Am grünen Strand der Spree* war Schwab-Felisch im Oktober 1955 allerdings noch nicht in der Position, alleine den Erfolg des Buches befördern zu können. Erst seine beiden einflussreichen Mentoren, Korn und Luft, trugen im darauffolgenden Jahr maßgeblich dazu bei. Über Lufts Gattin, mit der Scholz noch aus Studienzeiten bekannt war, ließ er dem Kritiker ein Exemplar des Buches zukommen. In seiner sehr positiven Rezension, die zunächst in der *Welt* und einige Wochen später wortgleich in der *Süddeutschen Zeitung* erschien, betonte Luft den souveränen Umgang mit dem Berliner Jargon: „So spricht man zwischen Halenseebrücke und Bülowbogen heute tatsächlich", wohingegen er das Massaker von Orscha nur zwischen den Zeilen erwähnte.

Konsequenterweise konzentrierten sich die meisten Besprechungen weiterhin auf die Darstellung der Berliner Atmosphäre, während Einzelheiten aus den sieben Episoden kaum angesprochen wurden. Die großen Zeitungen und Magazine teilten in der Regel das positive Urteil von Schwab-Felisch und Luft. Kleinere Zeitungen übernahmen Fragmente aus der Pressemitteilung des Verlags oft im Wortlaut. Manche Rezensent:innen[10] vermuteten zudem einen routinierten Autor hinter *Am grünen Strand der Spree*, der nun unter Pseudonym auftrete. In Anbetracht der Tatsache, dass Scholz in der Berliner Kulturszene recht gut vernetzt war, handelte es sich dabei nur um vereinzelte Stimmten, die vermutlich auch nicht ganz ernst zu nehmen waren. Der Verlag verstand solche Andeutungen allerdings gekonnt einzusetzen und zitierte sie sogar im Programmkatalog für das Jahr 1956, was dafür sorgte, dass sich das Gerücht weiter verbreitete.

Nach dem Tod von Görner, am 10. Oktober 1955, wurde Walter Stark Scholz' Ansprechpartner im Verlag. Er übernahm die Verantwortung für Werbung, Vertrieb und Vermarktung, während sich Harriet Wegener aus dem geschäftlichen

---

[10] Obwohl der Großteil der Rezensionen von Männern verfasst worden war, konnte ich eine namentlich erwähnte Rezensentin ausmachen. Daneben gab es viele anonyme Rezent:innen, deren Geschlecht zu ermitteln allerdings unmöglich ist. Um diesem Umstand Rechnung zu tragen, verwende ich der deutlichen Disparität zum Trotz in diesem Unterkapitel die gegenderte Form.

Teil der Arbeit zurückzog. Neben Rezensionsexemplaren für die Presse verschickte der Verlag auch Exemplare an den Westberliner Senator für Volksbildung, Joachim Tiburtius, der für die Organisation des Berliner Kunstpreises zuständig war (Hoffmann und Campe, Brief an den Senator). Stark handelte dabei sehr zielstrebig und schrieb an Scholz:

> Was kann ich meinerseits tun, um bei den in Frage kommenden Stellen, die den Literaturpreis der Stadt Berlin vergeben, vom Verlag aus nachzuhelfen? Ich war mit den Herren, die den Fontane-Preis vergeben, schon gelegentlich in Fühlung, weiß aber nicht, wer für den Literaturpreis zuständig ist. Könnten Sie mir hierüber eine Information verschaffen? (Hoffmann und Campe, Brief an Scholz vom 5. Dezember 1955)

Vier Monate später wurde Scholz tatsächlich der Berliner Kunstpreis für Literatur verliehen, der als Fontane-Preis bekannt war. Die Entscheidung muss jedoch nicht leichtgefallen sein, denn inoffiziell war Gottfried Benn als Preisträger für 1956 vorgesehen gewesen. Anfang des Jahres erkrankte der Dichter schwer und teilte Tiburtius mit, er müsse sich von öffentlichen Auftritten zurückziehen (Benn, Brief an Tiburtius). Ferner befanden die Preisrichter nach längeren Besprechungen Benns Werke für „zu bedeutend" für den jungen Fontane-Preis und zogen es vor, einen unbekannten Autor zu würdigen. Über *Am grünen Strand der Spree* äußerten sie sich dabei ähnlich wie zuvor die Rezensent:innen, indem sie vor allem den geschickten Umgang mit dem Berliner Dialekt sowie die Verbindung von sieben scheinbar unzusammenhängenden Geschichten in einem Werk positiv hervorhoben (Preisgericht, Bericht). Die Darstellung der Hauptstadtatmosphäre sowie zahlreiche Anknüpfungen an Fontanes Werk waren zusätzliche Beweggründe für die Verleihung des Preises an Scholz. Die Passage über das Massaker von Orscha wurde hingegen nicht thematisiert. Interessanterweise musste sich Tiburtius schon wenige Tage nach der Verleihung des Fontane-Preises anderweitig mit dem Problem der Darstellung des Holocaust auseinandersetzen: Ende März 1956 fand nämlich eine Sondervorführung von Alain Resnais' Dokumentarfilm *Nacht und Nebel* für den Beirat der Berliner Festspiele statt (Knaap 80). Das Gremium hatte den Film für die im Sommer desselben Jahres ausgetragene Berlinale zugelassen (Lindeperg, *Nacht und Nebel* 223–224). Tiburtius war zudem Vorsitzender der Gesellschaft für Christlich-Jüdische Zusammenarbeit in Berlin – es ist daher eher unwahrscheinlich, dass er die Beschreibung des Massakers in Scholz' Buch übersehen haben konnte.

Die schwache Rezeption der Massakerszene bestätigt die These des Literaturwissenschaftlers Norman Ächtler, westdeutsche Schriftsteller der 1950er Jahre hätten sich in ihren Werken durchaus mit den deutschen Kriegsverbrechen auseinandergesetzt, allerdings ohne dass diese Schilderungen in der Breite wahrgenommen worden seien. „Die verschiedenen Handlungsebenen des Literatur*systems* überblendeten diese heiklen Aufdeckungen durch verschiedene Anschlusskommunikationen, die sich wie Filter über die Textinhalte legten, bevor sie diese für weitere Anschlusskommunikationen ‚freigaben'," schreibt Ächtler („Forciertes Vergessen" 400).[11] Der Prozess, den er hier mithilfe von Luhmanns Systembegriff aufdeckt, könnte auch als Reproduktionsmechanismus im Sinne Bourdieus aufgefasst werden: Der Habitus der Literaturkritiker, die im Umgang mit dem Roman ihr symbolisches Kapital nutzen, hatte das Verschweigen der Erschießungspassage zur Folge, um das Literaturfeld in seinem bisherigen Zustand zu reproduzieren. Die Theorie von Giddens ermöglicht hingegen, dieses Phänomen als Mobilisierung von Ressourcen und Regeln durch die Institution der Literaturkritik zu betrachten. Der Sinn dieser Handlung besteht in der Aufrechterhaltung der diskursiven Struktur im Umgang mit der Vergangenheit. Der bundesrepublikanische Status quo Mitte der 1950er Jahre setzte voraus, dass die nationalsozialistischen Gewaltverbrechen in Osteuropa nicht öffentlich thematisiert werden würden. Wie aber hatte man sich zu verhalten, wenn eine derartige Schilderung dennoch veröffentlicht wurde, wie im Fall von *Am grünen Strand der Spree*? Die ‚stillschweigende Regel' im Sinne von Giddens führte offensichtlich zu einer diskursiven Blockade, sprich die Kritiker:innen nutzten ihre starke symbolische Position, um das Thema der Massenmorde durch die Deutschen während des Zweiten Weltkriegs – salopp gesagt – ‚unter den Teppich zu kehren'. Den wenigen kulturellen Repräsentationen von Kriegsverbrechen, die Ächtler in der Literatur der 1950er Jahre identifiziert, fehlte eine Art Sprachrohr für die Verstärkung bzw. Multiplikation der Botschaft.

Die mangelnde Auseinandersetzung der Literaturkritik mit der Darstellung der NS-Kriegsverbrechen ist keine Überraschung. Bemerkenswerter ist hingegen, dass ähnliche Mechanismen auch außerhalb der Medienöffentlichkeit funktionierten. Die ‚Filter', von denen Ächtler spricht, wurden nicht nur von Literaturkritiker:innen eingesetzt, sondern auch von individuellen Leser:innen. Unter den Briefen, die Scholz nach dem Erscheinen des Romans erhielt, fanden sich nur wenige, die das erste Kapitel thematisierten. Ein Brief stammte sogar vom erwähnten Gottfried Benn, der Scholz zur norwegischen Episode gratulierte und hinzufügte: „Ein Autor, der erzählen kann und etwas zu erzählen hat." (Benn, Brief an Hoffmann und Campe)[12] Hatte die Geschichte über den General, der

---

[11] Hervorhebung im Original.
[12] Die Verflechtungen zu Benn sind hier insofern erwähnenswert, als Hellmut Jaesrich (57) die Vermutung äußerte, dass sich in Wahrheit der Dichter hinter dem Namen Scholz verstecke. Dreißig Jahre später ging Konrad Schuller darauf ein, indem er behauptete, beide Autoren hätten sich über ihre Klangpoetiken definiert. Benn lobte dabei gerade das Kapitel von *Am grünen Strand der Spree*, in dem die klangpoetischen Elemente am wenigsten zum Einsatz gekommen waren.

sich in den letzten Kriegsmonaten gegen das System wandte, Benn aufgrund seiner eigenen Biografie angesprochen? Aus heutiger Sicht lässt sich darüber nur spekulieren, doch Benns Auswahl zeigt auch, wie die Leser:innen in den sieben Episoden und der Rahmenhandlung nach potenziellen Identifikationsangeboten suchen – und sie auch finden – konnten. Kaum jemand behauptete, dass es die realistische Schilderung der Ereignisse an der Ostfront oder der Ermordung der Jüd:innen gewesen sei, die sie am meisten berührt hätten. Viele fühlten sich hingegen von den Dialogen in der Bar, der Liebesgeschichte im Hintergrund oder der Sehnsucht nach dem ‚verlorenen Osten' angesprochen. Wer das Ostfrontkapitel gründlich gelesen und wer es nur durchgeblättert hatte, lässt sich nicht mehr verifizieren.

Der Fontane-Preis eröffnete Scholz neue Möglichkeiten. Zu den Preisrichtern gehörte u. a. der Journalist Thilo Koch, der zum Zeitpunkt der Bekanntmachung des Urteils eine sehr positive Rezension in der *Zeit* veröffentlichte. Nach einem Fernsehauftritt in Kochs Sendung freundeten sich die beiden Männer an und pflegten private Kontakte. Glückwünsche schickte auch der ehemalige Berliner Bürgermeister und Mitbegründer der CDU in Berlin, Ferdinand Friedensburg (Brief an Scholz vom 19. März 1956). Im Juli 1956 begleitete Scholz Friedensburg zu einer ‚Tafelrunde' im Kempinsky-Hotel, an der u. a. der Präsident der Freien Universität sowie der Leiter des *Tagesspiegels* teilnahmen, um „gemeinsame Fragen und gemeinsame Sorgen zu besprechen" (Friedensburg, Brief an Scholz vom 12. Juni 1956). Anlässlich der Buchbesprechung im RIAS frischte Scholz seine Bekanntschaft zu Luft auf. Literaturkritiker:innen und Schriftsteller:innen, wie die bereits erwähnten Hans Schwab-Felisch und Gabriele Tergit, aber auch die deutsch-russische Autorin Alix Rohde-Liebenau, suchten den Kontakt zum neuen Erfolgsautor. Aus diesen bürgerlichen Kreisen kamen damals wichtige Impulse für das Westberliner Kulturleben. Bei einem Empfang im Deutschen Künstlerbund lernte Scholz Theodor Heuss kennen, mit dem er sich nach eigenen Angaben sehr gut verstand. Der Schriftsteller sollte den Bundespräsidenten sogar auf seiner Reise nach Israel begleiten (Bürkle, Brief an Scholz vom 2. April 1957). Als Scholz bei der israelischen diplomatischen Mission ein Visum beantragte, erwähnte er sein Buch und die Tatsache, dass es „sich sehr intensiv mit dem Problem der Deutschen, der Nazis und der Juden beschäftigt". Der Autor behauptete sogar, der Roman sei von der *Allgemeinen Wochenzeitung der Juden in Deutschland* lobend anerkannt worden, obwohl es sich in Wirklichkeit um eine kurze Erwähnung in den Neuerscheinungen handelte (Scholz, Brief an diplomatische Mission). Offensichtlich wusste Scholz den Erfolg für sich zu nutzen. Letztendlich wurde die Reise abgesagt, scheinbar aufgrund diplomatischer Bedenken, da die Bundesrepublik zum damaligen Zeitpunkt noch keine diplomatischen Beziehungen zu

Israel aufgenommen hatte. Heuss sollte seinen Besuch erst drei Jahre später absolvieren, im Mai 1960, als er nicht mehr im Amt war (Hestermann 61).

Mögen die hier präsentierten Fakten zu Scholz Freundes- und Bekanntenkreis für sich genommen nebensächliche Anekdoten darstellen, so ist die Rückverfolgung seines sozialen Netzwerks durchaus von Belang. In der Wissenssoziologie sind ähnliche Untersuchungen als Netzwerkanalyse bekannt, die Philosophiegeschichte entwickelte wiederum die Methode der Konstellationsforschung, mithilfe derer Denkräume, in denen Ideen entstehen, besser nachvollzogen werden können (Muslow und Stamm). In diesem Sinne verhalfen positive Äußerungen prominenter Persönlichkeiten Scholz einerseits zum Erfolg, andererseits war er keinesfalls der große Unbekannte, als den ihn der Verlag und die Rezensent:innen gerne darstellten. Seiner Bekanntschaft zu Paul Herrmann hatte er den Kontakt zu Hoffmann und Campe zu verdanken, und die Beziehung zu Luft hatte er über dessen Frau hergestellt. Zwar hatte Scholz keine schriftstellerische Erfahrung vorweisen können, doch war er in der Berliner Kulturszene als Maler und Musiker schon länger präsent gewesen. Zudem traf er sich regelmäßig mit Leuten aus der Film- und Modebranche – die eingangs erwähnte Miss Germany, Susanne Erichsen, war nur eine seiner vielen Bekanntschaften. Es ist davon auszugehen, dass ihn dieses Umfeld, in dem er schon seit den frühen 1930er Jahren verkehrte, wesentlich prägte. Seine Freund:innen halfen ihm auch dabei, ein routinierteres Verhalten im Literaturfeld zu entwickeln. Als sein Buch erschien, kannte sich Scholz in der Kulturszene also bestens aus. Er verstand es, selbstbewusst und charmant aufzutreten, und scheute keine Medienauftritte.

Viele seiner Erlebnisse aus der Westberliner Kulturszene spiegeln sich in *Am grünen Strand der Spree* wider: Die Protagonist:innen der Rahmenhandlung sind Künstler, Filmemacher, Schauspieler und ein Model. Seine Kontakte zu Journalisten sowie Scholz' Präsenz in Rundfunk und Fernsehen weisen zudem darauf hin, dass *Am grünen Strand der Spree* schon früh zu einem multimedialen Phänomen wurde. Nach dem Erfolg seines Buches schrieb und zeichnete Scholz regelmäßig für die von der amerikanischen Militärregierung finanzierte Kulturzeitschrift *Der Monat* (Martin 13). Diese Tätigkeit diente als Sprungbrett für seine spätere publizistische Karriere. Herausgeber Hellmut Jaesrich bot im *Monat* den unterschiedlichsten Autor:innen einen Raum zum Meinungsaustausch. So publizierten an der Wende der 1950er zu den 1960er Jahren dort u. a. Max Horkheimer, Siegfried Kracauer, Günter Grass, Golo Mann, aber auch Schwab-Felisch, Luft und Korn. Meist meldete sich Scholz mit Texten über Berlin zu Wort, wodurch er seinen Ruf als Kenner und Versteher der Stadt verfestigte. Seine Kontakte zu anderen Schriftsteller:innen hielten sich hingegen eher in Grenzen. Fragen nach seiner Meinung zur Literatur wich er aus:

> Die Sache ist nun so: da eine nachsichtige Öffentlichkeit meinen einzigen Roman gütig aufgenommen hat, wurde der Schein erweckt, ich möchte vielleicht etwas von Literatur verstehen. Aber meiner ganzen Vorbildung nach kann ich das gar nicht, denn diese erstreckte sich teils auf die Kunstgeschichte, teils auf die Ausübung der Malerei. (Scholz, Brief an Siedler)

Diese Äußerung lässt sich durchaus aber als eine der zahlreichen Koketterien von Scholz lesen. Stefan Scherer („So gut wie" 112–114) zeigt nämlich, dass Scholz nicht nur ein kunsthistorisch gebildeter, sondern auch ein sehr belesener Mann war. Er hielt zwar wenig von avantgardistischer oder politisch engagierter Literatur, hatte aber fundierte Kenntnisse des deutschen Kanons. Sein öffentlich geäußertes Desinteresse für zeitgenössische Literatur sowie seine Abwesenheit in literarischen Kreisen können erklären, wieso Literaturkritiker:innen *Am grünen Strand der Spree* nur selten mit anderen literarischen Texten verglichen. Gelegentlich wurden offensichtliche Bezüge zu einigen klassischen Autoren festgestellt, wie etwa zu Boccaccio oder Fontane, aber selbst die Preisrichter des Fontane-Preises, die zwangsläufig über herausragende Literaturkenntnisse verfügten, zogen kaum Vergleiche zu anderen Werken. Dabei ließen sich auf der Grundlage der Rahmenhandlung leicht Bezüge zu Johann Wolfgang von Goethes *Unterhaltungen deutscher Ausgewanderter* [1795] oder E.T.A. Hoffmanns *Die Serapionsbrüder* [1819–1821] herstellen. Stattdessen bezeichneten die Preisrichter *Am grünen Strand der Spree* als „außergewöhnlich" (Wilk) oder „beispiellos" (Fontane-Preis). Sie betonten, dass es sich um ein literarisches Debüt handelte, wodurch der Eindruck erweckt werden sollte, ein neuer Stern am Literaturhimmel sei geboren.

In der Pressemitteilung der Preisrichter lesen wir:

> Sie [die Thematik] umfasst das lastende Erbe der unmittelbaren Vergangenheit – Nationalismus und Krieg – ebenso wie die nicht weniger schwierige Situation des Augenblicks: den Riß durch Deutschland. Ohne die Kundgabe vordergründlicher politischer Meinungen und Bestrebungen wird die jüngst vergangene und die gegenwärtige Zeitsituation mit virtuoser Fähigkeit zur Schilderung durchleuchtet und gestaltet. (Preisrichter)

Mit Blick auf die von den Preisrichtern hervorgehobene Darstellungsart des Krieges legt Ächtler dar, dass es bereits in den 1950er Jahren „zahlreiche Texte [gegeben habe], in denen Verbrechen gegen Kriegsgefangene und die russische Zivilbevölkerung sowie gegen Juden wohl nur eine periphere Rolle spielen, als Erfahrungsdimension der deutschen Soldaten aber präsent gehalten werden" (Ächtler, „Forciertes Vergessen" 399). In *Wo warst du Adam?* [1951] spitzte Heinrich Böll die Erschießung der singenden Ilona durch den sadistischen SS-Mann in nur einem Satz zu. Erich Maria Remarque zeichnete in *Zeit zu Leben und Zeit zu*

Sterben ähnliche Bilder wie Scholz: Russische Zivilist:innen stehen an der Grube und erwarten ihren Tod. Remarques Protagonist spricht von Sklaverei, Massenmorden und Konzentrationslagern, wobei die betreffenden Passagen in der ursprünglich veröffentlichten Romanfassung stark gekürzt worden waren.[13] Parallel zu diesen inzwischen kanonisierten Kriegsschilderungen entstand eine kaum zu überblickende Zahl an Werken der Trivialliteratur, die wiederum eine heroische Perspektive auf die Erfahrungen der Soldaten an der Ostfront vertrieben. Auch andere von Scholz aufgegriffene Themen waren in der bundesrepublikanischen Literatur gut vertreten, wie etwa die Erfahrung des Wirtschaftswunders, die u. a. Wolfgang Koeppen in seinen drei Romanen *Tauben im Gras* [1951], *Das Treibhaus* [1953] und *Der Tod in Rom* [1954] beschrieb, oder die Teilung Deutschlands, die u. a. Arno Schmidt in *Das Steinerne Herz* [1956] thematisierte. Ferner zieht Scherer Parallelen zu Werken von Martin Walser und Hermann Hesse sowie von weniger gängigen Autor:innen wie Hans Erich Nossack, Martin Kessel und Irmgard Keun. Letztere dürfte Scholz aus der Jockey Bar gekannt haben (Scherer, „Literaturhistorische ‚Aufheiterung' 109). Bis auf Nossack, dessen Roman *Spätestens im November* 1956 ebenfalls für den Fontane-Preis nominiert gewesen war, erwähnten die Preisrichter keinen dieser Namen. Auf diese Weise konnte *Am grünen Strand der Spree* als ‚Ausnahmeerscheinung' präsentiert – und gefeiert – werden, was sich wiederum in der nachfolgenden Presseberichterstattung widerspiegelte.

Die Literaturkritik der DDR verglich Scholz' Roman hingegen durchaus mit anderen Werken, wenngleich *Am grünen Strand der Spree* offiziell nicht verfügbar war. 1960 kritisierten die Literaturwissenschaftler:innen, die auf der Konferenz „Krieg und Militarismus in der Spiegelung des kritischen und sozialistischen Realismus seit Fontane und Hauptmann" an der Humboldt-Universität zusammengekommen waren, *Am grünen Strand der Spree* u. a. für die vermeintlich positive Schilderung des preußischen Militarismus (Schneider G.; Fri.). Zum Beweis des höheren Stellenwerts des sozialistischen Realismus stellten sie ost- und westdeutsche Autor:innen einander gegenüber, und verglichen so Anna Seghers und Arnold Zweig mit Heinrich Böll und Hans Scholz.

Ungeachtet des offiziellen Verbots wurde das Buch in der DDR gelesen. In den 1950er Jahren war es noch nicht schwer, Einzelexemplare über die Grenze zwischen West- und Ostberlin zu schmuggeln. Eine Leserin schrieb beispielsweise an Scholz:

> Im Allgemeinen kann ich mich beim Lesen solcher Themen wie z. B. Judenverfolgung und Krieg eines leisen Gefühls der Aufsässigkeit nicht erwehren, da ich zu der Generation gehöre,

---

13 Eine kommentierte und von zusätzlichen Dokumenten begleitete Originalausgabe erschien erst 2018.

die – während der Zeit der Massenmorde – auf der Schulbank sass und morgens, mittags und zwischendurch noch ein paar Mal auf Kommando ‚Heil Hitler' zu schreien hatte. Nach dem Zusammenbruch, als plötzlich jeder Demokrat war, haben wir uns oft gefragt, warum war denn eigentlich vorher niemand da, der uns gelehrt hat, daß es außer dem ‚Führer' und dem Nationalsozialismus auch noch etwas anderes auf der Welt gibt? Und wieder wächst im Osten eine Generation heran, deren jugendlichen Idealismus man ausnutzt, für ein Verbrechersystem zu schreien. [...] In Ihrem Buch finde ich zum ersten Mal die Darstellung dieser gewaltigen Probleme auch diskutabel für jüngere Menschen. (Leserin, Brief an Scholz vom 11. Juli 1958)

Die wenigen Stimmen aus der DDR legen die Unterschiede zwischen den Literaturfeldern der beiden deutschen Staaten dar. Während westdeutsche Kritiker:innen und Leser:innen die Beschreibung des Massakers von Orscha konsequent kleinredeten, erwecken die wenigen ostdeutschen Quellen den Eindruck, als gäbe es in dem Roman von Scholz neben dem ersten Kapitel nichts weiter Erwähnenswertes. Die antifaschistische Propaganda der DDR bot offenbar eine diskursive Struktur, innerhalb derer es möglich war, die NS-Kriegsverbrechen zu thematisieren.

Die Rezeption des Romans außerhalb Deutschlands fiel indes mager aus. Ein polnischer Verlag lehnte einen Übersetzungsvorschlag ab; bis 1960 erschien *Am grünen Strand der Spree* dafür in den USA, Frankreich, den Niederlanden und Schweden. Die amerikanische Übersetzung, die im mittelgroßen Verlag Thomas Y. Crowell erschien, vermittelte die Literaturagentin Joan Daves – eine jüdische Exilantin aus Berlin, deren Vater in Auschwitz ermordet worden war (Altenheim, „Joan Daves" 241). Daves vertrat die wichtigsten westdeutschen Autor:innen und Verlage auf dem amerikanischen Buchmarkt und hatte bereits in den 1950er Jahren Hoffmann und Campe unter Vertrag. Trotz ihrer zahlreichen Kontakte fiel es ihr nicht leicht, geeignete Übersetzer:innen für das Buch zu engagieren. Letztendlich arbeiteten gleich zwei Übersetzerinnen an dem Text: Elisabeth Abbott und Catherine Hutter, wobei nur erstere im Impressum genannt wurde (Wegener, Brief an Scholz vom 2. Juni 1958). Ungeachtet der Schwierigkeiten bei der Übertragung des Textes ins Englische versprach sich die Agentin viel von der Möglichkeit, die Rechte für den ganzen Roman oder einzelne Binnenerzählungen an ein Filmstudio zu verkaufen (Hoffmann und Campe, Brief an Scholz vom 2. April 1958). Derweil machten sowohl die amerikanischen als auch andere Übersetzerinnen Vorschläge, wie der Text konsolidiert werden könnte, damit er für die Leser:innen in den jeweiligen Ländern zugänglicher würde. Abbott (Brief an Scholz vom 10. Oktober 1957) suggerierte sogar, das Tagebuch des Jürgen Wilms zu streichen, da es „aus Sicht der amerikanischen Leser" zu „traurig" sei. Scholz lehnte alle Änderungsvorschläge ab. Er bestand darauf, dass das Buch im Ausland in unveränderter Form erscheinen solle, und zeigte sich ob der Kommentare der Übersetzerinnen mehrmals irritiert. In Anbetracht der Tatsache, dass ihn der Roman inzwischen seit über fünf Jahren beschäftigte, wollte er sich nun anderen Themen widmen anstatt wiederholt das Manuskript zu überarbeiten. So fand *Am grünen Strand der Spree* bei der ausländischen Leserschaft schließlich auch wenig Gefallen. Insbesondere in den USA wurde der Roman „als spezifisch deutsches Buch betrachtet" (Lang, „Das mediale Rauschen" 296), und einiger positiver Rezensionen zum Trotz blieben die Übersetzungen größtenteils unbeachtet.

Nachdem sich westdeutsche Literatur- und Kulturzeitschriften zunächst zurückgehalten hatten, erschienen Ende 1956 schließlich die ersten umfangreichen Besprechungen von *Am grünen Strand der Spree*. Bis auf zwei Ausnahmen ähnelten sie den Stellungnahmen aus der Tages- und Wochenpresse, wenn auch der Inhalt etwas detaillierter dargestellt wurde. Im *Monat* erschien eine enthusiastische Rezension von Hellmut Jaesrich, der behauptete, früher oft Gast in der Jockey Bar gewesen zu sein und einige Jahre zuvor an einer Trinkrunde mit Scholz teilgenommen zu haben, die dem dargestellten Abend sehr geähnelt habe. Der Rezensent sprach von einem neuen *Decamerone*; auf das Tagebuch des Jürgen Wilms ging er aber nur in der Zusammenfassung des Buches ein. Ähnlich argumentierte Gerhard Joop in *Westermanns Monatsheften*, in dem er die Komposition des Romans nicht nur mit dem *Decamerone*, sondern auch mit den *Canterbury Tales* verglich. In den *Neuen Deutschen Heften* pries Lotte Wege Scholz' Art, im Berliner Jargon zu schreiben, wobei ihre Rezension große Ähnlichkeiten mit dem Juryurteil des Fontane-Preises aufwies. Sicherlich war dies kein Zufall, denn erstens war der Herausgeber der Zeitschrift, Joachim Günther, Mitglied besagter Jury gewesen, und zweitens kam der Vorschlag, das Buch in den *Neuen Deutschen Heften* zu besprechen, aus dem Sekretariat von Senator Tiburtius (Günther, Brief an Senator). Gleichwohl ist dieser Umstand keinesfalls als literarische Verschwörung zu werten, sondern bestätigt vielmehr ähnliche Lesarten unter Akteuren, die ähnliche Meinungen vertraten und sich bei ihrer Arbeit gegenseitig unterstützten.

Vor diesem Hintergrund heben sich zwei kritische Besprechungen in den Kulturzeitschriften ab. Der wohl heftigste Angriff stammte vom bereits erwähnten Joachim Kaiser, der sich gezielt gegen die Rezension im *Monat* positionierte:

> Und wenn Hellmut Jaesrich [...] folgende Sätze passieren: „In solcher Hinsicht ist Scholz' Buch eine Ehrenrettung dieser Generation von fröhlich daherzuselnden Jünglingen aus gutem Hause, die im Verlauf der über sie hineinbrechenden Weltgeschichte hin und wieder Gelegenheit hatten, mehr Charakter und Humor aufzubringen, als ihnen gemeinhin zugetraut worden war", dann erwähnt dies bemerkenswerterweise höchst anerkennend gemeinte Zitat genau die Gefahren, von denen man erschrecken sollte – daß nämlich der Krieg wieder

zum Tournier der Tugenden gemacht wird, zum Ort der Bewährung, wo man Charakter und Humor an den Tag legt, auch wenn ein paar Millionen daran glauben müssen. (Kaiser 541)

Kaiser – Mitglied der Gruppe 47 – warf Scholz Zynismus vor und behauptete, der Autor würde die deutsche Schuld verharmlosen. Ferner fand er es unangemessen, dass Scholz die Soldaten als „gute Kerle" präsentiere, die weder Humor noch „das gute Herz" verlören (Kaiser 540). Auch die Darstellung des Krieges als Ereignis, auf das der Protagonist keinen Einfluss gehabt habe, missfiel dem Kritiker. Auf der Grundlage dieser Rezension zieht der Literaturwissenschaftler Moritz Baßler den Schluss, dass die gesamte Gruppe 47 Scholz gegenüber negativ eingestellt gewesen sei. Seines Erachtens sei der Stil, den Kaiser als zynisch empfand, hingegen „ein in Anführungszeichen geführter Diskurs intellektuell-urbaner Herzlichkeit" (Baßler 32). Für die öffentliche Wirkung des Romans, der in der Tagespresse gelobt, in intellektuellen Kreisen aber eher ignoriert wurde, mag Kaisers vernichtende Rezension durchaus eine Rolle gespielt haben. Darauf Bezug nehmend machte etwa der Germanist Helmut Kreuzer Scholz in den *Frankfurter Heften* den Vorwurf, den Krieg romantisiert und die Geschichte gefälscht zu haben, und pointierte, „die Vernichtungsaktionen des letzten Krieges [seien] kein Gegenstand für einen Unterhaltungsroman, in dem die Sektpfropfen knallen" (Kreuzer 59).

Dass gerade Kaiser und Kreuzer auf die Erschießungsszene aufmerksam geworden waren und dahingehend ihre Bedenken äußerten, ist vermutlich auch auf ihr Alter zurückzuführen. Während die Mehrheit der Literaturkritiker, darunter Jaesrich, Korn, Luft und Schwab-Felisch, wie Scholz im Deutschen Kaiserreich geboren worden waren, waren Kreuzer und Kaiser erst Ende der 1920er Jahre zur Welt gekommen. Zum Zeitpunkt ihrer Lektüre von *Am grünen Strand der Spree* waren sie also nicht einmal dreißig Jahre alt. Beide gehörten demnach zu den sogenannten 45ern – einer Gruppe von Männern, die in der NS-Zeit aufgewachsen, zum Kriegsende aber schon so gut wie erwachsen gewesen waren. Dirk Moses, der diesen Begriff in die Geschichtswissenschaft einführte, meint damit die wohl wichtigste Generation, die den kritischen Umgang mit der NS-Geschichte in der Bundesrepublik prägt. Die Bezeichnung der ‚45er' übernahm er aus einem Essay von niemand Geringeren als Joachim Kaiser (Moses, „Die 45er" 235).[14] Bei den ‚45ern' handelte sich um keine einheitliche Gruppe, deren kritischere

---

14 Die Bedeutung der ‚45er' für die Entwicklung des Rundfunks in der Nachkriegszeit analysiert Melanie Fritscher-Fehr (67–69). In der älteren Forschungsliteratur werden sie als ‚Flakhelfer-Generation' subsumiert. Dirk Moses' Begriff der ‚45er' greift jedoch breiter, wodurch der australische Historiker diese Gruppe weder auf eine konkrete Erfahrung reduziert, noch eine Unschuld ihrer ‚Angehörigen' suggeriert. Die Unterschiede zwischen diesen Begriffen erläutert Moses in seinem Buch *German Intellectuals and the Nazi Past* (51).

‚Angehörige' sich aber eindeutig gegen einen Restaurationsgeist positionierten. Letzteren beanstandeten Kaiser und Kreuzer in *Am grünen Strand der Spree*, allen voran in den Gesprächen der Männer in der Jockey Bar. Die beiden Kritiker konnten sich mit den Protagonisten des Romans, die zehn bis fünfzehn Jahre älter als sie waren, kaum identifizieren. In der frühen Bundesrepublik resultierten nämlich schon wesentlich kleinere Altersunterschiede in der Zugehörigkeit zu anderen Erinnerungsgemeinschaften. So rechnete Heinz Bude in seinem vielzitierten Essay *Bilanz der Nachfolge* etwa aus, dass für die Geburtenjahrgänge zwischen 1924 und 1930 ein Unterschied von zwei bis drei Jahren völlig unterschiedliche Biografien zur Folge hatte.

Mit Blick auf ihr negatives Urteil und das junge Alter der beiden Kritiker stellten die Rezensionen von Kaiser und Kreuzer Ausnahmen unter den Reaktionen der Presse auf den Roman dar. Kreuzers Besprechung blieb ohne Widerhall, Kaiser hingegen wurde für seine Stellungnahme kritisiert. So warf der Germanist Otto F. Best ihm beispielsweise vor, das Buch nicht gründlich genug gelesen zu haben. Best, der als Übersetzer und Lektor u. a. für Böll und Paul Celan tätig war, verfasste eine wortreiche Verteidigung von *Am grünen Strand der Spree*, die er bei Hoffmann und Campe einreichte. Auch der Philosoph Wilhelm Weischedel lobte das Buch und ließ Scholz mitteilen:

> Ich denke immer noch, man müsste auch eine Hand der Zeit sein, und ich denke es gerade, nachdem ich Ihr Buch gelesen habe, weil für mich vor allem dies darin steht, dass der Mensch, das arme Tier, mit der Welt nicht zurechtkommt, die doch verrückterweise seine eigene Welt ist. Er müsste aber endlich damit zurechtkommen. (Weischedel, Brief an Scholz)

Kaisers schonungslose Kritik richtete sich sowohl gegen den Autor und seine Beschreibung des Massakers von Orscha als auch gegen all jene, die zum Erfolg des Buches beigetragen hatten: die Preisrichter des Fontane-Preises sowie „die Hörspielstudios unserer Sender und die Film-Firmen, die sich über das neue Objekt hermachen werden" (Kaiser 537). In Anbetracht dessen, dass er sich selbst zu den ‚45ern' zählte, lässt sich seine diametral entgegengesetzte Reaktion auf *Am grünen Strand der Spree* gewissermaßen als Ausdruck eines Generationenkonflikts lesen.[15]

---

15 Zu Generationenkonflikten in der deutschen Presse der 1950er Jahre siehe: Christina von Hodenberg (*Konsens und Krise*, 245–292).

Der Herausgeber

Zu den Publizisten, die Kaiser in seiner Rezension angriff, zählte der zwanzig Jahre ältere Karl Korn, der den Roman ins Feuilleton der *FAZ* aufnahm und ihn für seine „frische Erzählkunst" und „künstlerische Könnerschaft" pries. Die Darstellung des Massakers erwähnte Korn – wie der Großteil der Kritiker:innen – so gut wie nicht. Korns journalistische Laufbahn begann 1934, zunächst im *Berliner Tageblatt*, danach in der *Neuen Rundschau* und anschließend im NS-Magazin *Das Reich*. Aufgrund eines kritischen Artikels über ein Bild, das Hitler gefiel, wurde er sechs Monate später entlassen. Korns politische Haltung schätzt sein Biograf wie folgt ein: „So wenig Karl Korn ein überzeugter Nationalsozialist war, so wenig lässt er sich als unerschrockener Regimekritiker oder gar als überzeugter Demokrat bezeichnen." (Payk, „Opportunismus" 147) Dieser Satz hätte auch auf Hans Scholz zutreffen können. Neben ihrer Indifferenz gegenüber dem NS-Regime sowie den publizistischen Erfolgen teilten beide Männer ihre Faszination für Berlin. 1941 wurde Korn in die Wehrmacht eingezogen, wobei er nicht an die Front geschickt wurde, sondern in der Inspektion für Erziehung und Bildung im Heer in Potsdam tätig war. Erst wenige Wochen vor Kriegsende wurde er in eine kämpfende Einheit versetzt und geriet in französische Kriegsgefangenschaft. Nach seiner Entlassung arbeitete Korn für die Mainzer *Allgemeine Zeitung* und wechselte 1949, zusammen mit einem Großteil der Redaktion, in die neugegründete *FAZ*. In seiner Studienzeit fühlte er sich den Ideen der sogenannten konservativen Revolution zugetan, nach dem Krieg vertrat er hingegen zunehmend kulturkritische Positionen und folgte der Frankfurter Schule. Nichtsdestoweniger oder gerade deshalb fällt es schwer, Korn eindeutig in die intellektuellen Strömungen seiner Zeit einzuordnen: „Die Mehrheit von Korns Veröffentlichungen bewegte sich im Rahmen des feuilletonistisch Üblichen, war unauffällig-unspektakulär und durch eine betonte Abwesenheit extremer Ansichten gekennzeichnet." (Payk, *Der Geist der Demokratie* 49) Ersetzte man den Namen Korn in diesem Satz mit Scholz, so würde er auch nichts an seiner Gültigkeit einbüßen. Gerade Korns „geringe Prominenz" mache ihn aber – so Historiker Marcus Payk („Opportunismus" 148) – so spannend für die Forschung.

Mitte der 1950er Jahre nahm die Reputation des „Kulturpapstes" (Hoeres 81) Korn einen Schaden. 1955 kritisierte der für den Politikteil zuständige Herausgeber Paul Sethe die Treue der *FAZ* gegenüber dem politischen Kurs der Adenauer-Regierung. Dies zog einen heftigen Streit in der Redaktion nach sich (Hoeres 119–123; Berghahn 71–72), infolge dessen Sethe die *FAZ* verließ. Im Zuge dieser Auseinandersetzung stellte sich Korn auf die Seite von Sethe, was sich wiederum negativ auf seine eigene Position auswirkte (Berghahn 71). Kurz danach häuften sich Vorwürfe, Korn hätte mit seiner Arbeit die NS-Propaganda unterstützt.

Nachdem er die antisemitischen Ausschreitungen von 1959 aufs Heftigste kritisiert hatte, wurde er erneut auf seine Tätigkeit in der NS-Propaganda angesprochen. Im *Monat* entflammte eine Diskussion mit der Leitfrage: „Darf jemand, der einst dem Nationalsozialismus einen Tribut abgestattet hat, heute als Streiter gegen nationalistische, antisemitische und neo-nazistische Bestrebungen und Akte ins Feld ziehen?" (Allemann 86) Der Schweizer Journalist Fritz René Allemann beantwortete diese Frage mit einem ‚Ja', worauf hin in der Redaktion zahlreiche Briefe entgegengesetzter Meinung eingingen. Korn nahm rechtliche Schritte gegen ähnliche Beschuldigungen auf, doch das Münchner Oberlandesgericht ließ in zweiter Instanz die Bezeichnung „Handlager des Antisemitismus" in Bezug auf ihn zu (Payk, *Der Geist der Demokratie* 323).

Heute lässt sich nicht mehr nachvollziehen, auf welchem Wege *Am grünen Strand der Spree* in Korns Hände geraten war,[16] aber damals wechselte Hans Schwab-Felisch in die *FAZ*, womit das Buch gleich zwei tatkräftige Verfechter in der Redaktion hatte. Die Entscheidung, es als Fortsetzungsroman drucken zu lassen, war insofern ungewöhnlich, als der untere Abschnitt der zweiten Seite der Regel nach für literarische Texte reserviert war, die noch nicht in Buchform vorlagen (Priotto 60). Der Roman erschien zwischen dem 11. Juni und dem 31. August 1956. Die einzige Kürzung, die Korn bzw. Schwab-Felisch veranlassten, betraf die Geschichte des Bar-Musikers über das Kriegsgefangenenlager. Vor dem Hintergrund des literaturkritischen Profils von Korn, der „schon in den 1950er Jahren als entschiedener Förderer der kritischen Gegenwartsliteratur und ihrer Experimente, von Alfred Andersch, Heinrich Böll und Wolfgang Koeppen" aufgetreten war (Hoeres 177), war die Auswahl von *Am grünen Strand der Spree* eher überraschend. Womöglich lag es aber auch einfach nur an der Jahreszeit, den Leser:innen der *FAZ* im Sommer eine populäre und stellenweise leichtere Lektüre bieten zu wollen.

Der Hörspielregisseur

Nach der Veröffentlichung des Romans bemühten sich die Mitarbeiter:innen von Hoffmann und Campe intensiv um seine Inszenierung beim Rundfunk, und ließen dem Intendanten des SWF, Friedrich Bischoff, ein Exemplar zukommen. Der

---

[16] Diese Feststellung basiert auf einer Nachfrage bei Roxanne Narz, die sich im Rahmen des DFG-Projekts „Geschichte eines Leitmediums. Die *Frankfurter Allgemeine Zeitung* von ihrer Gründung 1949 bis zur Gegenwart" an der Julius-Maximilians-Universität Würzburg mit dem Feuilleton unter der Leitung von Karl Korn befasste. In diesem Zusammenhang erhielt sie Zugang zum Unternehmensarchiv der *FAZ* (Narz).

Leiter der Hörspielabteilung, Gert Westphal, erinnerte sich später an seine erste Kenntnisnahme von Scholz' Roman:

> Da gab es eine dieser grossen Programmsitzungen, die Friedrich Bischoff selber leitete. Sie fiel auf einen Montag. [...] Ich las durch Aktenunterlagen getarnt die Sonntagsbeilage der FAZ, zu der ich am Sonntag natürlich nicht gekommen war, und ich weiss noch heute, dass ich wie von der Tarantel gestochen auffuhr, als Friedrich Bischoff eindringlich mit immer wieder taktierender Hand auf das Buch aufmerksam machte, dessen hymnische Kritik vom Altmeister Karl Korn ich gerade las. Hans Scholz, *Am grünen Strand der Spree*. Ein Aussenseiter, kein Mitglied der Gruppe 47, die damals die deutsche Literatur machte, hatte einen Bestseller geschrieben. Einen Bestseller, obwohl der prekär von Zeitgeschichte und unbewältigter Vergangenheit handelte. [...] Noch ehe einer der Literaturkollegen zum Handeln kam, bestellte ich telegrafisch bei Hoffmann und Campe die Option für eine Hörspielbearbeitung von einem Buch, das ich nicht kannte. Wir kriegten die Option. (Westphal, Rückblick)

Interessanterweise machte Westphal indirekt Karl Korn für die Hörspielinszenierung mitverantwortlich. Aus Westphals Worten ist auch herauszulesen, dass er die besondere Stellung der Gruppe 47 eher kritisch sah. Es ist nicht mehr zu ermitteln, ob Westphal Kaisers Kritik gelesen hatte, mit Sicherheit aber kannte er den Autor persönlich.[17] Fest steht auch, dass Westphal, der häufiger bereits Texte von kritischen und anspruchsvollen Autoren, allen voran Thomas Mann, für den Hörfunk inszeniert hatte, nun nach leichterer Literatur suchte. Korns Rezension versprach, dass Scholz Anspruchvolles und Unterhaltendes miteinander zu verbinden verstand – ernste Themen leicht verpackt.

Im Februar 1956 reiste Scholz nach Baden-Baden, wo die Hörspielabteilung des SWF ihren Sitz hatte, um mit Westphal über das geplante Hörspielmanuskript zu sprechen. Die Begegnung der beiden Autoren mündete in einer langjährigen Freundschaft. Obwohl Westphal neun Jahre jünger war als Scholz, hatte er mit ihm viel gemein: die Erziehung eines gutbürgerlichen Elternhauses, eine künstlerische Ausbildung in der NS-Zeit, den Kriegseinsatz an der Ostfront, die Erfahrung der Kriegsgefangenschaft, sowie die Berufspraxis in der bundesrepublikanischen Medienlandschaft (Kogel und Schlüter; Zoch-Westphal; Westermann). Westphals Vater war Fabrikdirektor in Dresden; die Familie lebte in einer großen Wohnung und schon als Jugendlicher durfte er seine Eltern in die Dresdner Staatsoper sowie ins Schauspielhaus begleiten. Im Alter von dreizehn Jahren trat er 1933 der Hitlerjugend bei. Bis 1940 besuchte er die Schauspielschule, danach wurde er in das Reiter-Ersatzregiment 1 eingezogen. Die Schauspielprüfung legte

---

[17] In Westphals Nachlass im Deutschen Literaturarchiv in Marbach befindet sich seine Korrespondenz mit Kaiser.

er während einer Beurlaubung ab. Nach dem Angriff auf die Sowjetunion wurde er in die Aufklärungs-Abteilung 121 versetzt. Als Teil der 121. Infanterie-Division marschierte sie über Ostpreußen und Lettland an den nördlichen Abschnitt der Ostfront und nahm an der Belagerung Leningrads teil. Westphal wurde zweimal verwundet, kehrte aber beide Male nach einem Lazarettaufenthalt an die Front zurück. Kurz vor Ende des Krieges wurde er zum Rittmeister befördert (Kogel und Schlüter). In seiner Empfehlung für die Akademie der Künste schrieb Scholz über Westphal, er habe gegen Kriegsende im 5. Kavallerie-Regiment gedient und das Eiserne Kreuz 1. Klasse erhalten (Scholz, Lebenslauf von Gert Westphal). Unabhängig davon, dass es wohl kontraproduktiv gewesen wäre, auf NS-Orden hinzuweisen – Westphal wurde nicht in die Akademie aufgenommen –, stellte sich die Versetzung in das neu aufgestellte Reiter-Regiment 5, wie es in Wirklichkeit hieß, als Glücksfall heraus. So wurde Westphal in den letzten Kriegsmonaten nach Ungarn versetzt und geriet über Österreich in amerikanische Gefangenschaft. Die Amerikaner beschlossen letztlich, die Pferde des Regiments an süddeutsche Bauern zu verschenken und die Reiter freizulassen (Kogel und Schlüter). In der Hoffnung, in Hamburg seine Familie wiederzusehen, reiste Westphal nach Norddeutschland und engagierte sich zunächst im neu gegründeten Bremer Theater und anschließend bei Radio Bremen. Eigenen Angaben zufolge arbeitete er dort nicht nur an Bücherlesungen und Hörspielinszenierungen, sondern auch an der Produktion von Sendungen, die das amerikanische *reeducation*-Programm popularisieren sollten (Kogel und Schlüter). Von Bremen aus wechselte Westphal 1953 an die Hörspielabteilung des SWF in Baden-Baden und übernahm dort, mit gerade mal 33 Jahren, die Leitung. Zu seinen ersten Hörspielen beim SWF gehörte eine Inszenierung von Theodor Plieviers *Stalingrad* [1953]. Trotz des Altersunterschieds war Westphal Mitte der 1950er Jahre ein wesentlich bekannterer Autor als Scholz. Seine Lesungen und Inszenierungen zeitgenössischer deutscher Literatur galten als legendär, was auch an seinem guten Kontakt zu den Schriftstellern und Dichtern, deren Texte er las, liegen durfte. Er korrespondierte mit Alfred Andersch, Gottfried Benn, Thomas Mann, Walter Jens, Carl Zuckmayer und vielen anderen.[18] Einige von ihnen besuchten ihn regelmäßig in Baden-Baden, wo sie – im Gegensatz zu Aufnahmen in großen Städten – keinerlei anderen Verpflichtungen nachkommen mussten und ihre Zeit im SWF beinahe in Urlaubsstimmung verbrachten (Kogel und Schlüter). In dieser Hinsicht war der Sender für Scholz, wo er insgesamt mehrere Wochen an den Vorbereitungen des Hörspiels verbrachte, eine Art Fenster in die Kulturwelt jenseits Berlins.

---

18 Auch diese Korrespondenzen befinden sich im Deutschen Literaturarchiv in Marbach.

Glaubt man Westphals Anekdote darüber, wie er die Lizenz für *Am grünen Strand der Spree* bestellte, so wird es mit Sicherheit nicht das Tagebuch von Jürgen Wilms gewesen sein, dass ihn dazu bewegt hatte. Unter Aufsicht des Hörspieldramaturgen Manfred Häberlen, der zuvor u. a. das Drehbuch für *Stalingrad* verfasst hatte, und nach Rücksprache mit Westphal teilte Scholz den Stoff des Romans in fünf Folgen auf. Die Erzählung des Musikers über die Kriegsgefangenschaft sowie Hesselbarths Bericht über das Partisanenmädchen wurden gestrichen. Gekürzt wurde auch die Rahmenhandlung, so dass die Hörspielfassung nun aus fünf weitgehend separaten Episoden bestand. Verglichen mit dem langen Redaktionsprozess im Verlag schritt die Arbeit am Hörspielmanuskript schnell voran. Die Beschreibung des Massakers von Orscha blieb fast unverändert, was insofern bedeutend ist, als der SWF nicht dafür bekannt war, sich sonderlich mit der ‚Vergangenheitsbewältigung' auseinanderzusetzen. Aufgrund der vergleichsweise milden Zensur und Entnazifizierungspolitik der französischen Besatzer arbeiteten viele ehemalige Kriegsberichterstatter sowie andere Personen mit zweifelhafter NS-Vergangenheit in Baden-Baden (von Hodenberg, *Konsens und Kriese* 127; Fritscher-Fehr 64). Manfred Häberlen beispielsweise wechselte 1947 zum SWF, nachdem er bis Kriegsende im Reichsfinanzministerium tätig gewesen war (Südwestfunk, Häberlen; Anonym, Personalakte Häberlen). Zwar kein ehemaliges NSDAP-Mitglied, so durfte er seine Tätigkeit als Steuerinspektor nach der bedingungslosen Kapitulation dennoch nicht weiter ausüben. Häberlen wechselte also den Beruf und widmete sich der Hörfunkproduktion.

Die Aufnahmen fanden im Juni 1956 statt. Scholz übernahm die Rolle von Hans Schott, der den Abend in der Jockey Bar organisiert, und Westphal sprach die Dialogsequenzen des Anwalts Brabender ein, der dafür das nötige Geld sichert. Wie die Buchvorlage fängt das Hörspiel *in medias res* an: Wir hören ein Telefongespräch zwischen Schott und Brabender. Sie unterhalten sich über die Rückkehr des gemeinsamen Bekannten Hans-Joachim Lepsius aus der Gefangenschaft und planen eine Begrüßungsrunde in der Jockey Bar. Man hat den Eindruck, als würde man einem natürlichen Gespräch zwischen zwei Freunden zuhören – als ob Scholz und Westphal und nicht Schott und Brabender gerade einen Abend in der Bar planen würden. Die lockere Atmosphäre, die während der Arbeit herrschte, spiegelt die Fotografie aus dem SWR Archiv in Baden-Baden wider (Abb. 7). Mit seiner Eloquenz und seinem Witz gewann Scholz die Sympathie der Versammelten und stand oft im Mittelpunkt, was auf dem Foto gut zu erkennen ist. Bis auf Else Hackenberg, die zu Beginn der Rahmenhandlung die Rolle der Sekretärin übernahm, war es – wie der fiktive Abend in der Jockey Bar auch – ein Männertreffen, denn „im Rundfunk arbeiteten Frauen größtenteils als Sekretärinnen, oder in den Redaktionen des Jugend-, Frauen-, Schul- und Kirchenfunks. Der politische Kommentar sowie Sendungen zu Wirtschaftsfragen und

Abb. 7: Arbeiten am Hörspiel im SWF, 1956. Darsteller der Rahmenhandlung (v. l. n. r): Wolfgang Hofman, Hans Scholz, Else Hackenberg, Heinz Klingenberg, Ludwig Cremer. ©SWR/Hans Westphal.

Beiträge über Themen der ‚Hochkultur' blieben weitgehend in männlicher Hand." (Fritscher-Fehr 70) Das bedeutet natürlich nicht, dass Frauen in den Medien keine Rolle spielten – als *gatekeeper* verfügten Sekretärinnen durchaus über die Macht, bestimmte Entscheidungen zu beeinflussen. Ohne die im Hintergrund agierenden Schreiberinnen oder Cutterinnen wäre die Hörspielproduktion nicht denkbar gewesen. Die Tatsache, dass sie allerdings nur selten namentlich erwähnt wurden, erschwert die Erforschung ihres Beitrags für die Rundfunkgeschichte maßgeblich.

Hinsichtlich der Geschlechterrollen illustriert das Foto nicht nur die Arbeit am Hörspiel, sondern auch einen wesentlichen Aspekt des gesamten Medienkomplexes: Bis auf Harriet Wegener vom Hoffmann und Campe Verlag waren die Hauptakteure wohlhabende Männer mittleren Alters, die ihre Entscheidungen nicht selten bei Alkohol und umhüllt von Zigarettenqualm trafen. Zehn bis fünfzehn Jahre zuvor hatten sich die meisten von ihnen noch im Krieg oder in Gefangenschaft befunden. Ihre Begegnungsorte – Berlin, Hamburg und später Köln –, lagen größtenteils immer noch in Schutt und Asche. Baden-Baden bildete hier eine Ausnahme, denn die Stadt hatte den Krieg fast unversehrt überstanden.

Auch das konnte zur ‚Urlaubsatmosphäre' im SWF, von der Westphal berichtete, beitragen. Einflussreiche Männer arbeiteten dort an Medienproduktionen und genossen den Wohlstand der Wirtschaftswunderzeit.

Das Hörspiel lief zunächst vom 21. August bis zum 4. September 1956 im SWF 1 – zur selben Zeit, als die letzten Folgen des Feuilletonromans erschienen. Zwei Wochen später wurde die Sendung im SWF 2 wiederholt. Die erste Folge, in der die Ereignisse in Orscha dargestellt waren, trug den Titel *Einer fehlt in der Runde*. Im Gegensatz zum Roman fiel das Medienecho des Hörspiels bescheiden aus. Es erschien lediglich jeweils eine Rezension in der *Frankfurter Rundschau*, in der *Zeit* sowie ein paar kurze Besprechungen in Lokalzeitungen. Die wenigen Kritiker:innen waren sich einig, dass das Hörspiel schlechter als das Buch sei, wobei die Treue zur literarischen Vorlage das einzige Bewertungskriterium war. Ein halbes Jahr später, im März 1957, sendete der SWF anlässlich der Woche der Brüderlichkeit – einer Veranstaltungsreihe zur Intensivierung der deutsch-jüdischen Zusammenarbeit (Südwestfunk, Brief an Scholz) – eine Wiederholung der ersten Folge als selbständiges Hörspiel unter dem Titel *Das Tagebuch des Jürgen Wilms*. Im Juli desselben Jahres wiederholte der SWF alle fünf Folgen von *Am grünen Strand der Spree*.

Bei seinem ersten Aufenthalt in Baden-Baden begegnete Scholz dem Regisseur Max Ophüls, der zusammen mit Westphal an der Inszenierung von Arthur Schnitzlers *Frau Berta Garlan* arbeitete. Der *Spiegel* berichtete, Ophüls sei an einer Fernsehverfilmung von *Am grünen Strand der Spree* interessiert (Anonym, „Boccaccio in der Bar" 46), wobei sich in seinem Nachlass dafür keine Hinweise finden lassen (Asper, *Max Ophüls* 592–600; Asper, E-Mail). Die Korrespondenz zwischen Ophüls und Westphal legt hingegen nahe, dass sich der Regisseur tatsächlich für den Stoff interessierte und sich mit „Entzücken" über das Buch äußerte (Ophüls, Brief an Westphal). Im Hoffmann und Campe Archiv befindet sich zudem eine Kopie der Anfrage an Ophüls hinsichtlich einer möglichen Kinoverfilmung. Gleichzeitig bat Scholz Friedrich Luft um Fürsprache beim Regisseur (Hoffmann und Campe, Brief an Scholz vom 28. Februar 1956). Letztendlich scheiterten die Pläne an Artur Brauners Produktionsfirma CCC, die einen früheren Film von Ophüls, *Lola Montez* [1955], finanziert und dabei große Verluste verzeichnet hatte, so dass sie eine weitere Zusammenarbeit ablehnte. Nach einer vorgeblichen Prüfung des Stoffes ließen sie dem Verlag eine Absage zukommen (CCC, Brief an Hoffmann und Campe).[19] Max Ophüls bestätigte derweil sowohl Gert Westphal als auch Friedrich Bischoff gegenüber, *Am grünen Strand der Spree* eigne sich am

---

19 Im Artur Brauner-Archiv im Deutschen Filminstitut und Filmmuseum in Frankfurt am Main befinden sich keine weiteren Dokumente, die den Verlauf der Prüfung belegen würden.

besten für eine Hörspielinszenierung (Ophüls, Telegramm an Westphal; Bischoff, Telegramm an Ophüls).

Zur selben Zeit warb der Verlag bei der Münchner Produktionsfirma Schorcht-Film für die Verfilmung des Romans.[20] Scholz' Besprechungen mit Peter Podehl, dem Sohn des Inhabers von Schorcht-Film, über eine mögliche Drehbuchadaption zogen sich monatelang hin, bis der Schriftsteller seinem Verlag schließlich resigniert mitteilte:

> Unter uns gesagt, die Hoffnung, das Buch als Ganzes verfilmt zu sehen, können wir begraben, glaube ich, oder wenigstens in die Tiefkühlanlage befördern. Mir scheint es daher nicht falsch, wenn man sich jetzt noch meldende Filminteressenten getrost schnappen lässt, was sie sich schnappen wollen. (Scholz, Brief an Hoffmann und Campe vom 23. Mai 1956)

Podehl akzeptierte den Vorschlag, nur einen Teil des Romans zu nutzen, und konzentrierte sich auf die Rahmenhandlung sowie auf die letzten, heiteren Geschichten, die Hans-Martin Majewski mit fröhlicher Jazzmusik vertonen sollte. Das Tagebuch des Jürgen Wilms zog der Produzent für eine Verfilmung nicht in Betracht. Auch in diesem Fall wandte sich Scholz an Luft mit der Bitte, das Vorhaben zu begutachten; eine Antwort des Filmkritikers blieb jedoch aus. Kurz darauf äußerten noch zwei große Produktionsfirmen, Urania und Ufa, Interesse an *Am grünen Strand der Spree*, doch die Gespräche gingen nicht über kurze Sondierungen hinaus.

Eine Kinoverfilmung des Romans oder ausgewählter Stellen hätte dem Verlag erhebliche Gewinne einbringen können, nicht nur im finanziellen, sondern auch im symbolischen Sinne. Als Maßstab für einen Bucherfolg galt damals eine Adaption – idealerweise in Hollywood. Podehl soll daher von einer Besetzung der Rolle der Babsy mit Audrey Hepburn geträumt haben (Scholz, Brief an Hoffmann und Campe vom 10. Juni 1956). In diesem Sinne strebten alle Beteiligten eine ‚systemkonforme' Karriere von *Am grünen Strand der Spree* an, die die Regel des Literatur- und Filmfeldes bestätigen würde. Die Pläne scheiterten schließlich an der mangelnden Finanzierung, so dass das Projekt Ende 1956 *ad acta* gelegt wurde. Das endgültige Ende vom Traum einer Kinofilmadaption brachte der Tod von Max Ophüls am 26. März 1957.

---

20 Der folgende Absatz basiert auf der umfangreichen Korrespondenz zwischen Hans Scholz und dem Hoffmann und Campe Verlag – in den meisten Fällen durch den geschäftsführenden Direktor Walter Stark repräsentiert – sowie zwischen dem Verlag und den genannten Filmproduktionsunternehmen. Die Korrespondenz beinhaltet 28 Briefe und befindet sich im Archiv der Akademie der Künste, Hans Scholz Archiv 939.

Der Intendant und der Fernsehregisseur

Nach den gescheiterten Versuchen, *Am grünen Strand der Spree* fürs Kino zu adaptieren, schien die Geschichte des Medienkomplexes zunächst abgeschlossen. Völlig unerwartet meldete sich daher im Januar 1959 der Intendant des NWRV [Nord- und Westdeutscher Rundfunkverband] Hanns Hartmann bei Hoffmann und Campe mit dem Anliegen, eine Lizenz fürs Fernsehen erwerben zu wollen (Brief an Hoffman und Campe vom 16. Januar 1959). Der NWRV hatte gerade die Arbeiten am sechsteiligen Fernsehfilm *So weit die Füße tragen* abgeschlossen. Es handelte sich um eine Verfilmung des gleichnamigen Romans von Josef Martin Bauer, den – nebenbei bemerkt – die Jury des Fontane-Preises 1956 ebenfalls als möglichen Kandidaten für die Auszeichnung in Erwägung gezogen hatte. Obwohl die Postproduktion von *So weit die Füße tragen* noch nicht beendet war, plante der Sender bereits weitere Mehrteiler: *Am grünen Strand der Spree* schien dafür das richtige Material zu bieten. Anders als bei den Gesprächen über die Kinoverfilmung einigten sich der Verlag und der Rundfunk schnell. Das lag sicherlich auch daran, dass der NWRV anstelle einer Adaption ausgewählter Kapitel am gesamten Roman interessiert war und die Finanzierung sicherte. Für die Regie schlug Hartmann Fritz Umgelter vor, der *So weit die Füße tragen* gedreht hatte. Dieser bestand auf einer Zusammenarbeit mit Scholz, der aufgrund einer geplanten Urlaubsreise nach Griechenland allerdings absagte. Schließlich verzichteten der Verlag und der Autor auf ein Mitspracherecht. In einer internen Notiz wurde vermerkt: „Wir haben keine Möglichkeit auf die letzte Fassung einzuwirken. Herr Scholz ist sich darüber klar. Er stimmte zu." (Hoffmann und Campe, Notiz vom 14. Mai 1959) Die Produktionsleitung übernahm Walter Pindter, der 1933 seine Karriere bei der Ufa begonnen hatte und seitdem ohne Unterbrechung in der Filmbranche tätig war. Der für die Kameraarbeit verantwortliche Kurt Grigoleit hatte seine Ausbildung wiederum bei der deutschen Wochenschau absolviert und gegen Kriegsende erste Berufserfahrungen als Kriegsberichterstatter gesammelt (Personenlexikon des Films).

Der Lizenzverkauf für die Fernsehverfilmung ereignete sich vor dem Hintergrund einer vergangenheitspolitischen Wende. 1958 fand vor dem Schwurgericht Ulm der Prozess gegen die Mitglieder des Einsatzkommandos Tilsit statt, die im Sommer 1941 über 5.000 litauische Jüd:innen ermordet hatten. Zehn Angeklagte wurden wegen Beihilfe zum Mord zu Haftstrafen zwischen drei und fünfzehn Jahren verurteilt. Die ‚Schockwirkung', die der Prozess ausgelöst haben soll, fand ihren Niederschlag schließlich in der Gründung der Zentralen Stelle der Landesjustizverwaltungen in Ludwigsburg (Fischer To. 72). Im Gegensatz zu früheren Prozessen fiel die Berichterstattung zwar relativ umfangreich aus, alles in allem hielt sie aber an den typischen Erklärungsmustern der 1950er fest, wonach „der

Nationalsozialismus als ein von Hitler und ein vom kleinen Führungskreis verantwortetes System galt" (Fröhlich 261). Den Richtern war sehr daran gelegen, einen Medienrummel zu vermeiden, weshalb lediglich große Tageszeitungen dem Prozess beiwohnen durften, Hörfunk und Fernsehen aber nur in Ausnahmefällen zugelassen waren (Haus der Geschichte 76). Die Zeitungen schrieben über einzelne Verhandlungsetappen sowie allgemein über die ‚Gräueltaten' und den ‚litauischen Blutsommer'.

Die Frage, ob Hartmann die Verfilmung auch deswegen anstrebte, um das Thema der NS-Verbrechen im Fernsehen behandeln zu können, lässt sich nur indirekt beantworten. Einem Zuschauer, der sich nach Ausstrahlung der Fernsehserie über deren Inhalt beklagte, schrieb er, dass es bislang an einer eindeutigen deutschen Stellungnahme zu den Verbrechen mangele, und fügte hinzu: „[Die Sendung] soll unter anderem [...] klar machen, daß totalitäre Systeme, gleich ob sie von rechts oder links kommen, gefährlich sind." (Hartmann, Brief an Zuschauer) Dass ihm das Anliegen wichtig war, zeigt auch sein Engagement für die vierzehnteilige Dokumentation *Das Dritte Reich* – einer Gemeinschaftsproduktion des Westdeutschen [WDR] und des Süddeutschen Rundfunks [SDR] –, die sich u. a. anhand von Archivmaterial und Zeitzeugenaussagen mit den Mechanismen des totalitären Staates auseinandersetzte (Bösch, „Das Dritte Reich..."; Keilbach, „Zeugen"). Dem *Spiegel* sagte Hartmann, die Dokumentarfilmreihe unterstütze „die geistige Auseinandersetzung mit der jüngsten deutschen Vergangenheit" (Anonym, „Zwölf Jahre" 88). Die Arbeiten an *Am grünen Strand der Spree* und der Dokumentarfilmreihe *Das Dritte Reich* liefen teilweise zur gleichen Zeit ab, wenn auch in unterschiedlichen Redaktionen und unter Mitwirkung unterschiedlicher Mitarbeiter:innen (Fritsche 100–101). Hartmann beteiligte sich an beiden Produktionen.

Wer war der Mann, der *Am grünen Strand der Spree* ins Fernsehen bringen wollte? Ende der 1950er Jahre hatte Hartmann bereits den Ruf eines erfahrenen Fachmanns der Medienbranche. Für den Nordwestdeutschen Rundfunk [NWDR][21] arbeitete er seit dessen Gründung 1945 und wurde 1947 vom britischen Chief Controller, aber gegen den Protest der Landesregierung, zum Leiter des Kölner Hauses ernannt. Die lokale CDU sah in Hartmann einen Angehörigen des linken Flügels der SPD, was sich allerdings nicht bestätigte – er war nicht einmal Parteimitglied (Bierbach 71–72). Vor dem Hintergrund der alliierten Entnazifizierungs- und Umerziehungspolitik passte eine Persönlichkeit wie der 1901 geborene

---

[21] Der NWDR war die erste westdeutsche Rundfunkanstalt, die Hörfunk und Fernsehen produzierte. Zum 1. Januar 1955 spaltete sich der NWDR in NDR und WDR. Die Fernsehproduktion blieb zunächst dem gemeinsamen NWRV [Nord- und Westdeutscher Rundfunkverband] untergeordnet.

Theaterregisseur allerdings sehr gut in die Vorstellung von der künftigen westdeutschen Medienlandschaft. Mit Bourdieu gesprochen entsprach sein Habitus den Anforderungen des politischen Feldes. In den 1920er Jahren leitete Hartmann zunächst das Stadttheater in Hagen und später in Chemnitz (Katz 34). 1927 heiratete er die jüdische Schauspielerin Ottilie Schwarzkopf. Nach der Machtergreifung der Nationalsozialisten wurde er deshalb bereits im März 1933 aus dem Theater entlassen. Es blieben ihm nur kleine Aufträge von Berliner Bühnen und Musikverlagen. Obwohl Hartmann und seine Frau nach der Einführung der Nürnberger Gesetze als ‚privilegierte Mischehe' galten, wurde er 1937 aus der Reichskulturkammer ausgeschlossen und durfte nicht mehr im Kulturbetrieb arbeiten (Harding 160 – 161). Ein Fluchtversuch misslang dem Ehepaar, und so blieb es in Deutschland, was die antisemitische Gesetzgebung paradoxerweise ermöglichte. Aufgrund seiner jüdischen Frau wurde Hartmann nicht mobilisiert und konnte so für sie sorgen (Harding 162). Das letzte Kriegsjahr, insbesondere den harten Winter 1944/45, versteckten sie sich in einem Sommerhaus in Groß Glienicke, das zuvor dem jüdischen Arzt Alfred Alexander gehört hatte (Harding 1962).[22]

Die Biografie von Fritz Umgelter wiederum, dem von Hartmann engagierten Regisseur, hätte unterschiedlicher nicht sein können.[23] Er wurde 1922 geboren, war also fast eine Generation jünger als der Intendant. Seine Mutter stammte aus einer Arbeiterfamilie, sein Vater hingegen war Besitzer einer kleinen Posamenten-Fabrik in Stuttgart. Umgelter selbst interessierte sich kaum für das Familiengeschäft und avancierte in der örtlichen Hitlerjugend schnell zum Führer. 1939 meldete er sich freiwillig zum Militärdienst – mit dem Wunsch, der Luftwaffe beizutreten. Obwohl er ein eher schlechter Schüler war und lediglich in Kunsterziehung gute Leistungen erbrachte, wurde ihm die Reife aufgrund „nachgewiesener Einberufung zum Wehrdienst, gemäss Erlass des Reichsministers für Wissenschaft, Erziehung und Volksbildung vom 8. September 1939 [...] zuerkannt" (Anonym, Personalakte Umgelter). Da Umgelter die Ausbildung zum Piloten nicht abgeschlossen hatte, wurde er der Flakabteilung 411 zugeteilt. Seine Einheit wurde zunächst in Frankreich, und ab 1941 in der Sowjetunion eingesetzt, ungefähr im selben Gebiet wie das Kraftwagen-Transport-Regiment 605, in dem

---

22 2019 wurde im Alexanderhaus eine Begegnungsstätte eröffnet, die an die Bewohner des Hauses erinnert, vgl. https://alexanderhaus.org/ (letzter Zugriff: 15. Juni 2019).
23 Meine Rekonstruktion der Biografie von Umgelter basiert auf seiner Personalakte im Bundesarchiv Militärarchiv Freiburg sowie auf seinem Nachlass im Archiv der Akademie der Künste in Berlin. Sie weicht in Details von der Biografie ab, die Heck und Lang („Selfmade") im Sammelband zu *Am grünen Strand der Spree* verfassten. Die Autor:innen legen die Quellen für ihre Darstellung nicht offen, so dass eventuelle Differenzen nicht zu klären sind.

Scholz diente. Von Polen aus marschierte Umgelter in Richtung Osten und nahm an den Schlachten bei Białystok, Grodno, Minsk, Wjasma und schließlich Moskau teil. Im März 1943 wurde er zum Leutnant ernannt. Der Rückzug aus der Sowjetunion erfolgte über Ostpreußen und Pommern. Gegenüber einem Zuschauer konnte Hartmann daher versichern, Umgelter habe den Krieg in Russland „gut gekannt" (Hartmann, Brief an Zuschauer), und Scholz (Rede zum Heinrich-Stahl-Preis) behauptete wiederum, die Verfilmung von *Am grünen Strand der Spree* hätten sowohl Hartmanns „Abwehrkampf gegen das Dritte Reich" als auch Umgelters Kriegserfahrungen geprägt.

In einer der zahlreichen Eignungsbeurteilungen, die sich in Umgelters Personalakte befinden, schrieb ein Vorgesetzter über ihn:

> Vorteilhaft wirkt sich [...] seine Elastizität und Gewandtheit im Geistigen aus. Gründliche und exakte Arbeiten liegen ihm aber nicht, weder im Geistigen noch im praktisch-körperlichen Handeln. U. kann leicht ungeduldig und damit unsachlich werden. Er ist stark anerkennungsabhängig und stark auf persönliche Geltung eingestellt. (Anonym, Personalakte Umgelter)

Unabhängig davon, dass es sich hierbei um ein militärisches Dokument aus der NS-Zeit handelt, das als Quelle kritisch gelesen werden muss, stellt es Umgelter als einem Mann ohne große Ambitionen in der Bildung dar. Das eher zufällig erlangte Abitur ermöglichte ihm aber die Aufnahme eines Studiums, so dass er sich nach der Heimkehr in Tübingen für Germanistik einschreiben ließ. Im Oktober 1946 wurde er dort als Bühnenbildner im Stadttheater engagiert und avancierte 1951 nach weiteren Stationen in Wittenberg, Augsburg und Paris zum ersten Spielleiter im Hessischen Staatstheater in Wiesbaden (Umgelter, Biographisches). 1953 wechselte er an den Hessischen Rundfunk, wo seine Karriere beim Fernsehen begann. Als Ende der 1950er Jahre das Zeitalter der Fernsehserien anbrach, galt Umgelter als einer der besten Spezialisten für dieses Format. Er verließ das Frankfurter Rundfunkhaus und führte seine Karriere auf freiberuflicher Basis fort. Innerhalb weniger Jahre erarbeitete er sich den Ruf eines professionellen Fernsehregisseurs, schloss Freundschaften mit einflussreichen Männern aus der Medienbranche und kam dabei nicht zuletzt zu viel Geld (Umgelter und Neven du Mont).

Die Anpassungsstrategien, die Korns Lebenslauf charakterisierten, treten in Umgelters Biografie noch deutlicher zu Tage – allen voran der Opportunismus, den Korns Biograf als „Verhaltensstrategie" definiert, „welche die eigenen moralischen und normativen Prämissen, aber auch die Konsistenz vergangener Wertsetzungen zugunsten von Vorteilen in der Gegenwart setzt" (Payk, „Opportunismus" 148). Im Gegensatz zu Korn wurde Umgelter jedoch nie nach seiner NS-Vergangenheit gefragt. Im Prinzip gab es dafür auch keinen Grund, denn Umgelters Biografie war eher typisch für seine Generation – die aktive Mitgliedschaft in der Hitlerjugend, die freiwillige Meldung zur Wehrmacht nach Kriegsausbruch und anschließend der Fronteinsatz (Jarausch 73–92, 133–153). Sein beruflicher Werdegang in der Nachkriegszeit galt als vorbildlich; gelobt wurde er vor allem dafür, dass er „frühzeitig die Zeichen der Zeit erkennen konnte" (Wosi), womit sein Interesse fürs Fernsehen gemeint war. Soziologisch betrachtet ist nicht nur von Opportunismus zu sprechen, sondern auch von der Fähigkeit, die Regeln des sozialen Lebens zu beachten und den individuellen Habitus an das berufliche und politische Feld anzupassen. Die Gesellschafsstruktur wird hier reproduziert, indem die geregelten Wege des sozialen Aufstiegs wie auch Karrieremechanismen nicht in Frage gestellt werden. Nicht zuletzt ging es Umgelter um die Aufrechterhaltung seines bürgerlichen Status.

Innerhalb weniger Wochen im Sommer 1959 entstand das Drehbuch zu *Am grünen Strand der Spree* – in Zusammenarbeit von Umgelter und Reinhart Müller-Freienfels. Dessen Biografie lohnt ebenfalls einen kurzen Exkurs: 1925 wurde er als Sohn des bekannten Psychologen Richard Müller-Freienfels geboren, welcher bereits 1933 in die NSDAP eingetreten war, kurz vor Kriegsbeginn aber wegen „jüdischer Versippung" von seinem Lehrstuhl entlassen wurde (Tilitzki 434). Trotzdem publizierte er weiter, wobei er sich auf populärwissenschaftliche Bücher über die Psychologie spezialisierte, und nahm nach Kriegsende die Arbeit an der Universität wieder auf. Reinhart Müller-Freienfels leistete ab 1942 Kriegsdienst. Nach der Rückkehr aus der Kriegsgefangenschaft studierte er Literatur, Philosophie und Geschichte, promovierte zu Arthur Schnitzler und nahm gleichzeitig kleinere Aufträge in den Medien an. *Am grünen Strand der Spree* war die erste große Produktion, an der er beteiligt war. Seine Mitwirkung an der Miniserie bahnte ihm den Weg in die Hauptabteilung Fernsehspiel beim Süddeutschen Rundfunk. Trotz geringer Berufserfahrung übernahm er bereits 1961 die Leitung der Abteilung und hatte diese Position bis 1985 inne.

Wie zuvor im Hörspiel, gliederten Umgelter und Müller-Freienfels die Romanhandlung in fünf Teile. Sie verzichteten auf die Kriegsgefangenengeschichte und kürzten die Rahmenhandlung, damit die einzelnen Folgen auch unabhängig voneinander rezipiert werden könnten. Anders als Häberlen und Scholz im SWF, die Hesselbarths kurze Ostfrontgeschichte über das russische Partisanenmädchen ganz strichen, führten Umgelter und Müller-Freienfels sie mit dem Bericht von Jürgen Wilms zusammen. Manche für den Hörfunk gestrafften Dialoge übernahmen sie direkt aus der Hörspielfassung, erweiterten die Erschießungsszene aber, anstatt sie wie im Hörspiel zu kürzen. Schon dieser Ausbau signalisierte eine relevante Diskursverschiebung, denn so lenkten die Drehbuchautoren die Aufmerksamkeit ihres Publikums bewusst auf das Massaker.

Die Dreharbeiten für *Am grünen Strand der Spree* begannen am 7. September 1959 und dauerten bis zum 28. Februar 1960. In dieser Zeit kam es zu einem folgeträchtigen Ereignis. Zeitgleich zur Produktion der Fernsehverfilmung kam es zur sogenannten antisemitischen Schmierwelle in Köln, die Weihnachten 1959 in der Verunstaltung der Kölner Synagoge kulminierte (Bergmann 255). Angesichts von Hartmanns Biografie und der Tatsache, dass die Ereignisse in seiner Stadt und in unmittelbarer Nähe des Senders stattfanden, ist anzunehmen, dass sie ihm nicht gleichgültig waren. Zeitgenössische Kritiker suggerierten einen Zusammenhang zwischen der antisemitischen Schmierwelle und dem Ausbau der Erschießungsszene in eine zweiundzwanzigminütige Sequenz (*Telegramm*, 24. März 1960).[24] Ein Blick in das Drehbuch zeigt allerdings, dass die Szene bereits im Sommer 1959, also noch vor der Schmierwelle, so geplant gewesen war (Umgelter und Müller-Freienfels 73–82). In letzter Minute – handschriftlich ins Drehbuch eingetragen – wurden lediglich einige Einstellungen umgestellt und die Figur eines sadistischen SS-Mannes, der die lettischen Kollaborateure überwacht, ergänzt. Ob die Filmemacher damit die deutsche Verantwortung für die Vernichtung der Jüd:innen signalisieren oder das Narrativ an das herrschende Erklärungsmuster der ‚guten' Wehrmacht und der ‚bösen' SS anpassen wollten, lässt sich nur spekulieren.

Eine Woche vor der Erstausstrahlung schrieb Hartmann die Mitglieder des Verwaltungsrates des NWRV an. Er bat sie, sich Zeit für die erste Folge zu reservieren, denn sie könne „zu harten Kontroversen führen" (Hartmann, Brief an Blachstein u. a.). Er habe lange mit Umgelter diskutiert, „nicht ob, sondern wie" die Szene zu drehen sei. Zum Schluss warnte er: „Die Sendung dürfte die härteste Auseinandersetzung mit unserer Vergangenheit sein, die bisher über die Bildschirme des Deutschen Fernsehens gegangen ist." (Hartmann, Brief an Blachstein u. a.) Indem er die Erschießungsszene rechtfertigte, nahm Hartmann vor dem Verwaltungsrat also eine ähnliche Funktion ein wie zuvor Harriet Wegener bei Hoffmann und Campe. Hartmanns Behauptung von einem Meilenstein deutscher Fernsehgeschichte muss allerdings in einem größeren Zusammenhang betrachtet werden. Für den Zeitraum von 1955 bis 1959 zählt Christoph Classen (29–31) 70 Beiträge in einer Länge von insgesamt 36,5 Stunden zum Thema des Nationalsozialismus, wobei die Verfolgung der Jüd:innen ungefähr zehn Prozent dieser Zeit ausmacht (Classen 86). Als Beispiel für frühere Filme seien hier zwei unterschiedliche Titel genannt: Am 18. April 1957 zeigte das Deutsche Fernsehen[25]

---

24 Wenn nicht anders angegeben, stammen die Zeitungszitate aus der Sammlung des Westdeutschen Rundfunks „Im Urteil der Presse".
25 Der überregionale Sender der ARD hieß damals Deutsches Fernsehen.

Alain Resnais' Dokumentarfilm *Nacht und Nebel* [*Nuit et Brouillard*, 1956] (Knaap 85), ein Jahr später den DEFA-Spielfilm *Ehe im Schatten* [1946]. 1960 wurde darüber hinaus, kurz bevor Hartmann seinen Brief an den Verwaltungsrat formulierte, eine Dokumentation des Senders Freies Berlin [SFB] ausgestrahlt, die von Mitgliedern der Waffen-SS in der damaligen Gesellschaft handelte (Walden). Tatsächlich lieferte *Am grünen Strand der Spree* aber die ersten fiktionalen Bilder der Ermordung von Jüd:innen im westdeutschen Fernsehen (Classen 88), so dass Hartmann darin durchaus eine fernsehgeschichtliche Zäsur sehen konnte. Seine Korrespondenz mit dem Verwaltungsrat deutet darauf hin, dass er dabei die Normen des medialen Umgangs mit der NS-Vergangenheit modifizieren wollte.

Der Auftakt zur Miniserie, in deren Mittelpunkt die Ereignisse an der Ostfront standen, wurde am 22. März ausgestrahlt. Unmittelbar vor der Ausstrahlung berichtete die *Tagesschau* über das Massaker im südafrikanischen Sharpeville, im Zuge dessen weiße Polizisten neunundsechzig schwarze Männer und Frauen getötet hatten. Nach der Sendung wiesen vereinzelte Zuschauer:innen auf den Rassismus als gemeinsamen Nenner zwischen den Ausschreitungen in Südafrika und der Ermordung der Jüd:innen während des Zweiten Weltkrieges hin (Infratest 7). Der Ansager, der nach der Wettervorhersage die Serie ankündigte, sprach – Hartmanns Ton anschlagend – von einer „harten Auseinandersetzung" und stimmte das Publikum somit auf das Thema der Episode ein (R.H., *Hildesheimer Presse*, 24. März 1960). Ferner riet er davon ab, sich den Film mit Kindern anzusehen (*Duisburger Generalanzeiger*, 24. März 1960). Die weiteren Folgen liefen im Zweiwochentakt bis zum 17. Mai (NWRV, Programmhefte). Umfragen zufolge – elektronische Messungen wurde noch nicht durchgeführt – erreichte die erste Folge eine Zuschauerquote von 83 Prozent, was unter Berücksichtigung der Anzahl der damals registrierten Fernsehapparate und der durchschnittlichen Haushaltsgröße ein Publikum von etwa 7,5 – 9 Millionen Zuschauer:innen ergab.[26] Angesichts der Tatsache, dass das damalige Fernsehen nur ein Programm, und zudem nur halbtags, anbot, war dies ein gutes, für einen Spielfilm allerdings kein außergewöhnliches Ergebnis. Mit Blick auf die Wandlungen im bundesrepublikanischen Fernsehen argumentiert Knut Hickethier, der Serie sei trotzdem ein Durchbruch gelungen. Ein halbes Jahr später wurde die Dokumentation *Das Dritte Reich* ausgestrahlt, der Hessische Rundfunk sendete die Übertragung des Theaterstücks *Korczak und die Kinder* [1961] von Erwin Sylvanus, und Egon Monk

---

26 Die hier genannten Daten wurden auf der Grundlage von Infratest, Mühl-Benninghaus und Friedrichsen (135), sowie dem Statistischen Bundesamt (266) ermittelt. Die genauen Berechnungen präsentiere ich im Kapitel „Dritte Geschichte: Medien und Technologien".

drehte im Norddeutschen Rundfunk die Verfilmung von Christian Geisslers *Anfrage* [1962] (Hickethier, *Fernsehen in der Bundesrepublik* 192–195).

Die erste Folge von *Am grünen Strand der Spree* wurde ungefähr 150 Mal in der Presse erwähnt, wobei etwas weniger als die Hälfte davon längere Besprechungen, der Rest lediglich kurze Ankündigungen waren. Dass eine Fernsehproduktion dermaßen große Aufmerksamkeit erregte, war eine Ausnahmeerscheinung. Siebzig Rezensionen wurden anschließend im Jahrbuch des WDR mit zahlreichen Standfotos aus der Erschießungsszene abgedruckt (Westdeutscher Rundfunk, „Im Urteil"). Der Großteil war positiv und würdigte die Darstellung. Die *Allgemeine Sonntagszeitung* (3. April 1960) schrieb etwa: „Die [...] Sendung setzte in Bilder um, in Bilder, denen niemand ausweichen kann, weil sie geschichtliche Wahrheit in brutalster, kaum noch erträglicher Form geradezu ausschreien, was wir, wenn wir es schon wissen, wenigstens von unseren Augen festhalten müssen." Fernsehkritiker anderer Zeitungen waren ähnlicher Auffassung; das lokale *Westfalen-Blatt* (25. März 1960) berichtete beispielsweise von „kompromißloser Härte und schonungsloser Realistik".

Augenfällig war sowohl die hohe Anzahl der Besprechungen der ersten Folge als auch die Tatsache, dass ausnahmslos alle dem Massaker gewidmet waren. Während die Schilderung der Erschießung der Jüd:innen im Buch und im Hörspiel nur vereinzelte Reaktionen hervorgerufen hatte, avancierte sie nach der Ausstrahlung des Fernsehfilms zum zentralen Thema. In den Rezensionen herrschte weitgehender Konsens über die Bedeutung der Szene und die Notwendigkeit, sich gesamtgesellschaftlich mit den NS-Verbrechen auseinanderzusetzen. Gleichzeitig war oft von Schock und den Grenzen des Ertragbaren die Rede. Es wiederholten sich Sätze wie: „Die Darstellung dieses Verbrechens ging hart an die Grenze unserer Aufmerksamkeit" (*Der Tag*, 24. März 1960) oder „Man braucht starke Nerven, um am Fernseher auszuhalten." (*Westdeutsche Allgemeine Zeitung*, 23. März 1960) Dennoch rief *Am grünen Strand der Spree* keine Debatte hervor, in die sich namhafte Persönlichkeiten eingebracht hätten.

Unmittelbar nach der Ausstrahlung der ersten Folge führte das Münchner Infratest-Institut im Auftrag des NWRV eine Meinungsumfrage durch. Die Reaktionen der anonym befragten Zuschauer:innen fielen differenzierter aus als die der Presse. Infratest fasste die Ergebnisse der Umfrage folgendermaßen zusammen:

> Zahlenmäßige Reichhaltigkeit wie vielfach auch besondere Ausführlichkeit der vorliegenden Spontanäußerungen lassen keinen Zweifel, daß der heutige Film die Zuschauer in ganz außerordentlichem Maße „interessiert – in Spannung gehalten – aufgerüttelt" oder auch „abgestoßen", in jedem Fall aber zum „Nachdenken" und zu einer eigenen Stellungnahme „gezwungen" habe. [...] Die Stellung der Zuschauer zu der Szene der „Juden-Erschießung" scheint, den Spontanreaktionen nach zu schließen, überwiegend negativ zu sein. Zwar wird

vereinzelt die Darstellung dieser „Massengreueltaten" auch gutgeheißen – „ist mir mächtig auf die Seele geschlagen" – doch steht man meist auf dem Standpunkt, daß man „endlich aufhören sollte, im Schuldbuch Deutschlands öffentlich herumzublättern" und „das eigene Nest zu beschmutzen"; man hätte diese Szene bestenfalls „andeuten", keinesfalls jedoch so „breit anlegen" dürfen. [...] Trotz dieser Kritik jedoch ist die heutige erste Folge von AGSS bei den Zuschauern zweifellos überwiegend positiv aufgenommen worden. (Infratest 2–3)

Mochten sich die eher ausgewogenen Argumente der Publizisten zwar bei einigen Befragten wiederholen, so zeigten sich die meisten doch empört: „Ich möchte mich am Fernsehschirm entspannen und nicht aufregen" (Infratest 6) oder „Ich will abends nichts von Politik wissen und auch nichts Aufregendes sehen." (Infratest 6) Den WDR erreichten auch Briefe von Zuschauern, die versuchten, auf ihr eigenes Leid hinzuweisen:

Mir und der überwältigen Mehrheit der Soldaten, die im Osten gekämpft und unsagbares erduldet haben, ist nicht eine Handlung oder Ausschreitung gegen die Juden bekannt geworden. [...] Man darf die Ausschreitungen gegen die Juden aber nicht so hinstellen, als ob dies etwas alltägliches gewesen wäre, womit jeder deutscher Soldat mehr oder weniger etwas zu tun hätte. (Zuschauer, Brief an Hartmann)

Im Allgemeinen reagierte das Publikum emotional betroffen und fand den Fernsehfilm „entsetzlich aufregend", „zu grauenhaft" und „nervenzerreibend" (Infratest 3). Rückblickend – nachdem alle fünf Folgen gesendet worden waren – herrschte weitgehend Konsens, dass die erste Folge die beste gewesen war; so bezeichnete die *Zeit* sie als „filmkünstlerischen wie inhaltlichen Höhepunkt des Ganzen" (A.Th.). Die meisten Redaktionen teilte diese Meinung.

Die Reaktionen nach dem Film zeigten viele Übereinstimmungen zur Berichterstattung über die Ulmer Einsatzgruppenprozesse auf; vor allem offenbart sich ein spezifischer Sprachgebrauch. Während den meisten Kritiker:innen des Romans und des Hörspiels anscheinend die Worte fehlten, um die Erschießungsszene anzusprechen, schrieben Film- und Fernsehkritiker:innen nach Ausstrahlung der Serie über „eine erbarmungslose Auseinandersetzung mit der Vergangenheit", die „Massenvernichtung der Juden" oder die Taten des „Sonderkommandos". Ähnliche Formulierungen verwendeten zuvor die Berichterstatter aus Ulm.[27] Allerdings wurden weder nach dem Prozess noch nach dem Film die dominierenden Narrative hinterfragt. Die Deutschen durften sich weiterhin als Opfer eines brutalen Krieges sehen und die Soldaten blieben die Helden

---

27 Diese These basiert auf meiner Auswertung der Zeitungsartikel, die Claudia Fröhlich in ihrem Aufsatz auflistet. Es handelt sich dabei um vierzig Texte aus der überregionalen westdeutschen Presse sowie vierzehn Texte aus der DDR-Presse.

dieses Krieges. Selbst Hartmann gestand Letzteres einem besorgten Zuschauer gegenüber ein: „Der Film zeigt nichts anderes als eine Auseinandersetzung mit den Vorkommnissen. Nichts gegen die Tapferkeit vor dem Feind." (Hartmann, Brief an Zuschauer)

Die intensiven Reaktionen auf die Fernsehserie wirkten sich auch auf das Weiterleben von *Am grünen Strand der Spree* in anderen Medien aus. Vier Wochen nachdem die erste Folge ausgestrahlt worden war – also mehr als vier Jahre nach der Erstveröffentlichung des Romans –, verlieh die Westberliner Jüdische Gemeinde Scholz den Heinrich-Stahl-Preis für seinen Beitrag „zur notwendigen Auseinandersetzung mit der Vergangenheit" (Jüdische Gemeinde). Bemerkenswert ist, dass es der Fernsehfilm war, der die Aufmerksamkeit der Preisrichter auf den Roman gelenkt hatte, die schließlich Scholz' Text und nicht Umgelters Bilder ehrten. Im WDR wurde derweil über einen auf der ersten Folge basierenden Kinofilm nachgedacht. Der Sender gab sogar eine entsprechende Überarbeitung bei den Bavaria Studios in Auftrag. Ende des Jahres aber wurde Hartmann auf Druck der CDU entlassen – die genauen Gründe dafür sind bis heute nicht bekannt (Katz 36–37). Trotz bereits in Gang gesetzter Prozesse unterstützte Hartmanns Nachfolger, Klaus von Bismarck, das Projekt nicht mehr (Bavaria). Daraus ist nicht der Schluss zu ziehen, von Bismarck hätte Hartmanns Arbeit *per se* abgelehnt; so setzte der neue Intendant beispielsweise das Projekt der Dokumentation *Das Dritte Reich*, das von Hartmann mitinitiiert worden war, fort.

Im darauffolgenden Jahr überarbeitete Gabriele Tergit das ‚Ostzonen'-Kapitel in ein Drama und bot es dem WDR an (Tergit, Ohne Titel). Interessanterweise zeigte sie in ihrer Adaption kein Interesse an der Schilderung des Schicksals der Jüd:innen in dem Roman, obwohl sie selbst Jüdin und engagierte Kritikerin des NS-Regimes war. Der Sender lehnte ihren Vorschlag mit der Begründung ab, der Text sei zu kompliziert (Tergit, Brief an Sterz).[28] In Anbetracht der Tatsache, dass Tergit die DDR-Bürger:innen mit Empathie zeigte, kann der Grund für die Absage auch in den Diskursregeln gelegen haben, die zuvor zur Kürzung der ‚Ostzonen'-Geschichte in der Romanvorlage geführt hatten: Wenige Monate nach dem Mauerbau in Berlin bestimmte der Ost-West-Konflikt das öffentliche Leben der Bundesrepublik in noch höherem Maße als es in den 1950er Jahren der Fall gewesen war.

Ein Jahr nach der Erstausstrahlung erkundigte sich Hoffmann und Campe nach einem neuen Sendetermin für die Fernsehserie mit dem Argument, dass „eine solche Wiederholung, insbesondere wegen des ersten Teiles im Hinblick auf

---

[28] Auch anderswo stieß das Manuskript auf kein Interesse – es wurde weder gedruckt noch inszeniert (Wagener 158).

den Eichmann-Prozeß von besonderer Bedeutung sein könnte" (Hoffmann und Campe, Brief an den Westdeutschen Rundfunk). Weitere Anfragen von Hoffmann und Campe trafen regelmäßig beim Sender ein, wobei die Aussicht auf Lizenzeinnahmen eine mindestens ebenso große Rolle in Bezug auf diese Bemühungen gespielt haben durfte wie das Bedürfnis, einen Beitrag zur ‚Vergangenheitsbewältigung' zu leisten. Schließlich antwortete der WDR im April 1962, eine Wiederholung sei nicht mehr geplant. „Sie ist von verschiedenen Faktoren innerhalb der Programmentwicklung abhängig, [...] ebenso wie von überordneten politischen oder ästhetischen Gegebenheiten." (Westdeutscher Rundfunk, Brief an Hoffmann und Campe vom 19. April 1962) Erst als sich das politische Klima um die ‚Vergangenheitsbewältigung' in den 1960er Jahren veränderte, nahm das Fernsehen eine bedeutendere Rolle in den geschichtspolitischen Debatten ein (Classen; Keilbach, „Zeugen").

Fazit: Soziale Netzwerke

Was sagen die Handlungen der einzelnen Akteure dieser Geschichte über die Strukturierungsprozesse der bundesrepublikanischen Erinnerungskultur aus? Dass Scholz der Vernichtung der Jüd:innen in seinem Buch so viel Aufmerksamkeit widmete, war für den Diskurs der frühen Bundesrepublik ungewöhnlich. Dem singulären Schicksal der Jüd:innen wurde damals keine besondere Bedeutung zugeschrieben – es wurde in einem Zuge mit anderen Opfergruppen wie den Vertriebenen, Ausgebombten, Gefallenen und Gefangenen erwähnt. Auf der semantischen Ebene blieben die Opfer größtenteils ‚namenlos', um hier mit Robert G. Moeller (*War Stories* 22–28) zu sprechen. Die Tatsache, dass sie nicht separat betrachtet wurden, führte letztendlich dazu, dass Anhänger:innen des NS-Staates und Holocaustüberlebende unter ein und dieselbe Kategorie fallen konnten. In seinem Roman schreibt Scholz aber ausdrücklich von Jüd:innen, die erschossen werden, und entledigt sie auf diese Weise der ‚Namenlosigkeit'. Seine Betroffenheit und die klare Benennung dieser Opfergruppe geht vermutlich auf seinen Berliner Alltag der Vorkriegszeit zurück – seine Beziehung zu Felicitas Lourié, die Freundschaften zu seinen jüdischen Kommiliton:innen oder die zahlreichen jüdischen Nachbar:innen in seinem Kiez. Im Gegensatz zu vielen anderen Deutschen nahm Scholz die aufgrund von Emigration einerseits und Vernichtung der Jüd:innen andererseits verursachte Leerstelle in der Gesellschaft wahr und thematisierte sie auch in seinem Buch. Gleichwohl reduzierte er dieses Problem zu seinem persönlichen Verlust – seiner ehemaligen Geliebten Felicitas Lourié nämlich.

In einer Kultur des absoluten ‚Beschweigens' hätte *Am grünen Strand der Spree* nicht erscheinen können. So löste nicht etwa die Beschreibung des Massakers von Orscha die größten verlagsinternen Diskussionen aus, sondern die positive Darstellung der Sorben. Offenbar schrieb der Ost-West-Konflikt seinerzeit härtere Diskursregeln vor als die ‚Vergangenheitsbewältigung'. Entgegen meiner ursprünglichen Erwartungen stellte die Schilderung des Massakers für die meisten Personen, die an der Entstehung des Buches beteiligt gewesen waren, keine diskursive Hürde dar. Vor diesem Hintergrund überraschen auch die Reaktionen der Literaturkritiker:innen, die das Massaker mehrheitlich verschwiegen, sowie die mangelnde Rezeption des Hörspiels nicht mehr. Gleichzeitig wirkte sich die allgemein enthusiastische Aufnahme des Romans in der Öffentlichkeit auf die Produktion der erwähnten Adaptionen und Übersetzungen aus.

Die – zunächst literarische und dann filmische – Übermittlung der Darstellung des Massakers haben wir zwei außergewöhnlichen Persönlichkeiten zu verdanken: Harriet Wegener und Hanns Hartmann spielten neben Hans Scholz die Hauptrollen in der Entstehungsgeschichte des Medienkomplexes. Bei ihnen lag letztlich die Entscheidung über die Produktion des Buches bzw. der Fernsehserie. Während Wegener die Passage gegenüber ihren Kollegen verteidigte, gleichzeitig aber das Marktpotenzial des Buches berücksichtigen musste, rechnete Hartmann von Anfang an mit Kontroversen. Beide waren sich der diskursiven Regeln der ‚Vergangenheitsbewältigung' in der Bundesrepublik bewusst, handelten allerdings unter unterschiedlichen Rahmenbedingungen. Zwischen 1954, als Wegener den Druck der Passage durchsetzte, und 1959, als Hartmann die Lizenz für das Buch erwarb, war es zu einem Wandel im öffentlichen Umgang mit der Vergangenheit gekommen. Im Gegensatz zu Wegener traf Hartmann seine Entscheidung nach dem Ulmer Einsatzgruppenprozess und der Einrichtung der Zentralen Stelle in Ludwigsburg. In Anknüpfung an diese Ereignisse wurden Massenerschießungen in der besetzten Sowjetunion zum ersten Mal nach Kriegsende öffentlich thematisiert, so dass die Fernsehserie auf diese diskursive Entwicklung aufbauen konnte.

Wie aber steht es um die Akteure, die in der Produktions- und Rezeptionsgeschichte des Medienkomplexes eher Nebenrollen spielten? Ihre Positionen offenbaren die Netzwerke,[29] in denen damals die Sagbarkeitsregeln in Bezug auf die NS-Vergangenheit verhandelt wurden. Das wohl größte dieser Netzwerke versammelte die Berliner Männer: Friedrich Luft, Hans Schwab-Felisch, Hellmut

---

29 Den Begriff des Netzwerks verwende ich hier in seiner allgemeinen, soziologischen Bedeutung als „Individuen, die durch mehr als eine Verbindung miteinander verknüpft sind" (Scott). Mehr dazu in Hepp, „Netzwerke".

Jaesrich, Thilo Koch und manchmal auch Karl Korn. Es war kein Zufall, dass es sich bei dieser Gruppe um Journalisten handelte, die für die Massenmedien – Tagespresse, Hörfunk und Fernsehen – arbeiteten. Ihnen kam eine besondere Rolle in der Netzwerkbildung der frühen Bundesrepublik zu, denn „dank ihrer Beziehungen und technischen Fähigkeiten fanden sie weitaus schneller neue Artikulationsmöglichkeiten als viele Intellektuelle" (Schütz und Hohendahl 12). Am Rande dieser Gruppe ist auch Gabriele Tergit zu verorten, die zwar seit den 1930er Jahren im Exil lebte, mit Berliner Autor:innen aber enge Kontakte pflegte und der Stadt ihre wichtigsten Werke widmete. In der Kommunikationswissenschaft werden Menschen, die über die Aufnahme und Präsentation von Themen in den Medien entscheiden, als *gatekeeper* bezeichnet (Schoemaker und Vos). Sie bilden ihre eigenen Netzwerke. Nicht anders war es im Fall von *Am grünen Strand der Spree*: Als das Buch erschien, kannten sich die meisten der späteren Unterstützer von Scholz bereits. Einige Netzwerke gingen noch auf die Vorkriegszeit zurück, was in der Medienwelt der 1950er Jahre eher der Regel- als ein Sonderfall war (von Hodenberg, *Konsens* 126). Die Meinungen der Berliner Journalisten über den Roman trugen maßgeblich zu seinem Erfolg, aber auch zu seiner Etikettierung als ‚Berolinesie' bei. Korn verstärkte diesen Prozess zusätzlich, indem er *Am grünen Strand der Spree* ins Feuilleton aufnahm. Ferner vermittelten Jaesrich und Koch den zunächst eher unbekannten Scholz an einige Berliner Presse- und Hörfunkredaktionen, was seine publizistische Karriere entscheidend voranbrachte.

Besonderen Einfluss auf die Rezeption des Romans hatten die Rezensionen der beiden Starkritiker Karl Korn und Friedrich Luft. Beide waren ungefähr im gleichen Alter wie Scholz und gehörten somit der sogenannten Generation der 32er an. In Anlehnung an Dirk Moses' Konzept der ‚45er' prägte Volker R. Berghahn den Begriff der ‚32er', um genau jene Generation von Journalisten zu bezeichnen, die wie Korn und Luft in der Weimarer Republik aufgewachsen waren und den Machtwechsel 1933 als junge Erwachsene miterlebt hatten (Berghahn 7–9). Nach dem Krieg gehörten sie zu den einflussreichsten Vertretern des ‚moralischen Wiederaufbaus' (Berghahn 5). Spätestens seit der zweiten Hälfte der 1950er Jahre, als Scholz seine Tätigkeit in der Presse aufnahm, kann er als Mitglied dieser Generation betrachtet werden. Im Gegensatz zu Korn, Luft, Jaesrich oder Schwab-Felisch zählte Joachim Kaiser nicht zu diesen Kreisen. Zum einen war er wesentlich jünger und somit ein Vertreter der ‚45er', zum anderen hatte er keinen biografischen Bezug zu Berlin. Dennoch – oder gerade deswegen – beurteilte er den Mechanismus des Erfolgs ebenso präzise wie zynisch: „Eine kleine Gruppe borniter Freunde halte die Schlüsselpositionen besetzt und spiele sich von Redaktionstube zu Redaktionstube die Bälle zu." (Kaiser 536)

In Baden-Baden bildete sich derweil ein zweites, kleines Netzwerk, was sich – nebenbei bemerkt – auch in der Eingangsszene des Hörspiels widerspiegelt. In einem saloppen Ton telefonieren zwei Protagonisten der Rahmenhandlung, gespielt von Scholz und Westphal, um den bevorstehenden Abend in der Bar zu planen. Zu Recht bemerkt Gustav Frank (161): „Der Tonfall macht überdies Verkehrsformen einer bestimmten Gruppe und Schicht von Männern kenntlich." Die beruflich bedingte Begegnung von Scholz und Westphal mündete in einer langjährigen Männerfreundschaft. Neben dem SWF in Baden-Baden arbeitete Scholz gelegentlich für den RIAS in Berlin. Beide Sender beeinflussten seinen beruflichen Werdegang, zumal er dort namhaften Persönlichkeiten begegnete. In den 1950er Jahren kooperierten nämlich zahlreiche Schriftsteller:innen mit dem Hörfunk, da ihnen derlei Aufträge die materielle Existenz sicherten (Wagner 232–233). Die Männer im Kölner WDR blieben hingegen eine Gruppe für sich. Es bestand keinerlei außerberufliche Verbindung zwischen ihnen und den Netzwerken, die sich in den anderen Städten bildeten, was wohl an der Ablehnung der Zusammenarbeit durch Scholz lag. Die einzige Verbindung hätte der Fernsehjournalist Thilo Koch herstellen können, doch als *Am grünen Strand der Spree* ausgestrahlt wurde, wechselte er nach Washington, wo er jahrelang als Fernsehkorrespondent arbeitete.

Dass in diesen Netzwerken Männer dominierten, überrascht heutzutage kaum (von Hodenberg, *Konsens und Krise* 236). Die wenigen Frauen – allen voran Wegener, Daves und Tergit – hatten ob ihres Bildungsniveaus und politischen Engagements für die damaligen Verhältnisse untypische Biografien. Keine von ihnen hatte während des Nationalsozialismus ihren Berufen nachgehen dürfen. Anders als Wegener hatten sich Tergit und Daves für das Exil entschieden. Ebenso wenig überraschend waren dementsprechend die wichtigsten *invisible hands* (Zajas 210), die hinter der Buchproduktion und seiner internationalen Vermarktung standen, weiblich. Die Biografien der Männer waren hingegen differenzierter: auf der einen Seite der vom NS-Regime verfolgte Hartmann, auf der anderen Seite der überzeugte Nationalsozialist Otto Görner und der Produzent Pindter, der seine Karriere in der NS-Zeit erfolgreich fortführen konnte. Interessanterweise mussten ausgerechnet Wegener und Görner im Zuge der Arbeit am Manuskript sowie Hartmann und Pindter während der Filmproduktion eng zusammenarbeiten. Zwischen diesen beiden Polen erstreckte sich ein breites Spektrum an typischen Mitläufer-Biografien: engagierten HJ-lern, freiwilligen Soldaten und ehemaligen Beamten des NS-Verwaltungssystems und -Propagandawesens. Neben Scholz mussten sich auch die Regisseure Westphal und Umgelter des Ausmaßes der Kriegsverbrechen an der Zivilbevölkerung bewusst gewesen sein, zumal beide ihren Wehrdienst in Osteuropa geleistet hatten, wo sowohl Deportationen in Konzentrations- und Vernichtungslager als auch Zwangsaussiedlungen und Massenerschießungen wie das im Prolog beschriebene Massaker von Orscha zum Kriegsalltag gehörten.[30]

Die Lebensläufe der Produzent:innen von *Am grünen Strand der Spree* spiegeln die damalige Sozialstruktur der bundesrepublikanischen Medienlandschaft gut wider (von Hodenberg, *Konsens und Krise* 229–232). Dabei sticht der bürgerliche Hintergrund aller Beteiligten ins Auge: So handelte es sich ausnahmslos um Vertreter der gehobenen Mittelschicht – um Söhne von Professoren, Rechtsanwälten, Offizieren oder Fabrikbesitzern –, die in der bundesrepublikanischen Realität nun ihren sozialen Status erhalten wollten, was ihnen auch gelang, wie von Hodenberg (*Konsens und Krise* 235) bemerkt: „Die Journalisten hielten [...] in den fünfziger Jahren mit dem beginnenden Wohlstand Schritt." Hinzu kam, dass die Struktur der westdeutschen Medienlandschaft zur Zeit des Wirtschaftswunders die Vernetzung von Männern beförderte. „Natürlich, man kennt einander," notierte Kaiser (536) in seiner Schmähschrift über *Am grünen Strand der Spree*. Blättert man in den Feuilletons der großen Zeitungen, so fällt auf, dass sie oft Texte von Autor:innen druckten, die in anderen Redaktionen unter Vertrag waren. Eine Kooperation zwischen den einzelnen Rundfunkanstalten war angesichts der Organisation der ARD sogar eine Notwendigkeit. Die Medienmacher begegneten sich zwangsläufig in den Redaktionsräumen, bei öffentlichen Veranstaltungen und privaten Trinkrunden. In Berlin wurde Scholz in diesen Kreisen wohlwollend aufgenommen, zumal er sich früher schon in den Lokalen am Ku'damm hatte blicken lassen, und stieg im Laufe der Zeit zum Feuilletonleiter des *Tagesspiegels* auf.

Mit diesen Überlegungen möchte ich keinerlei Verschwörungstheorien über geheime Vorgänge in Berliner Lokalen aufstellen, sondern einerseits auf die Existenz einer „halböffentlichen Parallelwelt" (Goschler 33) sowie andererseits auf den bürgerlichen Habitus der dort handelnden Akteure hinweisen (Fritscher-Fehr 69). Die größtenteils informelle Unterstützung, die Scholz in Berlin genoss, illustriert die zu Beginn angeführten theoretischen Ansätze von Bourdieu und Giddens. Während der Franzose dem sozialen, kulturellen und ökonomischen Kapital eine Schlüsselrolle in der sozialen Reproduktion zuschreibt (Bourdieu, „Ökonomisches Kapital"), sieht der britische Soziologe den entscheidenden Faktor in den Ressourcen und Alltagshandlungen, indem „routinierte Interaktionen" auf „gesellschaftliche Totalität" treffen (Giddens, *Die Konstitution* 353). Ein informelles Gespräch wohlhabender Männer in der Bar reflektiert demnach nicht nur die Sozialstruktur, sondern trägt auch zu ihrer Reproduktion bei. Dies betrifft auch Erinnerungen, die

---

[30] Die Behauptung, dass auch ‚gewöhnliche' Soldaten von Kriegsverbrechen wussten, basiert u. a. auf der jüngsten Forschungsliteratur. Vgl. Fulbrook; Kay und Stahel.

in derartig informellen Situationen reproduziert werden. Im Zuge von Gesprächen, die jenseits der Öffentlichkeit und innerhalb von meist männlichen Erinnerungsgemeinschaften geführt werden, ensteht das ‚subkutane Gedächtnis'.

In Anbetracht all dessen – so meine These – war das gemeinsame Umfeld des Schriftstellers und der Berliner Kritiker entscheidend für den Erfolg des Buches. Die zahlreichen Beteuerungen in der Presse, Scholz sei ein Außenseiter, sind vielmehr als PR-Maßnahme zu betrachten. Zwar debütierte er mit über vierzig Jahren tatsächlich erst als Schriftsteller, gehörte da aber bereits der gehobenen Berliner Gesellschaft an. In den Kreisen seiner Unterstützer mangelte es allerdings an solchen Männern, die sich im Nachhinein als nachhaltige Träger des kulturellen Gedächtnisses herausgestellt hätten. Eine solche Persönlichkeit wäre dank seiner Verbindungen zur Gruppe 47 beispielsweise Joachim Kaiser gewesen. Obwohl Karl Korn, Friedrich Luft und Thilo Koch den öffentlichen Diskurs der 1950er und 1960er Jahre maßgeblich prägten, gingen ihre Namen nicht in den Mainstream der Kulturgeschichte ein, die sich auf ‚Intellektuelle' fokussiert.

Das Netzwerk, das die Rezeption des Fernsehfilms prägte, war wesentlich differenzierter und zerstreuter. Ulrike Weckel („The *Mitläufer*" 66–67) behauptet, dass Filmkritiker:innen oft auch Personen gewesen seien, die diesen Beruf nur gelegentlich ausübten. Zwar stellt sie diese These mit Blick auf die unmittelbare Nachkriegszeit auf, doch scheint sie sich auch auf das darauffolgende Jahrzehnt anwenden zu lassen. Bei einem Großteil der Rezensionen des Fernsehfilms fehlt die Angabe über den:die Autor:in, doch ist davon auszugehen, dass prominente Kritiker:innen sicherlich auf ihre Unterschrift bestanden hätten. So positiv die meisten Stellungnahmen zur ersten Folge der Fernsehserie auch ausfielen, so sehr mangelte es an einflussreichen Unterstützer:innen. Nach Hartmanns Entlassung gab es nicht mal beim Sender eine Person, die sich für die Fernsehserie eingesetzt hätte. Als nach der Ausstrahlung der letzten Folge einige Kritiker:innen bemängelten, die Qualität der Serie nehme mit jedem Teil ab, verteidigte nur Scholz („Dienst an der Sittlichkeit") die Leistung der Filmemacher, und auch er tat dies mit Vorbehalt. Vor dem Hintergrund der eher negativen Reaktionen des Autors und des Publikums auf die letzten Folgen der Miniserie ist es nicht verwunderlich, dass der geplante Kinofilm nicht zustande kam. Die Rezeption des Fernsehfilms erweiterte den bisherigen ‚Produktionskreis' dementsprechend nicht.

Die Wirkung des Medienkomplexes jenseits der Netzwerke des Literatur- und Rundfunkbetriebs war sicherlich sehr vielschichtig. Mein Interesse gilt hier vor allem der Institution der ‚Vergangenheitsbewältigung'. Für die Zirkulation von Handlungsabläufen identifiziert Giddens (*Die Konstitution* 79) den folgenden Mechanismus: „Der Handlungsstrom produziert kontinuierlich Folgen, die die Akteure nicht beabsichtig haben, und diese unbeabsichtigten Folgen können sich auch, vermittelt über Rückkoppelungsprozesse, wiederum als nichteingestandene Bedingungen weiteren Handelns darstellen." Welche Handlungsströme und ihre Folgen sind in Bezug auf *Am grünen Strand der Spree* zu beachten? Die mangelnde Rezeption der Beschreibung des Massakers in ihrer literarischen Form mag die Produktion des Hörspiels sogar bedingt haben, da der Stoff als attraktiv, aber ‚ungefährlich' galt. Die Reaktionen auf den Fernsehfilm wichen von der Rezeption des Buches und des Hörspiels hingegen wesentlich ab. Das kann natürlich an den verschiedenartigen Medien der Literatur und des Fernsehens gelegen haben, aber auch am Diskurswandel, der sich auf den damaligen Umgang mit der NS-Vergangenheit auswirkte. Neben den erwähnten Ereignissen – dem Ulmer Einsatzgruppenprozess und der Gründung der Zentralen Stelle – spielt das Alter der Rezipient:innen eine Rolle. Im März 1960 saßen auch junge Menschen vor den Fernsehapparaten, die keine persönlichen Erinnerungen mehr an den Krieg hatten. Die Bedeutung der strukturellen Bedingungen lässt sich ferner an den entgegengesetzten Reaktionen in der Bundesrepublik und in der DDR sowie an den unterschiedlichen Stimmen der Fernsehkritiker:innen und der individuellen Zuschauer:innen ablesen: Vertreter:innen bildungsbürgerlicher Eliten [Kritiker:innen] stehen hier einer differenzierten Stichprobe von Bürger:innen [befragten Zuschauer:innen] gegenüber.

Die Existenz paralleler Öffentlichkeiten ist selbstverständlich kein erwartungswidriger Befund (Klaus und Drüeke).[31] Interessant ist jedoch, wie sich die Reaktionen in der Medienöffentlichkeit auf die Produktionsprozesse auswirkten. Die Anerkennung des Romans durch die Preisrichter des Fontane-Preises war einer der Gründe für den Abdruck in der *FAZ*. Die Rezension von Korn überzeugte die Entscheidungsträger im SWF von einer Inszenierung des Romans als Hörspiel. Und das Hörspiel selbst – wenn auch vergleichsweise wenig besprochen – beeinflusste die Fernsehverfilmung. In jeder Phase erhielten die Produzent:innen sowohl über die Presse als auch über die Einsendungen der Rezipient:innen zahlreiche Rückmeldungen. Ähnlich wie wir heutzutage Kommentare über Bücher oder Fernsehserien im Internet teilen, schrieben Leser:innen und Zuschauer:innen in den 1950er und 1960er Jahren Briefe. An den Autor, die Verlage, die Rundfunkanstalten und sogar an den Berliner Senat, der für den Fontane-Preis zuständig war, waren etliche Briefe adressiert gewesen, von denen einige auch beantwortet wurden. Die Wiederholung des Fernsehfilms 1966 erfolgte beispielsweise auf Nachfrage von Zuschauer:innen. Dieser Zirkulationsmechanismus wurde – dies möchte ich an dieser Stelle noch einmal betonen – durch die sozialen Handlungen konkreter Akteure in Bewegung gebracht.

---

31 Diese parallelen Medienöffentlichkeiten sollten in dem unvollendet gebliebenen Projekt des 2019 verstorbenen Historikers Axel Schildt genauer untersucht werden (Schildt, Medien-Intellektuelle).

Zweite Geschichte: Authentizität und Affekte

In diesem Kapitel widme ich mich ausgiebig dem Text des Romans, dem Ton des Hörspiels und den Bildern der Fernsehserie. Vorweg aber: Ich teile die Prämisse des *affective turns*, dass der Blick der Forscher:innen nicht objektiv sein könne, sondern stets sozial und historisch verankert sei. Kurz gesagt: Es ist mein Blick. Mein ostmitteleuropäischer Hintergrund, meine bisherigen Erfahrungen im Umgang mit Erinnerungskulturen sowie der jeweilige Zeitpunkt, zu dem ich die einzelnen Fassungen von *Am grünen Strand der Spree* gelesen, gehört und gesehen habe, beeinflussen meine Analyse. Ich wurde im polnischen Sprachraum, mit polnischen Lektüren und Filmen sowie mit einem für das Land typischen Geschichtsverständnis sozialisiert, so dass die Schilderung des Massakers von Orscha bei mir sicherlich andere Assoziationen weckt als bei den westdeutschen Rezipient:innen, die sich seinerzeit mit *Am grünen Strand der Spree* auseinandersetzten. Mein Interesse für den Medienkomplex begann mit der Fernsehserie und den darin enthaltenen zahlreichen Bilder von Osteuropa. Nach und nach vertiefte ich mich in das Thema, aber während ich bestimmte zeitgenössische Kontexte – wie etwa Anspielungen auf die Diskurse der Bundesrepublik der 1950er Jahre – mühsam rekonstruieren musste, regte mich immer wieder der Umgang mit osteuropäischen Themen in *Am grünen Strand der Spree* zum Nachdenken an. Ich kann und will diese Perspektive nicht ausklammern bzw. reduzieren.

Meine persönliche Wahrnehmung von *Am grünen Strand der Spree* ist eng mit den zwei analytischen Schwerpunkten dieses Kapitels verwoben – der Authentizität und dem Affekt. Sowohl die Authentizitätsforschung als auch die Affekttheorie befassen sich mit dem Verhältnis zwischen Repräsentation und Außenwelt. „Wenn Darstellung immer Darstellung von etwas ist, dann muß es etwas von der Darstellung unabhängiges geben, das Thema der Darstellung ist," schreibt Christian Strub (8). In seinem wegweisenden Beitrag zur Authentizität suggeriert Achim Saupe wiederum, dass es in der medien- und geschichtswissenschaftlichen Authentizitätsforschung weniger darum gehe zu bestimmen, was authentisch sei, sondern vielmehr, was als authentisch gelte. Saupe folgt dabei Helmuth Lethen, der behauptet, „was ‚authentisch' ist, kann nicht geklärt werden," stattdessen aber laute die wesentliche Frage, „welche Verfahren den *Effekt des ‚Authentischen'* auslösen" (Lethen 209).[1] Authentizität ist demnach eine von der Außenwelt gestellte Erwartung (Bergold), der affektive Charakter von Geschichtsrepräsentationen hingegen eine Form ihrer Auswirkung auf die Außen-

---

1 Eigene Hervorhebung.

welt. Im Ansatz des *affective turns* sind Affekte aber nicht mit Emotionen oder Gefühlen gleichzusetzen. Wagte man, die Diskussion über die Definition von Affekten schlagwortartig zusammenzufassen, so böten sich Begriffe wie „Zustände" (Bergold 220), „kulturelle Kräfte" (Bal 7–9) oder „Wertungen" (Brennan 5) an. Affekte sind keine psychischen Reaktionen, können aber selbige hervorrufen, und sind aufgrund ihrer Verankerung in literarischen Texten, filmischen Bildern, Kunstwerken usw. auch transferierbar (Brennan). Der niederländische Literaturwissenschaftler und Holocaustforscher Ernst van Alphen („Affective" 24–25) betont daher, dass ihre Kräfte in unterschiedlichen Emotionen und Handlungen münden können.

Im Folgenden geht es primär um die Analyse der ‚Zuschreibungen' und ‚Wirkungen' der Schilderung des Massakers von Orscha in *Am grünen Strand der Spree*. Es soll zunächst geklärt werden, welche Stellen im Medienkomplex den Effekt des Authentischen auslösen. Diese Modalität ist nicht statisch und eindeutig, denn rezeptionsästhetisch betrachtet unterscheidet sich der ‚Erwartungshorizont' heutiger Leser:innen, Hörer:innen und Zuschauer:innen von den Erwartungen, die Rezipient:innen in den 1950er Jahren stellten. Die Diskussion über Authentizität setzt eine Aufdeckung dieser zeitlichen Ebenen voraus (Jauß, „Literaturgeschichte"; Koselleck, *Zeitschichten*):

> Authentisch ist die Vergangenheit als Geschichte dann, wenn sie in ihrem Gewesensein zugleich in der lebendigen Gegenwärtigkeit der sich ihrer Erinnernden anwesend und lebendig ist. *Authentizität ist eine existenzielle Qualität der Erinnerung.* Mit ihr hat sich die Vergangenheit immer schon vorgängig in die Gegenwart eingeschrieben. (Rüsen 230)[2]

Die Annäherung an diese existenzielle Qualität verlangt nach einem vielschichtigen Zugriff, denn „im Verstehen der Vergangenheit spielt die Welt und Selbstdeutung der gegenwärtig Verstehenden eine wichtige Rolle" (Rüsen 244). Für die Literatur- bzw. Mediengeschichte bedeutet dies, dass wir die gegenwärtige Lesart eines Werks nicht auf die Reaktionen seiner zeitgenössischen Rezipient:innen projizieren sollten.

Für die Diskussion über das affektive Potenzial von *Am grünen Strand der Spree* ist darüber hinaus die Trennung zwischen den einzelnen Zeitschichten wesentlich. Van Alphen („Affective" 22) ist der Auffassung, dass Texte und Bilder nicht nur im Hinblick auf ihre sichtbaren und unsichtbaren Eigenschaften, sondern auch auf ihre „affektiven Operationen" hin zu untersuchen seien. Ihre Wirkungskraft entfalte sich über die Text- bzw. Bildebene hinaus. Dem Begriff der „Repräsentation" steht van Alphen (*Caught by History* 10) skeptisch gegenüber

---

[2] Hervorhebung im Original.

und bevorzugt in Anlehnung an die Authentizitätsforschung den Begriff des ‚Effekts'. Die Frage lautet also nicht, was uns durch den Kontakt mit der Schilderung des Massakers vermittelt wird, sondern, was diese mit uns – damals wie heute – macht.

Die Affekttheorie weist einige Affinitäten zur Erinnerungsforschung auf. Zahlreiche Affekttheoretiker:innen beziehen sich auf Henri Bergsons *Materie und Gedächtnis* und die darin geschilderte Vorstellung von „Empfindungen", die „aus Bildern hervorgehen" (41–42). Das Konzept der „affektiven Operationen" bzw. „affektiven Wirkung" ähnelt auch Aby Warburgs (3) Idee des sozialen Gedächtnisses, das über kraftvolle und energetische Bilder vermittelt wird. Brian Massumi (219) argumentiert, dass sich Affekte in „Störungen", „Brüchen", „Vibrationen" und „Resonanzen" offenbaren – in ihnen „stürzen strukturierte Unterschiede in Intensität, stürzen Regeln ins Paradoxe zusammen" (220), weshalb Massumi monokausale Erklärungen und Deutungen ablehnt. Massumis Begrifflichkeiten lassen Ambivalenzen zu und evozieren ähnliche Denkbilder wie das ‚wandernde' Gedächtnis, allerdings auf Mikroebene. Ferner sind sie gerade dann besonders konstruktiv, wenn es darum geht, Phänomene zu analysieren, die sich erst in ihrer Entstehungsphase befinden: ‚Brüche', wie etwa die durch die Schilderung des Massakers von Orscha projizierten Diskurse des Umgangs mit der Vergangenheit, die sich erst nachträglich durchsetzen würden. Ann Rigneys und Astrid Erlls Metapher der *moving memory*, die sich eigentlich auf das ‚bewegliche Gedächtnis' bezieht, kommt hier eine zweite Bedeutung zu, nämlich die des ‚bewegenden Gedächtnisses'. Welche Arten von ‚Störungen' oder ‚Brüchen' bewegten die Rezipient:innen von *Am grünen Strand der Spree*?

Ähnlich wie heute wurden in den 1950er Jahren mediale Darstellungen historischer Ereignisse oft in Bezug auf ihre ‚Echtheit' bewertet. Dies geschieht in der Regel durch eine Gegenüberstellung mit anderen Darstellungen desselben Ereignisses – im Idealfall mit der Fachliteratur, meist aber mit Filmen, Fernsehproduktionen, Belletristik, Publizistik und – nicht zuletzt – mit Zeitzeugenaussagen. Der Unterschied zwischen den 1950er und den 2020er Jahren liegt selbstredend darin, dass die damaligen Produzent:innen und Rezipient:innen nur über wenige mediale Vorbilder verfügten, mit denen sie die Schilderung des Massakers hätten vergleichen können. *Am grünen Strand der Spree* konfrontierte die bundesrepublikanische Öffentlichkeit verhältnismäßig früh mit einer massenmedial vermittelten Darstellung des Holocaust. Folglich ist anzunehmen, dass das Bild des Massakers von Orscha nur in geringem Maße prämedialisiert war. Stattdessen richtete sich der Medienkomplex an die Erlebnisgeneration, die größtenteils noch individuelle Erinnerungen an den Krieg hatte. Wie wirkte sich die individuelle Erfahrungsebene auf den damaligen Authentizitätsanspruch aus?

Die Analyse von Authentizitätszuschreibungen und affektiven Wirkungen setzt bestimmte Schritte voraus. Erstens muss ich die Schilderung des Massakers in all ihren Fassungen – vom ersten Manuskript bis zum Fernsehfilm – einem *close reading* unterziehen. Sind Beglaubigungsstrategien, beispielsweise Zeit- und Ortsangaben, oder Verweise auf andere Schilderungen identifizierbar? Wird die Schilderung des Massakers durch Verweise auf den autobiografischen Charakter des Romans legitimiert? Wie wird die Schilderung an andere zeitgenössische Diskurse angepasst bzw. in welcher Form werden diese in die einzelnen Fassungen eingebaut? Da mit Authentizität nicht zwangsläufig die Übereinstimmung der Darstellung mit den realhistorischen Gegebenheiten gemeint ist, sondern vielmehr das, was für ‚real' bzw. ‚wahr' gehalten wird, sind simultane Erklärungsmuster von zentraler Bedeutung für die Analyse. Taucht ein bestimmtes Bild oder Narrativ auf, das in der Erinnerungskultur bereits vorhanden war, wird es oft als ‚authentisch' wahrgenommen, ungeachtet seines tatsächlichen Verhältnisses zu „dem von der Darstellung Unabhängigem" (Strub 8). Relevant werden Authentisierungsstrategien im Zuge des Produktions- und Rezeptionsprozesses. Im Fall des Medienkomplexes sind dies u. a. die Behauptungen des Autors, das Massaker selbst gesehen zu haben, die Versicherungen des NWRV-Intendanten, es handle sich bei der ersten Folge des Fernsehfilms um eine harte Auseinandersetzung mit der Vergangenheit, sowie die zahlreichen Bemühungen des Verlags und der Rundfunkanstalten, die Schilderung des Massakers an den Erwartungshorizont der Rezipient:innen anzupassen.

Etwas schwieriger gestaltet sich die Analyse des affektiven Potenzials von *Am grünen Strand der Spree*, vor allem da dieser Ansatz bisher hauptsächlich in Bezug auf ‚hohe' Kunst oder ‚Kanonliteratur' verwendet wurde. Die Affekttheorie betont, es gebe einen Zusammenhang zwischen der Unmöglichkeit der sprachlichen bzw. visuellen Repräsentation eines bestimmten Ereignisses und der Entfaltung von Affekten, was den Ansatz für die kulturwissenschaftlichen Holocaustforschung so fruchtbar macht. So schreibt Massumi etwa, die Erfahrung von „Brüchen", „Störungen", „Leerstellen", „Paradoxa", „Zeitlöchern" sei prinzipiell nicht darstellbar, aber affektiv vermittelbar.[3] Nun aber haben wir es in *Am grünen Strand der Spree* mit einem Roman, Hörspiel und Fernsehfilm zu tun, also mit diskursiv strukturierten Repräsentationen. Trotz zahlreicher Behauptungen bezüglich des gegensätzlichen Charakters von Affekten und Diskursen schließen sie sich gegenseitig nicht völlig aus (Wetherell 351). Zum einen sind ‚Leerstellen', die auf

---

[3] In Anlehnung an Massumi entwickelt Dorota Golańska (*Affective*) ein Konzept „affektiver Verbindungen", die auf die körperliche Begegnung mit memorialer Kunst zurückzuführen sind (Golańska, „Bodily collisions").

Auslassungen hinweisen, in diskursiven Formen auch als solche zu erkennen. Jede Fassung von *Am grünen Strand der Spree* beinhaltet zahlreiche solcher Stellen. Zum anderen weisen van Alphen und Massumi darauf hin, dass die affektive Wirkung mehrere Sinne gleichzeitig beanspruche: „Der Affekt ist synästhetisch" (Massumi 228). Es gilt also, die synästhetischen Stellen im Medienkomplex zu identifizieren. Es handelt sich dabei u. a. um die „Visualisierung des Textes" bzw. die „Visualisierungen im Text" (Alphen, „Affective" 27). Im Zuge der Lektüre des Textes müssen die Leser:innen „die Bilder sehen" können, denn „Texte können nur dann wirken [*affect*], wenn sie visualisiert werden" (Alphen, „Affective" 28). Im Roman von Scholz, der ausgebildeter Maler war, lassen sich vielfältige Visualisierungsstrategien finden. Durch die Vertonung und Verfilmung werden weitere Sinne angesprochen, so dass besagte Stellen eine besondere synästhetische Dichte erreichen. Ihre Spuren finden wir anschließend in den Reaktionen der Zuschauer:innen wieder, die von ‚Schock' oder ‚Beunruhigung' berichteten. Auch das korrespondiert mit der Affekttheorie; so schreibt Massumi (229): „Der negative Affekt wird meist als eine Form des Schocks beschrieben." Mit Ruth Leys (435) ist zu ergänzen: „Die Bedeutung von Affekten beruht darauf, dass die bewusst empfangene Botschaft für ihren Empfänger oft weniger wichtig sein kann als seine unbewussten affektiven Resonanzen mit der Quelle der Botschaft."

Um eine Trennung zwischen zeitgenössischer und gegenwärtiger Perspektive zu gewährleisten, gehe ich auf jede Phase des Medienkomplexes einzeln ein. Dabei ist nicht nur die zeitliche Distanz zwischen der Nachkriegszeit und der Gegenwart von Belang, sondern auch die vergleichsweise kurzen Zeitabstände zwischen der Veröffentlichung des Buches [1955], der Produktion des Hörspiels [1956] und der Ausstrahlung des Fernsehfilms [1960]. Der Generationenwechsel, der sich an der Wende von den 1950er zu den 1960er Jahren vollzog, wirkte sich zweifelsohne auf die gefragten Authentisierungsstrategien aus, denn die jüngeren Rezipient:innen hatten keine individuellen Erinnerungen mehr an den Krieg. Im Unterschied zum geologischen Vorgang, den Reinhart Koselleck zum Ausgangspunkt seiner Zeitschichtenmetapher nimmt, gehe ich nicht von oben [jüngste Schicht], sondern von unten [älteste Schicht] vor. Dies ist letztendlich nur eine stilistische Entscheidung. Die Recherchen, die diesem Buch zugrunde liegen, liefen in der Tat umgekehrt ab. Ich wurde zuerst auf den Film aufmerksam und arbeitete mich in der Entstehungschronologie dann rückwärts vor: So gelangte ich über das Hörspiel, das Buch und die Manuskripte schließlich an die Quellen zur Auflösung des Ghettos von Orscha.

Unzumutbare Stellen

Der Ursprung des fiktiven Tagebuchs von Jürgen Wilms, in dem das Massaker von Orscha beschrieben ist, liegt in der persönlichen Kriegserfahrung des Autors. Über seine Erinnerungen aus Frankreich, wo er bis zum Frühjahr 1941 stationiert gewesen war, sowie vom Vormarsch durch Europa in Richtung Sowjetunion berichtete Scholz nach seiner Rückkehr aus der Kriegsgefangenschaft nicht viel. Nach der Publikation des Romans sah er sich aber gezwungen, die Schilderung des Massakers zu rechtfertigen. Dem *Spiegel* gegenüber sagte er: „Ich kann über etwas nicht schreiben, was ich nicht gesehen habe." (Anonym, „Boccaccio in der Bar" 46) Auch in seiner Dankesrede anlässlich der Verleihung des Heinrich-Stahl-Preises betonte der Autor, er habe nur niedergeschrieben, was er selbst beobachtet habe. Er ergänzte zudem, dass der Regisseur des Fernsehfilms, Fritz Umgelter, ebenfalls auf eigene Kriegserfahrungen und Augenzeugenschaft hatte zurückgreifen können; die Szene habe er „so oder fast so, wie es im Buch steht, aufgenommen". Um seiner Augenzeugenperspektive Glaubwürdigkeit zu verleihen, berichtete Scholz konkreter von seinen Erlebnissen in Orscha:

> [...] ich habe mich seinerzeit selbst und aus freien Stücken zum Augenzeugen der Vorgänge in Orscha gemacht und mich, die Salven schon von weitem im Ohr, über das Bahngelände dem Judenfriedhof genähert, der oberhalb des eingeschnittenen Tales eines Flüßchens liegt, der Orschitza, auf einem Hügel, wo man hatte ausschachten lassen und wo der entsetzliche Vorgang in voller Evidenz vor meinen Augen geschah. Bis ich fortgejagt wurde. (Rede zum Heinrich-Stahl-Preis 1)

Bereits in Orscha machte Scholz erste Notizen für den Roman, führte aber kein Tagebuch. Der eigentliche Text der Erzählung, die nachträglich mit sechs anderen zum Roman zusammengefügt wurde, entstand nach Kriegsende. In diesem Sinne handelt es sich um eine Variation des ‚autobiografischen Erinnerungsromans', wie Astrid Erll (*Kollektives Gedächtnis* 65) diese Gattung bezeichnet. Dass Scholz in seiner Rede auf seine freiwillige Augenzeugenschaft verwies, zeugt von seiner Rechtfertigungsnot, als habe er nachweisen wollen, dass er sich die Ereignisse in Orscha nicht ausgedacht hatte. Die Beschreibung des Geländes in der Rede zum Heinrich-Stahl-Preis lässt sich heutzutage leicht nachprüfen. Ein kurzer Blick auf die topografische Karte von Orscha zeigt, dass der Bahndamm (Abb. 8) tatsächlich parallel zur Orschitza verläuft und der Friedhof am Stadtrand oberhalb des Gleisdreiecks liegt (Topografičeskije karty). In prädigitalen Zeiten konnte diese Beschreibung nur von jenen Soldaten bestätigt werden, die ebenfalls in Orscha stationiert gewesen waren.

Um seine Zeugenschaft zu betonen, macht der Protagonist Wilms Angaben zu Zeit und Ort des Geschehens. Wie in Tagebüchern üblich beginnt jeder Abschnitt

Abb. 8: Blick vom Bahndamm auf den Ort, an dem die Erschießung der Jüd:innen aus Orscha stattfand. Hinter den Bäumen auf dem kleinen Hügel fällt das Gelände in das Orschitzatal hinab. Foto: Andrei Liankevich, 2020.

mit Datum und Ortsnamen. Die Seiten, auf denen das Massaker beschrieben ist, stellen in dieser Hinsicht eine Ausnahme dar, denn – wie wir aus der Rahmenhandlung erfahren – hin und wieder sind die Zettel von Wilms unleserlich oder fehlen gänzlich. In einer frühen Fassung des Manuskripts erstreckt sich die Szene über siebzehn Schreibmaschinenseiten, auf denen die Erschießung der Jüd:innen in aller Genauigkeit geschildert wird (Scholz, *Märkische Rübchen* 181–197).

Die Gründe für die ursprüngliche Ablehnung des Manuskripts durch den Rowohlt Verlag sind unbekannt. 1970 vernichtete ein Feuer das Archiv des Verlags, so dass wir heute nur über eine kurze, förmliche Absage von Wolfgang Weyrauch an Scholz verfügen, nicht aber über das Gutachten, das er möglicherweise verfasste. Die von Weyrauch gelesene Fassung war noch ein Briefroman mit dem Titel *Märkische Rübchen und Kastanien*, in dem das Tagebuch von Jürgen Wilms erst im zweiten Kapitel enthalten war. Da sich der Tagebuchschreiber in sowjetischer Gefangenschaft befindet, werden seine Aufzeichnungen von dem Spätheimkehrer Hans-Joachim Lepsius nach seiner Rückkehr nach Berlin vorgelesen. Wilms schildert seinen Dienst im polnischen Städtchen Maciejowice, die anschließenden Stationen auf dem Weg gen Osten – die Ortschaften Garwolin und Góra Kalwaria –, die Schlacht bei Brest-Litowsk und schließlich das Massaker in

Orscha. Hinweise auf die Verfolgung der Jüd:innen lassen sich durchweg finden. In Maciejowice macht sich Wilms wegen eines jüdischen Mädchens Vorwürfe, das von der jüdischen Ordnungspolizei verprügelt wird. In Garwolin schäkert er wiederum mit einer jungen polnischen Frau, die antisemitische Bemerkungen macht. In Góra Kalwaria teilt er seine Essensration mit einem jüdischen Jungen. In Brest-Litowsk ist er entsetzt darüber, dass jüdische Männer die Leichen deutscher Soldaten auf dem Schlachtfeld bergen sollen. Den Höhepunkt dieser Erzählung bildet die Schilderung der Geschehnisse in Orscha, wo auch der Grund für Wilms' Fokus auf das Leid der Jüd:innen erläutert wird: Seine große Jugendliebe war Jüdin gewesen.

Der Medienwissenschaftler Peter Seibert argumentiert, dass das Genre des Tagebuchs die Distanz zwischen Erlebtem und Erzähltem minimiere und das epische Präteritum zurückdränge – es „rund[e] nicht ab", sondern lasse vielmehr fragmentarische Formulierungen zu (Seibert, „Bruch" 129). Hannes Gürgen (70) nennt das Tagebuch von Jürgen Wilms deshalb einen „dokumentarisch-chronistischen Augenzeugenbericht". Obwohl die Männer, die dem vorgelesenen Tagebuchbericht lauschen, fast dreizehn Jahre nach dem Massaker von Orscha in der Berliner Jockey Bar zusammenkommen, ermöglicht das Genre des Tagebuchs eine ‚authentische' Erzählform im Präsens ohne ‚Gedächtnisverluste'. Urteilt man alleine nach den fiktiven Aufzeichnungen von Wilms, so mag die Ablehnung des Manuskripts durch Weyrauch überraschend scheinen. Als prominentes Mitglied der Gruppe 47 setzte er sich für eine Auseinandersetzung mit der jüngsten Vergangenheit sowie für eine klare Absetzung von der Sprache des ‚Dritten Reiches' in der Literatur ein. Paradoxerweise mag es aber gerade diese Forderung an die Literatur gewesen sein, die mittelbar zur Ablehnung des Romans führte. Die Verfasser der Briefe in Scholz' erstem Manuskript sind erfolgreiche Schauspieler, Produzenten, Musiker, die – mit einer Ausnahme – den Krieg unversehrt überstanden haben. Der Vorleser Lepsius diente während des spanischen Bürgerkrieges in der Legion Condor – einer Einheit, die von der NSDAP zur Unterstützung der spanischen Faschisten aufgestellt worden war. Nach dem Ende des Zweiten Weltkrieges setzten die Männer ihre Karrieren in der Bundesrepublik fort. In der Rahmenhandlung verharmlosen manche von ihnen das totalitäre System und ironisieren darüber. Als Lepsius seinen Einsatz in Spanien erwähnt, belehrt ihn ein anderer Barbesucher: „Sagen Sie Condor nicht so laut! Hier sind wir zwar mächtig gegen den Kommunismus, dürfen es aber seinerzeit nicht gewesen sein. Gegen den Nationalsozialismus sind wir aber auch, weil er damals immer gegen die armen Kommunisten... und so weiter. Verstanden?" (*AGSS* 20) Dieser Geist der Restauration wird Weyrauch vermutlich nicht zugesagt haben.[4]

Die Lektor:innen bei Hoffmann und Campe, die das Manuskript schließlich akzeptierten, hatten ebenfalls ihre Bedenken. Auf ihre Vorbehalte gegenüber der Komposition des Buches sowie der ausführlichen Beschreibungen der ‚Ostzone' bin ich im vorherigen Kapitel *en detail* eingegangen. Auch die Schilderung des Massakers rief Diskussionen hervor. Einer der Mitarbeiter behauptete gar, die Beschreibung sei „irgendwie peinlich" (Görner, Brief an Scholz). Über den Ausgang der Kontroverse entschied letztendlich Harriet Wegener, Lektorin und Vertraute von Verlagsbesitzer Kurt Ganske, indem sie Scholz mitteilte:

> Die meisten haben es nicht gern, wenn Hitlers Judenerschiessungen immer noch einmal aufgetischt werden. Wer im Osten bei der Wehrmacht war, legt Wert darauf, derlei Dinge nur vom Hörensagen gewusst zu haben. Ich bin trotzdem nicht dafür, die Erzählung zu streichen. Sie ist in ihrer Art ausgezeichnet, und die Streichung würde die Substanz des Manuskripts verringern. (Wegener, Brief an Scholz vom 6. Mai 1954)

Was meinte Wegener mit der Behauptung, die Massenmorde der Jüd:innen würden „immer noch einmal aufgetischt"? Das Wort „auftischen" suggeriert, dass – auch fiktive – Berichte von der Vernichtung der Jüd:innen wenn nicht gänzlich für unwahr, so doch für höchst unwahrscheinlich erklärt wurden, weshalb sie auch nur ‚vom Hörensagen' bekannt gewesen seien. Ferner müssen solche Berichte für die sich erinnernden Zeitzeugen dieser Ereignisse schlichtweg unangenehm zu lesen gewesen sein; siehe etwa Görners Bemerkung, Scholz' Schilderung sei „irgendwie peinlich" – für ihn als Leser und Zeitzeugen nämlich. Vor diesem Hintergrund war die Vernichtung der osteuropäischen Jüd:innen gewiss kein ausführlich diskutiertes Thema – weder in der Publizistik, noch in Literatur, Film oder Hörfunk.

Hatte Wegener die Veröffentlichung der kontroversen Passage gegenüber ihren Kollegen zwar durchgesetzt, so erlegte sie dem Autor dennoch einige Änderungen auf. In der zweiten Geschichte des Romans erzählt ein Teilnehmer der Männerrunde namens Hesselbarth von seiner Begegnung mit einer russischen Partisanin, die er vor der anstehenden Erschießung warnt. Sie aber kehrt zu ihrer Gruppe zurück und geht freiwillig mit ihr in den Tod. In der ursprünglichen Fassung des Manuskripts schrieb Scholz nicht von einer Russin, sondern einer Jüdin – vermutlich lässt sich auch dieses Detail auf seine biografischen Erinne-

---

4 Gleichzeitig versuchte Ernst Rowohlt namhafte konservative Autoren für seinen Verlag zu gewinnen, um eine möglichst große Spannbreite an Themen und Positionen im Programm anbieten zu können (Oels 179–185).

rungen zurückführen, wenn auch er sich dazu öffentlich nicht äußerte. Wegener veranlasste folgende Überarbeitung:

> Das Mädchen in der zweiten Geschichte [...] hat auch jüdisches Blut. Da schon die Freundin von Wilms Jüdin war und die Judenerschießungen berichtet werden, ist das zu viel. Es scheint auch von der Sache her nicht nötig. Ferner könnte die Beschreibung des verwöhnten Gegenbildes zu diesem Partisanenmädchen auch erheblich gekürzt werden. (Wegener, Brief an Scholz vom 6. Mai 1954)

An dieser Stelle offenbart sich Wegeners ambivalente Haltung gegenüber dem Thema der Vernichtung der Juden. Während sie sich dafür einsetzte, die Schilderung des Massakers beizubehalten, verlangte sie hier die Streichung einer jüdischen Figur und zwar mit Bezug auf die antisemitische Formulierung „jüdisches Blut" (Spörri 2005). Harriet Wegener würde sich selbst und ließe sich auch aus heutiger Sicht sicherlich nicht als Antisemitin bezeichnen. Als überzeugte Demokratin engagierte sie sich in den 1930er Jahren für die Hamburger Jüdinnen im Frauenclub Zonta, weshalb sie mit einem Berufsverbot belegt wurde (Stubbe-da-Luz). Nichtsdestoweniger färbte die *Lingua Tertii Imperii* auch auf Wegeners Sprachgebrauch ab, was angesichts ihrer Sozialisierung in der Weimarer Republik und im Nationalsozialismus nicht verwundern darf. Wegener erklärte nicht, wieso sie eine weitere jüdische Frauenfigur ablehnte. Uns bleibt nur zu spekulieren, ob sie etwaige Bedenken zukünftiger Leser:innen befürchtete oder mit den Lektoren verhandelt hatte, die Figur der jüdischen Partisanin zugunsten der Schilderung des Massakers von Orscha zu streichen.

Ungeachtet der verlagsinternen Diskussionen über die Beschreibung des Massakers waren die vorgenommenen Kürzungen des Kapitels quantitativ von eher geringem Ausmaß. Mit Blick auf den Inhalt handelte es sich aber um signifikante Änderungen. Der Tagebuch schreibende Wilms behauptet, er habe die Ereignisse während eines genehmigten, zweistündigen Urlaubs heimlich aus der Ferne beobachtet. In den ersten Fassungen des Manuskripts lassen seine Worte eher auf die Perspektive eines Wachmanns, der aus der Nähe zuschaut und lauscht, als auf die eines heimlichen Beobachters schließen, wie folgender angedeuteter Dialog zeigt:

> ... Na Ihr beiden Hübschen, schön frisch draussen, was? Was haben wir denn? –17 Grad. Ganz schön schon für Oktober... Kinder, entladet bitte nicht auf der Wachstube, sondern draussen. Ich habe zwar diese blödsinnige Vorschrift nicht erfunden, aber... Brennt's noch drüben am Bahnhof...? Soso, zwei Flakfritzen sind verwundet worden. So! Durch Splitter, aha!... na denn macht Euch mal lang. Habt die letzte Tour nachher von 4–6. Ist die beste Wache... Schlaft schön. (Scholz, *Märkische Rübchen* 192)

Die Bemerkungen über die „Wache" sowie der Begriff „Flakfritzen" – beides fehlt in der Endfassung – legen nahe, dass hier ein einfacher Wehrmachtssoldat spricht. Gesetzt den Fall, dass es sich nicht um eine zufällige Verschiebung der Handlungszeit handelt, stellt sich angesichts des Hinweises auf Frosttemperaturen im Oktober die Frage, ob Scholz alias Wilms nicht zwei bzw. mehrere historische Massaker in eine Erzählung einfließen ließ: die Auflösung des Ghettos im November und frühere Exekutionen, die im Oktober stattfanden.

Unter den Passagen, die im Buch fehlen würden, befindet sich auch eine Schilderung der in der Kälte dampfenden Leichen sowie der jüdischen Männer, die unter deutscher Aufsicht die Leichen übereinanderlegen müssen:

> Sind alte Männer unten auf dem Boden des Massengrabes angestellt, in Kaftanen bluttriefend, denn es spritzt, die langen Silberbärte und die Peies bluttriefend; [...] Schwimmt alles vorne und dampft alles. Glitschen manchmal aus, die Alten. Kriegen Fangschuss, wenn sie zu oft ausglitschen und Müdigkeit zeigen. Turnen hinten schon auf der ersten Schicht, turnen über die Brustkörbe und vielen Füsse der ersten Schicht. (Scholz, *Märkische Rübchen* 192)

Ähnliche Bilder zeichnen Zeugen, die anderswo in Osteuropa Massenerschießungen beobachteten. In seinem Bericht über die Suche nach Spuren des Holocaust in der Ukraine notiert Patrick Desbois ein Gespräch mit einer älteren Frau:

> Augenblicklich erkenne ich, dass sie Unsägliches mitzuteilen versucht, ihr ganzes Leid. Sehr ruhig frage ich sie: „Sie mussten auf den Leichen der Ermordeten gehen?" Sie erwidert: „Ja, um sie zu stampfen" [...] Ich begreife: „Mussten Sie das am Ende der Erschießungen tun oder nach jedem Durchgang?" [...] Sie erzählt: „Nach jedem Durchgang. Wir waren dreißig junge Ukrainerinnen, die die Leichen der Juden mit bloßen Füßen festtrampeln und mit einer dünnen Schicht Sand bedecken mussten, damit sich die anderen Juden darauflegen konnten." (Desbois 104)

In einem anderen Gespräch berichtet ein Mann: „In der Grube selbst waren Juden, ebenfalls Männer, die die Leichen auf die ganze Länge der Gruben verteilten. Als die Grube voll war, wurden auch diese Männer erschossen." (Desbois 177) So makaber die Schilderung ist, so wahrscheinlich ist es, dass Scholz genau das beschrieb, was er gesehen hatte. Ausgerechnet dieser dramatische Realismus führte vermutlich zur Streichung dieser Stelle. Der Kontrast zur öffentlichen Kriegserinnerung, in der das Heldentum deutscher Soldaten im Vordergrund stand, hätte vermutlich bewirkt, dass die ursprüngliche Schilderung des Massenmords weder für ‚authentisch' noch für ‚zumutbar' gehalten worden wäre.

Das starke und affektiv wirkende Bild, das hier skizziert wird, ist – aus ästhetischer Perspektive – ein Resultat von Scholz' synästhetischer Arbeitsweise, die nicht nur für das Tagebuch von Jürgen Wilms, sondern für das ganze Buch charakteristisch ist (Magen). Worte wie „Dampfen" und „Glitschen" evozieren unmissverständlich sinnliche Eindrücke vom Massenmord. Nach der Streichung dieser Stelle entstand indes eine merkliche Lücke. Wilms notiert: „Man muß sie allerdings stapeln, achtzehnhundert Leute stapeln..." (*AGSS* 59) und führt im nächsten Absatz das Gespräch der Wachmänner fort, die nun als solche nicht mehr zu erkennen sind: „... Na, ihr beiden Hübschen? Schön frisch draußen, was?" (*AGSS* 59) Die Auslassungen sind integraler Bestandteil des Textes und heben den Kontrast zwischen den beiden Bildern zusätzlich hervor: dem Stapeln von achtzehnhundert Leichen und einem belanglosen Gespräch über das Herbstwetter. Der so entstandene Bruch signalisiert ein ‚Zeitloch' – wie Massumi es bezeichnen würde –, in dem sich etwas ereignet haben muss, das nicht kommuniziert wurde.

Nicht alle Hinweise auf den Umgang mit Leichen wurden jedoch gestrichen. Wenige Seiten zuvor enthält das Buch eine ähnliche Schilderung, die sich auf die Schlacht bei Brest-Litowsk bezieht. Dort beschreibt der Tagebuchautor, wie die örtlichen Juden auf Befehl der Deutschen die Leichen der Gefallenen bergen mussten:

> Da! Da sind die ersten Juden mit Spaten und Zeltbahnen. [...] Es sind schmächtige Männer mit Bärten und Locken an den Schläfen in langen, dunklen Mänteln. [...] Einige mit runden Velourshüten, die meisten mit dunkelblauen, flachen Schirmmützen. Sie machen sich in Gruppen an die Arbeit wie eine dunkle Herde auf seltsamer Weide. Da und dort machen sie halt, wenn sie auf einen Kadaver gestoßen sind oder sonst irgendetwas, was man von hier nicht sehen kann. Dann bugsieren sie die asphaltfarbenen, geschwollenen Leichname mit den Spaten in die Zeltbahnen und schleppen sie in die Wagenkolonne. [...] Es ist sehr schwül und stinkt wie in der Hölle. Manche Leichen sind naß, weil sie geplatzt sind an einer Stelle und sickern aus. Das Blut klebt finster an den Uniformstücken. (*AGSS* 47)

Der Fernsehkritiker Hans Schmid behauptet, Scholz muss von dem Mord an den Brester Jüd:innen im Juli 1941 durch das Polizeibataillon 307 (Curilla 570–575) gewusst haben. Der Verweis des Tagebuchautors auf die Erniedrigung der Juden, die die Leichen deutscher Soldaten bergen mussten, sei, so suggeriert Schmid, eine Synekdoche für dieses Ereignis. Es ist freilich nicht auszuschließen, dass ein Angehöriger des Transportregiments wie Scholz die Erschießung von drei bis vier Tausend Jüd:innen (Curilla 575) beobachtete bzw. von ihr wusste, doch lassen sich weder im Roman noch in anderen Quellen Hinweise finden, mit denen diese Vermutung verifiziert werden könnte. Die Eindrücke, die der Erzähler schildert, gehen über die bloße Konstatierung des Mordes hinaus und geben Einblick in die Mechanismen des Völkermords: die Ausbeutung und Entmenschlichung der Opfer. Sowohl die Beschreibung der Leichenbergung in Brest-Litowsk als auch die gestrichene Passage über das Stapeln der Leichen in Orscha verweisen auf die körperlichen und greifbaren Aspekte des Genozids: Kälte im Winter, Gestank im

Sommer. Es werden haptische, ekelerregende Eindrücke hervorgehoben, wie das Kleben, Glitschen und Aufplatzen der toten und blutigen Körper. Diese Art der Beschreibung lässt sich mithilfe der Affekttheorie gut erfassen, in welcher der Körper für die Herstellung von Bedeutungen eine zentrale Rolle spielt. Die Synästhesie ermöglicht die Repräsentation von körperlichen Erfahrungen, steht aber auch für die Wahrnehmung des Körpers als einer „affektiven Umgebung" (Golańska, *Affective* 54). In *Am grünen Strand der Spree* betont die synästhetische Schilderung die Anwesenheit des Erzählers an den jeweiligen Orten. Das Gesehene, Gespürte oder Gerochene signalisiert ein ‚authentisches', nicht bloß durch ‚Hörensagen' vermitteltes Wissen.

Die Streichung der Stelle über die Leichenbergung in Orscha folgt derselben Logik wie Wegeners Forderung, die Jüdin durch eine Russin zu ersetzen. In beiden Fällen scheint das Manuskript ‚zu viel' enthalten zu haben. Wiederholungen – sei es in Form eines zweifachen Verweises auf die jüdischen Opfer in der besetzten Sowjetunion oder einer zweifachen Beschreibung der erniedrigenden Praxis der Leichenbergung durch Juden – sind legitime stilistische Mittel, um bestimmte Sachverhalte besonders hervorzuheben. Die Streichung der Wiederholung hat daher weitreichendere Konsequenzen als lediglich eine Straffung des Textes. Diese Fragmentarisierung erweckt den Eindruck, als wollten die Lektor:innen von *Am grünen Strand der Spree* zu aufdringliche Schilderungen vermeiden und sie nur ‚häppchenweise' andeuten. Indem bestimmte Motive zwar genannt, aber nicht wiederholt wurden, verhandelten die Lektor:innen die damaligen Sagbarkeitsregeln sowohl mit dem Autor als auch – in weiterer Perspektive – mit den Leser:innen. Auch dies ist ein Zeichen des ‚subkutanen Gedächtnisses', das eher bruchstückenhaft als ausführlich vermittelt wird, wie ich im Fazit erläutere.

Diese Strategie der fragmentarischen Andeutung schwieriger Themen offenbart sich auch in einer weiteren Passage des Tagebuchs, die zwar nicht gänzlich gestrichen, aber weitgehend gekürzt wurde. Auf die Erschießungsszene folgt im ersten Manuskript die Beschreibung deutscher Polizisten, die die Habseligkeiten der Opfer durchsuchen:

> Die Herren Polizisten sehen ebenso violett wie missvergnügt aus. Macht keinen Spass. Und wühlen freudlos in den Taschen. Finden nichts rechtes. Was sie nicht brauchen können, lassen sie achtlos fallen, wie den Affen beim Erdnussknabbern die trockenen Schlaufen von den fingernden Pfoten fallen. Lassen Photographien fallen, die der Windhauch ein Stückchen mitnimmt, und viel Zwiebeln und Knoblauch. Mehr fällt nicht. Hatten nicht viel auf Erden, die da Schlange stehen. (Scholz, *Märkische Rübchen* 189)

Suggeriert der erste, im Präteritum verfasste Teil des letzten Satzes, die Opfer seien schon so gut wie tot, so signalisiert die Verwendung des Präsens im zweiten Teil desselben Satzes, dass die Durchsuchung in Anwesenheit der Jüd:innen stattfindet. In Anbetracht des Umstandes, dass die Polizisten in den Taschen „wühlen", müssen sich die Opfer vorher entkleidet haben. Das Bild, das auf diese Weise entsteht, stellt unschuldige Menschen dar, die von deutschen Männern gedemütigt werden. Ihrer Würde beraubt warten sie auf ihre Erschießung, während ihre Peiniger das Kostbarste zerstören, was sie aus ihrem früheren Leben retten konnten – Familienfotografien, persönliche Erinnerungsstücke. Auch dafür lassen sich in Zeitzeugeninterviews Anhaltspunkte finden. „Was haben die Polizisten mit den Kleidungsstücken gemacht?," fragt Desbois (121) einen ukrainischen Zeitzeugen, der darauf erwidert: „Sie nahmen sich, was sie wollten". Ungeachtet von Scholz unbeschönigender, detailgetreuer Schreibweise ist sein Manuskript nicht frei von antisemitischen Klischees. Sein fiktiver Tagebuchautor schreibt von Zwiebeln und Knoblauch, die aus den Kleidern der Jüd:innen auf den Boden fielen. Auch wenn das als Verweis auf Armut und Hunger zu lesen wäre – von Zwiebeln und Knoblauch wird man schließlich nicht satt –, so gehört dieses Bild zum Repertoire judenfeindlicher Topoi. Eingang in die Druckfassung fand diese Stelle letztendlich nicht; dort wird die Durchsuchung der Kleider nur in einem lapidaren Satz erwähnt: „Polizisten, strenge Dienstauffassung, zur Zeit beim Wühlen, stecken sich, was sie brauchen können." (*AGSS* 58) Vom Durchsuchen der Taschen, Fotografien sowie Zwiebeln und Knoblauch ist nicht mehr die Rede.

Neben dem gekürzten Absatz über die plündernden Polizisten sowie der Passage über die Leichenbergungen in Brest-Litowsk ist eine weitere veröffentlichte Stelle über die Erniedrigung der Jüd:innen durch die deutschen Besatzer zu nennen. Während seines Dienstes in Maciejowice fährt Wilms nach Warschau und beobachtet unterwegs den Straßenbau:

> Die jüdischen Weiber arbeiteten gleichmäßig und ohne Worte untereinander. Sie waren sehr braungebrannt von der Sonne und ausgemergelt sichtbarlich von Hunger. Wie ausgedörrt. Einige Alte wie aus Leder. Ihre Knochen bewegten sich langsam im Innern eines faltigen Lederüberzuges wie bei Reptilien. Auch die Brüste ledern in den unsäglichen Lumpen. (Hans Baldung Grien) Wer darf Menschen erniedrigen? Wer darf das eigentlich? (*AGSS* 17–18)

Die Notiz in Klammern verweist auf das Bild *Die Lebensalter* von Hans Baldung Grien [um 1540]. Darauf ist u. a. eine alte, abgemagerte Frau zu sehen, deren Hüfte lediglich von einem Stofffetzen bedeckt ist, die Brüste sind entblößt. Neben ihr steht der Tod in stark faltiger und gealteter Haut. Erneut bedient sich der Erzähler der Synästhesie, um Menschen zu beschreiben, die mehr tot als lebendig sind. Ihre Erniedrigung wird explizit gemacht: „Wer darf Menschen erniedrigen?", scheinbar um jeglichen Zweifel an der Lesart dieser Stelle zu unterbinden.

Der Literaturwissenschaftler Norbert Puszkar (316) behauptet, Scholz habe den Holocaust als Verbrechen ohne identifizierbare Täter dargestellt. Die wenigen Passagen des Manuskripts, die unmissverständlich auf die deutsche Täterschaft verwiesen, wurden in der Tat entweder gestrichen oder gekürzt, was die oben rekonstruierten Beispiele des Gesprächs der beiden Wachmänner oder der Polizisten, die in den jüdischen Sachen wühlen, veranschaulichen. Es blieben stattdessen ein lakonischer Verweis auf den „Aufseher zum Straßenbauen" (*AGSS* 17) und zwei Bemerkungen über die Polizisten, die die Erschießung beaufsichtigen und als „Kameraden von der grünen Farbe" bezeichnet werden (58). Auch diese kürzenden Eingriffe vermitteln den Eindruck, als habe man die Leser:innen vor zu intensiv wirkenden Bildern beschützen wollen.

Dem *Spiegel* erzählte Scholz später, er habe den Roman mehrmals umgeschrieben. Die Interviewerin[5] fasste seine Worte folgendermaßen zusammen: „Ohne besonderes Murren hat Scholz seinen Beinahe-Roman mehrmals umgeschrieben, ehe der Verlag zufrieden war. Nur als ein Lektor zur Schonung bundesbürgerlicher Nerven – wie Scholz sagt – ‚die Juden rausschmeißen' wollte, blieb der Autor unnachgiebig." (Anonym, „Boccacio in der Bar" 45) Der *Spiegel* stilisierte ihn also zum Helden, der die betreffende Passage vor der Kürzungswut der Verlagslektor:innen gerettet habe. Die Zusammenarbeit zwischen Schriftsteller und Verlag hatte sich zwar in der Tat nicht leicht gestaltet – so bemerkte ein Verlagsmitarbeiter: „Scholz ist offenbar ein Autor, der nichts von dem, was er einmal konzipiert oder geschrieben hat, preisgeben kann, mag ihm das nun zum Bewusstsein kommen oder nicht" (Hoffmann und Campe, Brief an Hermann) –, doch hatte sie in einer allgemein freundlichen Atmosphäre stattgefunden. Erst der Bericht im *Spiegel* löste eine härtere Auseinandersetzung aus, denn die Tatsache, dass die Presse Einblick in den Redaktionsprozess erhalten hatte, stieß beim Verlag erwartungsgemäß auf wenig Wohlgefallen. Besonders irritiert zeigte sich Wegener, deren großes Verdienst in Bezug auf die Durchsetzung der umstrittenen Passage nicht zu leugnen ist (Wegener, Brief an Scholz vom 28. Mai 1956).

Bei einem genauen Blick auf die Überarbeitungen des fiktiven Tagebuchs von Jürgen Wilms wird sichtbar, dass die „bundesbürgerlichen Nerven" nur bis zu einem gewissen Grade geschont wurden. Die Verschiebung des Tagebuchs an den Beginn des Romans hatte das genaue Gegenteil zum Zweck, die Leser:innen nämlich zu schockieren. Gegen Ende des Redaktionsprozesses folgte ein weiterer Überarbeitungsvorschlag: Wenige Tage bevor das Manuskript an den Satz übergeben werden sollte, schlug ein Lektor einen Schnitt in der Rahmenhandlung vor: „Wie wäre es, wenn man das Buch mit dem starken und außergewöhnlich gut gelungenen Tagebuch beginnen würde?" (Hoffmann und Campe, Brief an Scholz vom 21. März 1955) Die letzte Fassung beginnt nun mit einem Telefongespräch

---

[5] Der Beitrag im *Spiegel* ist nicht unterschrieben; in der Korrespondenz mit seinem Verlag berichtete Scholz aber, dass seine Gesprächspartnerin Christa Rotzoll gewesen sei.

zwischen dem Werbefachmann Hans Schott und dem Anwalt Dr. Brabender, die ein Treffen in der Jockey Bar vereinbaren. Noch bevor wir die restlichen Teilnehmer der Runde kennenlernen, beginnt das Tagebuch von Wilms – wie nach einem harten Schnitt im Film. Erst nach sechs Seiten unterbricht Hans-Joachim Lepsius die Lektüre und erläutert die Umstände, unter denen ihm Wilms das Tagebuch überreichte. Diese Umstellung zeigt, welch hohe Bedeutung der Verlag dem Kapitel über Wilms schlussendlich zuschrieb. Eingangs noch Diskussionsgegenstand im Hinblick auf Kürzungen oder Streichungen, wurde dem Tagebuch nun, in der Endphase der Redaktion, große Relevanz bescheinigt. Kaum ein anderes Ende dieser Kontroverse hätte den ‚schwingenden' und ‚vibrierenden'[6] Charakter des damaligen Umgangs mit der ‚schwierigen Vergangenheit' besser illustrieren können.

Die Verschiebung des Tagebuchs an den Anfang des Romans hatte zudem eine authentisierende Wirkung. Da die Teilnehmer der Männerrunde in der Jockey Bar die ganze Nacht über viel Alkohol konsumieren, werden sie mit jeder weiteren Geschichte betrunkener. Der Literaturwissenschaftler Simon Lang („Coctail Studies") rechnet jedes im Roman erwähnte Glas minutiös in den Promillegehalt pro Kopf um und kommt zum Schluss, dass die Männer in der Bar am Ende eine schwere Alkoholvergiftung gehabt haben müssen. Dies würde die Authentizität der Geschichten, die im weiteren Verlauf des Romans erzählt werden, selbstverständlich in Frage stellen. Gelegentlich kommentieren die Protagonisten sogar selbst die Konsequenzen ihres Alkoholkonsums für die Glaubwürdigkeit ihrer Geschichten. Lediglich das Tagebuch von Wilms ist davon nicht betroffen, da es zu Beginn des Abends vorgelesen wird.

Neben den vielen Streichungen und Straffungen gab es noch eine nennenswerte Änderung: Der Werbefachmann Hans Schott, der den Abend organisiert, trug in den ersten Fassungen den Namen des Autors, und der Tagebuchautor Jürgen Wilms gehörte dem Kraftwagen-Transport-Regiment 605 an, der Einheit also, in der Scholz seinerzeit diente. In der Endfassung dient der Protagonist Wilms im Infanterie-Regiment 461, was angesichts seiner bildhaften Beschreibung der Schlacht um Brest-Litowsk konsequenter erscheint. Die Wagen des Kraftwagen-Transport-Regiments 605 tauchen lediglich im Hintergrund auf. Ein anderer Erzähler aus der Jockey Bar, Hesselbarth, trägt ebenfalls einige biografische Züge von Scholz: Er ist Maler, arbeitet hauptsächlich in der Werbefilmbranche und war im Krieg zunächst in einem Nachschub-Bataillon an der Ostfront und anschließend in Norwegen stationiert. Auf diese Weise verteilte Scholz

---

[6] Mehr zu den Begriffen der Schwingung und der Vibration im Kontext der Erinnerungsforschung schreibe ich in der Einführung.

seine persönlichen Merkmale auf seine Protagonisten, wobei er mit anderen Personen nicht so verfuhr: Er behielt die Namen seiner Kameraden und Vorgesetzten bei, so dass sich mindestens vier von ihnen im Buch wiedererkannten und sich bei Scholz mit Informationen über die übrigen Angehörigen der Kompanie meldeten. Neben seinen Kameraden schrieben auch Mütter von gefallenen Soldaten, die an den genannten Orten und in den erwähnten Einheiten im Einsatz gewesen waren. Es kam sogar zu einem kleinen Missverständnis, zumal Scholz einen seiner ehemaligen Kameraden im Buch sterben gelassen hatte. Das betroffene, reale Vorbild für diese Figur versicherte ihm im Nachhinein, dass er am Leben sei und sich gerne mit Scholz träfe (J.A., Brief an Scholz), woraufhin Scholz entschuldigend erwiderte, er hätte sich „bei diesem literarischen Spiel nicht viel gedacht" (Brief an J.A.). Zweifellos erzielte dieses „literarische Spiel" aber einen nicht zu bestreitenden Authentisierungseffekt.

Die detailreiche Beschreibung

Wie wurde das Massaker von Orscha in der veröffentlichten Romanfassung letztendlich geschildert? Der Erschießung geht einer Reihe von Handlungen voraus, die die Leser:innen auf den Kulminationspunkt am Ende des Kapitels vorbereiten sollen. Aus einer Rückblende erfahren wir, dass sich Wilms schon vor Kriegsbeginn Gedanken über die Verfolgung der Jüd:innen machte. Kurz nach der Machtergreifung durch die Nationalsozialisten wird die Familie seiner Freundin, Ruth Esther Loria, zur Emigration gezwungen. Bei ihrer letzten Begegnung in Deauville, einem französischen Kurort an der Atlantikküste, sagt sie zu ihm: „Du sollst dich nicht an meine Person gebunden fühlen. Ich bin Jüdin, du Deutscher. Wir beide kennen die Gesetze." (*AGSS* 56) Nach seiner Rückkehr nach Berlin verlobt sich Wilms mit Jutta, der Tochter eines adligen Nationalsozialisten. Die eigentliche Handlung des Tagebuchs beginnt im Juni 1941, im polnischen Städtchen Maciejowice – einem Ort, der auf dem Weg von Scholz' Einheit lag und in seinem Buch als Synekdoche für die besetzen Gebiete in Osteuropa dient.

In Maciejowice beobachtet Wilms, wie ein jüdisches Mädchen von der jüdischen Ordnungspolizei verprügelt wird. Seine Eindrücke dokumentiert er sowohl in seinem Tagebuch als auch mithilfe eines Fotoapparates. Jede Fotografie wird nummeriert, aber keine von ihnen bleibt über die Jahre erhalten. Als Wilms Lepsius sein Tagebuch im Kriegsgefangenenlager überreicht, sind die Bilder nicht enthalten. Visuelle Eindrücke hält Wilms aber nicht nur in Fotografien fest, sondern auch in Form von bildhaften Beschreibungen:

> Drei Menschen sind auf dem Platz. Drei. Einer barfüßig im Löwenzahn mit dem Gesicht gegen die geböschte Wand. Der steht da. Einer steht zehn Meter hinter ihm auf der breiten Pflasterwölbung, Gewehr über die Hüfte, Stahlhemd. Sieht dem an der Wand auf den Rücken. Und ich stehe im leeren Laubengang mit den verschlossenen Luken und Läden und sehe das. (*AGSS* 14)

Im Anschluss an diese Szene, in der ein deutscher Wehrmachtssoldat einen polnischen Zivilisten tötet, macht der Tagebuchschreiber sieben Fotografien von dem Städtchen und der Landschaft, und fängt dabei insbesondere die Atmosphäre des Ortes ein. Nach der Schlacht von Brest-Litowsk verliert er seinen Fotoapparat, als ein fanatischer Soldat ihn zertritt, zumal Wilms die Beisetzung der Gefallenen fotografiert und ‚Kriegsverluste' nicht zu dokumentieren seien. Später erhält Wilms von einem Kameraden eine zweite Kamera.

Erwartungsgemäß identifiziert sich der in vieler Hinsicht ‚typische' Wehrmachtssoldat Wilms nicht mit den Tätern. Nach der Erschießung des Zivilisten in Maciejowice notiert er: „Trage die gleiche Uniform wie der im Stahlhelm. Was soll ich hier in Polen?" (*AGSS* 14). Der Anblick des von lokalen Männern verprügelten Mädchens erinnert ihn an seine jüdische Geliebte: „Ich hätte dich nicht verlassen sollen, Ruth Esther Loria. Das hätte ich nicht machen sollen. Nicht dürfen" (*AGSS* 17). Das Kind sucht bei ihm Schutz und spricht ihn in einer Sprache an, die vermutlich Jiddisch darstellen soll: „Scheener Herr aus Daitschland" (*AGSS* 29). Diese Stelle kritisiert später Ruth Klüger (11), denn sie sei dazu angelegt, „die Schuldgefühle des Lesers zu beschwichtigen und Vorstellungen einer degenerierten Judenschaft wieder aufleben zu lassen". Sicherlich steht das Mädchen aus Maciejowice im unverkennbaren Gegensatz zu Klügers Kindheitserinnerungen in *weiter leben*. Als Holocaustüberlebende konnte die Schriftstellerin nicht akzeptieren, dass jüdische Männer ein jüdisches Kind verprügeln, das schließlich bei einem deutschen Soldaten Schutz sucht. Folglich schreibt sie: „Scholz mischt Mißbilligung für die Nazis mit Verachtung für ihre Opfer. Der Leser kann den Juden in Gestalt des Kindes bemitleiden und ihn gleichzeitig in Gestalt der Erwachsenen ablehnen." (Klüger 11)

Interessanterweise kommentiert Klüger lediglich diese Passage und geht auf andere Teile des Tagebuchs nicht ein, konstatiert aber verallgemeinernd, dass Scholz Wilms' „moralische Überlegenheit" betone (Klüger 11). Tatsächlich wirkt er auch abseits des von Klüger kritisierten Ausschnitts wie der ‚gute Deutsche', der mit den deutschen Gewaltverbrechen nichts zu tun haben möchte. Der Roman reproduziert damit einen Topos, der in der westdeutschen Literatur der 1950er Jahre recht verbreitet war. Neuere Forschungen zur Kritik des Krieges in den Werken erfolgreicher Autoren dieser Zeit, u. a. Alfred Andersch oder Heinrich Böll, offenbaren allerdings, dass besagte Schriftsteller ihre Kriegserinnerungen oft

‚ausbesserten', indem sie sich regimekritischer darstellten als sie es tatsächlich gewesen seien (Döring und Joch; Finlay). Das ist auch der Vorwurf, den Klüger gegen das Tagebuch des fiktiven Soldaten Wilms – und indirekt gegen den Autor Scholz – formuliert. Immer wieder kehrt Wilms in seinen Gedanken zu Ruth Esther zurück und wirft sich Tatenlosigkeit vor. Seine Passivität macht ihn in seinen eigenen Augen zum Mitläufer. Gleichwohl kritisiert er das verbrecherische System, das er mit seiner Uniform repräsentiert, und hinterfragt seine Haltung: „Es ist schwer, anständig zu sein; ich bin's nicht," schreibt er (*AGSS* 30–31). Folglich urteilen die Männer in der Jockey Bar über Wilms: „Wir wissen ihn moralisch ohne Schuld." (*AGSS* 28)

Um seine Skrupel zu zerstreuen, teilt Wilms seine Fleischdose mit einem jüdischen Jungen, dem er in Gora-Kalwarja [korrekt: Góra Kalwaria, dt. Kalvarienberg] begegnet. In seiner Kompagnie kommt es diesbezüglich zu einem Streit zwischen Kameraden, die diese Handlung gutheißen, und jenen, die Wilms mit antisemitischen Parolen beschimpfen, wie Unteroffizier Jaletzki: „Herr Kommerzienrat speisen die Juden. Was?... Belieben hier dreckige Judenlümmel zu speisen. Was? Wie? Nie was gehört... von Einstellung... deutscher Soldaten zum Judentum?" (*AGSS* 35) In den Aufzeichnungen von Wilms ist Jaletzki der einzige deutsche Antisemit. Später erfahren wir, dass er dem Alkohol frönt, was ihm zusätzliche pathologische Züge verleiht. Im nächsten Ort, in Garwolin, trifft Wilms auf eine Polin: „Sie fährt mit dem Zeigefinger um ihren Hals, was andeuten will, daß man den Juden getrost den Hals abschneiden solle oder könne von ihr aus." (*AGSS* 42) Und auch in Orscha, kurz vor dem Massaker, begegnet er nicht-deutschen Antisemiten. Dort sagen russische Kinder zu ihm: *„Jewreii kaputt! Jiddim kaputt!"*, woraufhin Wilms bemerkt: *„Pogrom* ist ein russisches Wort! Wohlgemerkt!" (*AGSS* 53)

Die Deutung dieser Passagen ist keine leichte Aufgabe. Aus historischer Sicht sind die hier geschilderten Ereignisse nicht unwahrscheinlich. Im Juni 1941, als Wilms sein Tagebuch führt, war das Ghetto in Maciejowice noch nicht eingerichtet, der jüdische Ordnungsdienst aber hatte seine Tätigkeit bereits aufgenommen (Spector und Wigoder 780). Auch der Antisemitismus der einheimischen Bevölkerung im Generalgouvernement ist gut erforscht (Grabowski; Engelking und Grabowski), daher hätte Wilms einer antisemitisch eingestellten jungen Frau in Polen durchaus begegnen können. Und dennoch löst die Geschichte vom ‚guten Deutschen', der auf seinem Weg hauptsächlich auf nicht-deutsche Antisemiten trifft, bei mir Unbehagen aus. Fast sechzig Jahre nach *Am grünen Strand der Spree* strahlte das ZDF den Mehrteiler *Unsere Mütter, unsere Väter* aus [2013, Regie: Philipp Kadelbach]. Einer der fünf Handlungsstränge des Fernsehfilms ist ähnlich aufgebaut: Ein deutscher Jude, der aus einem Transport nach Auschwitz flüchtet, muss polnische Partisan:innen fürchten; die deutschen Nicht-Jüd:innen sind aber bis auf wenige Ausnahmen seine Freunde. „So wären die Deutschen gern gewesen," kommentiert der Historiker Ulrich Herbert diese Geschichte. So oder so ähnlich ließe sich dieses Urteil auch auf *Am grünen Strand der Spree* übertragen.

Nachdem Wilms sein Essen mit dem jüdischen Jungen geteilt hat, notiert er: „Ich weiß, was den Osten vergiftet: es ist der Pestgeruch, der von dem Elend herweht, das den Juden bereitet wird. [...] Das Judenelend stinkt zum Himmel, Judenelend und Polenelend." (*AGSS* 39) Ungeachtet seiner empathischen Intention beschreibt er den Jungen ganz im Sinne der nationalsozialistischen Rassentheorie: „Der Kopf wirkte in der Schädel- und Augenpartie entschieden zu groß, die braunen, feuchten Augen geradezu zu übergroß unter der zottligen Pelzmütze; Kinn, Backen und Mund dagegen zu klein vor lauter Elend und Kummer. Verkümmert wörtlich." (*AGSS* 35) Dass die Frauen, die im Straßenbau arbeiten, ihn an Ruth Esther erinnern, erklärt er sich folgendermaßen: „Die Juden haben weniger Typen, weniger als wir. Zeichen von Rasse, mindestens von einheitlicher Rasse; daher sehen sie einander häufig ähnlich." (*AGSS* 18) Der Kontext lässt darauf schließen, dass diese Bemerkungen ebenfalls Mitgefühl ausdrücken sollen. Gleichwohl offenbaren sie, wie sehr die Sprache von Wilms, der sich als selbstkritischer Soldat und unschuldiger Zeitzeuge inszeniert, vom NS-Jargon durchsetzt ist. Er kann sich vom nationalsozialistischen Sprachduktus nicht lösen, und nichts im Text deutet darauf hin, dass es sich hierbei um ein literarisches Mittel zur Betonung der ambivalenten Position des Protagonisten handelt. Vielmehr ist davon auszugehen, dass hier die unreflektierte Sprache des Autors wiedergegeben wird.

Trotz seines rassistischen Sprachgebrauchs ist Wilms stets darum bemüht, die Verfolgung der Jüd:innen anzusprechen und ihren besonderen Opferstatus zu betonen – darin stellt der Roman vor dem Hintergrund des literarischen Mainstreams der jungen Bundesrepublik eine beachtenswerte Ausnahme dar. Anders als in zahlreichen Werken zeitgenössischer Kriegsliteratur[7] steht hier nicht das Leid des deutschen Soldaten im Mittelpunkt, der in einem unmenschlichen und grauenhaften Krieg kämpfen muss, sondern vor allem das Schicksal der Jüd:innen. Ähnlich ambivalent ist Wilms' Haltung gegenüber Osteuropa. „Der Osten ist schön," schreibt er (*AGSS* 39) und scheint von den Ländern, die er nun als Besatzer durchquert, im positiven Sinne fasziniert zu sein. Die Haltung des fiktiven Soldaten ähnelt diesbezüglich den persönlichen Äußerungen des Autors: „Eine große Reise. Krieg ist schlimm, sagt man, aber ich hatte Glück und als selten

---

7 Zu nennen sind hier u. a. Heinrich Bölls Erzählung *Wanderer, kommst du nach Spa...* [1950], Erich Maria Remarques Roman *Zeit zu leben, Zeit zu sterben* [1954] sowie zahlreiche populäre Darstellungen der „Generation in Kesseln" (Ächtler), wie etwa Theodor Plieviers Bestseller *Stalingrad* [1945].

oder nie kämpfender Mann Muße genug, die Länder liebenzulernen" („Jahrgang 1911" 110 – 110). Einerseits bedient er sich hier eines typischen Rechtfertigungsnarrativs über unschuldige Wehrmachtssoldaten, die niemandem etwas zu Leide getan haben sollen (Welzer und Moller und Tschuggnall 82 – 83), andererseits tritt in dieser Aussage Scholz' emotionales Verhältnis zu Osteuropa zu Tage. Diese Leidenschaft floss auch in den Text von *Am grünen Strand der Spree* ein: Wilms tauscht mit dem Mädchen aus Garwolin Zärtlichkeiten aus, fotografiert die Landschaft, notiert polnische Wörter und lernt ihre Aussprache. „Im Übrigen wimmelt es in Jürgens Manuskript von Vokabeln, die er offenbar voller Eifer sammelte, wo er ging und stand," bemerkt Lepsius beim Vorlesen (*AGSS* 29).

Den Authentizitätseffekt verstärkt die synästhetische Dokumentation der besetzen Länder. Wilms fotografiert, schreibt, spürt, spricht nach. Die im Text kursiv markierten polnischen und russischen Wörter enthalten sogar korrekte Diakritika und sind zu einem Großteil auch korrekt übersetzt worden. Die wenigen Fehler in Wilms' Notizen sind keine stilistischen Mittel, die seine Fremdheit in dem besetzten Land signalisieren könnten, sondern einfache Tippfehler. Nach der Veröffentlichung des Romans wies ein Leser darauf hin, dass „irgendwo im Polenfeldzug die Vokabel nogi, noga mit Flüsse übersetzt wird. Sind aber Füße." (Leser, Brief an Scholz vom 8. April 1956) Daraufhin antwortete der Autor, dass es sich um einen „ordinären Druckfehler" handle, und versprach den Fehler in späteren Auflagen zu korrigieren (Brief an Leser [L.E]), was – nebenbei bemerkt – nicht geschah.

Neben der Sprache interessiert sich Wilms auch für die Geschichte und Kultur der besetzten Länder. Er erkennt die polnische Nationalhymne und notiert die erste Strophe und den Beginn des Refrains auf Polnisch (*AGSS* 41).[8] Derartige Details waren offenbar nicht nur für den Protagonisten, sondern auch für Scholz als Autor wichtig. In den Manuskripten markierte Scholz die fremdsprachigen Stellen und achtete darauf, dass sie jeden Schritt des Redaktionsprozesses korrekt überstünden. Scholz' bzw. Wilms' Gründlichkeit mit Blick auf die osteuropäischen Sprachen zeugt von seiner Wertschätzung für die Region – eine Haltung, die inmitten des Kalten Krieges, als der Roman geschrieben wurde, keinesfalls selbst-

---

[8] An dieser Stelle möchte ich nachdrücklich auf meine persönliche Lektüreerfahrung eingehen. Dass polnische Wörter und Ausdrücke dermaßen korrekt in fremdsprachigen Texten wiedergegeben werden, ist selbst heutzutage eine Seltenheit. Oft werden diakritische Zeichen oder Flexionen einfach ignoriert. Das war auch einer der Vorwürfe gegenüber der bereits erwähnten Fernsehserie *Unsere Mütter, unsere Väter*: Die antisemitischen polnischen Partisan:innen sprechen im Film ein schlechtes Polnisch – was sowohl am Drehbuch als auch an den Schauspieler:innen lag – obwohl es 2013 sicherlich kein Problem gewesen wäre, polnischsprachige Schauspieler:innen zumindest für die Synchronisation zu gewinnen.

verständlich war. Es ist daher interessant, dass Wilms nicht auf die historische Bedeutung der beiden wichtigsten Handlungsorte – Maciejowice und Orscha – eingeht. Nach der zweiten Teilung Polens zwischen Preußen, Österreich-Ungarn und Russland fand am 10. Oktober 1794 in Maciejowice eine wichtige Schlacht zwischen dem polnischen und dem russischen Militär statt. Unter der Führung von Tadeusz Kościuszko, der später auch im Amerikanischen Unabhängigkeitskrieg kämpfte, unterlag die polnische Armee den Russen, was die dritte Teilung Polens im Jahr 1795 und die faktischen Nichtexistenz des polnischen Staates zur Folge hatte, der erst nach dem Ersten Weltkrieg seine Souveränität wiedererlangte. Auch bei Orscha hatte eine wichtige Schlacht stattgefunden. 1514 besiegten dort die polnisch-litauischen Einheiten das Heer des Großfürstentums Moskau. Da das Großfürstentum Litauen und das Königreich Polen in einer Union verbunden einen mächtigen Staat bildeten, hatte die Schlacht weitgehende Konsequenzen für die Machtverhältnisse in Ostmitteleuropa. Es mag sich um einen Zufall handeln, dass Scholz gerade diese Städte zu Handlungsorten seines Romans machte, doch sticht der mangelnde Verweis auf die neuzeitlichen Ereignisse angesichts seines sonst sehr präzisen Umgangs mit den regionalen Kulturen, die sein Erzähler beschreibt, ins Auge.

Das Bild des Osteuropafreundes hat auch seine Kehrseite, denn es ist gleichzeitig die Perspektive des Eroberers. Jenseits aller sprachlicher Korrektheit enthält das Buch zahlreiche Bestätigungen antiosteuropäischer Klischees – der Osten stinke, die Menschen dort seien dreckig und unzivilisiert. Die Kinder in Garwolin haben „kleine, schmutzige Zeigefinger" und lassen „sich die Nasen in den Unterröcken ihrer größeren Schwestern putzen" (*AGSS* 41). Sich an seinen früheren Einsatz in Frankreich erinnernd, denkt Wilms an eine Begegnung mit einem emeritierten Professor der Sorbonne zurück, mit dem er sich offenbar auf Französisch unterhielt. In Polen und der Sowjetunion hingegen schreibt er von ungebildeten Menschen, mit denen er hauptsächlich mit Händen und Füßen oder mithilfe von Zeichnungen kommunizieren kann. Seine Haltung erinnert an die eines Kolonialforschers: Er müht sich, mit den ‚Wilden' zu sprechen, beobachtet und fotografiert sie, notiert seine Betrachtungen. Obwohl er sich durchaus interessiert zeigt und viel über das Land, in dem er sich nun als Soldat aufhält, erfahren möchte, signalisiert sein quasi kolonialer Standpunkt die realen Machtverhältnisse der Besatzungssituation (Hauck 56). Ähnlich wie die antisemitisch anmutenden Eingriffe und Kommentare der Verlagslektorin zeugt der Text an dieser Stelle von diskursiven Spannungen. Der Erzähler sagt explizit, er möchte die Opfer des nationalsozialistischen Herrschaftssystems würdigen, was ihm aufgrund seines überheblichen, kolonialen Blicks und der Verwendung des NS-Jargons allerdings nur bedingt gelingt. Er zeigt sich bemüht, ‚dialogisch' zu erinnern – um mit Aleida Assmann (*Auf dem Weg*) zu sprechen –, doch der Versuch scheitert.

Die Spannungen, die sich aus diesem ambivalenten Blick auf Osteuropa ergeben, weisen auf kleinste Bewegungen innerhalb des kulturellen Gedächtnisses hin, die ich als ‚erinnerungskulturelle Schwingungen' bezeichne. In Analogie zu molekularen Schwingungen, aus denen sich die Struktur der physischen Realität zusammensetzt, kommt erinnerungskulturellen Schwingungen in der Herstellung des kulturellen Gedächtnisses auf Mikroebene eine konstituierende Funktion zu. Weitere ‚Vibrationen' in der noch sehr lebhaften Erinnerung an den Ostfeldzug verraten zahlreiche Lücken und Brüche im Text. Dem Übermaß an Worten, die in bildhafter Poetik die Gewaltexzesse beschreiben, stehen kurze Passagen gegenüber, in denen Worte fehlen. Dazu gehört die sehr lückenhafte Schilderung von Wilms' Fahrt nach Warschau. Hans-Joachim Lepsius versucht aus dem Tagebuch vorzulesen:

> ... dann ist der Text sehr entstellt und im Zusammenhang nicht mehr zu lesen. Einmal heißt es: ... elegante Stadt. Warum ist man eigentlich in Friedenszeiten nie in solche Städte... gereist, wird es geheißen haben. Dann: ... Müssen unter den Aschkenasi aber auch Sephardim in großer Zahl sein, die aus Spanien und schließlich aus Deutschland hierher abgedrängt wurd(en)... (*AGSS* 40)

Diese Passage liest sich, als habe das Tagebuch den Eindrücken aus dem Warschauer Ghetto nicht standhalten können – als habe sich das Heft dagegen gewehrt, als materieller Träger dieser Erinnerungen zu fungieren. Die stockende, fragmentarisierte Erzählart evoziert ‚Zeitlöcher', die Massumi zufolge Signale für starke Affekte sind. Wir erfahren nicht, was Wilms über das Ghetto notierte. Es bleiben nur die Worte seines Kameraden, der sich in verfremdend wirkendem Dialekt an Jaletzki wendet: „Und wenn du noch wat wissen willst, dann dreh mal ne Bieje durch't Warschauer Ghetto. Wenn't dir da nicht grausam tut, wenn du det Elend ansiehst mit eigene Oochen, wie sie da verrecken auf de offene Straße, [...] Dutzende sage ick dir..." (*AGSS* 36)

Sowohl die fehlenden Seiten des Tagebuchs als auch die im Dialekt ausgedrückte Betroffenheit über das Ghetto sind Spuren einer Erfahrung, die sich der gehobenen, sprachlichen Beschreibung entzieht. Es handelt sich dabei um ein ‚Er-Fahren' im Wortsinne – die Soldaten fahren nach Warschau und spazieren durch das Ghetto, als ob sie eine Sehenswürdigkeit besichtigten. Das ‚Er-fahren' meint hier mehr als nur ein Wortspiel: Die epistemische Kategorie der Erfahrung, so Reinhart Koselleck („Erfahrungswandel" 27–28), sei nämlich ursprünglich auf das aktive Kennenlernen der Welt zurückzuführen. Im Gegensatz zu den Reisen, die in den übrigen Kapiteln von *Am grünen Strand der Spree* geschildert sind, ist der Streifzug durch das Warschauer Ghetto nur lückenhaft beschrieben. Er bildet eine sichtbare Leerstelle im Text. Das Grauen dieses Ortes wird nicht repräsentiert, sondern lediglich angedeutet und den Leser:innen durch Auslassungszeichen zum Weiterdenken überlassen. Während ich diese Lücken heute mit kanonischen Bildern aus dem Ghetto füllen kann, verfügten die Leser:innen in den 1950er Jahren über keine derartige Hilfsmittel. Der von Gerhard Schoenberner zusammengestellte Bildband *Der Gelbe Stern. Die Judenverfolgung in Europa 1933 bis 1945*, in dem u. a. Fotografien aus dem Warschauer Ghetto abgedruckt waren, erschien beispielsweise erst 1960. Eine große Anzahl deutscher Männer hatte dafür aber eigene Erinnerungen an Streifzüge wie den von Wilms.

Nicht nur der Erzähler Wilms, aber auch der Autor Scholz schwieg über das Ghetto. Im Frühjahr 1941 absolvierte er in Warschau eine militärische Fortbildung. Im Gegensatz zu seinem Einsatz in der besetzten Sowjetunion äußerte er sich zu seinen Erfahrungen aus der polnischen Hauptstadt nicht – zumindest nicht öffentlich. Als ihn ein ehemaliger Kamerad an seinen Lehrgang in Warschau erinnerte, ging Scholz auf diese Bemerkung nicht ein (P.G., Brief an Scholz). Ernestine Schlant (20) suggeriert, dass das Schweigen der Deutschen über den Holocaust ein eskapistischer Akt der Täter sei, die auf diese Weise vor dem Übermaß ihres Wissens flüchteten. Im Fall von Scholz ist dieses Schweigen signifikant, gerade im Vergleich zur ausführlichen Beschreibung des Massakers von Orscha. Die Diskrepanz erklärt sich teilweise aus dem Text des Romans: Erst nachdem Wilms in Warschau gewesen war und anschließend Zeuge der Erniedrigung und Ausbeutung der Jüd:innen in Maciejowice, Góra Kalwaria und Brest-Litowsk wurde, entschließt sich der Protagonist, „dem Jahrhundert ins Gesicht zu sehen" (*AGSS* 54). Im Gegensatz zu seinen früheren Beobachtungen ist seine Zeugenschaft des Massakers eine bewusste und aktiv unternommene Handlung. Für die Besichtigung der Erschießungsstätte gewährt ihm sein Hauptmann zwei Stunden Urlaub, verbietet Wilms jedoch, die Kamera mitzunehmen.

Die Tatsache, dass Wilms sich selbst dazu entschließt, das Massaker ‚aktiv' zu beobachten, unterscheidet ihn von anderen Soldaten, die später behaupteten, sie hätten an den „Judenaktionen nur zufällig teilgenommen" (Siegling 886). Die Erklärung, man habe nur „etwas gesehen", es aber nicht „bewußt miterlebt" wiederholt sich auch in den Aussagen, die Theodor W. Adorno („Schuld und Abwehr" 161) im Rahmen seines sogenannten Gruppenexperiments sammelte. Scholz' Protagonist handelt hingegen weder zufällig noch unbewusst, sondern entschlossen und selbstständig. Er trifft seine Entscheidung im Anschluss an ein Gespräch, das er mithört, in welchem andere Soldaten von ähnlichen Ereignissen in der Ukraine und im Baltikum berichten. Bemerkenswerterweise sprechen sie in ihren schwäbischen und ostpreußischen Dialekten darüber:

> Sie hen die Weiber uszoge und die Mädele a und hen alls müsse die Röck ablege und Hemmed und hen nacket gstande bis uf Abend, die all Hex und die jung genauso, die wo lange schwarze Zöpf getrage hen wie d'Zigeuner. [...] Das jeiht durch alle Länder. [...] Se jeben bald all ihr Hab und Gut... bloß daß se möchten entrinnen auf eine Weise... Janze Vermögen jeben se wech... an de Landser... Und jeben de Kinderchen zu die Bauern... und zahlen janze Vermögen zu, daß se se man bloß möchten verstäcken... Das jeiht durch alle Länder... (*AGSS* 63)

Die wiederholte Verwendung von Dialekten ist ein Mittel der Hervorhebung und Authentisierung, so dass diese Aussagen vor dem Hintergrund des restlichen Textes ins Auge bzw. ins Ohr stechen. Auf diese Weise erfahren wir, dass die Soldaten ‚einfache' Männer aus ganz Deutschland waren. Kaum zwei andere Regionen des ‚Dritten Reiches' waren weiter voneinander entfernt als Schwaben und Ostpreußen. Gleichwohl hat dieser Sprachgebrauch einen stark verfremdenden Effekt – vor allem für Leser:innen, die der jeweiligen Dialekte nicht mächtig sind. Für diese Leser:innen mag es sogar notwendig sein, sich diese Passagen laut vorzulesen, um sie – besser – zu verstehen. Die dadurch evozierte Tonebene verstärkt den synästhetischen Charakter des Textes und entfaltet jenseits des diskursiv formulierten Inhalts eine weitere Wirkung. Der Austausch über die Erschießungen erfolgt hier nämlich in einer tief verinnerlichten, spontanen und unreflektierten Sprache – so als ob sich das Hochdeutsche dagegen sträubte, derartige Ereignisse zu beschreiben, bzw. der Gebrauch des Hochdeutschen hier eine zusätzliche geistige Anstrengung bedeutet hätte, den die Sprecher angesichts der von ihnen beschriebenen Ereignisse nicht mehr haben aufbringen können. Die Bedeutung dieses Mittels offenbart sich insbesondere in der Gegenüberstellung mit den Übersetzungen: In den englisch- und französischsprachigen Ausgaben wurde dieser Dialog ohne translatorische Entsprechung der Dialekte schlichtweg ins literarische Englische respektive Französische übersetzt (Scholz, *Through the Night* 47; Scholz, *Aux bords verdoyants* 65). Es fehlen auch die durch die Auslassungszeichen markierten Pausen und Momente des Stockens oder Zweifelns. Auf diese Weise kommt dem Dialog über die Gräueltaten an den Jüd:innen in den anderen Sprachfassungen sein affektiver Charakter abhanden, wodurch er zu einer gewöhnlichen Mitteilung reduziert wird.

Sein Tagebuch verfasst Wilms durchängig im Hochdeutschen; gelegentlich fügt er russische Wörter ein, die er auf dem Ostfeldzug aufschnappt, oder französische, wenn er über seine früheren Reisen und Kriegseinsätze in Frankreich sinniert. Trotz des von einem bestimmten Bildungsniveau zeugenden, gehobenen Sprachgebrauchs zweifelt er immer wieder an seiner Urteilskraft:

> Es gibt Ereignisse von solcher Wucht, daß sie die Grenze der Wahrnehmungsfähigkeit überschreiten. Das wußte ich bisher nicht. Du nimmst sie zwar auf, aber nicht mehr wahr;

das heißt, wörtlich, du nimmst sie nicht mehr als Wahrheit, obwohl dein Bewußtsein dir sagt: bitte, da siehst du's ja. Da vollzieht sich's. Du traust deinen Augen nicht. Wie stark muß eine Menschheit erlebt haben, als sie sich die Sprache schuf! [...] Kann von nun ab von gewissen Ereignissen behaupten, ja, ich habe sie gesehen; und von eben diesen gewissen Ereignissen mit dem gleichen Recht behaupten, nein, ich habe sie nicht gesehen. Das ist ebenso wahnsinnig wie richtig. (*AGSS* 55–56)

Angesichts der Brutalität des Geschehens kann sich Wilms seiner Beobachtungen nicht sicher sein. Moritz Baßler bemerkt dazu:

Die Erschießungen selbst werden in einem inneren Monolog mit zahlreichen Gedankenpünktchen dargestellt, wie man sie schon von Schnitzlers *Leutnant Gustl* her in diesem Modus kennt. [...] In wilder Gedankenflucht vermischen sich die gegenwärtigen Bilder des Massenmords in einem *stream of consciousness* mit Erinnerungen an Wilms' frühere jüdische Geliebte [Ruth] Esther, sich selbst sieht er dabei von außen, in dritter Person [...]. (Baßler 35)

Im Bewusstseinsstrom erkennt Stefan Scherer (122) „die literarische Gestaltung einer *mémoire involontaire*, die im Prozess der Tagebuchaufzeichnung in Erinnerung an die Liebesbegegnungen mit einer Jüdin aufsteigt". Beide Literaturwissenschaftler identifizieren also Erzähltechniken, die einen bestimmten Zustand evozieren statt ein Ereignis darzustellen. Wohlgemerkt verfasste Scholz das Tagebuch von Wilms noch vor den Debatten über die (Un)darstellbarkeit des Holocaust. Philosophische Texte nahm er nur sporadisch zur Kenntnis, weshalb es durchaus unwahrscheinlich ist, dass er Theodor W. Adornos Essay „Kulturkritik und Gesellschaft" (30) aus dem Jahr 1951 gelesen hatte, der das berühmte Diktum enthält: „nach Auschwitz ein Gedicht zu schreiben, ist barbarisch". Scholz mag zwar eine von Adornos zahlreichen Reden im Radio gehört haben, die von allen Rundfunkanstalten der Bundesrepublik gesendet wurden (Schwarz 288), doch deutet nichts darauf hin, dass er sich bewusst mit dem epistemologischen Problem der (Un)darstellbarkeit des Holocaust auseinandergesetzt hätte. Hannah Arendt, die bereits in den frühen 1950er Jahren im Exil ihre Schriften über den Totalitarismus publizierte, war Scholz unbekannt. Erst 1958 klärte ihn sein Verleger über ihre Thesen auf (Bürkle, Brief an Scholz vom 21. April 1958). Wilms' Überlegungen sind also keinesfalls als Stellungnahme zur beginnenden Debatte um geeignete Darstellungsformen des Holocaust zu lesen – sondern als Formulierung einer Lücke im Text, die ein Zweifeln an dem Erzählten zulässt.

Der Einstieg in die Beschreibung des Massakers von Orscha wirkt insofern widersprüchlich, als der oben zitierten Behauptung über die „Grenze der Wahrnehmungsfähigkeit" die äußerst konkrete und detailgetreue Beschreibung des Massakers folgt. Es wäre aber übertrieben zu behaupten, Scholz habe am damaligen Diskurs der ‚Vergangenheitsbewältigung' gänzlich ‚vorbeigeschrieben'. Die Kultur des ‚Beschweigens' thematisiert er etwa in folgendem Kommentar in

Bezug auf den Männerabend in der Jockey Bar: „Man vermied Fragen zu stellen, die Vergangenes hätten berühren müssen" (*AGSS* 21), widmet sich im Grunde genommen aber in allen sieben Geschichten dem Krieg und seinen Folgen. Ferner scheint Scholz an Paul Celans *Todesfuge* anzuknüpfen, wenn Wilms inmitten der Erschießung an seine deutsche Freundin Jutta denkt: „Ich liebe dich nicht mehr, Jutta. Du bist so blond, Jutta. Sandgelb ist dein Haar." (*AGSS* 57) Baßler (34) zufolge sind derartige Widersprüche nicht mehr als ein konsequentes Stilmittel – ein *double bind*.

In bildhafter Sprache geht Wilms auf die Landschaft ein und nennt viele Details, die auf den Tatort und die Jahreszeit schließen lassen: „Hinunter und hinauf durch ein müllgrubenartiges Gelände, das mit geringem Schnee überzuckert lag, in Furchen und Mulden – schwarz wie ein verdorbener Kuchen und dann überzuckert – und das nach dem Judenfriedhof hin anstieg." (*AGSS* 57) Die Beschreibung des Geländes als schwarzer, überzuckerter Kuchen evoziert das Bild von mit Schnee bedeckten Hügeln. Dass der „Judenfriedhof" gleichzeitig der Tatort ist, können die Leser:innen nur erahnen. Erst eine Überprüfung in der jüngsten Fachliteratur vermag diesen Verdacht zu bestätigen. Wilms suggeriert zwar, die Ereignisse hätten im Oktober stattgefunden, doch die Beschreibung des Wetters – neben dem leichten Schneefall erwähnt er tiefe Frosttemperaturen von minus sechzehn bzw. siebzehn Grad (*AGSS* 55, 59) – weist auf einen späteren Zeitpunkt hin. Ferner spricht Wilms von „achtzehnhundert Leuten" (*AGSS* 59), die ermordet wurden. Ort und Zeit des Geschehens sowie die Zahl der Opfer stimmen also mit den historischen Quellen überein. Die Orschaer Jüd:innen wurden nämlich im Rahmen von zwei Exekutionen im Oktober 1941 ermordet, wohingegen die Auflösung des Ghettos am 26. und 27. November auf dem jüdischen Friedhof erfolgte. Zeugen sprachen von 1.750 bis 2.000 Toten.[9]

Scholz' Protagonist kommentiert ferner die Größe der Grube: „10x10 Meter, Tiefe rund vier Meter. Erstaunlich, wie viele in eine Ausschachtung passen. Vierhundert Kubik. [...] Wenn man sie stapelt!" (*AGSS* 59) Die sowjetische Kommission verzeichnete zwar größere Maße, aber sie nahm ihre Tätigkeit erst nach Kriegsende auf – bis dahin wurden in Orscha weitere Menschen ermordet und begraben. Ebenso irrt Wilms in Bezug auf das Stapeln der Leichen nicht, wenn auch die Schilderung der konkreten Vorgehensweise aus dem Manuskript entfernt wurde. Das Aufeinanderlegen der Leichen war ein typischer Tatvorgang. In vielen Fällen mussten sich die Opfer selbst auf die Leichen legen, wo sie dann auch erschossen wurden. „Die Opfer stiegen [...] in der Grube die Erdrampe hinunter. Dort waren

---

[9] Genauere Angaben über den Ablauf der Auflösung des Ghettos von Orscha mache ich im Prolog.

vermutlich wie in Babij Jar ‚Packer' postiert, die die Opfer auf ihre toten Vorgänger legten. Ihr Leiden wurde durch einen [...] Genickschuss beendet." (Rhodes 321) In seinem Tagebuch muss sich Wilms zum Hinschauen auffordern: „Sieh hin zum Donnerwetter noch einmal!" (*AGSS* 58). Was nach einem moralischen Impetus klingt, ist auch ein klares Signal für Wilms' unmittelbare Augenzeugenschaft: Um das Stapeln der Opfer zu beobachten, muss er nah an der Grube gestanden haben.

Eine Besonderheit des realhistorischen Massakers von Orscha war die Verwendung von Fässern. Da sich in unmittelbarer Nähe Betriebe befanden, in denen Fleisch gepökelt und Ernteerträge eingelegt wurden, handelt es sich vermutlich um Silos oder Bottiche. Die Täter füllten diese mit Leichen, die nicht mehr in die zuvor ausgehobenen Gruben passten. Belege dafür finden sich sowohl im Bericht der sowjetischen Kommission als auch in den Verhörprotokollen der Angehörigen der Einsatzkommandos. Die im Bericht der sowjetischen Kommission erwähnten Bottiche (russ. *čan*, Oršanskoja Gorodskaja Komisija 4) deutet der Lokalhistoriker Aleksandr Rozenberg (51) als Pökelfässer. Gerhard Schulz (1915) vom Einsatzkommando 8, das den Mord verübte, sprach hingegen von Sauerkrautfässern, während Scholz Wilms „Betonröhre" verzeichnen lässt: „Rahn hat erzählt, die letzten hätten nicht mehr hineingepaßt, und man hätte sie in Betonröhren gesteckt [...], nackend und kopfüber oder wie sich's gerade machte, fast alles junge Mädchen" (*AGSS* 59). Die Erwähnung dieser Tatsache in Wilms' Tagebuch stellt den endgültigen Bezug zu den Ereignissen in Orscha im Winter 1941/42 her. Die Verwendung von Bottichen war keineswegs eine reguläre Praxis der Einsatzkommandos. Damit der fiktive Tagebuchschreiber Wilms davon berichten kann, muss der realhistorische Autor Scholz es in Orscha gesehen haben. In diesem Sinne ist dieses Zitat ein weiteres Indiz für seine unmittelbare Augenzeugenschaft. Als Authentisierungsstrategie wirkt es allerdings nur für diejenigen, die von derartigen Grausamkeiten wussten bzw. wissen.

Vor dem Hintergrund der zahlreichen Angaben, die sich auf historische Tatsachen zurückführen lassen, sticht eine sehr signifikante Abweichung hervor. Die realhistorischen Täter in Orscha waren Angehörige des Einsatzkommandos 8, unterstützt von einigen Wehrmachtssoldaten und – vermutlich – Einheimischen. Scholz' Protagonist hingegen berichtet von „lettischen Zivilisten", die es zu diesem Zeitpunkt an diesem Ort aber nicht gab (Ezergailis):

> Rückten immer gruppenweise vor, vier, vielleicht fünf Personen, familienweise, sippenweise, gaben sich die Hände und hielten sich fest aneinander, die Kinder in die Röcke der Mütter gekrallt, lösten sich miteinander von der großen Menschenschlange ab und schritten bis zum Rand vor. Mußten dann auseinandertreten, jeder zu seinem Schützen. Lettische Zivilisten waren das mit weißen Binden. Zivilisten mit Binden und Waffen sehen immer wüst aus, chaotisch. Hatten Maschinenpistolen. Gaben Einzelfeuer. Ins Genick jeweils, ins Genick. Kleine Peitschenschläge. Ging schnell. Winkten schon die Nächsten heran, die gleichfalls

einander nach den Händen griffen, sich gleichfalls von der Schlange ablösten und zum Rand vorschritten. Ein jeglicher zu seinem Schützen. Deutsche Polizisten führten die Aufsicht in alten, grünen Uniformen. Ich stand oben am Grabenstand, sah das und glaubte es nicht. Auf der Stelle unglaublich! (*AGSS* 58)

Einige Seiten weiter schreibt Wilms: „Lettische Volksgardisten [...] legen die Hebel auf Dauerfeuer um. Schießt jeder sein Magazin leer: rrrrrrrrrrrrscht." (*AGSS* 61) Angesichts der sonst penibel realistischen Darstellung ist diese Intervention sehr augenfällig. Da Wilms an anderen Stellen seines Tagebuchs großen Wert auf die Unterschiede zwischen den osteuropäischen Ethnien und Sprachen legt, kann es sich hier kaum um einen Irrtum handeln. Folglich drängt sich der Verdacht auf, der Erzähler habe die Identität der Täter bewusst verschleiern wollen – allerdings erwähnt Wilms auch andere Tätergruppen beiläufig. Bevor er sich zur Erschießungsstelle begibt, warnt ihn sein Hauptmann: „Da war neulich in dings-pa-lings, in eh... weiß nicht mehr wo, ein Überneugieriger, den zwang die SS mitzutun, d. h. mit zu schießen auf das, worauf er in seinem Leben nicht hätte schießen wollen. Und schoß das arme Schwein... schoß mit als Komplice! ... Allgemein verständlich?" (*AGSS* 55). Von der unverhohlenen Entmenschlichung der jüdischen Opfer abgesehen, macht der Hauptmann hier deutlich, dass die SS für die Erschießungen zuständig war und die Wehrmacht kooperierte, wenn auch nur in Einzelfällen und unter Zwang. In Wilms' Schilderung schießen jedoch keine SS-Männer, sondern lettische Zivilisten. Dieses Motiv ist schon in der ersten Manuskriptfassung enthalten, so dass es sich nicht um einen Eingriff des Verlags handelt. Wollte der Autor die Täterschaft der Deutschen vertuschen oder zumindest herunterspielen? Handelte er aus Solidarität mit den Veteranen? Im Gegensatz zu vielen anderen schriftstellerischen Entscheidungen, die er kommentierte, äußerte er sich zu diesem Motiv nie öffentlich.

Die Erwähnung der Bottiche sowie der Täterschaft der Letten nehme ich zum Anlass für einen kurzen Exkurs über Literatur als historische Quelle, zumal Scholz dies auch selbst thematisiert. „Geschehen und erzählt, meine Herren, ist durchaus noch nicht dasselbe," sagt der Schauspieler Peter Koslowski in der Rahmenhandlung (*AGSS* 257). Moritz Baßler (10) sieht diese Bemerkung als Signal für ein „medial gebrochenes" Verhältnis zur historischen Wahrheit im Roman. Der Bezug zur Realgeschichte in einem fiktionalen Roman ist in der Tat kein einfacher. Von Zeitzeugen geschriebene Literatur kann die Geschichtsschreibung freilich ergänzen; so ist es keine Seltenheit, dass Historiker:innen literarische Texte einleitend oder anekdotisch zitieren, um die Aufmerksamkeit ihrer Leser:innen zu wecken oder ihre eigene Belesenheit zu demonstrieren. Als Quelle wird Literatur insbesondere dann herangezogen, wenn es um die Diskurs- und Ideengeschichte geht. Wie sinnvoll ist es aber, anhand von fiktionalen Literaturtexten realhistorische Geschehnisse zu rekonstruieren? Eher nicht, würden die meisten Historiker:innen antworten. Im Fall der Bottiche scheint *Am grünen Strand der Spree* aber tatsächlich eine hilfreiche Quelle darzustellen, da es sich um eine Ausnahmepraxis handelt. Sie kommt in den Aussagen von Tätern (Schulz G. 1915) und Opfern bzw. Zeugen (Oršanskoja Gorodskaja Komisija 4) marginal vor und findet nur kryptisch Erwähnung. Scholz lässt Wilms aber eindeutig schreiben, man habe die Bottiche genutzt, weil die Leichen nicht mehr in die Gruben passten. Diese Stelle hat daher einen hohen Erklärungswert. Inwiefern behält das fiktive Tagebuch aber seine Glaubwürdigkeit bei, wenn wir eine Seite zuvor von lettischen Zivilisten lesen? Schließlich lässt sich am Motiv der Letten erkennen, dass Scholz es mit dem dokumentarischen Charakter seines Buches nicht so genau nahm. Der Literaturwissenschaftler Michał Głowiński argumentiert, literarische Texte seien zwar gute Quellen, wenn man die jeweilige Realität ihrer Autoren verstehen will; man müsse aber bedenken, dass ein Schriftsteller oft mit mehreren Intentionen an ein Werk herangehe. So scheint es sich auch in diesem Fall zu verhalten: die ‚authentische' Schilderung der Bottiche schließt die ‚unauthentische' Schilderung der Letten nicht aus. Beide Motive verweisen nämlich auf unterschiedliche Gegenwarten – des Kriegs im Winter 1941/42 und der Nachkriegsrealität der 1950er Jahre. So real die Entsorgung der Leichen in Orscha war, so wahrhaftig waren auch spätere Versuche, die deutsche Täterschaft herunterzuspielen. Beides wird im Text ersichtlich, allerdings auf zwei unterschiedlichen Zeitebenen.

Darüber hinaus ist es gewiss kein Zufall, dass gerade das Motiv der Letten die „Grenze zwischen Faktum und Fiktion" (Young, J.E. 92) markiert. Wenige Tage nach der Auflösung des Ghettos von Orscha exekutierte in einer der größten deutschen Mordaktionen in der Sowjetunion ein lettisches SS-Kommando in Kooperation mit deutschen Einsatzkommandos tausende Jüd:innen in den Wäldern rund um Riga (Ezergailis 239; Angrick und Klein 346–360). Gleichzeitig gibt es im Buch einen – wenn auch sehr diskreten – Verweis auf einen anderen Ort, an dem lettische Einheiten ebenfalls an der Ermordung von Jüd:innen beteiligt waren, nämlich in Borissow (Miron und Shulhani 66). Ein Kamerad von Wilms erwähnt die Gräueltaten, die er dort beobachtete. Die Präsenz der Letten im Text ist daher ein wichtiges Signal für die ‚Wanderungen' des Gedächtnisses in den Nachkriegsjahren. Für die breite Öffentlichkeit der frühen 1950er Jahre war die Kollaboration der Letten ein noch unbekanntes Thema. Erst 1958 kam es punktuell auf, als die *FAZ* einen Brief eines ehemaligen Generalmajors veröffentlichte, der auf die lettische Beteiligung am Massenmord in Borissow hinwies, um die Berichterstattung der Zeitung über den Ulmer Einsatzgruppenprozess zu „berichtigen" (Gersdorff). Breitere Aufmerksamkeit erregte die Mittäterschaft der Letten in den 1970er Jahren im Zuge des Prozesses gegen Victor Arājs, den Anführer des lettischen Kommandos (Knop). Scholz, der nie im Baltikum gewesen war, wusste von den lettischen Kollaborateuren aller Wahrscheinlichkeit nach vom Hörensagen – entweder, als seine Einheit den Fluss Beresina bei Borissow passierte, oder später, als sich die Nachrichten über die Ereignisse in Riga verbreiteten. Die Abwesenheit der Letten in Orscha muss natürlich nicht bedeuten, dass es dort keine einheimischen Mithelfer gab. Wie an vielen anderen Orten in der besetzten Sowjetunion (Desbois 221) konnten auch dort lokale Polizisten an der Ermordung der Jüd:innen beteiligt gewesen sein. Das Verschweigen des Einsatzkommandos, das zweifelsohne für die Organisation und Durchführung der Exekution verantwortlich war, erweckt allerdings den Eindruck, als habe Scholz die Rolle der Deutschen verschleiern wollen.

Die Entlastungsversuche waren, wie ich bereits andeutete, in der Erinnerungskultur der 1950er Jahre nichts Ungewöhnliches. In den Verhörprotokollen der Ermittlungen gegen die Führung des Einsatzkommandos 8 belasten die meisten Angeklagten und Zeugen andere Angehörige ihrer Einheiten, rechtfertigen sich mit der Ausführung von Befehlen oder behaupten, dass Einheimische für die Erschießungen zuständig gewesen seien, beispielsweise der „russische Ordnungsdienst" (Schulz G. 1915) oder die „weissruthenischen Polizeimeister" (de Vries A. 16). Da die Ermittlungen unter Ausschluss der Öffentlichkeit stattfanden, gelangten derartige Aussagen nur selten in die Medien. In diesem Sinne stand die Schuldabwehrstrategie von Wilms in keinem kausalen Zusammenhang mit den Aussagen der Angehörigen des Einsatzkommandos, die den Mord verübt hatten. In einem breiteren Sinne aber haben wir es doch mit einer Remedialisierung von Rechtfertigungsnarrativen zu tun, denn sowohl der literarische Text als auch die Verhörprotokolle – sowie vermutlich tausende Gespräche in der Kneipe am Stammtisch bzw. zuhause am Küchentisch – geben einen Einblick in die Art und Weise, wie die Männer der Erlebnisgeneration über die Geschehnisse im Ostfeldzug sprachen und wie sie die Schuld von sich wiesen.

Unter den Motiven, die immer wieder im Zusammenhang mit den Massenmorden in den besetzten Ostgebieten genannt werden, ist die Grausamkeit gegenüber Kindern und Eltern, die den Tod ihrer Töchter und Söhne mitansehen mussten, hervorzuheben. Diesbezüglich scheint sich Orscha nicht von anderen Tatorten zu unterscheiden.[10] Ausgerechnet dort aber ließ das Komitee für die Aufrechterhaltung der Erinnerung an die Opfer des Holocaust in der Republik Belarus ein Denkmal für die ermordeten jüdischen Kinder der Stadt errichten (Belarus Holocaust Memorial; Stiftung Denkmal). Auch Wilms beschäftigt sich mit ihrem Schicksal. Mit emotionaler Dringlichkeit beschreibt er an einer Stelle

---

10 Zur Ermordung der Kinder von Orscha siehe: Walkhoff 1176; Vinnitsa 303.

eine Mutter, die dabei zusehen muss, wie ihr Baby ermordet wird, sowie an anderer die Tötung eines Kleinkindes:

> Liest du zum Beispiel – ich meine nur zum Beispiel – an den Mienen dieser jungen Frau da, die jetzt vorschreitet, das ab, worüber sie sich klar ist? Liest du an ihren Mienen, daß man ihr jetzt das Baby entreißt, daß sie ihr Baby durch die Luft fliegen sieht... schwupp in die Grube? [...] Stille. Tapfen zwei bloße, kleine Füße nach vorn zu den Schützen, blaugefrorene, kleine Füße über den gelben Sand. Sanftes Geräusch von auftretenden bloßen Füßen. Die bräunlich graue Haut um den Mund des Kindes faltet sich. Lächelt das Kind? Es geht allein. Hat keine Hand, sie zu ergreifen, oder daran zu halten. Die Schützen schieben neue Magazine ein. Das Kind tritt an den Rand der Grube. Seine halblangen, ungebundenen Haare wehen auf vom Wind, vom Aufwind über der Grube, sträuben sich. Das Kind macht einen Schritt zurück, will nicht in die Grube sehen, will nicht in die Grube gehen. [...] Tritt einen Schritt zurück, das Kind, tritt einen Schritt zur Seite, weiß nicht wohin, will nicht voran, kann nicht zurück, taumelt, hebt die Arme, tanzt... regt die elfenbeinernen Glieder über dem Rande der Grube im grauen, baumelnden Kleidchen, wendet das Köpfchen hierhin und dorthin, flattert die kleine, graue Taube, und sinkt zusammen zum zierlichen Bündel. [...] Das Bündelchen ist ohnmächtig. [...] Die Schützen sind auf ohnmächtige Delinquenten nicht vorbereitet. [...] Einer der Schützen beugt sich über das Kind. Die Kleine wird noch während ihrer Ohnmacht erschossen. (*AGSS* 60 – 62)

Hans Walkhoff wiederum, ehemaliger Angehöriger des Einsatzkommandos 8, das die Massenmorde in Orscha und den umliegenden Orten durchführte, machte bezüglich der Erschießung von Säuglingen folgende Aussage:

> Wir mußten zusehen, wie der SD einige Personen mit Genickschuß erledigte. Zu diesem Zweck hatten sie sich eine Frau mit einem Säugling und einige Männer aufgespart, die in die Grube steigen mußten. Die Frau mußte ihr kleines Kind auf den Leichenberg legen, das dann von einem SS-Mann vom Grubenrand aus erschossen wurde. Anschließend wurden die Frau und die Männer, die auch schon in der Grube standen, durch Genickschuß erledigt. (Walkhoff 1176)

Der Angehörige des Einsatzkommandos schließt diesen Teil seiner Aussage mit der Bemerkung: „Es war *für mich* ein furchtbarer Anblick." (Walkhoff 1176)[11] Es ist bezeichnend, dass das Motiv der absichtsvoll sadistischen Tötung von Kleinkindern in zwei so unterschiedlichen Textsorten – einem fiktionalen Roman und dem Protokoll einer Ermittlung – präsent ist. Derartige Grausamkeiten sind in der Forschungsliteratur gut belegt; so findet sich in den Aufzeichnungen von Desbois folgende Erinnerung eines Zeitzeugen: „Manche waren noch nicht ganz tot, nur verwundet. Die Kinder wurden gleich in die Grube geworfen. [...] Die, die Mütter im Arm hatten oder an der Hand hielten, wurden lebend hineingeworfen." (Des-

---

11 Eigene Hervorhebung.

bois 178) Es kam sogar vor, dass unmittelbare Täter von ähnlichen Vorfällen berichteten. Der im Prolog zitierte Angehörige des Einsatzkommandos 8, Lorenz Bauer (989), sagte beispielsweise aus: „Die Säuglinge und Kinder wurden uns meist in die Grube gelegt und dann erschossen." Anders als die ehemaligen Angehörigen des Einsatzkommandos, die kaum auf Details eingingen, beschreibt Wilms die Tat wie in einer Nahaufnahme. Der Erzähler konzentriert sich auf das Gesicht des Kindes und seine Bewegungen. Die genaue Beschreibung erweckt den Eindruck, als betrachteten wir den Mord des Kindes in Zeitlupe. Dieses stilistische Mittel hat weitgehende Konsequenzen für die Lesart dieser Passage, zumal Großaufnahmen oft affektiv wirken und die lineare Zeit zum Stillstand bringen (Bal 9). In diesem Zeitraffer wird das Bild der bloßen Kinderfüße, das eine Vorstellung von Unschuld evoziert, der Grausamkeit der Täter gegenübergestellt.[12]

Die Beschreibung des Kindermordes schließt die Schilderung des Massakers ab. Gegen Ende wirft Wilms ein Zigarettenetui, das ihm Ruth Esthers Bruder geschenkt hat, in die Grube – als „Grabbeigabe" (*AGSS* 62). Diese Geste ist insofern fragwürdig, als es dieses Ritual in der jüdischen Kultur nicht gibt. Danach wird Wilms von den Feldgendarmen entdeckt und rennt zurück. In der dritten Person schreibt er über sich: „Er rennt, er rennt, der feige Herr aus Deutschland... hat einst so im D-Zug geweint, als er ausfuhr aus der Gare de l'Est für immer." (*AGSS* 63) Die Bemerkung über den Zug verweist auf sein letztes Treffen mit Ruth Esther in Frankreich. Die gesamte Beschreibung des Massakers durchziehen Gedanken an seine ehemalige Geliebte, und letztendlich gesteht Wilms, dass er sie immer noch liebe, und bedauert, ihr nicht geholfen zu haben. Diese persönliche Ebene wirft ein interessantes Licht auf seine Motivation, „dem Jahrhundert ins Gesicht zu sehen". Schon während er die jüdischen Frauen beim Straßenbau in Polen beobachtet, notiert er: „Eine, auf den Spaten gestützt vom Typus wie Ruth Esther Loria. Ich erschrak sehr. Himmel, was täte man eigentlich, wenn...?" (*AGSS* 18) Der Gedanke, das Schicksal der Jüd:innen in Osteuropa hätte auch seine Geliebte treffen können, taucht in Wilms' Tagebuch immer wieder auf. Seine Aufmerksamkeit für die Verfolgung der Jüd:innen ist also kein Akt reiner Empathie, sondern ein Resultat seiner Gefühle für Ruth Esther. Er versucht, für seine frühere Untätigkeit zu büßen, indem er sich dazu zwingt, den Gräueltaten zuzuschauen. Die Übereinstimmungen mit der Liebesgeschichte zwischen Scholz und Felicitas Lourié sind dabei mehr als offensichtlich: von der Berliner Adresse in der Liechtensteinallee über die Emigration der Familie Lourié nach Frankreich bis hin

---

[12] Das Motiv der Gegenüberstellung von kindlichen Opfer und grausamen Tätern beobachtet Tobias Ebbrecht (*Geschichtsbilder* 286) auch in mehreren Holocaustfilmen.

zu dem Ort, wo die Liebenden voneinander Abschied nahmen, entsprechen die Angaben aus dem Buch jenen aus Scholz' Biografie.

Nachdem Wilms von der Erschießungsstelle zurückkommt, meldet er seinem Hauptmann: „Auf Wache nichts neues." (*AGSS* 63) Mit dem Verweis auf Erich Maria Remarques Weltkriegsroman bricht die Erzählung ab und kehrt zur Rahmenhandlung in der Jockey Bar zurück. Harriet Wegener bemängelte diesen harten narrativen Schnitt: „Sodann liest man jetzt die erschütternde Anfangsgeschichte und ist danach etwas erstaunt über die geringe Reaktion der Zuhörer." (Wegener, Brief an Scholz von 25. Mai 1955) Was folgt, ist nämlich ein belangloses Gespräch über Wilms' Liebesgeschichten. Wegener ließ den Autor aber auch wissen, dass ihre Kollegen anderer Meinung seien und sie deren Sichtweise letztendlich akzeptiere. Bestand sie einerseits also darauf, die Beschreibung des Massakers im Text zu belassen, so gab sie andererseits nach, wenn es darum ging, das Massaker in der Erzählstruktur auch nicht weiter zu kommentieren. Anscheinend wollten die männlichen Beteiligten den Eindruck erwecken, als wüssten die Versammelten am Tisch nur zu gut, wovon Wilms berichtete.

Unter den in *Am grünen Strand der Spree* gesammelten Erzählungen stellt der Bericht des abwesenden Jürgen Wilms eine bemerkenswürdige Ausnahme dar. Tatsächlich nimmt mit jedem weiteren Kapitel die Düsterkeit des Romans ab. Hesselbarths Geschichte über die russische Partisanin thematisiert zwar ebenfalls die Brutalität des Krieges – die Erschießung der Partisan:innen findet aber im Wald statt, und der Erzähler hört nur die Schüsse. Weiter folgen die eher optimistische Geschichte aus dem Offizierskasino in Norwegen, die Familiensaga der Bibienas, die sich im 18. Jahrhundert abspielt, ein langes Kapitel über das mysteriöse Dorfleben im Spreewald, Anekdoten über das Musizieren in einem amerikanischen Kriegsgefangenenlager und schließlich eine fröhliche Liebesgeschichte während einer Italienreise. Jede dieser Geschichten ist von den saloppen Gesprächen in der Bar durchwoben. Und obwohl das ursprüngliche Manuskript weitgehend chronologisch gegliedert gewesen war und mit der Schachtelerzählung über die Bibienas anfing, rechtfertigte der Autor selbst später die Komposition des „farbigen Gebildes [...] von schwarz bis rosa." (Scholz, Brief an Stark vom 4. Januar 1958) Letztendlich überlagern so die heitere(re)n Geschichten das Tagebuch von Wilms.

Das so konstruierte Narrativ birgt ein starkes Identifikationspotenzial. Obgleich die Literaturwissenschaft nach dem *affective turn* oft von Empathie statt von Identifikation spricht, empfiehlt Erin McGlothlin („Empathetic Identification" 257–259) letzteren Begriff für die Analyse der ‚Täterliteratur'. Empathie sei ein positiv besetzter, emotionaler Zustand, während mit dem Begriff der Identifikation eine breitere Beziehung zwischen Leser:in und Literatur beschrieben werden könne. McGlothlin trifft diese Behauptung mit Blick auf die jüngere Literatur, deren Leser:innen zur zweiten oder dritten Nachkriegsgeneration zu zählen sind. Die zeitgenössischen Leser:innen von *Am grünen Strand der Spree* hingegen hatten ähnliche Erfahrungen wie Jürgen Wilms. Ihre Identifikation mit den Romanfiguren erfolgte also auf der Grundlage einer Erlebnisgemeinschaft, wofür die Rahmenhandlung und das Tagebuch auch mit zahlreichen ‚nützlichen' narrativen Mustern aufwarteten, die das Erzählen über Kriegsverbrechen salonfähig machten. Der Bericht aus Orscha zeigt, wie ein ehemaliger deutscher Soldat ein Massaker schildern kann, ohne sich dabei selbst jedwede Schuld zuweisen zu müssen. Wilms kann so als mitleiderregender Mann dargestellt werden, der sich zum Zeitpunkt des Treffens in der Jockey Bar in sowjetischer Kriegsgefangenschaft befindet. Er ist fassungslos – ein typischer Affekt in Repräsentationen des Holocaust (Diner) – und überwältigt nicht von Schuldgefühlen, sondern von Scham: „Schwieg. Schäme mich. Lief. Lebe. Schwieg... schäme mich... lief... lebe..." (*AGSS* 56–57) Im Hinblick auf die von Theodor Heuss ausgelöste Diskussion um eine ‚Kollektivscham', auf die er in zwei Reden – 1949 anlässlich einer Feierstunde der Gesellschaft für christlich-jüdische Zusammenarbeit sowie drei Jahre später zur Eröffnung der Gedenkstätte Bergen-Belsen – einging, ist dieses Motiv nicht überraschend (Hestermann 59).[13] Dennoch schaffte es Scholz, das Thema geschickt zu drehen, zumal Wilms sich nicht für seine Taten schämt, sondern für seine Untätigkeit. Das macht ihn als Identifikationsfigur so attraktiv: Hätten alle deutschen Soldaten nichts getan, gäbe es nichts, wofür man sich schämen müsste.

Trotz Wilms' ambivalenter Haltung und der ‚schonenden' Darstellung der Täter kann nicht hinreichend betont werden, dass *Am grünen Strand der Spree* – im Unterschied zu den bekanntesten literarischen Darstellungen des Holocaust dieser Zeit – die Vernichtung der Jüd:innen außerhalb der Konzentrationslager und noch vor der Wannseekonferenz am 20. Januar 1942 thematisiert. Für den damaligen Umgang mit der Kriegsvergangenheit ungewöhnlich betont das Tagebuch den besonderen Opferstatus der Jüd:innen und liefert die bis dato wahrscheinlich umfangreichste Beschreibung eines Massenmordes. Der Literaturwissenschaftler Norman Ächtler („Sieh in die Grube..." 95) sieht darin ein „Irritationspotential" für das gesellschaftliche Kommunikationssystem der 1950er Jahre. Vor dem Hintergrund des erinnerungskulturellen Diskurses der 1950er Jahre

---

13 Die inzwischen sehr umfangreiche Literatur über die Schamkultur konzentriert sich vordergründig auf die unmittelbare Nachkriegszeit. Dazu gehört u. a. Jeffrey Olicks *In the House of the Hangman* (270–320), in dem er die Verknüpfung des Scham- und Schulddiskurses diskutiert. Aleida Assmann und Ute Frevert (97–139) reflektieren den ‚schambehafteten' Umgang mit dem Erbe von 1945. Ulrike Weckel (*Beschämende Bilder*) analysiert in diesem Duktus die deutschen Reaktionen auf die *reeducation*-Kampagne der Alliierten.

fällt zudem auf, dass der Erzähler neben den „lettischen Zivilisten" auch „deutsche Polizisten" nennt, die die Exekution durchführen. Mit einem wörtlichen Zitat des jüdischen Mädchens in Maciejowice fordert Wilms sich selbst zur Zeugenschaft auf: „Sieh in die Grube, scheener Herr aus Daitschland!" (*AGSS* 58), wodurch er eine außergewöhnliche Verbindung zwischen den deutschen Tätern und den jüdischen Opfern herstellt. Das Tagebuch entzieht sich daher einer eindeutigen Interpretation und lässt sich weder ausschließlich als Fortsetzung der Tätermentalität noch als Bruch mit dem ‚kollektiven Schweigen' deuten. Der Text lässt beide Lesarten zu. In der Tat ist diese Vielstimmigkeit charakteristisch für die Erinnerungskultur der frühen Nachkriegszeit, in der sich Sagbarkeitsregeln erst etablieren mussten. Diese miteinander konkurrierenden Interpretationsmöglichkeiten stellen freilich auch eine Herausforderung für die Leser:innen dar, zumal sie das Tagebuch mit teils widersprüchlichen Sichtweisen auf die Kriegsverbrechen konfrontiert. Hier lohnt eine Rückbesinnung auf Ernst van Alphens Frage, was die Darstellungen der Gräueltaten mit uns ‚machen'. In diesem Fall führen sie uns zwischen verschiedenen Bildern hin und her, die kaum miteinander in Einklang zu bringen sind. Sie lassen Zweifel aufkommen und lassen uns – mich zumindest – ratlos mit dem Buch in der Hand zurück. Gerade in dieser Wanderung zwischen unterschiedlichen Deutungsangeboten offenbaren sich aber die schwingenden Bewegungen der Erinnerungskultur.

Schweigende Reaktionen

Welche Wirkung hatte das Tagebuch von Jürgen Wilms auf die damaligen Leser:innen? Die Quellen zur Entstehungsgeschichte von *Am grünen Strand der Spree* bieten die seltene Möglichkeit, einen Bogen zwischen werkimmanenten Analysen und den zeitgenössischen Reaktionen der Leser:innen zu spannen. Hierfür stehen über hundert Rezensionen und ungefähr fünfzig Briefe zur Verfügung.[14] Diese Quellen sind im statistischen Sinne selbstverständlich nicht repräsentativ. Sie spiegeln aber die Mehrdeutigkeiten und Vielstimmigkeit des Buches und seiner Rezeption wider. Ulrike Weckel („Plädoyer") zufolge sind derartige Texte zudem viel aussagekräftiger als sozialwissenschaftliche Umfragen.

---

14 Die Briefe sind im Hans Scholz Archiv an der Akademie der Künste aufbewahrt. Die genaue Zahl an Leserbriefen lässt sich nur schwer ermitteln, da manche von ihnen gleichzeitig unter andere Kategorien fallen, z. B. Briefe von Freunden, die sich zu dem Buch äußern. In einigen Fällen sind nur die Durchschläge der Antworten des Autors erhalten, nicht aber über die Briefe selbst, die ihm geschrieben wurden.

An dieser Stelle ist ein Metakommentar zu den Begrifflichkeiten angebracht. „Mangels besserer Alternativen", wie Weckel („Plädoyer" 121) behauptet, stehen uns die Begriffe ‚Rezeption' und ‚Aneignung' zur Verfügung, die aber in unterschiedlichen theoretischen Ansätzen zu verorten sind: Hat der erste Terminus einen literaturwissenschaftlichen Hintergrund, der im deutschen Sprachraum von Rezeptionsästhetiker:innen wie Hans Robert Jauß oder Wolfgang Iser geprägt wurde, so ist der zweite Begriff eher auf kultur- und sozialwissenschaftliche Theorien zurückzuführen, in denen es um den Umgang von Rezipient:innen mit kulturellen Texten geht, für die Weckel exemplarisch die Arbeiten von Michel de Certeau und Stuart Hall anführt. Aus diskursanalytischer Sicht löste das breite Medienecho von *Am grünen Strand der Spree* keine ‚Diskussion' oder ‚Debatte' aus – die Rezensent:innen schrieben ihre Texte, ohne aufeinander Bezug zu nehmen. Im Kontext des *affective turn* stellt sich allerdings die Frage, wie einzelne Kulturtexte und -bilder wirken und – vor allem – welche Reaktionen sie auslösen. Diese Reaktionen sollen im Folgenden untersucht werden.

Entgegen den Vermutungen von Norman Ächtler führte das Buch zu keiner sichtbaren „Irritation" des bundesrepublikanischen Diskurses. Die elfseitige Passage über das Massaker von Orscha wurde von den Leser:innen weitgehend überlesen bzw. verschwiegen. Fangen wir mit den Leserbriefen an: Sie beschränkten sich in der Regel auf allgemeine Worte der Anerkennung oder Nachfragen zu bestimmten Stellen. Der Großteil der Korrespondenz bestand aus mehr oder weniger ausführlichen Lobreden über die gelungene Darstellung Berlins in der Rahmenhandlung, die glaubhafte Konstruktion der Protagonist:innen sowie die beachtenswerte Komposition der Geschichten. Lediglich ein Leser ‚bedankte' sich für die „Nestbeschmutzung" und eine Leserin aus Ost-Berlin verglich das erste Kapitel mit dem antifaschistischen Diskurs der DDR (Leser:innen, Briefe an Scholz vom 20. Mai und 1. Oktober 1956). Als Ausnahme muss auch die Forderung eines Referenten auf dem Kongress der Deutschen Volksbibliothekare in Essen gewertet werden, der angesichts des „kontroversen" Inhalts die Einstellung der Buchauslieferung forderte (Schwerbrock). Meist blieb unklar, worauf sich die Meinungen bezogen. Die Lyrikerin, Übersetzerin und Journalistin Alix Rohde-Liebenau schrieb etwa: „*Am grünen Strand der Spree* ist das einzige authentische Buch dieser Zeiten. Ich möchte fast sagen, dass Sie mit diesem Buch Ihr Leben verschenkt haben." (Rohde-Liebenau, Brief an Scholz vom 2. Mai 1956) Ob die Autorin das Buch als Ganzes, den Plauderton in der Rahmenhandlung, das Tagebuch von Wilms oder eine andere Stelle meinte, ist nur schwer zu sagen. Auch Pitt Severin aus der Redaktion der *Quick* schrieb seinem Freund Scholz, dass ihn das Buch „erschütterte". Es ist nur anzunehmen, dass damit die Beschreibung des Massakers gemeint war, zumal die *Quick* eines jener Medien war, die regelmäßig Fortsetzungsromane über heldenhafte Soldaten druckten (Schorntsheimer). Das

Kapitel blieb selbst von Felicitas Wild, geb. Lourié – die Vorbildfigur für Ruth Esther Loria, unkommentiert, obwohl sie sich den Roman kurz nach seiner Veröffentlichung zuschicken ließ. Erst einige Jahre später ging sie sehr allgemein auf die Passage ein, als sie versuchte, Scholz zu einer Stellungnahme gegen die antisemitische Schmierwelle von 1959/60 zu überreden (Wild).

Obwohl die Schilderung der Erschießungsszene kaum nennenswerte Reaktionen hervorrief, wurde dem Tagebuch eine hohe Authentizität zugesprochen. Unter den Briefen, die Scholz erhielt, befinden sich einige, die von Müttern gefallener Soldaten verfasst wurden. Für sie hatte das Tagebuch von Wilms einen dokumentarischen Wert, mithilfe dessen sie sich erhofften, mehr über das Schicksal ihrer Söhne zu erfahren. Eine von ihnen schrieb: „Dieser Gedanke, daß der Name [...] gleich fallen müsste, war beim Lesen so blitzschnell aufgetaucht und beim Umblättern der Seite eigentlich schon wieder vergessen gewesen. Umso stärker traf mich dann die Tatsache, daß auf der anderen Seite plötzlich wirklich zweimal hintereinander dieser Name stand." (Leserin. Brief an Scholz vom 24. Juli 1956) Eine Antwort von Scholz ist nicht erhalten, doch angesichts der Anzahl deutscher Soldaten im Ostfeldzug wird es sich wohl um eine zufällige Übereinstimmung der Namen gehandelt haben. Eine andere Frau erkannte den Ortsnamen wieder, wo ihr Sohn als vermisst gemeldet worden war, und wollte wissen, ob Scholz ihn kannte. Andere Leserinnen berichteten dem Schriftsteller von den Kriegserlebnissen ihrer gefallenen Söhne und fragten, ob er ihre Geschichten nicht als Stoff für ein nächstes Buch nutzen wolle. Wenn auch die Mütter sichtlich aus Verzweiflung handelten, lagen sie mit ihrer Vermutung, dass der Roman auf den eigenen Kriegserlebnissen des Autors basiere, nicht ganz falsch. Auch die ehemaligen Kameraden von Scholz, die sich in dem Buch wiedererkannten, zeigten sich ob ihrer literarischen Verewigung zufrieden – und das obwohl einer von ihnen in der Romanhandlung ums Leben kommt.

Auch in der Tages- und Wochenpresse fand die Beschreibung des Massakers fast keine Beachtung. Kaum ein Kritiker widmete dem Tagebuch von Wilms mehr als zwei Sätze. Die Liste der Rezensionen eröffnete am 20. Oktober 1955 Hans Schwab-Felisch in der *Zeit*. In seiner Zusammenfassung des Buches äußerte er sich sehr positiv über die Komposition und die Rahmenhandlung, ging auf die erste Geschichte aber nur in wenig sagenden Worten ein: „Scheußlichkeiten und Verbrechen und die Hilflosigkeit, der Irrtum des Pflichteifers und seine Tragik, Anstand und Bösartigkeit, Trauer, viel Trauer." Werner Wilk vom *Tagesspiegel* erwähnte das Massaker nicht einmal ansatzweise. Starkritiker wie Friedrich Luft oder Karl Korn folgten dem Beispiel dieser Schewigerhetorik. In einer sehr allgemeinen Formulierung schrieb ersterer für die *Welt:* „Da steht unversehens eine ganze arge Epoche des doppelten Gewissens wieder auf, ein Dilemma in Feldgrau [...] Plötzlich atmet man tiefer. Unversehens tippt der Autor an eine Wirklichkeit.

Schicksal stöhnt auf, und man hört unter Berliner Edeljargon und Remidemi plötzlich die Stille der Wahrheit." Luft lobte Scholz hauptsächlich dafür, dass er „den Jargon getroffen" habe („Das große Berliner Palaver"). Korn wiederum widmete dem Massaker in seiner ansonsten recht umfangreichen Rezension nur einen Satz: „Es endet damit, daß der arme Gefreite Wilms, von Angst und Gewissensnot gehetzt, Zeuge einer jener gräßlichen Szenen der Judenerschießung im Osten wird." (Korn, „Berliner Dekameron") In der lokalen Presse lassen sich ebenfalls nur vereinzelte Hinweise auf die Beschreibung des Massakers finden. Die meisten dieser Besprechungen konzentrierten sich vor allem auf die Gespräche in der Bar als auf die einzelnen Episoden, so etwa im *Forum* – hier stellvertretend für andere Zeitschriften: „Vier Männer, Mitglieder eines Berliner Jockey Clubs, treffen sich nach Krieg und Gefangenschaft in den Ruinen von Berlin wieder. Vier Übriggebliebene, deren Schicksal das von Millionen repräsentiert."

Dieser allgemeine Ton dominierte die übrigen Rezensionen. Obwohl Scholz zahlreiche Rechtfertigungsnarrative eingebaut hatte, die eine Diskussion der Beschreibung des Massakers ermöglicht hätten, wurde es kaum thematisiert. Ein Ausnahmebeispiel war die Rezension von Richard Biedrzynski in der *Stuttgarter Zeitung*, in der er zur Erschießungsszene zwar nicht explizit Stellung nahm, aber umfangreich daraus zitierte. Die ausbleibenden Reaktionen können als Zeichen für Sprachlosigkeit, stillschweigende Akzeptanz oder Desinteresse an diesem Thema gedeutet werden. Da sich Aussagen, die es nicht gibt, nur schwer analysieren lassen, entzieht sich diese Modalität einer näheren Untersuchung. Insgesamt 130 Ausschnitte aus deutschen, österreichischen und schweizerischen Zeitungen und Magazinen befinden sich im Hans Scholz Archiv in der Akademie der Künste in Berlin. Lediglich neunzehn davon kommentieren die Beschreibung des Massakers. Die *Ostfriesen-Zeitung* schrieb: „Da wird ein Kriegstagebuch aus dem Polenfeldzug verlesen, heitere und bedenklich stimmende schwere Stunden werden lebendig. Es ist nicht alles erfreulich zu lesen, was da fast brutal nüchtern über Judenvernichtungen berichtet wird, manche Wehrmachtseinrichtung auch recht einseitig dargestellt." (Fd) Das *Wiesbadener Tageblatt* notierte: „Ein düsterer Bericht, der doch zugleich lösend wirkt." In der Hörfunkbesprechung des NWDR wurde das Buch mit folgenden Worten empfohlen: „Das reicht vom Lieblichsten bis zum Finstersten, vom Blick mitten in das grausige Medusenantlitz dieses Jahrhunderts bis zum tröstlichen Widerschein einer höheren Heiterkeit." (Rittermann)[15] Diese äußerst kurzen Kommentare erwähnen das Tagebuch meist vor

---

15 Von außerordentlichem Interesse ist hier die Verwendung der Medusa-Metapher, die Siegfried Kracauer wenige Jahre später in seiner *Theorie des Films* zum Ausgangspunkt der Reflexion über

dem Hintergrund des Gesamtwerks. Das Thema der Vernichtung der Jüd:innen schien denkbar unbequem, aber keine Überraschung zu sein. Keinesfalls aber zeugen diese knappen Texte von einer gesellschaftlichen „Irritation".

Es fällt auf, dass sich große überregionale Zeitungen wie die *Zeit*, der *Tagesspiegel*, die *FAZ* oder die *Süddeutsche Zeitung* bereits in den ersten Monaten nach Erscheinen des Romans zu Wort melden. Auf diese Weise erreichte das Buch in der bundesrepublikanischen Öffentlichkeit eine gewisse Präsenz, die durch weitere Besprechungen in der Lokalpresse verstärkt wurde. Im März 1956 wurde Scholz schließlich der Fontane-Preis verliehen. Im Urteil des Preisgerichts, dem u. a. Literaturkritiker angehörten, die zuvor das Buch rezensiert hatten, wurde die Beschreibung des Massakers nicht erwähnt. Als ausschlaggebend wurden stattdessen Scholz' Stil, seine Schilderung der Westberliner Atmosphäre in der Rahmenhandlung sowie die geschickte Verknüpfung von sieben scheinbar unterschiedlichen Geschichten in einem Werk angegeben (Preisgericht). Unter den Dokumenten der Jury findet sich allerdings auch die ebenso enthusiastische wie umfangreiche Rezension des Schweizer Kritikers Arnold Künzli („Symposion an der Spree"), der ausführlich aus dem Tagebuch von Wilms zitierte. Der Preis löste eine neue Welle von Empfehlungen in zahlreichen Lokalzeitungen aus, in deren Zuge Christa Rotzoll auch das besagte Gespräch mit Scholz für den *Spiegel* führte („Boccaccio in der Bar"). Die meisten Rezensent:innen werden das Buch wahrscheinlich aber nur ‚überflogen' haben, denn in der Regel paraphrasierten sie lediglich den Ankündigungstext des Verlags mehr oder weniger wortgetreu. Das Massaker war darin nicht erwähnt gewesen.

Im Sommer 1956 druckte die *FAZ* den Roman ab. Glaubt man dem Ankündigungstext, muss es Scholz' erzählerische Leistung gewesen sein, die Mitherausgeber Karl Korn dazu veranlasst hatte, *Am grünen Strand der Spree* in das Feuilleton aufzunehmen: „Diese Chronik ist so persönlich erlebt, so überraschend aus den merkwürdigsten Begebenheiten komponiert, so echt und so jugendlich frisch, so elegant und so wahrhaftig erzählt, daß man die Zeit, die wir alle mehr oder weniger durchgemacht haben, unversehens neu erlebt." (Korn, „Unser neuer Roman") Korn versprach also ein authentisches Erlebnis, das selbst von Zeitzeugen angenommen werden würde. Ob die Leser:innen die Lektüre auch so wahrnahmen, kann nicht mehr verifiziert werden, da zwar einige Leserbriefe bei der *FAZ* eingingen, aber weder veröffentlicht noch aufbewahrt wurden. Nach dem Abdruck des Feuilletonromans erschienen weitere Besprechungen in Kultur- und Parteizeitschriften. Wenn auch die Autor:innen dieser Texte nicht verraten, ob sie

---

das Verhältnis zwischen Film und Realität machte. Indirekt stellte dieser Abschnitt eine der ersten Theorien der (Un)darstellbarkeit des Holocaust dar (Koch und Gaines).

die Zeitungsfassung oder das Buch lasen, so lässt die zeitliche Abfolge vermuten, dass der Abdruck in der *FAZ* durchaus eine Rolle für die durchgängige Präsenz des Romans in der Öffentlichkeit des Jahres 1956 spielte.

Unter den Reaktionen auf den Feuilletonroman finden sich auch solche, die von den Zeitungsorganen der SPD veröffentlicht wurden. Sie sind insofern bedeutend, als sie unmittelbar auf das Tagebuch von Wilms aufmerksam machen und das politische Potenzial der Schilderung des Massakers von Orscha offenlegen. Den sozialdemokratischen Kommentatoren gelang es jedoch nicht, aus dem Buch ein Politikum zu machen, zumal ihre Meinungen allzu sehr auseinander gingen. Die *Europäische Zeitung*, das SPD-nahe Blatt der „jungen Generation", zitierte ebenso enthusiastisch wie ausführlich aus dem Tagebuch und nannte es eine „Mahnung". Demgegenüber entrüstete sich der Kommentator der Parteizeitung *Vorwärts* über die Unbesonnenheit der Männer in der Jockey Bar in Bezug auf den Nationalsozialismus und kritisierte Sätze aus der Rahmenhandlung wie: „Wenn's nach mir gegangen wäre, ich hätte überhaupt nur einen generellen Schlußstrich unter das gesamte Naziwesen gezogen, grundsätzlich nicht gefragt und von jeglichen Maßnahmen abgesehen." (J.F.W)

Die mit Abstand umfangreichsten Besprechungen des Tagebuchs von Wilms erschienen Ende 1956 und Anfang 1957, also fast anderthalb Jahre nach der Erstveröffentlichung von *Am grünen Strand der Spree*. Joachim Kaiser und Helmut Kreuzer nahmen in *Texte und Zeichen* respektive in den *Frankfurter Heften* vermutlich Bezug auf die Fassung der *FAZ*, denn in den recht detaillierten Inhaltsangaben fehlt die Episode aus dem amerikanischen Kriegsgefangenenlager, die aus der Zeitungsausgabe gekürzt wurde. Kaiser – wohlgemerkt ein Mitglied der Gruppe 47 – hatte am Tagebuch von Wilms Folgendes zu beanstanden:

> Der Tagebuchschreiber berichtet, was polnischen und russischen Juden von den Deutschen angetan wurde, er selbst leistete sich kleine Aktionen des Mitleids. [...] Wilms, so heißt der Tagebuchschreiber, bleibt nur ein Zuschauer. 1939 hat er eine Jüdin geliebt und verlassen, ein unklares Schuldgefühl erfüllt ihn nun, und wie eine Buße nimmt er es auf sich, den Massenerschießungen des SD zuzuschauen. Aber er kann nicht mehr tun, als hilflos wütend fortzurennen, damit der SD den lästigen Zeugen nicht erwischt, auch er findet trotz allem keine andere Lösung, als, wenn auch mit schlechtem Gewissem, weiter ein Soldat des Führers zu sein. (Kaiser 538–539)

Interessanterweise schreibt Kaiser von „Massenerschießungen des SD" – die lettischen Schützen scheint er übersehen zu haben. Hier ist allerdings anzumerken, dass die Struktur der Einsatzgruppen und die Zuständigkeit des SD Mitte der 1950er Jahre keinesfalls zum Allgemeinwissen gehörten. Kaiser projizierte hier also seine guten Kenntnisse der jüngsten Geschichte auf das Tagebuch von Wilms. Auf eigene Erfahrung konnte er sich dabei nicht berufen, da er erst 1928 zur Welt gekommen war und am Ostfeldzug nicht teilgenommen hatte. Er war nicht Teil der Erinnerungsgemeinschaft der Kriegsveteranen, sondern repräsentierte gewissermaßen die Nachkriegsgeneration. Im weiteren Verlauf seiner langen Besprechung konzentriert Kaiser seine Kritik – wie andere Rezensent:innen – auf die Rahmenhandlung. Im Gegensatz zu den meisten seiner Vorgänger beurteilt Kaiser die Gespräche in der Jockey Bar jedoch äußerst kritisch. Er wirft den Teilnehmern der Runde Zynismus vor und bemängelt die Verknüpfung des lockeren Tons mit ernsten Themen: „Da war ein böser Krieg, in dem lauter feine Kerle verwickelt wurden, sie kamen alle in ein scheußliches Schlamassel, aber sie verloren nicht den Humor und das gute Herz." (Kaiser 540) In einer späteren Radiosendung nannte er *Am grünen Strand der Spree* sogar als Beispiel für die Kulturindustrie im Sinne Adornos und Horkheimers (Bf.).

Der damals frisch promovierte Literaturwissenschaftler Kreuzer ging in seiner Kritik noch weiter. In den *Frankfurter Heften* widmete er dem Tagebuch von Wilms etwa zwei Drittel seiner ausführlichen Rezension, die sich über fünf dicht bedruckte Seiten erstreckte. Sein Ausgangspunkt ist der unerwartete Erfolg des Romans angesichts der Tatsache, dass er sich mit den „heikelsten zeitgeschichtlichen Themen" auseinandersetzt. „Die Frage nach den Ursachen dieses Sachverhalts ist lautgeworden," schreibt Kreuzer (57), nur blieb sie unbeantwortet, denn es fand keine öffentliche Debatte über das Tagebuch statt. Wenn also der Literaturwissenschaftler behauptet, das Thema sei „lautgeworden", können wir nur annehmen, dass er damit Diskussionen innerhalb des akademischen Feldes meinte. Womöglich unterhielten sich Germanist:innen im Wintersemester 1956/57 auf Konferenzen, Seminaren und am Mittagstisch über das Buch von Scholz, zumal viele von ihnen in der vorangegangenen Sommerpause den Feuilletonroman in der *FAZ* gelesen haben dürften. Diese mutmaßlichen Gespräche mündeten aber in keine wissenschaftliche Publikation – zumal sich die damalige Germanistik bekanntlich auf den literarischen Kanon konzentrierte (Hempel-Küter 132– 133). Unser Zugang zu diesem unterschwelligen Diskurs, der sich womöglich ‚subkutan', d. h. unterhalb der Oberfläche der Medienöffentlichkeit entwickelte, ist daher nur sehr begrenzt. Könnten wir die damaligen Gespräche der Germanist: innen oder gar ihre Diskussionen mit ihren Studierenden heute belauschen, würde sich daraus vermutlich ein noch komplexeres Bild der ‚Schwingungen' innerhalb der Erinnerungskultur ergeben.

Kreuzer kritisiert die Kurzsichtigkeit des Großteils der Rezensent:innen und solidarisiert sich mit Kaiser in seinem negativen Urteil über *Am grünen Strand der Spree*. Ähnlich wie der Literaturkritiker der Gruppe 47 stellt er Wilms' Motivation infrage: „[Er] wird ohnmächtiger Zeuge einer Massenerschießung. Sein Abscheu und sein Mitleid [...] rechtfertigen seine Machtlosigkeit, entlasten ihn und mit ihm den Leser." (Kreuzer 58) Polemisch führt Kreuzer fort: „Wer schlägt die Juden?

Antwort: die Juden. [...] Wer war Antisemit? [...] Antwort: die Anderen. [...] Wer mordet: Antwort: lettische Zivilisten." (Kreuzer 58–59) Während Kaiser die Letten offenbar übersah und von „Massenerschießungen des SD" schrieb, erkennt Kreuzer die zentrale Problemstelle des Tagebuchs:

> Es ist gleichgültig, ob die Einzelzüge des Bildes, das Scholz entwirft, für sich genommen faktisch möglich waren oder nicht. Entscheidend ist, daß die Methode, nach der Scholz diese Züge absichtsvoll arrangiert, unvermerkt ein falsches ‚Klima' schafft und dem Leser ein verlogenes Gesamtbild suggeriert. [...] Die Vernichtungsaktionen des letzten Krieges sind kein Gegenstand für einen Unterhaltungsroman, in dem die Sektpfropfen knallen. (Kreuzer 59)

Mit Ausnahme von Joachim Kaiser und später Ruth Klüger bemängelte niemand mehr dieses „Klima", was darauf schließen lässt, dass sich die meisten Leser:innen und Rezensent:innen an der Darstellung des von den Letten verübten Mordes nicht weiter störten – sie hielten dieses Bild für authentisch. Trotz ihrer harten, aber präzise argumentierten Kritik lösten weder Kaiser noch Kreuzer eine Debatte aus. Scholz reagierte auf die beiden kritischen Rezensionen gelassen, und im Verlag gingen vereinzelte Briefe ein, die den Autor verteidigten. Auch darauf ging Kreuzer ein:

> Es befällt einen der Verdacht, daß der Siegeszug des Scholzschen Buches nur möglich wurde, weil es nicht nur Vorzüge, sondern auch bestimmte Mängel aufweist, die einer bestimmten Schicht des Publikums besonders teuer sind: es umgeht oder verfälscht wesentliche Probleme und Phänomene und hat einen kräftigen Stich ins Kitschige. (Kreuzer 57)

Mehr oder weniger direkt kommentiert der Kritiker nicht nur den Roman, sondern auch den ‚Erwartungshorizont' der deutschen Leser:innen und Rezensent:innen, die das Tagebuch von Wilms übersehen (wollten) bzw. es in seiner Form akzeptierten. Die fehlende Reaktion sowohl der Rezensent:innen als auch der Protagonisten in der Rahmenhandlung kann zweifach gedeutet werden. Einerseits signalisiert sie die von der affektiven Wirkung des Tagebuchs ausgelöste Sprachlosigkeit; andererseits kann es sich um Gleichgültigkeit handeln. Eine „Irritation" löste das Buch allenfalls bei den ‚professionellsten' Leser:innen wie Kaiser, Kreuzer und Klüger aus. Konnten sich die meisten Rezipient:innen mit dem Tagebuchschreiber scheinbar gut identifizieren, so warf die literarische Elite dem Text mangelnde Authentizität vor. Die Frage, ob eine weitgehend selbstkritische literarische Abrechnung mit den deutschen Kriegsverbrechen, wie sie Kreuzer forderte, damals überhaupt hätte publiziert werden können, bleibt offen.

In vollem Umfang offenbarten sich die diskursiven Spannungen und erinnerungskulturellen Schwingungen schließlich anlässlich der Verleihung des Heinrich-Stahl-Preises der jüdischen Gemeinde in Berlin an Scholz im April 1960.

Scheinbar war es dem Schriftsteller doch gelungen, einen Dialog zwischen Tätern und Opfern zu initiieren. Mit dem Preis wurden Persönlichkeiten geehrt, „die sich um die jüdische Gemeinschaft in Deutschland seit 1945 verdient gemacht hatten" (Riffel 45).[16] Die Feierlichkeiten fanden nur wenige Schritte von Scholz' Wohnung statt, im Sitz der jüdischen Gemeinde in der Fasanenstraße, wo einst seine Freundin Felicitas Lourié die Synagoge besucht hatte. Nachdem die Nationalsozialisten 1938 die Synagoge zerstört hatten, wurde das Gebäude kurz vor Scholz' Ehrung neu eingeweiht. Heinz Galinski, der Vorsitzende der Gemeinde, würdigte den Autor für „seine rücksichtslose Darstellung des Grauens, die für eine menschlichere Zukunft gewirkt und damit auch dem Wunsch der 30.000 Juden in Deutschland gedient hatte" (zit. n. Anonym, „Berliner Senat"). Die jüdische Presse ergänzte, Scholz würde die Juden „nicht in den Schleier des Vergessens hüllen" und zerre „mit schriftstellerischer Gewandheit an dem Gewissen jener, welche die jüngste Vergangenheit mit einer leichtfertigen Handbewegung aus dem Wege räumen möchten" (Ben Arie). Trotz des großen Lobes der jüdischen Leser:innen in Deutschland und Israel mangelte es Scholz an Takt, es auch würdevoll zu erwidern. In einem Interview mit dem *Tagesspiegel* ließ er etwa verlautbaren, es gehe „in seinem schriftstellerischen Werk um die Deutschen, da es hoffentlich nicht mehr nötig sei, um das Schicksal der Jüd:innen in Deutschland besorgt zu sein. Erste Aufgabe für uns Deutsche sei eine Selbstanalyse durch Wahrhaftigkeit." (E.R.) Zwar gibt der Aufruf zur „Selbstanalyse" an sich keinen Anlass zur Kritik – die Unbekümmertheit in Bezug auf die Jüd:innen aber, die Scholz hier wenige Wochen nach dem Höhepunkt der Antisemitismuswelle von 1959/60 äußerte, war mindestens ein Fauxpas.

Ungeachtet von Scholz' unangemessenen Äußerungen nach seiner Würdigung, die ebenfalls keinerlei weitere Reaktionen hervorriefen, zeugt die Verleihung des Heinrich-Stahl-Preises an den Schriftsteller von einer zunehmenden Dialogbereitschaft in der Bundesrepublik. In der Anerkennung seiner Leistung durch jüdische Leser:innen werden auch die ‚Schwingungen' der Erinnerungskultur sichtbar. Durchaus problematische Inhalte, auf die Kaiser oder Kreuzer hinwiesen, würdigten die Überlebenden des Holocaust in der Adenauerära als ein Zeichen der Annäherung. In diesem Sinne konnten sie Scholz dafür auszeichnen, die bundesrepublikanische Öffentlichkeit auf das dramatische Schicksal der Jüd:innen aufmerksam und die Abwesenheit dieser Opfergruppe im gesellschaftlichen Diskurs sichtbar gemacht zu haben (Puszkar 323).

---

16 Benannt war die Auszeichnung nach dem ehemaligen Vorsitzenden der jüdischen Gemeinde in Berlin, der diese Funktion von 1933 bis zu seiner Deportation nach Theresienstadt 1942 ausgeübt hatte.

Die gestraffte Vertonung

Der Erfolg des Buches führte schließlich zur Entstehung des Hörspiels. Aufgrund der vergleichsweise schlechteren Quellenlage im Historischen Archiv SWR und der begrenzten Rezeption des Hörspiels fällt seine Analyse im Vergleich zu Roman und Fernsehfilm weniger ausführlich aus. Dies entspricht allerdings nicht der Stellung der Radioinszenierung in der Geschichte von *Am grünen Strand der Spree*. Denn obwohl sie in der Öffentlichkeit verhältnismäßig wenig Beachtung fand, spielte sie für den Werdegang des Medienkomplexes – vom Roman zum Fernsehfilm – eine herausragende Rolle. Das Hörspiel war gewissermaßen ein notwendiges Intermezzo für die spätere Verfilmung.

Die erste Hörspielfolge – *Einer fehlt in der Runde* – wurde am 21. August 1956 im SWF1 gesendet und ein halbes Jahr später als eigenständige Sendung unter dem Titel *Das Tagebuch des Jürgen Wilms* wiederholt. Obgleich sich das Genre des Episodenromans gut für eine fünfteilige Sendereihe eignete, musste die Vorlage selbstverständlich stark überarbeitet werden. Gemeinsam mit dem Dramaturgen Manfred Häberlen schrieb Scholz das Drehbuch und übernahm, unter der Regie von Gert Westphal, auch die Rolle von Hans Schott – dem Veranstalter des Männerabends in der Bar. Beides betonte der Südwestfunk [SWF] mit Nachdruck (Presse und Information vom 23. Juli 1956). Nachdem der Schriftsteller wenige Monate zuvor dem *Spiegel* erzählt hatte, er habe sich beim Schreiben des Romans darauf bezogen, was er auch selbst gesehen habe (Anonym, „Boccaccio in der Bar"), stellte seine Beteiligung am Hörspiel eine weitere Authentisierungsstrategie dar. Seine Stimme vermittelte nun zwischen der Jockey Bar und den Hörer:innen. Da Authentizität im Hörfunk auf dem Verhältnis zwischen Sprecher und Text beruhe – so der Radioforscher Alexander Badenoch (80) –, konnte die Hörfunkinszenierung auf diese Weise den Eindruck erwecken, als handle es sich in vielerlei Hinsicht um eine persönlich erlebte Geschichte des Schriftstellers.

Gleichzeitig spielt für den Authentizitätseffekt sowie für die affektive Wirkung von Radiosendungen der Bezug zu den Hörer:innen eine wesentliche Rolle – etwa durch die Erzeugung einer gewissen Intimität, insbesondere, wenn schwierige Themen angesprochen werden. In dieser Hinsicht eignete sich das monologisch und in erster Person verfasste, fiktionale Tagebuch eines Soldaten, der die Erlebnisse vieler Männer seiner Generation repräsentierte, gut für eine Hörfunkadaption. Diesen Zusammenhang zwischen Hörsinn, Innerlichkeit und Erinnerung betont Manuela Gerlof (11) mit Verweis auf die 1954 von Erwin Wickert vorgelegte, produktive Theorie der „inneren Bühne", die auf der Vorstellungskraft der Hörer:innen beruht. Vor diesem Hintergrund prägte das Hörspiel der 1950er Jahre ein „Wortkult" (Siegert 290) – insbesondere im sogenannten literarischen Hörspiel, das in der Nachkriegszeit u. a. auf der Grundlage von Texten von Günter

Eich, Friedrich Dürrenmatt oder Ingeborg Bachmann entwickelt wurde, in dem die Sprache im Vordergrund stand, während andere Geräusche seltener vorkamen. Klingelte das Telefon, hupte ein Auto oder klapperte das Besteck, so waren das in der Regel keine Geräuschkulissen, sondern vereinzelt eingesetzte Symbolfiguren, die Wichtiges zu bedeuten bzw. vorzuheben hatten. Der Verzicht auf Alltagsklänge charakterisiert auch das Werk von Westphal (Siegert 290–291), dessen Hörspiele „vom Wort getragen [sind], die Dialoge bis in die sublimsten Schwingungen durchgearbeitet, und selbst das scheinbar nebensächlichste Geräusch hat dramaturgisch einen Sinn" (Alt).

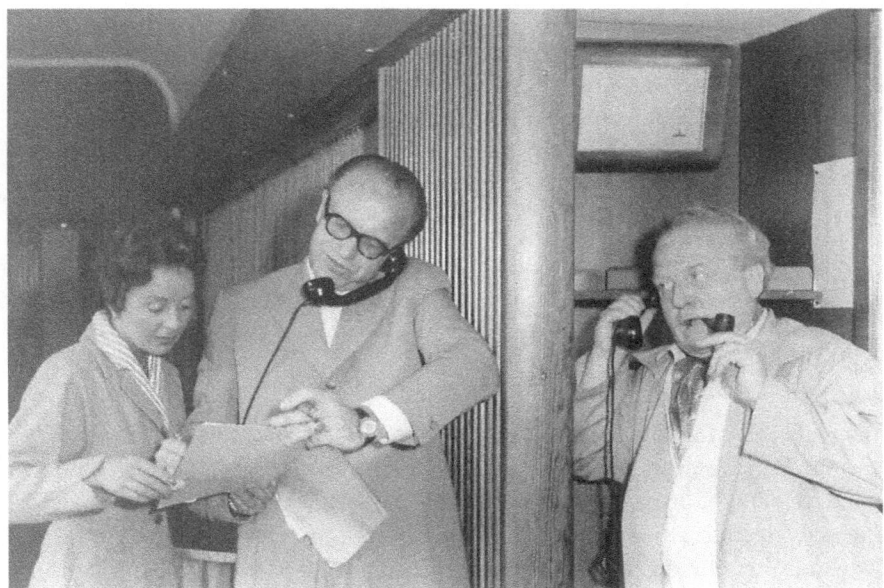

Abb. 9: Aufnahmen für den ersten Teil des Hörspiels *Am grünen Strand der Spree* beim SWF in Baden-Baden, 1956. Von links nach rechts: Else Hackenberg (Sekretärin), Regisseur Gert Westphal (Dr. Brabender) und Autor und Darsteller Hans Scholz (Schott). ©SWR/Hans Westphal.

Wie eine Fotografie von den Aufnahmen in Baden-Baden belegt (Abb. 9), arbeiteten die Sprecher – mit Ausnahme einer Frau handelte es sich allesamt um Männerrollen – in *Am grünen Strand der Spree* mit Requisiten. Auf dem Bild sehen wir, wie Gert Westphal und Hans Scholz die Szene des Telefongesprächs spielen, in der sich die Männer zum Abend in der Jockey Bar verabreden: Sie halten sich Telefonhörer ans Ohr, und die Sekretärin, die das Gespräch unterbricht, um ein Dokument unterschreiben zu lassen, kommt mit einer Mappe hinzu, auf der Westphal dann seine Unterschrift setzt. Handelt es sich auch um eine im Theater gewöhnliche Spieltechnik, sind im fertigen Hörspiel natürlich weder die Telefonhörer noch die Dokumentenmappe zu sehen (bzw. zu hören). Die Sprecher hätten sich bequem ans Mikrofon setzen und den Text mit viel geringerem Aufwand vorlesen können. Dieses Verfahren ermöglichte es hingegen, dass sich die Schauspieler möglichst intensiv in ihre Rollen hineinversetzen konnten – zumal Scholz auch über keine schauspielerische Ausbildung verfügte. Möglicherweise hätte das Einspielen des Drehbuchtextes ohne Einsatz von Requisiten und Bühnenbild nicht überzeugend genug gewirkt. Es geht also um den Effekt des ‚Authentischen', worin Gustav Frank (164) in seiner Interpretation von *Am grünen Strand der Spree* eine Abkehr vom anspruchsvollen, literarischen Hörspiel erkennt.

Ungeachtet der Verwendung von Requisiten blieb Westphal der Ästhetik der „Geräuscharmut" (Siegert 290) treu. In seiner Analyse zeigt Frank auf, dass das Hörspiel paradoxerweise weniger Geräusche enthält als die literarische Vorlage, in der zahlreiche Onomatopöien zum Einsatz kommen. Dazu gehören Hinweise auf Musik, Klänge aus der Bar, Schüsse, Schreie, Flugzeuglärm usw. Nur wenige davon sind in die Radioinszenierung eingeflossen. Hieran zeigt sich, dass die Beschreibung des Massakers

> am radikalsten den Mitteln des ‚literarischen Hörspiels' unterworfen wird: Kein ‚Lärm' darf eindringen, kaum sind noch Schnitte oder Brüche bemerkbar [...], kein Hinweis mehr auf die Medialität und ihre Funktion. Was stattdessen laut wird, ist die Stimme eines individuellen Gewissens. (Frank 167)

Die akustische Dominanz der Sprache liegt allerdings darin begründet, dass wir es mit einem Tagebuch zu tun haben, das vorgelesen wird. Für die Rahmenhandlung komponierte Hans-Martin Majewski ein leichtes Jazzstück, den *Jockey-Bounce*. Es eröffnet alle Folgen von *Am grünen Strand der Spree* und ertönt fast jedes Mal im Hintergrund, wenn sich die Männer in der Bar unterhalten. Die Melodie signalisiert auf unaufdringliche Weise die Übergänge zwischen der Rahmenhandlung und den einzelnen Geschichten. Die erste Überleitung von der Rahmenhandlung in die Diegese des Tagebuchs verläuft dabei fließend: Wir hören zunächst das Telefongespräch zwischen Schott und Brabender, die über die Heimkehr von Lepsius sprechen und den Abend planen. Die nächste Szene findet in der Bar statt, wo Lepsius von seiner Begegnung mit Wilms im Kriegsgefangenenlager berichtet und anschließend aus dem Tagebuch vorliest. Die Begegnung im Kriegsgefangenenlager beinhaltet einen kurzen Dialog zwischen Lepsius und Wilms, so dass wir beide Stimmen hören. Hier wechselt die Vorleserrolle von Lepsius auf Wilms. Für das Hörspiel stellten Scholz und Häberlen die ursprüngliche Reihenfolge der Szenen wieder her, die vom Verlag noch in letzter Minute geändert worden war – statt nach dem Telefongespräch direkt in das Tagebuch einzusteigen und erst während des Vorlesens in die Bar zu wechseln, hören wir die Geschichte nun in beinahe chronologischer Reihenfolge.

Die Änderungen für die Hörfunkadaption beinhalteten Kürzungen, Straffungen und Verschiebungen – ergänzt wurde hingegen kaum etwas. Die Zeit- und Ortsangaben werden jeweils vorgelesen, so dass der Tagebuchcharakter gewahrt wird. Nach den Etappen in Maciejowice, Góra Kalwaria, Garwolin und Brest-Litowsk gelangt Wilms nach Orscha. Während sich Wilms im Roman an Ruth Esther erinnert und gleichzeitig den Mord an den Jüd:innen beobachtet, werden diese zwei Ebenen im Hörspiel voneinander getrennt. Die Beschreibung des Massakers wird nur einmal durch einen längeren Gedanken an Ruth Esther unterbrochen. Diese Kondensierung in eine nun stringentere Erzählung entfernt es allerdings – nach den Kriterien von Jörn Rüsen (248–250) – von der historischen Authentizität, denn die narrative Kohärenz wird hier durch eine Trennung des Vergangenen vom Gegenwärtigen hergestellt. Gerade diese Sperrigkeit kann und muss Rüsen zufolge narrativ zum Ausdruck gebracht werden, wenn über den Holocaust erzählt wird. Nur so können die Grenzen des Erzählens und die Unerzählbarkeit des Holocaust markiert werden – unabhängig davon, ob es sich um historiografische oder um künstlerische Narrative handelt. Diese Auffassung steht ganz im Sinne des *affective turns*. Insbesondere Ernst van Alphen und Ruth Leys vertreten den Standpunkt, dass der Holocaust durch einen geordneten Diskurs prinzipiell nicht zu erfassen sei. Während das Buch die Erfahrung von Wilms hauptsächlich durch Leerstellen und Brüche in der Erzählung vermittelt, wirkt das Hörspiel durch seine geordnete Form weniger affektiv, obwohl gerade das Radio als Medium geeignet gewesen wäre, ein Gefühl von Nähe und Intimität zu erzeugen.

Ebenso tragen die zahlreichen Straffungen zur Minderung der affektiven Wirkung bei. Zu den gestrichenen Fragmenten gehört beispielsweise Wilms' Bemerkung über das Stapeln der Opfer. Die Hörer:innen erfahren weder, wie viele Jüd:innen ermordet wurden, noch, dass sie sich erst ihrer Kleidung hatten entledigen müssen. Konsequent erscheint daher, dass auch die Szene der Leichenbergung in Brest-Litowsk wesentlich kürzer ausfällt als im Buch. Nach den ersten Sätzen bricht der Bericht kurz ab, und die Stimme von Lepsius lässt vernehmen: „Hier ist die Seite abgerissen." Wir erfahren nicht, dass Wilms' Fotoapparat kurz darauf zerstört wird, was ebenfalls von narrativer Stringenz zeugt, denn das Motiv des Fotografierens kommt im Hörspiel gar nicht vor. Entfaltet sich das synästhetische Potenzial des Romans hauptsächlich an der Schnittstelle zwischen Text und Bild, so weist das Hörspiel weitgehend eine medienimmanente Kohärenz auf: Visuelle Motive werden größtenteils zurückgenommen, ausgewählte akustische Elemente hingegen ausgebaut. Diese Änderungen tragen schließlich dazu bei, dass die Ambivalenzen und narrativen Schwingungen, die das Tagebuch im Roman charakterisieren, im Hörspiel kaum noch präsent sind. Die Inszenierung wirkt ‚abgerundet' und ‚aufpoliert', wodurch die Schilderung des Massakers ihre ursprünglich ‚authentische' Wirkung verliert.

Akustische Effekte kommen im Rahmen des Tagebuchs von Wilms erst in der Erschießungsszene zum Einsatz. Zunächst hören wir das Gespräch der Soldaten, die sich in unterschiedlichen Dialekten über die Morde an den Jüd:innen unterhalten, wobei sie mehr gegeneinander anreden als miteinander sprechen – eine bloße Aneinanderreihung von Satzfetzen. Die Phrasen werden langsam und deutlich artikuliert, so dass sie trotz der Dialekte verständlich bleiben. Anschließend hören wir das Geräusch eines Flugzeugs – das Motiv kommt im Buch ebenfalls vor und trennt, als Ersatz für die Zeitangabe, den Abschnitt in Brest-Litowsk von dem in Orscha. Da derartige akustische Effekte bis dahin kaum genutzt werden, sind sie als starkes Signal zu deuten: einerseits, um die Aufmerksamkeit der Hörer:innen zu wecken, und andererseits zur Herstellung des Übergangs in die nächste Szene.

Hier stehen im Drehbuch nun Regieanweisungen wie „Klagen der Juden, Einzel- und Dauerfeuer der Maschinenpistolen" (Scholz und Häberlen 47). Die Klagen spielte Regisseur Westphal als entferntes und langes Heulen ein, bei dem kaum zu erkennen ist, ob es sich um einen menschlich erzeugten Laut oder um den Wind handelt. Passend dazu wurden vier Sätze vom Ende der Erschießungsszene an den Anfang verschoben: „Das Geschrei turnt auf der ganzen Schlange entlang. Die ganze Schlange schreit eine Weile lang vom Kopf bis zum Schwanz unten, eine wehklagende Schlange. Dann schweigt die Schlange wieder... Die Nächsten, vorwärts los" (Scholz und Häberlen 45). Die lebendige ‚Warteschlange' kommt hier als Metapher zum Einsatz, mit der die wartenden Jüd:innen entmenschlicht werden. Was im Roman an einer wenig exponierten Stelle stand, gewinnt durch die Umstellung der Szenen hier an Bedeutung. Neben den Schüssen sind im Hintergrund auch Stimmen zu hören, die sich an die Jüd:innen richten. Im Drehbuch ist von „Rufen der Schützen und Polizisten" die Rede, und im Hörspiel hören wir zunächst die russischen Wörter „bystro, bystro, dawaj, dawaj" und anschließend ihre deutschen Entsprechungen „schneller, schneller". Zwar waren die deutschen Täter in der Lage, ihre Opfer in der Sowjetunion mit rudimentären Versatzstücken auf Russisch anzusprechen, doch suggeriert die Sprachwahl in diesem Kontext eher die Beteiligung lokaler Helfer an dem Verbrechen. Die „lettischen Zivilisten" sind auch im Hörspiel enthalten, wenngleich Westphal Fragmente über den Antisemitismus der lokalen Bevölkerung kürzte – so kommen die antisemitischen Parolen der Kinder im Hörspiel nicht vor. Ferner konnte mit den Wörtern *bystro* und *dawaj* auch eine unterschwellige Wirkung intendiert worden sein, da sie zu jenen russischen Phrasen gehörten, die deutsche Soldaten während des Ostfeldzugs oder in der Kriegsgefangenschaft womöglich oft zu hören bekommen hatten. In Anbetracht der Tatsache, dass diese Phrasen im

Roman nicht vorkommen, ist ihre Verwendung im Hörspiel nicht als Verweis auf die literarische Vorlage zu deuten, sondern als Remedialisierung der Kriegsrealität.

Zum Ende der Erschießungsszene schildert Wilms die Ermordung des jüdischen Mädchens. Sein Monolog wird von einem einzigen, lauten Schuss unterbrochen, der den Tod des Kindes signalisiert. Auch in der Hörspielfassung wirkt diese Passage ob ihrer Überdeutlichkeit außergewöhnlich. Das Heulen, die Schreie und Schüsse im Hintergrund gehen in einen monotonen Gesang über. In dem sonst realistischen Hörspiel, in dem die Handlung stets authentisiert wird – durch Zeit- und Ortsangaben oder die korrekte Verwendung von Dialekten und Fremdsprachen – hat das melodische Stöhnen im Hintergrund eine entfremdende Wirkung. Die letzten Abschnitte der Erschießungsszene wirken wie ein Traum, so als sei das alles gar nicht geschehen. Nachdem zunächst mehrfach stilistische Mittel verwendet wurden, um die Authentizität der Darstellung hervorzuheben, erfolgt nun ein ‚Rückzug', der es durchaus erlaubt, das Massaker als Fantasieerzeugnis von Wilms zu deuten.

Die Rezeption des Hörspiels beschränkt sich auf vereinzelte und teils sehr widersprüchliche Besprechungen. Zum einen wird die Inszenierung als „Hörspielereignis" (Alt) gepriesen; die *Zeit* nennt sie „hervorragend" und die *Rheinische Post* einen „Erfolg". Zum anderen bemängeln die Rezensent:innen die Straffungen, vor allem in der Rahmenhandlung; so behauptet etwa die *Kölnische Rundschau:* „Das Beste des Buches, das etwa in der treffsicheren Fixierung einer Stimmung, einer historischen Situation, einer bestimmten, menschlichen oder gesellschaftlichen Atmosphäre wirksam wird, ging in der Hörfolge fast völlig verloren" (Epl.). Das *Badische Tageblatt* klagt wiederum über die Überarbeitungen des Textes, der in der Hörspielfassung an Authentizität eingebüßt habe:

> Wiewohl er sich, vielfach in Dialogform gehalten, dem Funk gerade anzubieten scheint, ist die Erzählungsart von Scholz so prass von innerer Lebendigkeit, so eigenartig in ihrer inneren Form, so wenig real faßbar, daß – und man muß wieder sagen: merkwürdigerweise – Mikrophon und Lautsprecher für dieses Unfaßbare wie ein Filter wirkten und eben nur wenig mehr als das Direkte und Faßbare durchließen. (W.)

Die zeitgenössischen Rezensent:innen wurden also auf genau jene Eigenschaften des Hörspiels aufmerksam, die auch aus heutiger Perspektive ins Auge bzw. ins Ohr stechen. Obwohl das Medium großes Potenzial für ein intimes, affektgeladenes Gespräch mit den Hörer:innen barg, scheint die gestraffte Inszenierung der Romanvorlage diese Gelegenheit verpasst zu haben – ganz abgesehen davon, dass die ‚Treue' zur literarischen Vorlage im bundesrepublikanischen Diskurs der Nachkriegszeit als wichtigstes Bewertungskriterium einer Adaption galt (Scholz A.-M. 2).

In Anbetracht der lediglich neun vorliegenden Besprechungen des Hörspiels lässt sich kein Vergleich zu den ausführlichen Reaktionen auf das Buch ziehen, zumal nur zwei Rezensent:innen auf das Tagebuch von Wilms hinwiesen. In der *Kölnischen Rundschau* konzentrierte sich der Autor auf die Gesprächssituation, in der über „bitterste Erinnerungen" berichtet wird:

> Wer nur Opfer des Geschehens war, will vergessen. Viele Soldaten und Gefangene, die heimkehrten, schweigen finster, wenn einer sie fragt. [...] Nicht so die Teilnehmer der feuchtfröhlichen Zechrunde in der Berliner Jockey Bar. [...] Was die fünf Freunde [...] sich da zum Teil an Hand Aufzeichnungen Dritter zu berichten haben, gehört mit zu dem Gewagtesten, was aus jenen bislang berichtet wurde. (Epl.)

Der allgemeine Ton, in dem die deutschen Kriegsverbrechen zwar angedeutet, aber nicht explizit genannt werden, erinnert an die Rezensionen des Buches. Es fällt allerdings auf, dass bereits im ersten Satz von Opfern die Rede ist: Fünf Freunde treffen sich, um ihre Sorgen im Alkohol zu ertränken und sich den Kummer von der Seele zu reden. Auf diese Weise wird *Am grünen Strand der Spree* in das für die Zeit typische Opfernarrativ eingerahmt (Taberner und Berger; Niven, *Germans*; Moeller, „The Politics"; Assmann, *Der lange Schatten* 193–204). Die tatsächlichen Opfer – in diesem Fall die sowjetischen Jüd:innen – werden übergangen, während das Leid des Kriegsgefangenen und des Heimkehrers in den Vordergrund gerückt wird.

Die erweiterte Verfilmung

Nachdem der NWRV-Intendant Hanns Hartmann im Sommer 1959 die Lizenz für *Am grünen Strand der Spree* erworben und Fritz Umgelter mit der Regie beauftragt hatte, begannen die hastigen Arbeiten am Drehbuch. Zusammen mit Reinhart Müller-Freienfels teilte Umgelter den Stoff in fünf Folgen auf und folgte dabei weitgehend dem Hörspiel. Hatten Scholz und Häberlen Hesselbarths Geschichte über seine Begegnung mit der russischen Partisanin jedoch ganz gestrichen, so integrierten die Filmemacher das Motiv in ihr Drehbuch. Im Unterschied zum Hörspiel wurde die Darstellung des Massakers nicht gestrafft, sondern erheblich ausgebaut, so dass sie nun 22 von insgesamt 96 Minuten der ersten Folge umfasste.

Der Übergang zwischen der Barszene und den Aufnahmen aus dem Tagebuch von Wilms erfolgt mithilfe einer Blende. Aus dem Off liest zunächst Lepsius und dann Wilms das Tagebuch vor. Die Blende sowie die akustische Klammer, die den Wechsel zwischen zwei Welten ankündigen, gehören zu den Elementen der Filmsprache, die in der Regel Analepsen bzw. Retrospektionen markieren. In diesem Sinne vollzieht sich die Überleitung zum Tagebuch im Modus eines Erinnerungsfilms (Erll und Wodianka). Mitten in der Tagebucherzählung beginnend, in Maciejowice, beschreibt Wilms den Ort: „Der Marktplatz steigt gewölbt und schräg an, gepflastert mit Katzenköpfen", währenddessen die Kamera den steinigen Boden auf dem leeren Marktplatz zeigt. Weiter berichtet Wilms vom wolkenlosen Himmel, während die Kamera nach oben schwenkt und den Himmel zeigt. Diese narrative Redundanz mag irritieren, doch dient sie als Hilftsmittel, um in das Genre des Tagebuchs einzuführen. Erst nach wenigen Minuten verstummt die Stimme von Wilms – und die im Tagebuch geschilderten Ereignisse werden nun ausschließlich mit filmischen Mitteln präsentiert. Zweimal wechselt das Setting in die Bar, um anschließend wieder in den Ostfeldzug zurückzukehren. Gelegentlich spricht Wilms erneut aus dem Off, wodurch die Tagebuchform stets präsent bleibt.

Abb. 10: Wilms' Blick durch die Kamera, während er seinen Kameraden Franz Hapke fotografiert. Abbildungen 10–19 sind Screenshots aus der ersten Folge der Miniserie *Am grünen Strand der Spree*.

Sowohl im Roman als auch im Film – nicht aber im Hörspiel – wird Wilms beim Fotografieren präsentiert. In der Buchvorlage erwähnt er bereits auf den ersten zwei Seiten seines Tagebuchs achtzehn Fotografien aus Maciejowice. Während die Bilder in der Erzählung der Buchfassung nicht mehr vorhanden sind, werden sie im Fernsehfilm jeweils im Moment der Aufnahme gezeigt – der Ort Maciejowice wird zum Teil durch das Objektiv des Fotoapparates dargestellt, und die

Schnappschüsse selbst werden durch einen kurzen, eingefrorenen Moment und eine Einrahmung signalisiert (Abb. 10). Diese ‚Rekonstruktion' der Fotografien bedeutet allerdings den Verlust von Intermedialität und Synästhesie. Die akustischen Motive aus dem Romantext gehen natürlicherweise in den Soundtrack über, während der Schwarzweißfilm keine Hinweise auf die Farben, Gerüche oder haptische Signale gibt. Auf den textuellen Charakter des Tagebuchs wird nur in der Rahmenhandlung verwiesen, indem Hans-Joachim Lepsius es als „Manuskript" bezeichnet. Der Fernsehfilm wird an die diskursiven Ordnungen der klassischen Filmsprache[17] angepasst – die Zuschauer:innen sollen sich nicht auf die mediale Spezifik der Darstellung, sondern auf den Handlungsablauf konzentrieren. Diesen Eingriff kommentierte der Rezensent der *Frankfurter Rundschau* (24. März 1960) folgendermaßen: „Wer den Roman gelesen hat, mag sich über die Schärfe gewundert haben, die er auf dem Bildschirm gewann."[18] Mit dieser noch stärker als im Hörspiel forcierten ‚Abrundung' verliert die filmische Umsetzung des Stoffes von Scholz einen Großteil seiner ursprünglichen ‚Brüche' und ‚Schwingungen'. Erst in der finalen Erschießungsszene gibt Umgelter manche Prinzipien der klassischen Filmsprache auf – bis dahin aber befolgt der erste Teil von *Am grünen Strand der Spree* die diskursiven Regeln des Kriegsfilmgenres.

Während Wilms fotografiert, erhält er den Befehl, die Post der Einheit zu zensieren. Was im Roman in nur einem Satz beschrieben ist: „Es ist ein Befehl eingetroffen, wonach alle Post in die Heimat durch die Kompanie zensiert werden soll" (*AGSS* 15), baute Umgelter zu einer fünfminutigen Szene aus, in der nicht nur Post *in*, sondern auch *aus* der Heimat gelesen wird. Diese Pflicht ist eine Strafe für Wilms dafür, dass er am Tag zuvor seine Hemden in einer jüdischen Wäscherei waschen ließ. Vor der Schreibstube diszipliniert der jüdische Ordnungsdienst die jüdische Zivilbevölkerung, was Wilms' Vorgesetzter Hauptmann Rahm beobachtet und unverzüglich verbieten lässt: „Widerlich, sollen aufhören. Juden schlagen die Juden." Diese Bemerkung fehlt im Roman, weshalb ihre Einführung im Fernsehfilm zu einer signifikanten Verschiebung führt. In der Buchvorlage war es Wilms, der die Maßnahmen des jüdischen Ordnungsdienstes beobachtete, während niemand eingriff. Bei Umgelter hingegen tut dies ein deutscher Offizier. Die Deutschen werden demnach beinahe als Beschützer der Jüd:innen in Maciejowice dargestellt. Dieses Motiv wiederholt sich kurz darauf, als das jüdische Mädchen Wilms anstarrt, ihn als „scheener Herr aus Daitschland" anspricht und sich von

---

17 Mit „klassischer Filmsprache" meine ich Regeln wie eine lineare Erzählstruktur, das Folgen der Blickrichtung, ein möglichst unsichtbarer Schnitt, die Synchronisation von Bild und Ton usw. Mehr dazu u. a. in David Bordwells Standardwerk *Narration in the Fiction Film*.
18 Sofern nicht anders angegeben, stammen die Zeitungszitate aus der Sammlung des Westdeutschen Rundfunks: „Im Urteil der Presse: ‚Am grünen Strand der Spree'".

ihm Schutz erhofft. Die in Bezug auf die historische Realität von Helmut Kreuzer und später Ruth Krüger kritisierten ‚Schieflagen' des Buches werden so im Film noch stärker betont.

Abb. 11: Der jüdische Junge in Góra Kalwaria.

In der Szene in Góra Kalwaria wird die Wehrmacht erneut beinahe als Wohlfahrtsorganisation inszeniert. Die Einheit von Wilms macht eine Marschpause und verzehrt ihre Marschverpflegung. Der Koch verteilt zusätzliche Portionen an einige polnische Kinder; nur der jüdische Junge, dem Wilms später seine Fleischbüchse schenkt, wartet abseits der Gruppe (Abb. 11). Als er sich der Feldküche nähert, vertreibt ihn eine polnische Frau mit dem Ruf „Żyd, Jud!" und zeigt mit dem Finger auf ihn. Für Scholz war Góra Kalwaria vermutlich nur ein Ortsname, ein kurzer Zwischenhalt auf dem Marsch in die Sowjetunion. Es handelt sich aber – bis heute – um eines der wichtigsten und lebendigsten Zentren der jüdischen Kultur in Polen. Auch fielen die Jüd:innen aus Góra Kalwaria der deutschen Vernichtungspolitik äußerst früh zum Opfer. Anders als etwa in Maciejowice, wo die Jüd:innen erst im Herbst 1941 separiert wurden, errichteten die deutschen Besatzer bereits im Juni 1940 ein Ghetto in Góra Kalwaria (Prajs). Acht Monate später wurde es aufgelöst, was in diesem Fall eine Deportation ins Warschauer Ghetto bedeutete. Zum Zeitpunkt des Vormarsches der deutschen Truppen in Richtung Sowjetunion gab es also keine Jüd:innen mehr in der Stadt. Aus heutiger Sicht kann das Bild des einsamen jüdischen Jungen aus Góra Kalwaria, der in *Am grünen Strand der Spree* zahlreichen polnischen Kindern gegenübergestellt wird, als Symbol der Vernichtung dieser Kultur interpretiert werden. Dass auch er bald sterben würde, deutet sich in der Frage eines Soldaten an: „Wieviel Tage gibt's du ihm noch?". Tatsächlich wird diese Frage gegen Ende des Films beantwortet, als der Junge aus einem Viehwagen in Orscha aussteigt und dort ermordet wird.

Die Figur der Frau, die den Jungen als Juden denunziert, entstammt dem Handlungsstrang über das polnische Mädchen aus Garwolin. In die Szene in Góra Kalwaria wurde zudem das Motiv der lokalen Schönheit integriert, das im Buch an anderer Stelle zum Einsatz kommt: Die ältere Schwester des jüdischen Jungen, zu der sich Wilms sichtlich hingezogen fühlt, dankt ihm für sein Verhalten und schenkt ihm eine Packung saure Gurken. Im Buch kommt dieses Requisit erst in der Geschichte von Hesselbarth vor, der bei seiner ersten Begegnung mit der russischen Partisanin ebenfalls Gurken geschenkt bekommt. Während also die zweite Binnengeschichte des Romans aus dem Hörspiel ganz gestrichen wurde, integriert sie Umgelter in abgewandelter Form in die erste Episode – mit weitgehenden dramaturgischen Konsequenzen. Vermutlich unwissentlich kehrt der Regisseur zur ursprünglichen Fassung des Romans zurück, in der das Mädchen als Jüdin beschrieben war. Gewiss handelt es sich dabei um eine Verdichtung der Handlung (Schmid), doch führt die Streichung des in der Buchvorlage geschilderten Flirts mit der Polin dazu, dass beinahe alle Haupt- und Nebenfiguren im Film entweder Deutsche oder Jüd:innen sind.

Nach der Rast in Góra Kalwaria setzt die Einheit den Marsch gen Osten fort. Die Schlacht bei Brest-Litowsk wird durch Archivaufnahmen aus der Wochenschau eingeleitet. Seibert („Medienwechsel" 81) behauptet, es handle sich dabei um eine weitreichende Authentisierungsstrategie, nicht zuletzt insofern, als die anschließende Schlachtszene der Ästhetik der Archivaufnahmen angepasst wurde. Der Sinn der „bruchlosen" Montage bestehe laut Seibert darin, den „fiktionalen Bildern Authentizität zu erborgen, die Unmittelbarkeit des Zeugnisses zu insinuieren, wie es ja vom Text her auch das ‚Tagebuch' prätendiert" (Seibert, „Bruch" 138). Was Seibert in seiner Interpretation allerdings auslässt, ist Wilms' Kommentar. Aus dem Off spricht er zu den Archivaufnahmen kurze, rhythmische Sätze im Duktus der Wochenschausprecher, die hier aber als Gegenstimme zur NS-Propaganda fungieren:

> Längs der Straße alles voll zurückgelassenen Geräts. Vier von der Kompanie gefallen. Jaletzki verwundet. Brest-Litowsk, hieß es, ist am 24. genommen. Die deutsche Fahne weht über der

Zitadelle. Pustekuchen. Nichts ist. Um die Zitadelle wird noch gekämpft. 2. Juli. Brest-Litowsk. Zum Kotzen. Die Front ist schon an der Beresina und wir mucksen hier herum ohne jeden Sinn. Kommen nicht voran.

Wenn also der Sinn dieser Archivaufnahmen in der Authentisierung der Darstellung besteht – und dieser These möchte ich nicht widersprechen –, dann geht es weniger um die Authentisierung der fiktionalen Bilder durch dokumentarische Aufnahmen als vor allem um die ‚authentische', d.h. der propagandistischen Berichterstattung gegenüber gestellte Perspektive des einfachen Landsers. Paradoxerweise sind es die Worte einer fiktiven Figur und eben nicht die archivarischen Filmaufnahmen, die der Erzählung Authentizität mehr verleihen sollen.

Im Vergleich zur literarischen Vorlage baute Umgelter die Schlachtszenen in Brest-Litowsk wesentlich aus. Im *Münchner Merkur* (24. März 1960) hieß es sogar, die Kriegsszenen seien als „Beweis soldatischer Anständigkeit" eingeführt worden, um einen moralischen Ausgleich zur Erschießungsszene zu schaffen. Wir sehen schießende Männer, Verwundete und Tote. Der Regisseur ergänzte die Handlung auch um Luftwaffenangriffe und Kämpfe gegen sowjetische Panzertruppen. Anschaulich zeigt die Szene das Heldentum deutscher Soldaten neben der Brutalität des Krieges – so markiert ein Infanterist das Gelände, auf dem sich die Truppen aufhalten, mit einer NS-Flagge, während die Flieger der Luftwaffe wild um sich schießen und dabei auch die eigenen Leute treffen. Die im Buch nur kurz erwähnten Panzerkämpfe baute Umgelter ebenfalls zu einer langen Szene aus, in der Wilms heldenhaft einen sowjetischen Angriff abwehrt. Die Fremdartigkeit der ‚Iwans' – wie die Soldaten der Roten Armee im Volksmund bezeichnet wurden – wird durch ihre asiatisch anmutenden Gesichtszüge betont. Die deutschen Männer greifen sie tapfer und entschlossen an, adressieren aber auch mehrfach die Verlogenheit des NS-Systems und die Sinnlosigkeit des Kampfes. Als Gegensatz zu den im Grunde sympathischen Männern aus der Kompanie von Wilms fungiert der junge, fanatische Soldat, der dessen Fotoapparat vernichtet. Es entsteht dabei das Bild von mehrheitlich anständigen Männern, die in einen Krieg geschickt wurden, in dem sie zwar ehrenhaft, aber widerwillig kämpfen müssen. Ausnahmen, wie der Fanatiker oder der Antisemit Jaletzki, bestätigen die Regel. Dieses Narrativ finden wir in beinahe allen westdeutschen Kriegsfilmen und -romanen der 1950er Jahre wieder.[19] Insofern griff Umgelter auf ein bewährtes

---

[19] Die Forschungsliteratur zur Darstellung des Zweiten Weltkrieges in der Literatur und im Film der 1950er Jahre ist inzwischen sehr umfangreich. Für die literaturwissenschaftlichen Arbeiten vgl. stellvertretend die Publikationen von Norman Ächtler sowie den von Ursula Heukenkamp herausgegebenen Sammelband *Schuld und Sühne?*. Eine Online-Bibliografie der wissenschaftli-

Muster zurück, das damals kaum hinterfragt wurde und durchaus als ‚authentisch' galt. Dass er die Handlung um Luftangriffe und Panzereinsätze ergänzte, hatte einerseits mit der Popularität derartiger Szenen im damaligen Kriegsfilm zu tun und ging andererseits auf seine eigene Kriegsbiografie zurück. Das Flak-Regiment 411, in dem er diente, war nämlich der 3. Panzerarmee unterstellt und nahm ebenfalls an den Kämpfen um Brest-Litowsk teil (Tessin Bd. 10, 116). In der Diskussion, die auf die Ausstrahlung des Films folgte, führten sowohl Hans Scholz als auch Hanns Hartmann die Erfahrungen von Umgelter als Beleg für die Authentizität der Darstellung an.

Nach der Szene in Brest-Litowsk, in die Umgelter zum Schluss die Bilder der Juden bei der Leichenbergung einbaute, wechselt die Handlung nach Orscha, wo sich die Soldaten über die Mordaktionen unterhalten. Das Gespräch läuft ähnlich ab wie in Roman und Hörspiel – im Hintergrund sehen wir aber Jaletzki, der einsam an einem Tisch sitzt und das Gespräch schweigend mitanhört. Während die übrigen Soldaten in mehr oder weniger direkter Form Mitleid mit den Opfern äußern, wird Jaletzki wiederholt die Rolle des isolierten Nazis zugeschrieben. Im Hintergrund hängen Mäntel von Sanitätern an Kleiderhaken – die Kamera verweilt auf weißen Armbinden mit rotem Kreuz. In anderen Szenen sind Wandkruzifixe, Grabkreuze oder lange Nahaufnahmen von Gurtschnallen mit der Aufschrift „Gott mit Uns" zu sehen. Die mehrfache Präsentation christlicher Symbole in der Verfilmung des Tagebuchs von Wilms sieht der Medienwissenschaftler Lars Koch (84) als Signal einer „umfassenden abendländischen Sinnkrise" und erklärt, nicht der einzelne Soldat werde als für den Mord verantwortlich dargestellt, sondern das gottlose Zeitalter selbst (Koch 85). Damit passt sich der Film an zeitgenössische Deutungsmuster an, die beispielsweise in Heinrich Bölls oder Erich Maria Remarques Kriegsprosa popularisiert wurden. Der Krieg wird verurteilt, die Soldaten bleiben aber mehrheitlich schuldlos.

Im Anschluss an das Gespräch der Soldaten beantragt Wilms zwei Stunden Urlaub bei seinem Vorgesetzten, um „dem Jahrhundert ins Gesicht zu sehen". Die beiden unterhalten sich zunächst in der Stube und dann vor der Tür – es liegt zwar Schnee, doch vom Dach rinnt Wasser. Die im Roman enthaltenen Bemerkungen über den Dauerfrost sind – so ist zu vermuten – wegen Tauwetters während der Dreharbeiten ausgelassen worden. Wilms begibt sich zur Erschießungsstelle. Auf dem Weg dorthin versteckt er sich hinter diversen Gegenständen, um nicht von den Wachmännern entdeckt zu werden (Abb. 12). Er wird angehalten und weggeschickt. Gegenüber dem nächsten Wachmann behauptet er,

---

chen Arbeiten zu deutschen Kriegsfilmen der 1950er Jahre hat Hans Jürgen Wulff zusammengestellt.

Abb. 12: Wilms versteckt sich auf dem Weg zur Erschießungsstelle.

vom „Transportbegleitkommando" zu sein, und wird schließlich durchgelassen. Wilms' Anschleichen zur Erschießungsstelle wird im Fernsehfilm wesentlich ausführlicher dargestellt als in Roman und Hörspiel. Die beiden ersten Fassungen von *Am grünen Strand der Spree* reduzieren die Wegschilderung auf zwei kurze Sätze, ohne die Wachmänner zu erwähnen. Mit der Erweiterung dieses Motivs suggeriert Umgelter viel stärker als Scholz und Westphal vor ihm, dass ‚durchschnittliche' Soldaten keinen Zugang zu den stark bewachten Erschießungsstellen gehabt hätten. Sich auf diesen scheinbar gefährlichen Weg begebend, wird Wilms in der Fernsehfassung so zum Helden stilisiert, der für die Wahrheit kämpft. Diese Inszenierung liefert ein Erklärungsmuster, nach welchem es für ‚einfache' Wehrmachtssoldaten beinahe unmöglich war, solche Massenerschießungen mitbekommen zu haben. Die Szene trug daher zum stark verbreiteten Narrativ über die unschuldigen Wehrmachtssoldaten bei, die von den Kriegsverbrechen an der Zivilbevölkerung nichts gewusst haben wollen.

Auf seinem Weg zur Erschießungsstelle läuft Wilms an Ruinen zerstörter Häuser entlang (Abb. 13). Immer wieder sehen wir Mauerreste im Vordergrund und Wilms' Gestalt dahinter huschen. Umgelter führt also Bilder ein, die durchaus eine historische Grundlage haben, obwohl die entsprechenden Vor-Bilder weder

Abb. 13: Ruinen in Orscha.

im Roman noch im Hörspiel enthalten sind. Der Regisseur greift auf die Ruinen als Ikonen der Kriegszerstörung zurück, die sowohl symbolisch als auch sehr konkret gedeutet werden können, denn wie viele andere Orte in der Region wurde Orscha während des Angriffs der Deutschen im Sommer 1941 beinahe komplett ausgebombt. In den Ruinen begegnet Wilms einheimischen Kindern. Auch dieses Motiv ist für damalige Filme nichts Ungewöhnliches – so sei nur auf die Kinderfiguren in deutschen und internationalen ‚Trümmerfilmen' verwiesen wie *Irgendwo in Berlin* [1946] von Gerhart Lamprecht oder *Deutschland im Jahre Null* [1948] von Roberto Rossellini. Bei Umgelter spielen die Kinder Krieg, indem sie so tun, als würden sie einen Juden erschießen. Zur Kenntlichmachung der Rollen trägt eines der Kinder einen Davidstern auf dem Mantel (Abb. 14). Anders als im Buch, wo Scholz russischsprachige Kinder beschreibt, sprechen sie im Film Polnisch: „Chodź tutaj, Żydzie, ja ciebie zastrzelę. Ja ciebie też zastrzelę. [...] Żydom puff, Żydom kaput, Żydom pogrom" [Komm her Jude, ich erschieße dich. Ich erschieße dich auch. [...] Den Juden puff, den Juden kaputt, den Juden Pogrom]. Was auf den ersten Blick nach einer Verwechslung der slawischen Sprachen aussieht, ist zugleich eine Vorbereitung auf das, was Wilms gleich sehen wird: den Transport und die Erschießung polnischer Jüd:innen.

Abb. 14: Russische Kinder spielen Krieg.

Anders als in Buch und Hörspiel, in deren Erzählungen einheimische Jüd:innen erschossen werden, sehen wir im Film, wie Menschen aus einem Zug aussteigen und zur Erschießungsstelle geführt werden. Unter ihnen befinden sich der Junge aus Góra Kalwaria und seine Schwester, die Wilms eine Packung eingemachte Gurken schenkte. Es handelt sich dabei um eine in vielerlei Hinsicht signifikante Änderung, denn während es sich bei den Opfern im Roman um namenlose Jüd:innen handelte, werden sie hier von dem Mädchen repräsentiert, zu dem sich Wilms hingezogen fühlte. Er möchte sie retten, zieht sie aus der Reihe hervor und rät ihr, zu fliehen, doch sie kehrt zu ihrem Bruder zurück. Auf diese Weise integrierte Umgelter Hesselbarths Geschichte über die russische Partisanin in den Film. Die dadurch entstandene Verdichtung verknüpft die unterschiedlichen Handlungsstränge miteinander und führt das bewährte Filmmotiv eines Rettungsversuchs in letzter Minute ein. So nachvollziehbar Umgelters Entscheidung aus dramaturgischer Sicht ist, so groß sind aber auch ihre narrativen Konsequenzen. Das Mädchen, das im Buch gerettet werden soll, ist eine Partisanin, wohingegen der Film einen Deutschen zeigt, dem es nicht gelingt, eine Jüdin zu retten. Umgelter suggeriert also, „was Deutsche hätten tun können, um den Holocaust aktiv zu verhindern, anstatt sie kollektiv dafür zu beschuldigen, dass sie aktiv beteiligt waren," konstatiert Kobi Kabalek (100). Ferner thematisiere der Regisseur, was er offensichtlich als gescheiterte Erinnerung im Nachkriegsdeutschland wahrgenommen habe: Indem er nämlich das moralische Scheitern des „Durchschnittsdeutschen" zur Sprache gebracht habe, beabsichtige er das Scheitern der Erinnerung zu „korrigieren" (Kabalek 100). Der Ausbau des Rettungsmotivs in der Filmfassung von *Am grünen Strand der Spree* ging zudem mit einem diskursiven Wandel einher: Mitte der 1950er Jahre wurden selbst die Träger des Titels der Gerechten unter den Völkern nicht öffentlich gewürdigt. Zu Beginn des darauffolgenden Jahrzehnts änderte sich die Lage allerdings. Der Berliner Senat gewährte beispielsweise 700 Retter:innen von Jüd:innen eine kleine Zusatzrente (Berghoff 105; Riffel). Ihre Ehrung fand zu denselben Feierlichkeiten statt, während derer Scholz der Heinrich-Stahl-Preis verliehen wurde. Dass Umgelter auch auf diesen diskursiven Wandel bewusst einging, ist hingegen zu bezweifeln, zumal aus den Produktionsunterlagen hervorgeht, dass das Motiv der gescheiterten Rettung lediglich auf eine dramaturgische Verdichtung des Stoffes zurückzuführen war.

Für das plötzliche Erscheinen der Menschen aus Góra Kalwaria in Orscha musste der Film eine Erklärung liefern, so dass das Motiv des Transports eingeführt wurde (Abb. 15). Der Güterzug gehört zudem zu den stärksten und wohl bekanntesten Ikonen des Holocaust (Stier 32–67). An der Wende der 1950er und 1960er Jahre stand dieses Bild zwar noch vor allem für Flucht und Vertreibung bzw. die Heimkehr aus der Kriegsgefangenschaft, doch war den Zuschauer:innen der Miniserie der Zug als Symbol für die Deportationen sicherlich geläufig. Er tauchte bereits im Dokumentarfilm *Nacht und Nebel* [1956] von Alain Resnais auf, der 1956 in zahlreichen westdeutschen Kinos und im April 1957 im Deutschen Fernsehen lief (Knaap 85). Umgelter zeigt die Eisenbahnwagen im Hintergrund und montiert Nahaufnahmen von Gleisen und Prellböcken in die Szene. Auf diese Weise hebt er die Bahnstrecke als Infrastruktur hervor, anstatt nur die Symbolik des Güterwagens zu fokussieren. Letztere nahm erst in den folgenden Jahrzehnten zu (Bredekamp 58–62) – so sind heute restaurierte Güterwagen beispielsweise zentrale Erinnerungsobjekte im United Holocaust Memorial Museum in Washington D.C. und im Museum des Zweiten Weltkriegs in Danzig.

Ein zentrales Detail unterscheidet jedoch die Züge in *Am grünen Strand der Spree* von vergleichbaren Bildern: In Nahaufnahmen sind an den Seiten der Eisenbahnwagen die kyrillischen Buchstaben CCCP sowie Hammer und Sichel zu sehen – es handelt sich also um die sowjetische Eisenbahn. Die Jüd:innen steigen aus, gehen die Schienen entlang und passieren – gleichsam Opfer der Konzentrationslager – ein Tor, an dessen Spitze ein großer fünfarmiger Stern befestigt ist. In dem Schwarzweißfilm ist seine rote Farbe nur zu erahnen. Umgelter verdreht also die übliche NS-Ikonografie und ersetzt sie durch sowjetische Symbole. Was er

Die erweiterte Verfilmung — 167

Abb. 15: Die Ankunft des Transports.

damit bezweckte, lässt sich heute kaum noch rekonstruieren. Ging es lediglich um die Markierung des geografischen Raumes, in dem sich die Ereignisse abspielten, oder strebte er mitten im Kalten Krieg eine gezielte Diffamierung der Sowjetunion an? Ähnliche Motive kommen auch in Umgelters *So weit die Füße tragen* vor. Der ein Jahr zuvor gedrehte Mehrteiler erzählt vom langen Heimweg eines deutschen Soldaten aus der sowjetischen Kriegsgefangenschaft. Die für die Fahrtszenen verwendeten Eisenbahnwagen erinnern an diejenigen, die in der Erschießungsszene in *Am grünen Strand der Spree* zum Einsatz kommen, wodurch sich der Eindruck einer sowjetischen Beteiligung am Holocaust verstärkt. Hinzu kommt der Aspekt der Opferkonkurrenz: In Osteuropa symbolisierten bereits in den 1950er Jahren Bilder sowjetischer Eisenbahnwagen die Deportationen in den Gulag (Bredekamp 61). Bei vielen deutschen Zuschauern können sie hingegen Assoziationen mit der eigenen Leiderfahrung in der Kriegsgefangenschaft geweckt haben.

Eine weitere Holocaustikone sind die Schuhberge (Abb. 16). Schmid und Stiglegger (50) argumentieren, die nackten Körper der Opfer hätten im Fernsehen der frühen 1960er Jahre nicht gezeigt werden können, weshalb sie synekdochisch über das Entkleiden angedeutet wurden. Wir sehen, wie die Opfer ihre Schuhe

Abb. 16: Berge von Schuhen der Opfer.

einer nach dem anderen ablegen. Auch in diesem Fall handelt es sich um keine neue Ikonografie, denn so wie die Eisenbahnbilder waren Bilder von Schuhbergen Teil der *reeducation*-Kampagnen der Alliierten – etwa im Film *Todesmühlen* [1945] – und auch Resnais nutzte das Motiv in seiner Dokumentation.[20] Auch im Museum-Auschwitz waren die Schuhberge seit den ersten Nachkriegsjahren fester Bestandteil der Dauerausstellung. Mit der Nutzung dieser Bilder stützt sich Umgelter einerseits auf bereits bestehende Symbole und entwickelt sie andererseits weiter. In diesem Sinne wirkt der Fernsehfilm wie ein Katalysator für die Holocaustikonografie, auf die später mehrere Filme, darunter die Miniserie *Holocaust* [1978] von Gerald Green und Marvin J. Chomsky, zurückgreifen werden (Stiglegger 47). Um es mit den Begriffen von Astrid Erll auszudrücken: Die Erschießungsszene in *Am grünen Strand der Spree* ‚remedialisiert' die vorhandenen

---

[20] Bilder von Schuhbergen als Ikone der Vernichtung verwendeten zum ersten Mal der Regisseur Aleksander Ford sowie sein Kammermann Roman Karmen in dem Film *Majdanek – Friedhof Europas* (1944), der unmittelbar nach der Befreiung des Vernichtungslagers Majdanek durch die Rote Armee gedreht wurde (Drubek-Meyer 146). Ob Umgelter oder seine Kameramänner diesen Film gesehen haben, kann nicht geklärt werden.

Holocaustbilder und ‚prämedialisiert' spätere Darstellungen der Vernichtung der Jüd:innen. Gleichwohl verschiebt Umgelter ihre Bedeutung, zumal Schuhberge bis dahin zur Ikonografie der Konzentrationslager gehörten. Ihre Verwendung in der Erschießungsszene mag daher symbolisch vermitteln, dass die Kriegsverbrechen in Osteuropa ähnlich systematisch waren wie die gezielte Ermordung der Menschen in den Konzentrations- und Vernichtungslagern. „Als sichtbare Überreste der Zerstörung" verweist die Materialität der Schuhe auf „den Sinn der Abwesenheit, die die Shoah hinterlassen hat; sie stellen den Holocaust metonymisch dar. Sie sind sozusagen Teile eines Ganzen." (Stier 15)

Wilms folgt den Schüssen. Er passiert Soldaten und Polizisten, die den Transport überwachen und die Munition vorbereiten. Indem Umgelter diese ‚Vorbereitungsphase' im Vergleich zur Buchvorlage wesentlich ausbaute, konnte er die ‚Maschinerie der Vernichtung'[21] veranschaulichen, wie Christian Hißnauer darlegt:

> Diese Sequenz vermittelt visuell sehr eindrücklich den Massenmord, der hier, in seiner stumpfen Ausführung an monotone Fließbandarbeit erinnernd, inszeniert wird: Hinter einem LKW laden die lettischen Soldaten ihre Maschinenpistolen nach. Die Kamera löst sich in einer Kranfahrt von ihnen, schwenkt über den Armeelaster, erfasst die lange Reihe jüdischer Opfer, die sich ruhig und langsam in Richtung Exekutionsplatz bewegt. Weitere lettische Volksarmisten geraten ins Bild, die sich hinter den LKW begeben, um dort ihre Magazine mit neuen Patronen zu füllen. Die Kamera hat eine Kreisbewegung ausgeführt, die sie noch zweimal wiederholt. Im Hintergrund hört man fortwährend Maschinengewehrfeuer. (Hißnauer, „Der ‚Fernsehroman'" 75)

Im Vergleich zum Drehbuch weist der Film jedoch eine signifikante Änderung auf. Dort ist zu lesen: „Zwei *jüdische* Männer laden eine Kiste ab und stellen sie ab auf einen Stapel von Kisten. Man kann die Aufschrift der Kisten lesen: Pi 9 mm 1939. Das Ganze wirkt wie ein Fliessband."[22] (Umgelter und Müller-Freienfels 82) Die aus heutiger Sicht inakzeptable Suggestion, Juden hätten Juden erschossen, wurde im Film nicht umgesetzt. Stattdessen sind es deutsche Polizisten, die die Pistolenpatronen aus deutschen Kraftfahrzeugen an die Schützen verteilen. Der Eindruck einer routinierten Handlung – von „notorischer Ordnung und Ruhe" (Stiglegger 49) – bleibt allerdings bestehen. Letztendlich sind es aber nichtdeutsche Täter, die die Opfer erschießen, denn auch Umgelter übernahm das Motiv der lettischen Volksarmisten, obgleich sie in der Fernsehfassung nicht eigenständig handeln. Die Aufsicht über die Erschießung führt ein „affektiert wir-

---

21 Es ist bemerkenswert, dass Raul Hilbergs klassisches Werk *The Destruction of the European Jews*, in welchem er die Begriffe *machinery of death* und *machinery of destruction* etablierte, etwa zur selben Zeit erschien wie Umgelters Film, allerdings in den USA.
22 Eigene Hervorhebung.

kender" SS-Mann (Stiglegger 50), den es in der Romanvorlage nicht gab. Der SS-Mann sitzt am Rande der Grube, raucht eine Zigarette und gibt den Schützen wortlose Anweisungen, wie sie die Opfer zu platzieren und wann sie zu schießen haben (Abb. 17). Er sieht dabei aus, als ließe er die Menschen für eine Fotografie aufstellen – ein typischer „Exzesstäter" (Hirschfeld 11). Zwar ist dieses Motiv für Holocaustdarstellungen nicht untypisch (Ebbrecht, *Geschichtsbilder* 251), doch gehört *Am grünen Strand der Spree* ob seines Entstehungszeitpunkts zu jenen Filmen, die das diesbezügliche Bildrepertoire erst prägten. Umgelter schuf somit einen der ersten, wenn nicht *den* ersten SS-Mann in der Filmgeschichte, der eine Erschießung von Jüd:innen anordnet. Natürlich sind Behauptungen über erste Erwähnungen oder Verwendungen eines bestimmten Motivs riskant – es besteht immer die Möglichkeit, ein wenig bekanntes Werk übersehen zu haben. Mit sehr großer Wahrscheinlichkeit – und wie bereits mehrfach erwähnt – handelt es sich bei dem Medienkomplex allerdings um die erste ausführliche Darstellung einer von den Deutschen verübten Massenerschießung in Osteuropa. Insofern ist es eine logische Konsequenz, dass die Ergänzung dieser Szene um den SS-Mann Pioniercharakter hat. Auf diese Weise tragen – dem damaligen ‚Trennungscode' (Koch L. 87) entsprechend – nicht die Wehrmachtssoldaten, sondern dieser einzelne SS-Mann die Verantwortung für den Massenmord. Ein wichtiger Hinweis für die intendierte Deutung dieser Figur ist der Schmiss im Gesicht des Schauspielers Helmut Förnbacher – ein Zeichen der Mitgliedschaft in konservativen, oft nationalistischen Studentenverbindungen. Ferner standen Gesichtsnarben spätestens seit dem Hollywoodklassiker *Narbengesicht* [1932] für ‚böse Menschen'. Nach seiner Stellungnahme zur Ergänzung der Handlung um den SS-Mann gefragt, erklärte Scholz („Der Autor"), ihn als eine „Bereicherung des Ganzen" gesehen zu haben. Obwohl dem SS-Mann eine unmissverständliche Alibifunktion zukommt, hat Umgelter durch seine Ergänzung die Holocaustikonografie tatsächlich ‚bereichert'.

Gleichzeitig führt Umgelter ein Requisit ein, das die Trennung der Figuren in ‚böse' SS-Männer und Kollaborateure einerseits sowie ‚gute' Wehrmachtssoldaten andererseits abschwächt. Die Schützen tragen nämlich weiße Armbinden mit der Aufschrift: „Lettische Volksarmee. Im Dienste der Deutschen Wehrmacht", die in einer dreizehn Sekunden langen Nahaufnahme zu sehen sind (Abb. 18). Lars Koch (87) schreibt dazu: „Der Film deutet auf diese Weise an, daß die Wehrmacht als ausführende Gewalt der verbrecherischen ‚Lebensraumpläne' strukturell in den nationalistischen Unrechtsstaat verwickelt war." Hans Schmid geht in seinem Urteil sogar noch weiter: „Darum hat Umgelter vorher die Binden mit dem Roten Kreuz an den Mänteln der Sanitäter gezeigt: um visuell zu verknüpfen, was im Nachkriegsdeutschland fein säuberlich getrennt wurde." Die Symbolverschiebung gegenüber der literarischen Vorlage ist hier von wesentlicher Bedeutung,

Abb. 17: Der psychopatische SS-Mann hat das Kommando über die Erschießung der Jüd:innen.

denn bei Scholz besteht die Mitschuld der Wehrmacht einzig in der Mitwisserschaft: Weder Wilms noch seine Waffenbrüder können behaupten, von den Erschießungen nichts gewusst zu haben. Umgelter geht hingegen einen entscheidenden Schritt weiter und unterstellt der Wehrmacht, zumindest symbolisch, eine Mitverantwortung am Holocaust.

In den letzten Minuten der Erschießungsszene sehen wir, wie das Geschwisterpaar aus Góra Kalwaria in die Grube steigt. Sie blicken gen Himmel, der SS-Mann gibt den Schützen das Zeichen zum Schießen. Wilms steht am Rande der Grube und beobachtet die Ermordung dieser beiden Jüd:innen (Abb. 19). Aus dem Off hören wir die Stimme von Wilms: Er bekennt sich zu seinen Gefühlen für Ruth Esther und behauptet, seine deutsche Freundin nicht mehr zu lieben. Seine Gedanken werden von den Klängen des jiddischen Lieds *Bei mir bist du scheen* begleitet, das er gemeinsam mit Ruth Esther zu hören pflegte. Umgelter nutzt eine Aufnahme der Andrew Sisters, die trotz der geltenden Verbote für jüdische Musik im Nationalsozialismus zu hören war und auch nach Kriegsende nichts an ihrer Popularität verlor (Nimmo 76; Badenoch 70). Das damalige Publikum war sicherlich in der Lage, das Lied ohne Weiteres zu erkennen, was in Verbindung mit den Bildern der Exekution eine durchaus ‚verstörende' Wirkung haben konnte.

Abb. 18: Armbinden der lettischen Schützen.

Für das Zusammenspiel der einzelnen Elemente dieser Szene ist auch die Positionierung von Wilms von Belang. Im Roman steht er – den auf autobiografischen Erlebnissen gründenden Beschreibungen von Scholz folgend – unterhalb des Hügels und schaut dem Massenmord aus der Ferne zu. Vereinzelte Hinweise darauf, dass Wilms womöglich doch näher an der Grube stand, baut der Autor sehr dezent ein. Scholz stilisiert seinen Protagonisten als typischen *bystander* (Hilberg), als Zuschauer. Diese Rhetorik des passiven ‚Durchschnittsdeutschen', der nichts Schlimmes getan habe, dominierte den Diskurs über den Zweiten Weltkrieg in der frühen Bundesrepublik. Selbst ehemalige SS-Männer, die vor deutschen Ermittlungsbehörden aussagten, rekurrierten auf dieses Motiv. „Bei einem Besuche in Mogilew habe ich an einer Judenexekution zufällig als Zeuge teilgenommen," gab etwa Hans Siegling (886) im Landeskriminalamt Kiel zu Protokoll. Die Behauptung, ‚Zeuge' gewesen zu sein, funktionierte als Unschuldsargument, denn die Kategorien der Zeugen- und Täterschaft schließen sich sowohl in juristischer als auch in epistemischer Auffassung in der Regel gegenseitig aus. Eine Person, die einer Tat verdächtigt wird, darf beispielsweise nicht als Zeuge vereidigt werden. Seit dem Ende der 1950er Jahre traten zudem zunehmend Holocaustüberlebende öffentlich als Zeugen auf (Wieviorka). Wer

Abb. 19: Jürgen Wilms an der Grube.

sich unter diesen Umständen als ‚Zeuge' bezeichnete, wies folglich jegliche Schuld von sich und deutete an, er bzw. sie zähle vielmehr zu den Geschädigten.[23]

Zurück im Film wird Wilms in einer Nahaufnahme – aus der Froschperspektive – am Grubenrand stehend gezeigt. Mag er sich in seinem Monolog weiterhin konsequent als Zeuge und Zuschauer der Erschießung darstellen, so steht er ausgerechnet dort, wo nur Täter stehen konnten. Er nähert sich dem Tatort auf außergewöhnlich kleine Entfernung. Das bemerkte ein Zuschauer, der das Bild der ‚sauberen' Wehrmacht verteidigte: „Auch etwas stark übertrieben, denn ein Wehrmachtsangehöriger wäre nie bis zum Rand der Grube durch die Sperren gekommen," erklärte er in einer Umfrage (Infratest 6). Heutige Zuschauer:innen dürften das anders deuten, denn spätestens seit den zwei Ausstellungen über die Verbrechen der Wehrmacht wissen wir, dass die Anwesenheit eines Wehrmachtsangehörigen am Rande einer Erschießungsgrube keinesfalls ein ‚über-

---

[23] Mehr zur Zeugenschaft im Kontext von *Am grünen Strand der Spree* und der Massenerschießungen während des Ostfeldzugs schreibe ich in meinem Aufsatz „,Ich war gezwungen zuzusehen'. Zu Holocausttätern, die sich als Zeugen inszenieren".

triebenes' Bild darstellt. Die zwischenmontierten Nahaufnahmen der Armbinden der Letten, die „im Dienste der deutschen Wehrmacht" schießen, erinnern ferner daran, dass Wilms als Angehöriger eben der Wehrmacht eine Mitschuld an dieser Tat trägt. Damit suggeriert der Film die Mittäterschaft von Wilms in einer viel aufdringlicheren Weise als es der Roman oder das Hörspiel taten. In dieser Hinsicht ist Umgelters Fassung von *Am grünen Strand der Spree* ihrer Zeit weit voraus. In seinen Studien zum Umgang mit dem Holocaust im westdeutschen Fernsehen belegt Wulf Kansteiner („Hidden in Plain View"), dass die Darstellung der ‚Durchschnittsdeutschen' als passive Zeugen des Holocaust bis in die späten 1960er Jahren eine gängige Rhetorik war. Etwaige Behauptungen, ‚Durchschnittsdeutsche' hätten auch Täter sein können, tauchten hingegen erst in den Fernsehsendungen der 1970er und 1980er Jahre auf. *Am grünen Strand der Spree* läutet also Motive ein, die viel später Einzug in das bundesrepublikanische Fernsehen bzw. Öffentlichkeit hielten.

An den langen Nahaufnahmen der Armbinden und den Bildern von Schuhen oder bloßen Füßen ist nachzuvollziehen, wie Umgelter in der Erschießungsszene allmählich die Regeln der klassischen Filmsprache aufgibt und die lückenhafte, gebrochene Sprache von Scholz' Text umzusetzen versucht. Von der narrativen ‚Abrundung', die den Fernsehfilm bis dahin charakterisiert, wird in der zweiten Hälfte der Erschießungsszene Abstand genommen. Der Regisseur kontrastiert die Detailaufnahmen mit Panoramaeinstellungen von Menschenmassen, die ihrem Tod entgegen gehen. Die Kamera schwenkt schnell hin und her und wechselt zwischen den Perspektiven der Opfer und Täter. Einmal sehen wir den SS-Mann und die Schützen aus der Froschperspektive, kurz darauf blickt Wilms von oben auf die Opfer hinunter. Die Tonspur besteht aus den ineinander verwobenen Geräuschen der Maschinenpistolensalven, dem Monolog von Wilms und dem Lied der Andrew Sisters. Umgelter ‚erspart' den Zuschauer:innen dabei den Anblick des getöteten Kindes, das Scholz in der Romanvorlage so genau beschrieb. Der Regisseur zeigt auch keine Leichen. In jenem Augenblick, in dem die Jüd:innen erschossen werden, schwenkt die Kamera woanders hin – auf die lettischen Schützen oder auf Wilms.

Am Ende der Szene, als Wilms das Zigarettenetui als „Grabbeigabe" in die Grube wirft, wird er von einem Polizisten gesehen und vertrieben. Er rennt, bis er seine Kompanie wiederfindet. Die Meldung bei seinem Offizier – „Auf Wache nichts Neues!" (*AGSS* 63) – verschiebt Umgelter in der Chronologie des Films aber um mehrere Wochen, vielleicht Monate nach hinten. Wir sehen Wilms in der Wachstube, an seiner Uniform das Eiserne Kreuz geheftet, das ihm inzwischen verliehen wurde. Rückblickend erinnert er sich an die Exekution in Orscha und an Ruth Esther. In einer halbnahen Einstellung sehen wir, wie er sich an den Tisch setzt und schreibt; im Off hören wir seine Gedanken. Auf diese Weise betont

Umgelter, dass es sich bei der vorangegangenen Schilderung des Massakers um eine individuelle Gedächtnisarbeit handelt. Da wir uns aber immer noch ‚im Tagebuch' befinden, ist es eine ‚Erinnerung in der Erinnerung'. Umgelter verwendet nach dem Ende der Erschießungsszene also ein ähnliches Stilmittel wie Westphal im Hörspiel. Indem er den subjektiven Charakter der Erinnerung herausstellt, relativiert er gewissermaßen die zuvor eingeführten Authentisierungsmaßnahmen. Seinen Bericht schließt Wilms mit einer Paraphrase der polnischen Nationalhymne ab: „Jeszcze Niemcy nie zginęły. Noch ist Deutschland nicht verloren, solange wir leben". Die Bedeutung dieser Worte erklärt aber schon wieder Lepsius, nachdem die Szene zurück in die Jockey Bar wechselt.

Die Forscher:innen, die sich bisher mit *Am grünen Strand der Spree* befasst haben, sind sich in der Interpretation des Tagebuchs von Wilms, gerade in seiner filmischen Fassung, sehr uneinig. Während die einen Umgelters Fassung als erinnerungskulturellen Umbruch werten, sehen andere eine geschickte Fortsetzung des Geschichtsrelativismus der 1950er Jahre. Für Knut Hickethier („Der Zweite Weltkrieg" 94) ist die Darstellung der Ermordung von Jüd:innen eine fernsehhistorische Zäsur; seine Auffassung teilen Hans Schmid, Marcus Stiglegger und Fabian Bähr. Laut Peter Seibert breche der Fernsehfilm gar mit dem Bildertabu. Kobi Kabalek interpretiert die mehrdeutige Erschießungsszene als Versuch, historische Tatsachen mit dem Erinnerungsdiskurs der Nachkriegszeit zu verknüpfen. Für Lars Koch hingegen ist die Fernsehfassung des Tagebuchs von Wilms lediglich eine weitere Ausdrucksform der bundesrepublikanischen Geschichtskultur, die darauf abziele, „die Auseinandersetzung mit dem Vernichtungskrieg an der Ostfront für den direkt oder indirekt betroffenen Fernsehzuschauer letztlich doch moderat zu gestalten" (Koch L. 80). In dieser Multiperspektivität seiner Rezeption besteht auch die Spezifik des Medienkomplexes, in dem er zum einen die mühsame Herausbildung und Verhandlung von Sagbarkeitsregeln und zum anderen die Verflechtung verschiedener Aspekte der Erinnerungskultur auf Mikroebene illustriert. Aus diesem Grunde möchte ich mich auf kein bestimmtes Urteil in Bezug auf den Fernsehfilm festlegen: Je nachdem, worauf wir unsere Aufmerksamkeit lenken, liefert *Am grünen Strand der Spree* nämlich Stoff für unterschiedliche, teils auch sehr widersprüchliche Lesarten.

Im Roman signalisierten die ‚Leerstellen' Themen, die erst nach seiner Veröffentlichung punktuell in die Öffentlichkeit gelangt waren. 1958 zitierten Journalisten der *FAZ* und der *Süddeutschen Zeitung* Gerichtszeugen, die während des Ulmer Einsatzgruppenprozesses von besagtem Massenmord berichteten. Sie erzählten, wie deutsche Männer die Wertsachen der Jüd:innen eingesammelt hatten; wie die Jüd:innen dazu gezwungen worden waren, ihre eigenen Gräber auszuschaufeln und sich zu entkleiden; wie sie dem Tod ihrer Familienmitglieder und Nachbar:innen zugesehen hatten, bevor sie selbst leblos in die Grube gefallen waren (Anonym, „Massenerschießungen"; Anonym, „Richter"; Wohner; Krammer). Da das Gerichtsverfahren ein ähnliches Verbrechen zum Gegenstand hatte wie das von Scholz beschriebene und von Umgelter verfilmte, hätte die Berichterstattung aus Ulm einen relevanten Referenzrahmen für den Fernsehfilm darstellen können. Die Ergebnisse der Rezeptionsanalyse vorwegnehmend, muss ich diese Hypothese hier bereits widerlegen. Hinweise auf den Ulmer Einsatzgruppenprozess lassen sich unter den zur Verfügung stehenden Reaktionen auf den Film kaum finden.

Affektive Reaktionen

Sind Bilder des Holocaust im Fernsehen für heutige Zuschauer:innen nichts Ungewöhnliches mehr, so stellte die Ausstrahlung von *Am grünen Strand der Spree* für die meisten westdeutschen Bürger:innen eine erste Gelegenheit dar, derart ausführliche Aufnahmen der Shoah im eigenen Wohnzimmer zu sehen. Welche Reaktionen lösten diese affektiv beladenen Bilder aus? Maßen Männer, die einige Jahre zuvor am Ostfeldzug teilgenommen hatten, den Film an ihren eigenen Erinnerungen? Gab es Unterschiede zwischen den Reaktionen in der Presse und solchen, die abseits der medialisierten Öffentlichkeit erfasst wurden?

Umgelters Strategie, den Film an gängige Ästhetiken und Erzählmuster anzupassen, zeigte offenbar Wirkung. Zahlreiche Rezensionen[24] maßen der Erschießungsszene absolute Glaubwürdigkeit und Authentizität bei: „Die [...] Sendung setzte in Bilder um, in Bilder, denen niemand ausweichen kann, weil sie geschichtliche Wahrheit in brutalster, kaum noch erträglicher Form geradezu ausschreien, was wir, wenn wir es schon wissen, wenigstens von unseren Augen festhalten müssen," schrieb beispielsweise die *Allgemeine Sonntagszeitung* (3. April 1960). Die Rezensent:innen attestierten dem Film eine „innere Wahrheit" (*Der Kurier*, 23. März 1960). Es wiederholten sich Beschreibungen wie „kompromisslose Ehrlichkeit" (*Der Tagesspiegel*, 24. März 1960), „schonungslose Realistik" (*Westfalen-Blatt*, 25. März 1960) oder „entsetzliche Lebensnähe" (*Westdeutsche Allgemeine Zeitung*, 23. März 1960). Der *Telegraf* (24. März 1960) betonte die Authentizität der

---

24 Kurz nach Ausstrahlung des Films gab der WDR eine Sammlung von Pressebesprechungen heraus, was in der Geschichte des westdeutschen Fernsehens ein absolutes Novum darstellte. Obwohl die Herausgeber:innen eine „nahezu lückenlose Zusammenstellung" versprachen (Westdeutscher Rundfunk, „Im Urteil" 41), waren in besagtem Band nur 70 von insgesamt etwa 150 Kommentaren abgedruckt. Eine solche Auswahl ist insofern nachvollziehbar, als es sich bei den meisten ausgelassenen Texten um kurze Notizen, Abdrucke aus anderen Zeitschriften oder Paraphrasen aus der Presseankündigung des Senders handelte.

Darstellung in einem fiktiven Dialog: „Jüngere Menschen fragen erschüttert: ‚Ist das wirklich so gewesen?' Und die Antwort muß lauten: ‚Ja'." Die FDP-nahe Zeitschrift *Das freie Wort* (2. April 1960) versicherte: „Jeder, der den Rußlandfeldzug erlebt und erlitten hat, wird den Film-Herstellern nach der 1. Folge bescheinigen – genau so war es!" Ernst Johann, der Rezensent der *FAZ* (28. März 1960), ging sogar noch weiter und fragte mit Blick auf Wilms als Identifikationsfigur: „Wie viele der ‚anständigen Deutschen' mögen sich in Wilms erkannt haben?" – wobei der empathische Ton seines Beitrags darauf schließen lässt, dass er Wilms eher für einen passiven *bystander* als für einen möglichen Mittäter hielt.

Die Mehrheit der Rezensent:innen nannte keine Täter und neigte auch semantisch zu ausweichenden Passivkonstruktionen, wie etwa in der *Rheinischen Post* (24. März 1960): „Jüdische Männer, Frauen und Kinder wurden erschossen." Kaum jemand hinterfragte die Darstellung eines deutschen Soldaten als Zeugen eines Massenmordes – im Gegenteil hob etwa die *Allgemeine Sonntagszeitung* (3. April 1960) diese Schilderung sogar lobend hervor. Die Tat selbst war nur ein abstrakter Begriff, wie beispielsweise „das grauenhafte Inferno" (*Der Kurier*, 23. März 1960). Mag dies 1960 zwar durchaus vorstellbar gewesen sein, so wurden – wie gesagt – keinerlei Bezüge zu den Presseberichten aus dem Ulmer Einsatzprozess hergestellt, die seinerzeit durchaus für Erregung gesorgt hatten.

Vor dem Hintergrund vieler Stimmen, die *Das Tagebuch des Jürgen Wilms* als realistisch bezeichneten oder ihm gar einen dokumentarischen Wert zuschrieben, hebt sich die kritische Stellungnahme des *Stader Tageblatts* (26. März 1960) ab:

> Man sollte derartige Stoffe nur anpacken, wenn man dringende und echte Aussagen zu machen hat. Mit einem pflaumenweichen Schwarz-Weiß-Gemälde von heimlich murrenden, blederen Landsern, befehlsgetreuen Sonderkommandos, sadistisch grinsenden SS-Offizieren und aus der Bevölkerung rekrutierten nichtdeutschen (!) Henkern und mit den verwaschenen Gewissenskonflikten eines Gefreiten ist es nicht getan.[25]

Der *Westfälische Anzeiger* (24. März 1960) aus Hamm äußerte ähnliche Kritik: „Überhaupt waren die Deutschen, mit Ausnahme eines popeligen Unteroffiziers, fast beängstigend brave Kerle, und Erschießungen ließen sie natürlich durch Polen und andere Fremdrassige durchführen". Offenbar erwarteten das *Stader Tageblatt* und der *Westfälische Anzeiger* mehr von einem Fernsehfilm, der als „harte Auseinandersetzung mit der unbewältigten Vergangenheit" angekündigt worden war (R.H.).

Viele der Besprechungen sind lediglich mit Initialen versehen oder gar nicht unterschrieben. Nichtsdestoweniger ist davon auszugehen, dass die meisten Texte

---

25 Hervorhebung durch Ausrufezeichen im Original.

von Männern verfasst wurden, da der Journalismus an der Wende der 1950er und 1960er Jahre immer noch ein sehr männlich dominierter Beruf war. Das Alter der Autoren ist im Einzelnen schwer einzuschätzen, doch fanden sich aller Wahrscheinlichkeit nach auch zahlreiche Kriegsveteranen aus dem Ostfeldzug unter ihnen. Dieser Umstand verlieh den Urteilen dieser Rezensenten zusätzliche Autorität. Es wäre sicherlich nicht übertrieben zu behaupten, dass Parallelen zwischen dem Film und den Versicherungen der Rezensenten, es handle sich um ‚wirklich Geschehenes', der Beglaubigung der Erschießungsszenen in *Am grünen Strand der Spree* dienten. Die Authentisierungsprozedur verlief aber auch in die umgekehrte Richtung, indem Umgelters Film als Simulakrum fungierte (Baudrillard 77–80). Männer der Generation ehemaliger Wehrmachtssoldaten beriefen sich auf diese fiktionalen Aufnahmen, um ihre Sichtweise auf den Krieg zu bewahrheiten. Sie taten dies in der Regel mithilfe vager Formulierungen, die auf die Singularität ihrer individuellen Erfahrungen nicht eingingen. Wenn der Autor des *Freien Worts* von jedem, „der den Rußlandfeldzug erlebt und erlitten hat" schreibt, so deutet er an, dass eine allgemeingültige Wahrheit des Krieges existiere, die auch zu beachten sei. Auf diese Weise konsolidierte sich in der bundesrepublikanischen Öffentlichkeit die Vorstellung von den Deutschen, die im Ostfeldzug mehrheitlich gegen ihren Willen gekämpft hätten und gelegentlich von Gewissensbissen geplagt worden seien. Selbstkritische Ansichten, wie die aus dem *Stader Tageblatt*, waren hingegen wesentlich seltener präsent.

Was ‚machten' die vermeintlich ‚authentischen' Bilder der ersten Folge von *Am grünen Strand der Spree* mit den Zuschauer:innen? Kansteiner („Fantasies" 24) behauptet, der Fernseher schaffe eine Illusion des ‚Nicht-Engagiertseins', wodurch das Publikum die Position von *bystander* einnehmen kann. Die Reaktionen auf *Am grünen Strand der Spree* belegen allerdings noch mehr: Die westdeutschen Zuschauer:innen identifizierten sich fünfzehn Jahre nach Kriegsende vor allem mit den Opfern. So berichtete die Westberliner Tageszeitung *Telegraf* (24. März 1960): „Die entsetzliche, die furchtbare, grauenhafte, zu schnell vergessene Wahrheit sprang die Menschen vor dem Bildschirm an". Diese Vorstellung vom ‚Angriff der Bilder' auf die Zuschauer:innen war in den Rezensionen stark verbreitet. Es wiederholten sich Aussagen, dass die Erschießungsszene kaum zu ertragen gewesen sei, man vor dem Fernsehgerät kaum habe „durchbleiben" bzw. „aushalten" können (*Der Tag*, 24. März 1960; *Westdeutsche Allgemeine Zeitung*, 23. März 1960), wobei derartige Meinungen sich nicht gegen den Film richteten – im Gegenteil: Der Großteil der zeitgenössischen Besprechungen waren Lobesäußerungen für Umgelters Handwerkskunst, der – so hieß es – den Krieg in die Wohnzimmer der Zuschauer:innen gebracht habe. Die Kritiker der *Berliner Morgenpost* (24. März 1960) und der *Süddeutschen Zeitung* (29. März 1960) schrieben, der Film habe ihnen den „Atem verschlagen", und der Rezensent des

Telegrafs (24. März 1960) behauptete, er habe nach der Sendung nicht schlafen können. Es war auch von Grenzen des „Missbrauchs" (*Westfälische Rundschau*, 23. März 1960) und des „Zumutbaren" (*Generalanzeiger Wuppertal*, 23. März 1960) sowie vom „Paukenschlag" (Anonym, *Fernseh-Kritik*) die Rede. Die Bilder gingen den Zuschauer:innen offenbar ‚unter die Haut' – einen deutlicheren Beleg für die affektive Wirkung der Bilder lässt sich wohl nicht finden.

Gleichzeig stellt sich die Frage nach den Intentionen der Rezensenten. Wie ich bereits andeutete, handelte es sich – sofern sich dies verifzieren lässt – mehrheitlich um Männer, von denen die älteren über eigene Kriegserfahrungen verfügen mussten. Ist eine Betroffenheit ob fiktionaler Bilder nicht zynisch, während man selbst mit Sicherheit Schlimmeres gesehen hat? Zwar ging der Schockeffekt einerseits auf die Tatsache zurück, dass die Aufnahmen des Massakers unerwartet in der vertrauten Umgebung der eigenen Wohnung zu sehen waren, andererseits fielen die Äußerungen der Kritiker über ihre Betroffenheit ähnlich vage aus wie ihre Beteuerungen über die Authentizität der Bilder. Die Schlaflosigkeit oder das Unbehagen vor dem Fernseher lassen sich auf ‚Entsetzen', aber auch auf ‚hochkommende' Kriegserinnerungen zurückführen. Insbesondere die großen, überregionalen Zeitungen wie die *FAZ*, die *Süddeutsche Zeitung* oder *Die Welt* spielten geschickt mit nebulösen, wenig sagenden Formulierungen. Was genau die Journalisten schockierte, präzisierten sie kaum. In der Öffentlichkeit verfestigte sich dafür der Eindruck, dass die Deutschen von den Gräueltaten während des Zweiten Weltkriegs nicht gewusst und davon erst im Fernsehen erfahren hätten.

Dieser vagen Argumente zum Trotz fiel die allgemeine Bewertung der ersten Folge der Miniserie größtenteils positiv aus. Die *Frankfurter Neue Presse* schrieb beispielsweise, *Am grünen Strand der Spree* werde „seines ersten Teils wegen, in die Fernsehgeschichte eingehen. Denn dort hat man gewagt, was noch kein Spielfilm riskiert hat: das Grauen der Judenvernichtung darzustellen." (Kirn) Andere Zeitungen schrieben über die „Auseinandersetzung mit dem Gestern" (*Westfälische Rundschau*, 23. März 1960), über den Versuch, „die Vergangenheit zu bewältigen" (*Mittag*, 26. März 1960) sowie über eine „bittere Abrechnung" (*Die Zeit*, 1. April 1960). Unter den Mitarbeitern der Zeitungsredaktionen – sowohl in der überregionalen als auch in der lokalen Presse – herrschte ein weitgehender Konsens, den die *Welt am Sonntag* (27. März 1960) auf den Punkt brachte: „Was nicht vergessen werden kann und darf, muß bewältigt, muß verarbeitet werden. Wie für den einzelnen gilt das für unser Volk. Ein Schuldenkonto ist ungetilgt." Im bildungsbürgerlichen Milieu der Kritiker galt *Das Tagebuch des Jürgen Wilms* also als positives Beispiel für die ‚Bewältigung' – konkrete Vorschläge für den weiteren Aufarbeitungsprozess blieben allerdings aus.

Anders sahen die Reaktionen auf den Fernsehfilm abseits der Öffentlichkeit aus. Zwar zeigten sich die individuellen Zuschauer:innen ebenfalls betroffen, doch zogen sie vor dem Hintergrund ihrer Gefühlswelt andere Schlüsse als die professionellen Kritiker. „Die Wut der Betroffenen," wie die *Frankfurter Neue Presse* berichtete, „machte sich in den Briefen an die Fernsehanstalten Luft, denn man [wollte] ja nicht sehen, was die schreckliche Wirklichkeit [gewesen] war" (Kirn). Die vereinzelten Briefe, die bis heute erhalten geblieben sind, bestätigen diese Bemerkung. Eine Frau aus Mönchengladbach beispielsweise schrieb an den Regisseur: „Damals war ich noch zu klein, um das alles zu verstehen. Erst durch das Fernsehen ‚erlebe' ich den Krieg richtig. Wozu solche unmenschlichen Sendungen?" (Zuschauerin [A.G.]). Dass die Aussage der Zuschauerin typisch für die Rezeption des Films war, belegt die Umfrage, die das Infratest Institut nach der Sendung durchführte. Die Befragten zeigten ihre Bewunderung für das neue Medium und für die Leistung der Filmemacher, lehnten die Erschießungsszene aber mehrheitlich ab. Gegenüber den emotional formulierten Vorwürfen der ‚Nestbeschmutzung' und ‚Ruhestörung' treten die wenigen positiven Meinungen in den Hintergrund. In diesem Sinne ähneln die Reaktionen auf die Verfilmung des Tagebuchs von Wilms jenen Stimmen der Empörung, die fast vierzig Jahre später nach der sogenannten ersten Wehrmachtsausstellung laut wurden (Heer, „Von der Schwierigkeit"). Bereits in der Einführung weisen die Autor:innen des Infratest-Berichts auf die starke affektive Wirkung des Films hin:

> Zahlenmäßige Reichhaltigkeit wie vielfach auch besondere Ausführlichkeit der vorliegenden Spontanäußerungen lassen keinen Zweifel, daß der heutige Film die Zuschauer in ganz außerordentlichem Maße ‚interessiert – in Spannung gehalten – aufgerüttelt' oder auch ‚abgestoßen', in jedem Fall aber zum ‚Nachdenken' und zu einer eigenen Stellungnahme ‚gezwungen' habe. (Infratest 1)

Obgleich nicht belegt ist, was „zahlenmäßige Reichhaltigkeit" und „besondere Ausführlichkeit" im Einzelnen bedeuten, so scheint doch, dass eine gleichgültige Position gegenüber der ersten Folge von *Am grünen Strand der Spree* kaum möglich gewesen sei. Die Zuschauer:innen waren ob der „grauenhaften" Bilder verärgert, noch mehr aber ob der Tatsache, dass der Film „öffentlich im Schuldbuch der Deutschen herumblättert" (Infratest 3). Trotz vereinzelter Bestätigungen der Authentizität des Dargestellten durch Aussagen wie: „Ich habe so was im Krieg selbst gesehen", und einiger Forderungen nach mehr Berichten aus „unserer dunkelsten Zeit" (Infratest 4), gaben empörte und besorgte Zuschauer:innen den Ton an. Es wiederholten sich Argumente wie: „Von Kriegsgeschichten haben wohl sicher die meisten Leute genug [...] Die Judenerschießungen, die waren zu breit angelegt" (Infratest 7); „Man soll das Geschehen von damals endlich ruhen lassen." (Infratest 9) Im Gegensatz zur Presse, die sich mehrheitlich für eine Auseinandersetzung mit der Vergangenheit aussprach, forderten viele Zuschauer:innen, diesen Teil der deutschen Geschichte nicht weiter oder in dieser

Ausführlichkeit zu verfolgen. So etwa ging beim WDR ein Brief eines ehemaligen Soldaten ein, der fragte, „ob es nicht an der Zeit ist, endlich einmal Schluß zu machen mit derartigen Sendungen, die uns immer und immer wieder selbst anklagen?" (Zuschauer, [R.B.]) Jemand anderes formulierte es salopper: „Muß so etwas wieder aufgetischt werden?" (Infratest 9) Sieben Jahre zuvor antizipierte Harriet Wegener beinahe wortwörtlich eine solche Reaktion, als sie mahnte: „Die meisten haben es nicht gern, wenn Hitlers Judenerschiessungen immer noch einmal aufgetischt werden."

Der Unterschied zwischen der ‚positiven' Betroffenheit der Presse und der ‚negativen' Betroffenheit der individuellen Zuschauer:innen weist auf unterschwellige Prozesse der Meinungsbildung in der damaligen Bundesrepublik hin. Kansteiner zufolge erbrachte das Fernsehen in späteren Jahren große Leistungen, um die Deutschen von einem „Kollektiv ehemaliger Nazis und Zuschauer hin zu einer demokratischen Gesellschaft mit einer überraschend kritischen Einstellung zu ihrer Vergangenheit" („Nazis, Viewers" 577) zu lenken. Die Reaktionen auf *Am grünen Strand der Spree* veranschaulichen dabei, welche Rolle nicht nur das Fernsehen selbst, sondern auch Fernsehkritiker:innen in diesem Prozess spielten. Tobias Ebbrecht-Hartmann („Media resonance") argumentierte am Beispiel jüngerer Fernsehfilme, dass die Pressereaktionen – und nicht die Filme – entscheidend für die ‚Resonanz' historischer Motive in der Erinnerungskultur seien. Dieser Mechanismus reicht mindestens bis in die frühe Nachkriegszeit zurück, wie *Am grünen Strand der Spree* zeigt: Während zahlreiche individuelle Zuschauer:innen immer an der Kultur des Vergessens festhielten, forderten Journalisten bereits eine ‚Bewältigung' der Vergangenheit. Was konkret darunter zu verstehen war, blieb allerdings lange unklar. Die ‚Bewältigung' bzw. ‚Aufarbeitung' der Vergangenheit waren vielmehr „Sprachschablonen, die einerseits den Nationalsozialismus verdammten, ihn aber andererseits jeder Konkretion entkleideten" (Berghoff 104).

Freilich waren Fernsehkritiker:innen nicht die einzigen Publizist:innen und öffentlich auftretenden Personen, die das Publikum in den neuen Diskurs einbinden sollten. Bereits während des Ulmer Einsatzgruppenprozesses ließ sich eine ähnliche Disparität beobachten. Die Journalisten begrüßten das Urteil, wobei sie nicht in Frage stellten, dass die Angeklagten lediglich wegen Beihilfe zum Mord verurteilt wurden und als Haupttäter weiterhin Hitler, Himmler und Heydrich galten (Fröhlich; ma.). Die Bevölkerung hingegen blieb überwiegend skeptisch gegenüber jedweden Aufarbeitungsversuchen. Die *FAZ* berichtete in diesem Zusammenhang von einem „gewissen Unbehagen", das die Prozesse selbst unter „Zeitgefährten, die nicht im Verdacht stehen nichts aus unserer Vergangenheit gelernt zu haben" auslösten (Anonym, „Richter stellen sich"). Ähnlich sahen im selben Jahr die Reaktionen auf die Gründung der Zentralen Stelle in Ludwigsburg aus. Während sich deutsche Pressevertreter von der Notwendigkeit der Einrichtung einer solchen Behörde überzeugt zeigten, reagierte die Bevölkerung ablehnend (Krösche 349–351; Weinke). Unabhängig davon, ob juristische Verfahren, politische Entscheidungen oder mediale Geschichtsbilder eine gesellschaftliche Debatte auslösten, gingen die professionalisierte Öffentlichkeit und die individuellen Meinungen der Deutschen also nicht in ein kohärentes kollektives Gedächtnis über (Berghoff). Vielmehr bildeten sie eine ‚doppelte' Erinnerungskultur, deren Existenz Aleida Assmann („Zur (Un)vereinbarkeit" 131) sechzig Jahre nach Kriegsende immer noch konstatiert: aufgeteilt zum einen auf die politische Öffentlichkeit, die sich auf das „Schuldgedächtnis des Staates" konzentriere, und zum anderen auf den privaten Bereich, in welchem wiederum das eigene Leid im Vordergrund stehe.

Ferner augenfällig ist der Unterschied zwischen der Rezeption des Buches und der des Fernsehfilms. Die meisten Leser:innen, die sich zu *Am grünen Strand der Spree* äußerten, verschwiegen die Schilderung des Massakers, wohingegen die Zuschauer:innen des Fernsehfilms fast ausschließlich auf diese Szene Bezug nahmen. Diese Diskrepanz geht meines Erachtens nicht nur auf die unterschiedlichen Medien und und ihre spezifischen Rezeptionsmodi zurück: Das geschriebene Wort wirkt anders als Fernsehbilder ‚im eigenen Wohnzimmer'. Zwischen der Veröffentlichung des Buches und der Ausstrahlung des Films vollzog sich nämlich ein erinnerungskultureller Wandel, der sich an der Sprache der Rezensent:innen – an Phrasen wie ‚die Vergangenheit bewältigen' bzw. ‚sich mit der Vergangenheit auseinandersetzen' – ablesen lässt. Innerhalb von fünf Jahren hatte sich die Art der Kommunikation über die Kriegsverbrechen verändert; das ‚Schweigen' oder besser gesagt die ‚Sprachlosigkeit', die die Rezeption des Buches Mitte der 1950er Jahre charakterisiert hatten, schienen zum Zeitpunkt der Fernsehfilmausstrahlung überwunden zu sein. Es brach eine neue Ära an, in der fest etablierte Begriffe den Umgang mit der Kriegsgeschichte beschreiben sollten. Einerseits war diese Diskursentwicklung das Resultat der beginnenden juristischen Aufarbeitung der NS-Verbrechen – so stieg die Zahl der eingeleiteten Ermittlungen gegen NS-Täter nach dem Ulmer Einsatzgruppenprozess und der Gründung der Zentralen Stelle deutlich an (Eichmüller 626), was wiederum dazu führte, dass NS-Verbrechen immer häufiger in den Medien thematisiert wurden. 1959 trugen sich andererseits zahlreiche Ereignisse zu, die eine Debatte über den Umgang mit dem NS-Erbe befeuerten. Dazu gehörten vor allem die antisemitischen Ausschreitungen, aber auch die Aufführung des Films *Rosen für den Staatsanwalt* von Wolfgang Staudte sowie die Veröffentlichung von Romanen wie *Die Blechtrommel* von Günter Grass und *Billard um halb Zehn* von Heinrich Böll – letzterer erschien übrigens zunächst als Feuilletonroman in der *FAZ* und erst später als Buch.[26] Bölls Roman berichtet von personellen Kontinuitäten zwischen dem Nationalsozialismus und der Bundesrepublik. In der zweiten Hälfte der 1950er Jahre erlangte auch das *Tagebuch der Anne Frank* eine enorme Popularität, obwohl es schon seit 1950 in deutscher Übersetzung vorlag. Allein zwischen 1957 und 1958 wurde eine halbe Million Exemplare verkauft. Diesen Erfolg begleiteten mehrere Bühnenfassungen sowie eine Verfilmung, die ab dem Schlüsseljahr 1959 in deutschen Kinos zu sehen war (Berghoff 99; Kittel 276–281; Scholz St.). Im selben Jahr hielt Theodor W. Adorno seinen berühmten Vortrag, in dem er sich mit der Bedeutung des Begriffs der „Aufarbeitung der Vergangenheit" auseinandersetzte. Der Hessische Rundfunk sendete diese Rede am 7. Februar 1960 – sechs Wochen vor der Ausstrahlung der ersten Folge von *Am grünen Strand der Spree*. Die Würdigung der Erschießungsszene sowie der allgemeine Konsens der Journalisten hinsichtlich der Notwendigkeit einer Auseinandersetzung mit der Vergangenheit spiegeln den oben erwähnten neuen Sprachgebrauch gut wider. Indes zeigen die Publikumsbriefe sowie die Umfrage des Infratest-Instituts, dass sich die diskursive Wende zunächst auf die Medienöffentlichkeit beschränkte. Demgegenüber zogen es die individuellen Zuschauer:innen vor, die Vergangenheit „ruhen zu lassen" anstatt sie zu „bewältigen" oder „aufzuarbeiten".

Fazit: Widersprüche

Stefan Scherer und Moritz Baßler behaupten übereinstimmend, *Am grünen Strand der Spree* betreibe keine Schuldabwehr und sei kein Zeichen für die Verdrängung des Nationalsozialismus aus dem kollektiven Gedächtnis – vielmehr ermuntere das literarische Ursprungswerk des Medienkomplexes zu Heiterkeit und Freude, ohne die Kriegsvergangenheit auszublenden (Scherer 124; Baßler 36–37). Dieser Versuch einer pointierten Deutung des Romans steht jedoch im Widerspruch zu der These – die beide Literaturwissenschaftler ebenfalls vertreten –, dass *Am grünen Strand der Spree* eine Polyphonie von Meinungen, Genres und Ästhetiken charakterisiere. Scherers und Baßlers Analysen der Mehrstimmigkeit in Roman, Hörspiel und Fernsehserie lassen sich – so meine Schlussfolgerung – sehr gut mit dem polyphonen erinnerungskulturellen Diskurs in *Am grünen Strand der Spree* in Einklang bringen. Der Medienkomplex veranschaulicht mitsamt all der Reaktionen, die er auslöste, dass es *das eine* kulturelle Gedächtnis im Singular nicht gibt, selbst nicht auf der Mikroebene eines Buchkapitels. Wir können lediglich von Erinnerungskulturen im Plural sprechen, die sich gegenseitig beeinflussen und

---

26 Zum ‚Wendejahr 1959' siehe den Sammelband von Matthias L. Lorenz.

aufeinander Bezug nehmen, dabei aber ein dynamisches und bewegliches Geflecht aus Diskursen und Bildern darstellen. Die Schilderung des Massakers in Roman, Hörspiel und Fernsehfilm lässt viele Interpretationen zu – Formulierungen wie „Bruch mit dem Bildertabu" (Seibert) oder Aussagen über eine „relativierende Auslegung der NS-Vergangenheit" (Koch L.). Diese Thesen schließen sich gegenseitig nicht aus, sondern bringen unterschiedliche, gleichberechtigte und teilweise auch gleichzeitige Lesarten des Medienkomplexes zum Ausdruck. Dies bezieht sich nicht nur auf das allgemeine Urteil über *Am grünen Strand der Spree*, sondern auch auf seine einzelnen Elemente; so mag der synästhetische Stil von Scholz bei den einen Leser:innen zu stark affektiven Reaktionen, bei den anderen zur Ablehnung aufgrund des „Stichs ins Kitschige" (Kreuzer) geführt haben.

In jeder Fassung des Medienkomplexes lässt sich eine stark affektive Ebene identifizieren, die über ‚Brüche', ‚Lücken' und ‚Störungen' signalisiert wird. Sie verweisen auf die körperliche, außersprachliche Erfahrung des Krieges aus der Täterperspektive, die sich nur kaum in diskursive Formen übertragen lässt. Damit bestätigt *Am grünen Strand der Spree* die Grundannahmen der Affekttheorie, wie sie u. a. von Brian Massumi vorgeschlagen wird. Diese Theorie wurde bisher vor allem in Bezug auf Holocaustliteratur und -kunst agnewandt, die aus der Opferperspektive heraus geschaffen wurde. In Ernst van Alphens Arbeiten ging es also u. a. um die fundamentale Frage, wie das Trauma von Holocaustüberlebenden zum Ausdruck gebracht wird, wenn es nicht diskursiv vermittelt werden kann. Nun lässt sich dieser Ansatz nicht schlicht auf Werke übertragen, die von Tätern bzw. Mitwissern handeln. Ungeklärt bleibt, welche Emotionen sich hinter den künstlerischen Strategien des ‚Bruchs' und der ‚Lücke' verbergen: Angst vor Strafverfolgung – oder vielleicht doch Scham? Dabei sind die ethischen Konsequenzen eines lückenhaften Erzählens ebenfalls problematisch, denn die diskursiv nicht-dargestellten, weder verbalisierten noch visualisierten Verbrechen ebnen einem ambivalenten Umgang mit der deutschen Täterschaft den Weg. Wer wollte, konnte in der Erschießungsszene klare Hinweise auf die Verantwortung der Deutschen für die Ermordung von Millionen Zivilisten erkennen; wer dies nicht wollte, konnte die stilistischen ‚Lücken' und ‚Brüche' weiterhin als Mittel der Schuldverschleierung nutzen. Sie machten es möglich – wie es Ernestine Schlant (52) in Bezug auf die westdeutsche Literatur der 1950er Jahre feststellte –, Themen nicht anzusprechen, die dringend hätten angesprochen werden sollen.

Die unterschiedlichen Reaktionen, die das Bild des Massakers von Orscha auslöste, illustrieren sowohl die synchrone Komplexität der Erinnerungskultur als auch ihre diachrone Entwicklung. Zwischen Romanveröffentlichung und Fernsehsendung vollzog sich in der westdeutschen Medienöffentlichkeit ein Wandel in Bezug auf die ‚Vergangenheitsbewältigung'. Mitte der 1950er Jahre waren rassistische Vergleiche, Berufungen auf ‚Hörensagen' sowie der ‚koloniale' Blick auf

Osteuropa keine Seltenheit. Fünf Jahre später dominierten Begriffe wie ‚Bewältigung' und ‚Aufarbeitung' die öffentlichen Reaktionen auf die Fernsehserie, wenngleich in einer sehr vagen Auslegung. Die individuellen Zuschauer:innen zeigten sich davon allerdings nur mäßig beeindruckt und sprachen Klartext – man möge die Vergangenheit „ruhen lassen".

Für die Herausbildung kollektiver Erinnerungen, so heterogen sie auch sein mögen, spielen die Medien die wohl wichtigste Rolle. Darüber sind sich die Vertreter:innen der *memory studies* seit langem einig. Folglich konstruierten die Medien die Vorstellung von ‚authentischer' Geschichte, indem sie auf die autobiografische Erfahrung von Scholz hinwiesen und die Bilder in ihrer ‚Echtheit' bestätigten. Die Schilderung des Massakers von Orscha überschritt in den 1950er Jahren zweifelsfrei die Grenzen des Sagbaren. Da dieses mediale Bild des Holocaust jenseits der Vernichtungs- und Konzentrationslager dermaßen neu war und sich von den etablierten Mustern der damaligen Geschichtskultur absetzte, entfaltete es auch eine starke Wirkung. Vereinzelten Stimmen zum Trotz, die der Schilderung ihre Glaubwürdigkeit absprachen, maß vor allem nach der Ausstrahlung des Films die Mehrheit der Fernsehkritiker den Bildern von Umgelter eine hohe Authentizität bei. Heutzutage hat die Darstellung des Massakers in all ihren Fassungen ihre drastische Wirkung eingebüßt: Die Bilder des Transports, der lettischen Schützen, des hin- und hergerissenen Soldaten Wilms entfalten nicht mehr die affektive Kraft, die vor sechzig Jahren von ihnen ausging. Unzählige Quellen, die inzwischen ans Licht gekommen sind, zeigen, dass die Realität weit schlimmer war. Insbesondere viele männliche Leser, Hörer und Zuschauer, die sich zwischen 1955 und 1960 mit *Am grünen Strand der Spree* auseinandersetzten, müssen dies gewusst haben. Kritische Stimmen wie die von Joachim Kaiser und Helmut Kreuzer bzw. der Journalisten des *Stader Tageblatts* und des *Westfälischen Anzeigers* waren überaus selten. Statt aber zu bemängeln, dass nicht mehr Leser:innen, Hörer:innen und Zuschauer:innen zu ähnlich kritischen Schlussfolgerungen kamen, ist doch zu begrüßen, dass es diese Beiträge überhaupt gab. Schließlich fand sich 2013, nach der Ausstrahlung der Miniserie *Unsere Mütter, unsere Väter* auch nur ein einziger deutscher Historiker, Ulrich Herbert, der das Bild der ‚guten Deutschen', die unter den ‚bösen Nazis' gelitten hätten, öffentlich in Frage stellte.[27] Auch dies führt vor Augen, dass das Orscha-Kapitel im Medienkomplex von Scholz, Westphal und Umgelter seiner Zeit weit voraus war.

---

27 Mehr dazu in Saryusz-Wolska und Piorun.

Dritte Geschichte: Medien und Technologien

Dass Gedächtnisgeschichte als Mediengeschichte geschrieben werden kann, wissen wir seit Ende der 1970er Jahre, als Jacques Le Goff seine leider viel zu spät ‚entdeckte' Essaysammlung *Geschichte und Gedächtnis* veröffentlichte. Die deutsche Fassung erschien 1992, zeitgleich mit Jan Assmanns bahnbrechendem Buch *Das kulturelle Gedächtnis*, dessen theoretische Ausführungen in vielerlei Hinsicht mit jenen von Le Goff verwandt sind. Ein Jahr später legte Douwe Draaisma – zunächst auf Niederländisch – seine Dissertation *Die Metaphernmaschine* vor, in der er die Wandlungen von Gedächtniskonzepten anhand von medientechnologischen Entwicklungen erklärte. Die Forscher schienen unabhängig voneinander in jeweils unterschiedlichen wissenschaftlichen Disziplinen ähnliche Beobachtungen gemacht zu haben. Die digitale Revolution war im Aufbruch, und die Auswirkungen der neuen Technologien auf das kulturelle Gedächtnis waren bereits zu spüren, denn sie eröffneten neue Möglichkeiten der Archivierung und Aktualisierung des Vergangenen. Obwohl Le Goff, Assmann und Draaisma den zeitgenössischen Medienwandel nur am Rande ihrer Arbeiten behandelten, spielte die zeitliche Koinzidenz sicherlich eine Rolle für den Erfolg ihrer Ideen. Im darauffolgenden Jahrzehnt setzte Aleida Assmann („Zur Mediengeschichte…") die Erforschung der ‚Gedächtnisgeschichte als Mediengeschichte' fort. Nach wie vor konzentriert sich die internationale Rezeption der deutschen Arbeiten zum kulturellen Gedächtnis aber vor allem auf die Formen des Umgangs mit der NS-Vergangenheit. Die medientechnologische Komponente wird, wiewohl sie den Kern der kulturwissenschaftlichen Erinnerungsforschung bildet, hingegen seltener thematisiert.

Allen hier genannten Theorien liegt die Annahme zugrunde, dass jede Medieninnovation die Erinnerungsmodi bzw. -träger wesentlich verändert. Das kollektive Gedächtnis entstand durch mündliche Überlieferungen, also durch die Entwicklung der Sprache. Die Schrift ermöglichte das generationsübergreifende Aufbewahren der Erinnerung. Mit der Erfindung des Drucks konnte sie schließlich vervielfältigt werden. Die Fotografie erweiterte das Feld des visuellen Gedächtnisses und vermittelte das Gefühl, das Vergangene ‚festhalten' zu können – der Erfolg des Kinofilms beschleunigte diese Entwicklung. Der Hörfunk und das Fernsehen boten wiederum die Möglichkeit, an weltweit stattfindenden Ereignissen *live* teilzuhaben. Schließlich brachten die digitalen Medien neue Speicher- und Selektionsmethoden mit sich, forcierten aber auch Diskussionen über die Manipulierbarkeit des Gedächtnisses und seine Authentizität. Ferner beeinflusste der Medienwandel des vergangenen Jahrhunderts kulturelle Geschichtsbilder. „Ohne medienhistorische Operationen wie Archivieren, Kopieren, Transkribieren ist Geschichte [...] unmöglich," betonen die Gründer des Weimarer Graduiertenkollegs „Medien der Historiographie", dessen Mitglieder dieses Forschungsfeld besonders prägten. Vivian Sobchack konstatiert wiederum:

> Die neuen Repräsentations- und Erzähltechnologien des 20. Jahrhunderts (vor allem das Fernsehen) haben die zeitliche Distanz zwischen Gegenwart, Vergangenheit und Zukunft zum Einsturz gebracht. Diese Distanz strukturierte unsere bisherige Vorstellung von der zeitlichen Dimension dessen, was wir Geschichte nennen. (Sobchack 4–5)

Wie einst Marshall McLuhan den Slogan *The medium is the message* prägte, so lässt sich die Gedächtnisgeschichte mit dem Satz *The medium is the memory* zusammenfassen (Erll, *Kollektives* 136). Der Verweis auf McLuhan dient hier nicht der Herstellung einer schlichten Analogie, zumal die Heidelberger Kulturwissenschaftler:innen – darunter Jan und Aleida Assmann – die Konzepte der sogenannten Kanadischen Medientheorie in den 1980er Jahren mit großer Aufmerksamkeit verfolgten. Insbesondere Eric A. Havelocks Studien sind eine wichtige Grundlage von Jan Assmanns Konzept der Schriftlichkeit des kulturellen Gedächtnisses. Interessanterweise bezieht Assmann sich dabei kaum auf andere Mitbegründer der Kanadischen Medientheorie, auch nicht auf Harold A. Innis. Dessen Theorie ist hier aus zwei Gründen nennenswert: Erstens befasst er sich u. a. mit der Bedeutung unterschiedlicher Sprach- und Schriftkulturen für die Entfaltung von ‚Bildungsmonopolen' (Innis, „Tendenzen"), und zweitens gehört er zu den ersten Theoretiker:innen, die behaupteten, dass Technologien und materielle Bedingungen einen Einfluss auf gesellschaftliche Ordnungen hätten. Innis zeigt dies u. a. überzeugend am Beispiel der Entwicklung der Presse, deren Anfänge er nicht – wie dies seit der Diskurstheorie von Jürgen Habermas üblich ist – mit der Herausbildung von Öffentlichkeit, also gegen Ende des 18. Jahrhunderts, verküpft, sondern mit der Entwicklung der Holz- und Papierindustrie. Auf diese Weise zeigt er den globalen Wandel von Rohstoffen und Technologien auf und weist auf die Bedeutung der Peripherie für die Entstehung der Machtzentren der Öffentlichkeit hin. Diese dank der Presse funktionierende Öffentlichkeit hängt wiederum von der Industrie ab, die die Existenz der Presse über Werbeaufträge sichert (Innis, „Die Presse"). Innis' Thesen, die in der Historiografie allmählich große Beachtung finden, hätten auch die kulturwissenschaftliche Erinnerungsforschung maßgeblich prägen können. Der Kanadier fragt nämlich, „wie medientechnische Bedingungen in die Formation historischen Wissens hineinreichen" (Graduiertenkolleg). Für die Erinnerungsforschung ist beispielsweise das Verhältnis zwischen der Entstehung von ‚Bildungsmonopolen' und mächtiger Öffentlichkeiten einerseits sowie der Herauskristallisierung nationaler Erinnerungskulturen andererseits von zentraler Bedeutung. Stattdessen schreibt

Jan Assmann, unter anderem in Anlehnung an McLuhans ‚heiße' und ‚kalte' Medien, nur von ‚heißer' und ‚kalter' Erinnerung.

Kurz bevor der Begriff des kulturellen Gedächtnisses zum Mainstream der Geisteswissenschaften avancierte, entwickelte in Deutschland Friedrich Kittler die Theorie, dass die Medien den menschlichen Geist prägten und nicht umgekehrt. In seinen beiden wichtigsten Büchern *Aufschreibsysteme 1800/1900* und *Grammophon, Film, Typewriter* geht es allerdings hauptsächlich um die Beziehung zwischen dem jeweiligen technischen Gerät und seinen Nutzer:innen. Kittlers Konzept illustrieren seine Ausführungen über die Schreibmaschine wohl am anschaulichsten, insbesondere über die Spuren des maschinellen Schreibens in den Texten von Friedrich Nietzsche; so habe sich das neuartige Gerät auf die Arbeit des Philosophen ausgewirkt (Kittler, *Aufschreibsysteme* 197–205). In McLuhans Theorie geht es hingegen mehr um eine umgekehrte Beziehung: Er betrachtet die Medien als „Ausweitungen" des Menschen (McLuhan 11). Obwohl mit Ausnahme von Jan und Aleida Assmann nur die wenigsten Gedächtnistheoretiker:innen explizit auf die Arbeiten der Kanadischen Medientheorie Bezug nehmen, prägt sie die kulturwissenschaftliche Erinnerungsforschung nachhaltig – nicht zuletzt da viele Forscher:innen, die sich in den 1990er und frühen 2000er Jahren auf dem Gebiet einen Namen machten, mit den Texten von McLuhan oder Havelock ‚aufwuchsen'. Innis' Schriften gehören dagegen nicht zum Kanon. Am deutlichsten zeigt sich der latente Einfluss des McLuhan'schen Medienbegriffs in Alison Landsbergs Buch *Prosthetic Memory*. Ihr Konzept der Massenmedien als ‚Prothesen', auf die sich die kollektive Erinnerung stützt, kommt McLuhans Bild der ‚Ausweitungen' sehr nahe. Das für die kulturwissenschaftliche Erinnerungsforschung fast schon programmatische Buch von Landsberg illustriert aber auch, dass das Verhältnis zwischen Medien und Gedächtnis auf die vermittelten Bilder reduziert wird. Der technologisch-materielle Aufbau des Kinos respektive des Fernsehens rückt in Landsbergs Argumentation in den Hintergrund.

Blättert man in den gegenwärtig wichtigsten Zeitschriften und Konferenzprogrammen aus dem Bereich der *memory studies*, so bestätigt sich der Eindruck, dass die Vertreter:innen dieser Disziplin oft über Medien als Vermittler des Gedächtnisses diskutieren, bedeutend seltener aber über die Kulturtechnik, die dahinter steckt. Im Fokus der Forschung stehen Fragen nach dem, was und wie in die Erinnerung aufgenommen und was und wie aus der Erinnerung ausgeschlossen wird. In Anbetracht all der Untersuchungen politischer Handlungen und symbolischer Ausdrucksformen liegt der Schwerpunkt offensichtlich auf den Narrativen und Repräsentationsmodi der Vergangenheit. Auch in dieser Studie ist die Remedialisierung der ‚schwierigen Vergangenheit',[1] d. h. des Mordes an den Jüd:innen aus Orscha im November 1941, der im Medienkomplex *Am grünen Strand der Spree* geschildert wird, von zentralem Interesse. Im Unterschied zu der bestehenden Forschung über die medialen Repräsentationen des Holocaust möchte ich in diesem Kapitel allerdings den materiellen und technologischen Charakter der Medien hervorheben. Sie sind nämlich, wie Gabriele Schabacher („Medium" 129) betont, „nur in Gestalt infrastrukturell-räumlicher Arrangements greifbar. Medien existieren so verstanden nur *in* bzw. *als* Infrastruktur".

Abgesehen von der stets wachsenden Neugier gegenüber der digitalen Welt ist das Interesse der Erinnerungsforscher:innen an den infrastrukturellen Aspekten von Erinnerungsmedien eher bescheiden. Eine Möglichkeit, dies auszugleichen, wäre, entweder an Kittler oder an die kanadische Medientheorie anzuknüpfen. Eine andere Möglichkeit ergibt sich aus der Akteur-Netzwerk-Theorie, da sie – ähnlich wie die Infrastrukturforschung – die Notwendigkeit der Aufdeckung von auf den ersten Blick unsichtbaren Prozessen hervorhebt. Die Vertreter:innen der Akteur-Netzwerk-Theorie – Bruno Latour, Steven Woolgar, Michel Callon und John Law u. a. – betonen die Bedeutung von Diagrammen, Mikroskopen, Reagenzien usw., die für die Konstruktion von wissenschaftlichen Fakten unabdinglich sind. Sogar in Bezug auf die Entwicklung von Nationalstaaten, die nicht nur über symbolische und politische Praktiken, sondern auch über alltägliche „Telefonsysteme, Papierkram und geographische Triangulationspunkte" konstruiert werden, muss die Technik mit gedacht werden (Law 7). Diese Beobachtung verweist zwangsläufig an die Arbeiten von Innis, der über die Bedeutung der Holz- und Fischindustrie sowie des nordamerikanischen Transportwesens für die Herausbildung eines kanadischen Nationalgefühls schrieb. Analoge Mechanismen der Konstruktion symbolischer Ordnungen beobachten wir – so meine These – in der Erinnerungskultur. Erst die „untrennbare Verwobenheit" (Schabacher, „Medium" 133) von Akteuren und Medientechniken macht die medialisierte Erinnerung überhaupt möglich.

Für die Entstehung und Aufbewahrung des kulturellen Gedächtnisses sind materielle und technologische Aspekte wie Bücherformate, Bildschirmauflösungen oder die Signalreichweiten des Rundfunks von nicht geringerer Bedeutung als die zu vermitteln den Geschichtsbilder. Kurzum baut das kollektive Gedächtnis wie alle Kulturtechniken auf einer Infrastruktur auf, die für ihre Nutzer:innen größtenteils unsichtbar bleibt (Star; Schabacher, „Medium"). In dem Versuch, die Akteur-Netzwerk-Theorie in die Erinnerungsforschung zu integrieren, geht es jedoch nicht um die vollständige Übernahme des entsprechenden Vokabulars,

---

[1] Zum Begriff ‚difficult past' siehe Wagner-Pacifici und Schwartz.

sondern vielmehr um den Gedanken, dass nicht-menschliche Akteure – von Latour (*Die Hoffnung der Pandora* 372) als Aktanten bezeichnet – ebenfalls über Handlungskraft im Prozess der Konstruktion von Erinnerungen verfügen. Sie sind weder passive Objekte der Erinnerungsarbeit noch externe Instrumente, sondern gleichberechtigte Subjekte des erinnerungskulturellen Netzwerks. Das aus menschlichen und nicht-menschlichen Akteuren bestehende Netzwerk stellt Latour zufolge eine eigene Theorie des Sozialen her. Auf die Erinnerungskultur übertragen bedeutet dies, dass das Netzwerk die Gedächtnisarbeit selbst reguliert. Es sind nicht Kräfte wie die ‚Politik' oder der ‚Diskurs', sondern die von Latour (*Neue Soziologie* 22) sogenannte ‚Versammlungen' von auf den ersten Blick unscheinbaren Elementen, die über die Funktionsweisen der Erinnerungskultur mitentscheiden.

Um Erkenntnisse über die Auswirkung der Medien in ihrer materiellen und technologischen Dimension auf die Erinnerungskultur zu gewinnen, lohnt sich ein vertiefter Blick in die Produktionsprozesse in Verlagen oder Rundfunkanstalten. Zum einen werden auf diese Weise diejenigen Geschichtsbilder sichtbar, die der Öffentlichkeit nie präsentiert wurden; zum anderen offenbaren Produktionsabläufe den Innenraum der erinnerungskulturellen Black Box (Latour, *Science in Action* 1–17; Latour, *Die Hoffnung* 373).[2] Diesen aus der Kybernetik stammenden Begriff nutzt Latour als Metapher für die unsichtbaren Abläufe der Konstruktion wissenschaftlicher Fakten. In den Ingenieurswissenschaften ist die Black Box ein Algorithmus, Schaltkreis o. Ä., der zwischen dem Input – also etwa dem Anschlag einer Computertaste – und dem Output liegt – dem Erscheinen eines Buchstabens auf dem Bildschirm. Wir Nutzer:innen machen uns keine Gedanken darüber, wie dieser Mechanismus funktioniert – hauptsache, wir können unter möglichst wenig Aufwand einen Text am Computer verfassen. Laut Latour sind ähnliche Prozesse auch im sozialen Umfeld der Wissenschaft zu beobachten. Zwischen der Forschungsfrage und der Publikation von Forschungsergebnissen ereignen sich routinierte Abläufe, die für die meisten Menschen unsichtbar und unverständlich sind. Sie zu beschreiben und zu strukturieren ist die Aufgabe von Wissenssoziologen. In Anlehnung daran postuliere ich, dass auch die Mecha-

---

2 Die Idee, Latours Konzept der Black Box auf die Erinnerungskultur zu übertragen, entwickelte ich nach der Lektüre des Vortragstextes „Z Latourem w Kielcach" [Mit Latour in Kielce] von Joanna Tokarska-Bakir. Die polnische Anthropologin beschreibt darin, wie sie an ihrem Buch *Pod klątwą. Społeczny portret pogromu kieleckiego* [Unter dem Bannfluch. Das soziale Bild des Pogroms von Kielce] arbeitete und die sozialen Netzwerke des Pogroms im Juli 1946 rekonstruierte. Tokarska-Bakir zweifelte an, was viele Wissenschaftler:innen für ein bereits hinreichend erforschtes Ereignis hielten, und untersuchte systematisch alle Personen, Räumlichkeiten, Objekte usw., die zum Pogrom geführt hatten, um die vorliegenden Erklärungen zu hinterfragen.

nismen der Erinnerungskultur in einer Black Box versteckt sind. Im Fokus der kulturwissenschaftlichen Erinnerungsforschung steht bisher der Input – in diesem Fall die ‚schwierige' Vergangenheit – und der Output – die mediale Repräsentation der ‚schwierigen' Vergangenheit. Die Soziotechniken der Konstruktion von Erinnerungskultur bleiben hingegen in Black Boxen verborgen.

Die erste Geschichte in diesem Buch über *Am grünen Strand der Spree* widmete sich den menschlichen Akteuren und ihren sozialen Handlungen. Die Begründer:innen der Infrastrukturforschung, Geoffrey C. Bowker und Susan Leigh Star (34), bemängeln am akteurszentrierten Ansatz allerdings seinen allzu starken Fokus auf die *heroic actors*. Ihrer Ansicht nach seien weniger die im Rampenlicht stehenden ‚Held:innen' als vielmehr die infrastrukturellen Bedingungen der sozialen Ordnung in den Blick zu nehmen. Diesem Vorschlag folgend untersuche ich nun die Aktanten und ihre Handlungskraft bzw. *agency*. In Latours und Woolgars (47) Konzept übertragen technische Geräte diffuse Prozesse in verständliche, diskursive Formen, wie etwa in Diagramme. Diese Vorgänge bezeichnen die Forscher als ‚Inskriptionen'. Mit der Wahl dieses schrift- und übersetzungsbezogenen Begriffs tragen Latour und Woolgar zu den Medientheorien bei (Gertenbach und Laux 84), zumal jedes Objekt, das am Inskribieren beteiligt ist – sei es ein Computer, Mikroskop oder eine chemische Substanz – zum Medium avanciert, das entsprechend der lateinischen Bedeutung des Wortes als ‚Vermittler' agiert. Ähnliches beobachten wir in der Konstruktion von Geschichtsrepräsentationen: Schwer greifbare Vorstellungen von der Vergangenheit werden mithilfe von medialen Technologien in nachvollziehbare Narrative und Bilder ‚übersetzt'.[3]

Die Analyse medientechnologischer Aspekte der Erinnerungskultur macht die Relevanz von scheinbar nebensächlichen Faktoren deutlich – ob wir von einem Roman in gebundener Erstausgabe oder im Taschenbuchformat, von einem Hörspiel auf Kurz- oder Mittelwelle respektive von einem Fernsehfilm sprechen, der von einem Fernseher im eigenen Wohnzimmer oder in einer Gaststätte übertragen wird. Um auf die materielle Beschaffenheit der Medien hinzuweisen, spreche ich gelegentlich von ‚Trägern' oder ‚Geräten', wenn einzelne Objekte wie Bücher, Zeitungen, Radio- oder Fernsehapparate im Mittelpunkt der Analyse stehen. Diesen Mikro-Akteuren (Miggelbrink 141) stelle ich Makro-Akteure, also ‚Medien' im Sinne von Institutionen und deren Infrastrukturen, gegenüber. Dazu gehören Verlage, Rundfunkanstalten, Filmunternehmen usw. mit den dazugehörigen Technologien. Generell aber dient die Unterscheidung in Mikro- und

---

3 Den Prozess der ‚Übersetzung' von Geschichte in Mediennarrative schildert Björn Bergold in dem Buch *Wie stories zu history werden*. Seine Analysen gründet er in den Authentizitätstheorien.

Makro-Akteure nur analytischen Zwecken. In der Praxis kommt es auf ihre Vernetzung an, und in diesem Netzwerk erfolgt dann die Konstruktion von Geschichtsbildern.

Die ‚Vermittler', um die es im Folgenden geht, reichen vom Gespräch bis hin zum Fernsehen. Der große Vorzug von *Am grünen Strand der Spree* als Fallbeispiel liegt darin, dass der Medienkomplex so gut wie alle technischen Übertragungsmöglichkeiten umfasst, die in den 1950er und 1960er Jahren zur Verfügung standen. Die Zirkulation des Buches von Hans Scholz [1955], des Feuilletonromans in der *FAZ* [1956], des Hörspiels von Gert Westphal [1956] sowie der Miniserie von Fritz Umgelter [1960] in der westdeutschen Öffentlichkeit ereignete sich vor dem Hintergrund der rasanten Entwicklung des Fernsehens und einem damit verbundenen Wandel der Buch- und Rundfunkkultur. Teile des Medienkomplexes wurden zudem über Schallplatten und Lesungen ‚vermittelt'. Hinzu kommen die mehrfach gescheiterten Pläne für einen Kinofilm. All diesen Trägern kam eine aktive Rolle in der Konstruktion des kulturellen Gedächtnisses zu. Gleichzeitig trugen ihre jeweiligen technischen und materiellen Eigenschaften dazu bei, dass *Am grünen Strand der Spree* und die darin enthaltene Schilderung des Massakers in Orscha nicht dauerhaft Einzug in die Erinnerungskultur halten konnten. Nicht weniger interessant sind die medienbezogenen Metakommentare, die in Roman, Hörspiel und Fernsehfilm formuliert werden. Stephanie Heck („Quality-TV" 237–240) analysiert sie unter dem Stichwort der medialen Selbstreflexivität und Selbstreferenzialität. Auch diese Aspekte von *Am grünen Strand der Spree* sollen in diesem Kapitel näher betrachtet werden.

Das Gespräch

Die Remedialisierung des Massakers von Orscha begann zunächst ohne technische Unterstützung. Am 26. November 1941, kurz nach der Rückkehr von der Erschießungsstelle, wo Hans Scholz den Mord an den Jüd:innen beobachtet hatte, berichtete er seinem Vorgesetzten davon:

> Der Kompagniechef, ein Landwirt und Zivil, dem selbstverständlich von einer unmilitärischen Exkursion Meldung zu machen gewesen war, ließ mich kommen und berichten. Er bot mir Schnaps an und ließ mich gegen die Regel im Sitzen referieren, ich muß danach ausgesehen haben. (Rede zum Heinrich-Stahl-Preis 2)

In diesem unmittelbaren Bericht ‚übersetzt' – um bei einem Schlüsselbegriff der Akteur-Netzwerk-Theorie zu bleiben – Scholz seine Eindrücke von dem Massaker in eine diskursive Form. In der Erinnerungsforschung sind solche Momente von besonderer Bedeutung: Bereits Maurice Halbwachs (19–24) schrieb darüber, dass die Bildung des Gedächtnisses auf dem Akt des Erzählens basiere: Selbst wenn wir uns nur ‚für uns selbst' erinnern, ‚übersetzen' wir die Bilder im Kopf in ein Narrativ, so als sprächen wir mit einem anderen Menschen. Halbwachs formulierte seine Thesen zwar vor fast hundert Jahren, doch bestätigten Forscher:innen von heute die Bedeutung des *memory talk* für die Konstruktion des Gedächtnisses (Welzer 16; Meise; Mullen und Yi). Im Unterschied zu affektiven oder körperlichen Eindrücken lassen sich narrative Erinnerungsformen vergleichsweise leicht remedialisieren – zunächst als mündliche Erzählungen, die dann in andere Medien ‚weiterübersetzt' werden. Aus diesem Grunde betrachte ich den Bericht von Scholz an seinen Kompanieführer als möglichen Auslöser für die Entstehung der Geschichte von *Am grünen Strand der Spree*. Indem er dem mutmaßlichen Befehl, von dem unmittelbar zuvor Gesehenen zu erzählen, Folge leistet, ist der spätere Romanautor gezwungen, Worte für die Erschießung der Jüd:innen aus Orscha zu finden und ein Narrativ über das Gesehene zu konstruieren.

Eigenen Angaben zufolge führte Scholz noch während des Krieges weitere *memory talks* über die Ereignisse aus Orscha:

> Erzählt habe ich die Vorgänge damals schon – ohne die novellistische Einkleidung – und es gibt etliche Personen in dieser Stadt, denen ich anläßlich von Kriegsurlauben mein Herz ausschüttete und die dachten, sie hörten nicht recht, so wie ich an Ort und Stelle gedacht hatte, meinen Augen nicht trauen zu können, als ich sah, was nun und nimmer und nirgends hätte zu sehen sein dürfen! (Rede zum Heinrich-Stahl-Preis 3)

Die Geschichtswissenschaft kennt inzwischen zahlreiche Beispiele von Gesprächen, die belegen, dass deutsche Soldaten untereinander durchaus über die Vernichtung der Jüd:innen sprachen (Neitzel und Welzer 39–40, 145).[4] Bei solchen Gesprächen handelt es sich um Ausdrucksformen des Gedächtnisses, das erstens mündlich und zweitens *en passant* vermittelt wird (Welzer 16). Mag man außerstehenden Personen gegenüber einiges verschweigen, um ein positives Bild von sich selbst zu zeichnen, so tauscht man sich im engen Kreis der Beteiligten oft ausführlicher aus, wie diese Erklärung des ehemaligen SS-Mannes Helmut Seitz über die vom Einsatzkommando 8 durchführten Erschießungen zeigt: „Wir haben uns unter uns frei über die Exekutionen unterhalten." (Seitz 458) Nicht die Gespräche an sich, sondern die Tatsache, dass die Männer sich ‚unter sich' und ‚frei' unterhalten haben, ist in dieser Aussage von Belang. Das freie Gespräch prägt

---

4 Das Buch von Sönke Neitzel und Harald Welzer handelt von den Gesprächen zwischen Soldaten, also im Rahmen einer Gruppe von Männern, die ohnehin über internes Wissen verfügten. In der Einführung gehen die Autoren auf unterschiedliche Formen der persönlichen Kommunikation im Krieg ein.

nämlich sowohl die Ausdrucksform, etwa die Verwendung umgangssprachlicher Begriffe, als auch die Erinnerungen, die auf diesem Weg – im wahrsten Sinne des Wortes – zur Sprache kommen. Dass gewisse Themen vorzugsweise in mündlicher, nicht aber in schriftlicher oder visueller Form übermittelt werden, bestätigt – nebenbei bemerkt – die Losung *the medium is the memory*, da sich das Medium sowohl auf die Form als auch auf den Inhalt auswirkt, wie McLuhan argumentierte.

Die mündliche Überlieferung unter den Soldaten ist jedoch nicht mit dem kommunikativen Gedächtnis gleichzusetzen, da die Gesprächspartner in den *memory talks* der Soldaten derselben Erinnerungs- bzw. Erlebnisgemeinschaft angehören. Sie wussten aus eigener Erfahrung, wovon die Rede war. Sie brauchten keine ausführlichen Erklärungen, detaillierte Beschreibungen oder mussten gar vollständige Sätze bilden. Oft reichte ein Wort, um die richtigen Assoziationen zu wecken. Es handelt sich daher um ein ‚subkutanes Gedächtnis', das jenseits der etablierten Erinnerungsdiskurse aktiviert wird. Die fragmentarischen Andeutungen genügen für ein gegenseitiges, wortloses Verständnis. Können die Gesprächspartner:innen auf gemeinsamem Wissen oder Erlebnissen aufbauen, so müssen sie dies nicht ausführlich erzählen, um es gemeinsam zu erinnern. Die meist im Privaten geäußerten Aussagen sind dank des gemeinsamen Referenzrahmens für alle gut verständlich.

Sporadisch kam es sogar vor, dass die Soldaten selbstbezogen, aber eher unkritisch über ihre Täterschaft berichteten. In einem vielzitierten Brief des Polizeisekretärs Walter Mattner an seine Frau lesen wir: „Bei dem ersten Wagen hat mir etwas die Hand gezittert, als ich geschossen habe. Aber man gewöhnt sich an das. Beim zehnten Wagen zielte ich schon ruhig und schoss sicher auf die vielen Frauen, Kinder und Säuglinge." (zit. n. Neitzel und Welzer 39; Ingrao 238) Später setzte sich die Zeugenperspektive durch. Anstatt wie Scholz oder der erwähnte Mattner in der ersten Person Singular berichteten ehemalige Angehörige der Einsatzkommandos, die nach dem Krieg verhört wurden, in der Regel entweder in der dritten Person Plural oder im Passiv.[5] Der ehemalige Angehörige der Waffen-SS Karl Strohhammer (1999) sagte etwa vor der Staatsanwaltschaft Kiel aus: „[Es] hat nicht nur der SD geschossen, sondern alle Angehörigen des EK8 mussten aktiv an diesen Exekutionen teilnehmen", und der ehemalige Gestapobeamte Lorenz Bauer (998) behauptete vor dem Landeskriminalamt in Kiel: „Im Laufe der Zeit wurden immer wieder einzelne Juden bzw. gelegentlich auch Judenfamilien aufgegriffen." Dieser Perspektivwechsel ist auf die spezifischen Referenzrahmen

---

5 Die Aussagen, die sich spezifisch auf das Massaker von Orscha beziehen, zitiere ich im Prolog dieses Buches.

dieser Aussagen zurückzuführen – zum einen wurden die Männer in der Regel als Zeugen und nicht als Beschuldigte vorgeladen, zum anderen standen sie unter Rechtfertigungszwang. Die Mehrheit wollte daher nur ‚vom Hörensagen' von den Kriegsverbrechen gewusst haben. Dieser Ausdruck etablierte sich schließlich zum festen Bestandteil der Tätersprache (Stoll 218). Gewiss hatte er eine Alibifunktion, zumal er auf einen räumlichen Abstand des Sprechenden zu den Gräueltaten hinweisen sollte. Gleichzeitig deutet das Wort ‚Hörensagen' an, dass ein Austausch über die Kriegsverbrechen durchaus stattfand. Suggestive Beispiele dafür gibt unter anderem das ‚Gruppenexperiment': Im Rahmen einer Reihe von Fokusgruppengesprächen, die Theodor W. Adorno 1950 – 1 zusammen mit den Mitarbeiter:innen des Instituts für Sozialforschung durchführte, räumten einige der Teilnehmer:innen ein, von Familienmitgliedern oder Nachbar:innen über die Vernichtung der Jüd:innen erfahren zu haben (Adorno, „Schuld und Abwehr").

Einer der Orte, an denen in der Nachkriegszeit über Kriegserlebnisse gesprochen wurde, war freilich der Stammtisch, um den sich ehemalige Soldaten regelmäßig trafen. Der exklusive, da nur für ausgewählte Teilnehmer reservierte Kneipentisch war eine der wichtigsten Infrastrukturen des ‚subkutanen Gedächtnisses'. In Abwesenheit von Ehefrau und Kindern, in der verqualmten Ecke der vertrauten Gaststätte konnte man sich alles erzählen, ohne fürchten zu müssen, dass es von Unbefugten überhört würde. „Die Veteranen wollten erzählen und sich von anderen erzählen lassen, mündlich und von Angesicht zu Angesicht," schreibt Thomas Kühne (219) in seiner Studie zur Kameradschaft. Interessanterweise beteiligte sich Scholz nicht an dieser Praxis und lehnte Einladungen zu Treffen seiner ehemaligen Militäreinheit ab (Scholz, Brief an G.P.). Ganz im Sinne seiner ablehnenden Haltung gegenüber ‚gewöhnlichen' Stammtischen schildert die Rahmenhandlung von *Am grünen Strand der Spree* einen Männerabend im gehobenen Milieu der Westberliner Medienwelt. An einem Tisch in der luxuriösen Jockey Bar sitzen zunächst: ein Schauspieler, ein Werbefachmann, ein Drehbuchautor und ein ehemaliger Berufssoldat, der nun als Schauspieler oder Filmberater arbeiten möchte. Bevor sie in die Wehrmacht einberufen wurden, waren sie öfter am selben Tisch zusammengekommen. Zu Beginn des Abends in der Jockey Bar planen sie, über heitere Angelegenheiten zu reden. Als aber der Kriegsheimkehrer Hans-Joachim Lepsius das Tagebuch des gemeinsamen Bekannten Jürgen Wilms vorliest, hält das Kriegsthema in die Gespräche Einzug. Erst die Erwähnung einer gemeinsamen Freundin öffnet leichteren Themen einen Raum. Die Rahmengeschichte von *Am grünen Strand der Spree* interpretiert der zeitgenössische Germanist Otto F. Best (1) daher wie folgt: „Es geht um ein Wiedersehen und um eine Heilung. Daß das Wiedersehen feierlich begangen wird, sollte nicht darüber hinwegtäuschen, daß es eine todernste Begebenheit ist. Die Jockey Bar [...] ist Platz zum Austausch intimer Erlebnisse."

Noch deutlicher als in der Rahmenhandlung kommt das Gespräch als Gedächtnismedium im ersten Kapitel zum Vorschein. Im Tagebuch, das Lepsius vorliest, schildert Jürgen Wilms Gespräche von Soldaten, die von Massenerschießungen berichten. Einer von ihnen sah sie in Nowo-Borissow, einer Stadt an der Beresina; andere beobachteten Massenexekutionen in der Ukraine und in Litauen (*AGSS* 53). Sowohl im Roman als auch in der Kriegsrealität trafen sich die Soldaten in Orscha, da die Stadt aufgrund der dortigen Kreuzung wichtiger Bahnlinien und Straßen einen zentralen Knotenpunkt für das deutsche Heer im Ostfeldzug darstellte. Dass es sich bei den beobachteten Exekutionen nicht um militärische Maßnahmen, sondern um die gezielte Exterminierung einer ganzen ethnischen Gruppe handelt, macht in *Am grünen Strand der Spree* ein Kurier, der in den besetzten Gebieten unterwegs ist, deutlich: „Es sind auch welche [Juden] aus dem Reich dabei und nicht bloß aus dem Reich, aus Holland, aus Frankreich und überall, wo sie sie erwischt haben." (*AGSS* 53) Diese Berichte lösen bei Wilms das Bedürfnis aus, sich die Auflösung des Ghettos von Orscha mit eigenen Augen anzuschauen. Da die Gespräche aus dramaturgischer Sicht so bedeutend sind, wurden sie – wenngleich in unterschiedlicher Inszenierung – auch ins Hörspiel und in den Fernsehfilm aufgenommen. In der Hörfunkfassung mischte Westphal die Sprechstimmen miteinander, wodurch der Eindruck entsteht, als redeten die Soldaten aneinander vorbei. In der Fernsehfassung hingegen baute Fritz Umgelter die Szene aus: Die Männer sitzen zusammen am Tisch. Ihr Gespräch ist strukturiert, eine Figur spricht nach der anderen. Darüber hinaus sehen wir, wie der schweigende Unteroffizier Jaletzki, der zuvor als überzeugter Nazi und Antisemit präsentiert wurde, den Gesprächen aufmerksam zuhört. Er verkörpert diejenigen Soldaten, die nach dem Krieg behaupten werden, sie hätten von den Massenerschießungen nur ‚vom Hörensagen' gewusst.

Gespräche sind flüchtige Erinnerungsmedien. Trotz ihrer nachhaltigen Auswirkung auf die Erinnerungskultur sind sie für die Forschung nur schwer zu erfassen. Erst eine Aufnahme oder Niederschrift macht ihre Analyse möglich. Nicht anders ist es im Fall der hier angeführten Beispiele. Sönke Neitzel und Harald Welzer analysierten Gespräche von Soldaten, die in britischer und amerikanischer Kriegsgefangenschaft abgehört wurden. Dank der großzügigen finanziellen Unterstützung zweier Stiftungen konnte sich ihre Forschungsgruppe „über die unüberschaubare Menge von Texten hermachen" (Neitzel und Welzer 10). Im Endeffekt untersuchten die Forscher also Transkriptionen. Auch von dem Gespräch zwischen Scholz und seinem Kompanieführer wissen wir nur deshalb, weil der Romanautor es in seiner Rede anlässlich der Verleihung des Heinrich-Stahl-Preises erwähnte, und diese nicht frei hielt, sondern vorlas. Das Manuskript liegt heute in Scholz' Nachlass im Archiv der Akademie der Künste. Die Gespräche in der Jockey Bar gehören wiederum zu einer anderen Kategorie von Texten – es sind auf Erinnerungen basierende oder frei erfundene Texte, die Scholz für seinen Roman schrieb. Gert Westphal und Fritz Umgelter übernahmen sie für das Hörspiel bzw. den Fernsehfilm und ‚übersetzten' sie mithilfe von Schauspielern in gesprochene Dialoge ‚zurück'. Schon diese Zusammenstellung zeigt, dass die Untersuchung von *memory talks* erstens selten um niedergeschriebene Texte herumkommt, und zweitens die dazugehörende Infrastruktur berücksichtigen sollte: den Tisch in der Kneipe oder das Abhörgerät im Gefängnis. So ermöglicht erst die Übermittlung von *memory talks* die Vernetzung materieller Aktanten mit sprechenden Akteuren.

Die Schriftmedien

Erste Notizen für das spätere Buch machte Scholz noch während des Krieges. Er schrieb zunächst lose Erzählungen, die er anschließend in einem Novellenroman bündelte. Mit Blick auf diese Komposition aus einer Rahmenhandlung und sieben Geschichten ergänzte Scholz den Untertitel: *So gut wie ein Roman*. Aus der Perspektive der Erinnerungsforschung ist der Akt des Niederschreibens ebenso bedeutend wie der des Erzählens, denn Schriftmedien leiten den Übergang vom kommunikativen zum kulturellen Gedächtnis ein (Assmann J.). Sie gelten als nachhaltige Erinnerungsstützen und kodifizieren das Gedächtnis in der langen Dauer. Dabei ist wichtig, ob es sich um eine Verschriftlichung in Handschrift, Typo- bzw. Manuskript oder Druck handelt. In diesem Zusammenhang bemerkt Innis, obwohl er nicht von Gedächtnis, sondern von ‚Wissensverbreitung' schreibt: „Unsere Kenntnis anderer Zivilisationen hängt in starkem Maße von der Gestalt des Mediums ab, das in der jeweiligen Kultur benutzt wurde, sofern es hat überdauern können bzw. sich durch Entdeckungen zugänglich machen ließ." (Innis, „Tendenzen" 95) Dasselbe Prinzip gilt für die Übermittlung des kulturellen Gedächtnisses: Handschriften müssen entziffert, Manuskripte gelesen, das gedruckte Wort vervielfältigt werden.

Unter den wenigen Blättern in Scholz' Nachlass, die auf die Kriegsjahre datiert sind, befindet sich keines, auf dem die Erschießung der Jüd:innen aus Orscha erwähnt gewesen wäre. Stattdessen findet sich ein mit Bleistift auf Papierfetzen niedergeschriebener Text mit der Überschrift „Jazz für Schloss Pörnitz" über ein amüsantes Treffen der Berliner Oberschicht in einem fiktiven Schloss in Brandenburg. Die losen Blätter stammen teils aus Notizbüchern und sind teils Schreibmaschinenpapier; einige Seiten sind mit dem Logo eines Hotels versehen. Sie wurden Scholz offenbar von Freunden oder Verwandten mit der Feldpost zugeschickt, damit er Papier zum Schreiben hatte. Der Großteil des Textes ist in seiner gut lesbaren, beinahe kalligrafischen Handschrift geschrieben; einige andere Blätter sind aber kaum zu entziffern. Ich konnte nicht feststellen, ob sie von einer anderen Person geschrieben worden waren, oder ob der Unterschied schlicht den äußeren Umständen im Kriegsalltag geschuldet war, sprich: dem fehlenden Arbeitstisch, der Hektik usw. Die leichte Jazzmusik zu den Liedern, die auf Schloss Pörnitz gespielt werden, notierte der Autor auf eigens dafür gezeichnetem Notenpapier. Teile dieser Erzählung gingen später in zwei der Geschichten aus *Am grünen Strand der Spree* ein. Das Motiv des Schlosses finden wir im vierten Kapitel wieder, das die Saga der Familie Bibiena schildert – und explizit vom Jazz handelt wiederum das sechste Kapitel, in dem der Saxofonist aus der Bar von seiner Zeit in der Kriegsgefangenschaft erzählt.

Sollte Scholz Notizen über das Massaker gemacht haben, werden sie ähnlich ausgesehen haben. Im Roman lesen wir: „Dann folgen mehrere fast unleserliche Zettel. [...] Dann zwei Blätter aus Orscha. [...] Und dann einige sehr gut erhaltene Blätter, ebenfalls wohl aus diesem Orscha. Der Kopf fehlt." (*AGSS* 52–53) Abgesehen davon, dass sich dieser Metakommentar auf frei erfundene Aufzeichnungen bezieht, verweist er auf das oft fragmentarische und schwer lesbare Medium, das seiner Funktion als ‚Übersetzer' nicht immer gerecht wird. Bei genauerer Betrachtung ist nicht eindeutig, worum es sich bei den Blättern, aus denen Lepsius die Schilderung des Massakers vorliest, handelt. In allen Fassungen von *Am grünen Strand der Spree* ist zwar vom Tagebuch die Rede – und in der Fernsehfassung sehen wir das kleine schwarze Heft sogar zwei Mal: zunächst in der Rahmenhandlung, in den Händen von Lepsius, und dann zu Beginn der Rückblende in den Händen des Tagebuchschreibers Wilms. Lepsius erklärt indes, den Text zuvor abgeschrieben und in ein Manuskript bzw. Filmexposé überarbeitet zu haben: „Es ist etwas Schriftliches, eine Geschichte" (*AGSS* 12), erfahren wir gleich zu Beginn des Buches; später hält Lepsius „Schreibmaschinenblätter" (*AGSS* 25) in der Hand. Dies wird im Fernsehfilm damit aufgegriffen, dass Lepsius „das Manuskript" aus der Garderobe holt. Statt mit Schreibmaschinenblättern kommt er aber mit einem schwarzen Heft zurück. Seine Freunde möchten, dass Lepsius daraus vorliest, denn „wenn Hesselbarth [einer der Männer in der Bar] wittert, dass irgendwo einer was zu Papier bringt, ruht er nicht eher, als bis er weiß: gibt das ein Drehbuch oder nicht?" Der Text, den Lepsius präsentiert, löst die oben dargestellte Ambivalenz nicht auf. Einerseits klagt Lepsius über die schwer zu entziffernde Schrift von Wilms; andererseits behauptet er, das Tagebuch in ein Exposé überarbeitet zu haben. So wird etwa die Aussage des Soldaten, der die Massenmorde in Litauen erwähnt, von der eingeklammerten Anweisung „sehr langsam" eingeleitet (*AGSS* 53), so als ob sie einem Drehbuch entstammte. Der Akt des ‚Übersetzens' bzw. ‚Inskribierens' von Erinnerungen in Schriftmedien wird also bereits in der Diegese thematisiert; genauer gesagt ist er der Anlass für das Treffen der Männer in der Rahmenhandlung und für ihre Erzählungen.

Für die Annahme, dass es sich um eine Überarbeitung des Tagebuchs in ein Manuskript bzw. Filmexposé handelt, spricht die Ausführlichkeit, in der Wilms – oder womöglich doch Lepsius? – das Massaker von Orscha beschreibt. Mit Sicherheit war zeitgenössischen Leser:innen die stilistische Spezifik von Kriegstagebüchern geläufig, insbesondere der schnörkellose Charakter der Einträge. Der Schriftsteller Uwe Timm zitiert in seinem autobiografischen Roman *Am Beispiel meines Bruders* zahlreiche Stellen aus dem Kriegstagebuch seines gefallenen Bruders. Es handelt sich um knappe, ein bis zwei Sätze lange Formulierungen wie: „April 24. Brückenbau – unsere Panzer kommen" (Timm 31), oder „Feb. 15 Gefahr vorüber, warten." (Timm 145) Er schreibt von „lakonischen Eintragungen" (Timm 145). Der Papier- und Zeitmangel zwang die Soldaten, sich kurz zu fassen. Massenexekutionen gehörten dabei nicht zu den ausführlich kommentierten Ereignissen, obwohl die Dokumentation derartiger ‚Maßnahmen' erst ab 1942 offiziell verboten war (Jahn und Schmiegelt 25). Die Haltung der Soldaten zu diesem Thema kann inzwischen in zahlreichen veröffentlichten oder archivierten Tagebüchern nachgelesen werden,[6] beispielsweise im Tagebuch von Max Rohwerder, dessen Einheit beinahe dieselbe Strecke absolvierte wie der fiktive Jürgen Wilms in *Am grünen Strand der Spree*. „Einige Stationen hinter Boryssow erzählte mir Bhfvorsteher, in den letzten Tagen seien in Boryssow 7.000 Juden erschossen worden." (Rohweder 6) Mehr Informationen über die Ereignisse finden sich bei Rohweder nicht. Ähnlich lakonisch und platzsparend in Stenografie verfasst, war der entsprechende Tagebucheintrag von Willy Kirst (2224), der den Ermittlern der Zentralen Stelle in Ludwigsburg von dem Massaker von Orscha erzählte: „Juden des Ghettos werden heute erschossen. Männer, Frauen und Kinder, 2000. Herrgott bewahre uns, an diesen Dingen Unschuldige vor deiner Rache." Eine der umfangreichsten Beschreibungen dieser Art hingegen zitiert Hannes Heer (*Vom Verschwinden...* 83) aus dem Tagebuch des Unteroffiziers Friedrich Fiedler. Am 17. Oktober 1941 schildert er die Erschießung von 1.600 Juden aus dem Ort Lubny auf etwas mehr als einer halben Druckseite.[7] Der fiktive Soldat Jürgen Wilms schrieb seine Beobachtungen, Gedanken und Gefühle ohne Abkürzungen wiederum auf insgesamt elf Druckseiten nieder.

Im Gegensatz zu seinem Protagonisten hinterließ Hans Scholz kein Kriegstagebuch. Er verfasste seine Erinnerungen *post factum* in Form eines Buchmanuskripts, wodurch der Stoff im Vergleich zu den üblicherweise fragmentarischen

---

6 Die Bedeutung von Kriegstagebüchern für die Konstruktion privater Erinnerungen an den Krieg veranschaulicht Konrad Jarausch in seinem Buch *Zerrissene Leben*. Ein Großteil seiner Quellen stammt aus dem Deutschen Tagebucharchiv Emmendingen.

7 Bei dem Tagebuch von Fiedler handelt es sich um eine Heer zufolge nachträglich verfasste „Gedächtnisskizze" (*Vom Verschwinden* 87).

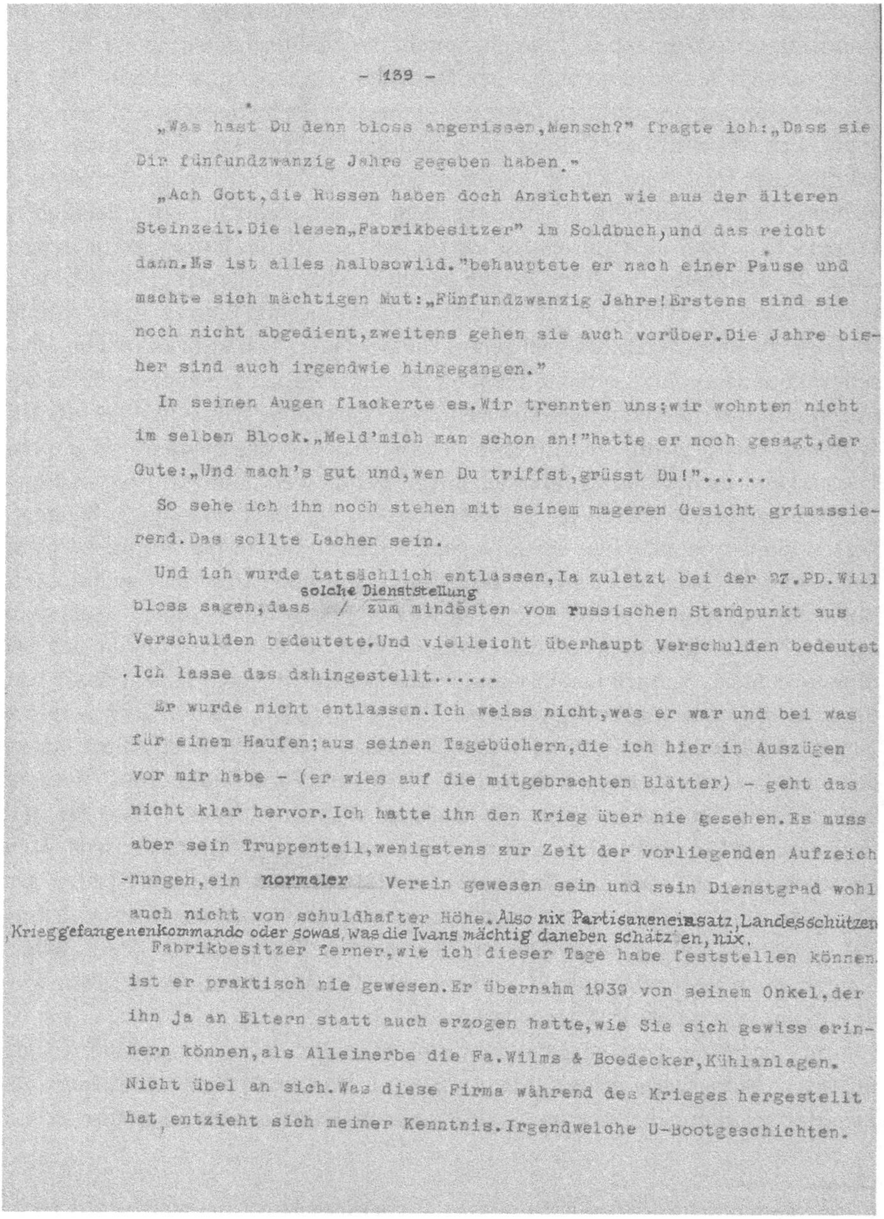

> - 139 -
>
> „Was hast Du denn bloss angerissen,Mensch?" fragte ich:„Dass sie Dir fünfundzwanzig Jahre gegeben haben."
> „Ach Gott,die Russen haben doch Ansichten wie aus der älteren Steinzeit.Die lesen „Fabrikbesitzer" im Soldbuch,und das reicht dann.Es ist alles halbsowild."behauptete er nach einer Pause und machte sich mächtigen Mut:„Fünfundzwanzig Jahre!Erstens sind sie noch nicht abgedient,zweitens gehen sie auch vorüber.Die Jahre bisher sind auch irgendwie hingegangen."
> In seinen Augen flackerte es.Wir trennten uns;wir wohnten nicht im selben Block.„Meld'mich man schon an!"hatte er noch gesagt,der Gute:„Und mach's gut und,wen Du triffst,grüsst Du!"......
> So sehe ich ihn noch stehen mit seinem mageren Gesicht grimassierend.Das sollte Lachen sein.
> Und ich wurde tatsächlich entlassen,Ja zuletzt bei der ST.PD.Will bloss sagen,dass / solche Dienststellung zum mindesten vom russischen Standpunkt aus Verschulden bedeutete.Und vielleicht überhaupt Verschulden bedeutet .Ich lasse das dahingestellt......
> Er wurde nicht entlassen.Ich weiss nicht,was er war und bei was für einem Haufen;aus seinen Tagebüchern,die ich hier in Auszügen vor mir habe - (er wies auf die mitgebrachten Blätter) - geht das nicht klar hervor.Ich hatte ihn den Krieg über nie gesehen.Es muss aber sein Truppenteil,wenigstens zur Zeit der vorliegenden Aufzeich -nungen,ein **normaler** Verein gewesen sein und sein Dienstgrad wohl auch nicht von schuldhafter Höhe.Also nix Partisaneneinsatz,Landesschützen Kriegsgefangenenkommando oder sowas,was die Ivans mächtig daneben schätzen,nix. Fabrikbesitzer ferner,wie ich dieser Tage habe feststellen können, ist er praktisch nie gewesen.Er übernahm 1939 von seinem Onkel,der ihn ja an Eltern statt auch erzogen hatte,wie Sie sich gewiss erinnern können,als Alleinerbe die Fa.Wilms & Boedecker,Kühlanlagen. Nicht übel an sich.Was diese Firma während des Krieges hergestellt hat,entzieht sich meiner Kenntnis.Irgendwelche U-Bootgeschichten.

Abb. 20: Seiten aus dem Manuskript *Märkische Rübchen und Kastanien* (ursprünglicher Titel von *Am grünen Strand der Spree)* mit handschriftlichen Korrekturen von Hans Scholz, 1954. Quelle: Hans Scholz Archiv, Archiv der Akademie der Künste.

Tagebucheinträgen nicht nur an Ausführlichkeit, sondern auch an Kohärenz gewann. Für das Nachleben der Erinnerungen aus Orscha war das ein Wendepunkt, denn das Prinzip der rituellen bzw. textuellen Kohärenz ist – nach Jan Assmanns (87–89) Theorie – die Grundlage des kulturellen Gedächtnisses. Kohärente Texte können leicht wiederholt und vergegenwärtigt werden; sie lassen sich auf die Erfahrungen der Leser:innen übertragen, nacherzählen und remedialisieren.

Hans Scholz schrieb nach dem Krieg und – wie damals üblich – auf einer Schreibmaschine. Für die Literaturproduktion lieferten Schreibmaschinen damals die grundlegende Infrastruktur. Ihre Handlungskraft wird auch in der Geschichte von *Am grünen Strand der Spree* sichtbar. Scholz nutzte das populäre Modell Adler 7, dessen 29 Tasten mit jeweils drei anstelle der üblichen zwei Zeichen belegt waren (Reese). Die Maschine kam um die Jahrhundertwende auf den Markt und blieb fast ein halbes Jahrhundert fester Bestandteil zahlreicher deutscher Büros. „Gründe für den großen Erfolg waren sicher die für damalige Verhältnisse technische Brillanz, Zuverlässigkeit und Robustheit." (Henke) Hinzu kam, dass das Gerät zu den teuersten seiner Art gehörte, so dass sich die Investition durch eine lange Nutzung amortisieren musste. Der ausgebildete Maler Scholz war selbst beim maschinellen Schreiben ein Ästhet: Wenn er etwas ändern wollte, tippte er ganze Seiten neu ab oder ergänzte fehlende Worte zwar handschriftlich, aber mit die Schreibmaschinenschrift imitierend kalligrafisch genau gezeichneten Buchstaben (Abb. 20). Über seine Arbeitsweise klagte ein Mitarbeiter des Hoffmann und Campe Verlags (Notiz vom 6. Mai 1954), der das Manuskript bearbeitete: „Er hat an tausenden von Stellen korrigiert und gestrichen und seine Streichungen obendrein in jedem Fall überflüssigerweise mit Zettelchen überklebt." Die alte Schreibmaschine war für Scholz vermutlich ein Objekt, das eine Kontinuität zwischen Nach- und Vorkriegszeit herstellte. Ob es genau dasselbe Gerät war, das noch zu NS-Zeiten in seiner Wohnung stand, lässt sich nicht feststellen. Ungeachtet der Provenienz dieser konkreten Maschine gehörte das Modell Adler 7 aber zur *mise-en-scène* der Vorkriegswelt. Auf diesem nostalgischen Gerät erfolgte die erste Inskription der diffusen Erinnerungen und Eindrücke in eine diskursive und lesbare Form. Ihrer Robustheit zum Trotz versagte ihm die Schreibmaschine gegen Ende der Redaktionsarbeiten den Dienst. Die Akteur-Netzwerk-Theorie bezeichnet solche Ereignisse als Störungsmomente, die insofern relevant sind, als sie einen Einblick in die Black Box ermöglichen – denn erst wenn es zu einer Störung kommt, werden bisher verborgene Abläufe und Technologien sichtbar. So auch in diesem Fall: Hätte Scholz' Schreibmaschine einwandfrei funktioniert, hätte er sie gegenüber seinem Verleger vermutlich nicht erwähnt. Durch die Erwähnung in Anbetracht dieser Störung konnte auch ich aus seinem Nachlass erfahren, welches Modell er benutzte. Da die Zeit bis zur Fertigstellung des Romans drängte und Scholz kein Geld für ein neues Gerät hatte, bat er den Verlag um einen Vorschuss von 400 DM (Scholz, Brief an Hoffmann und Campe vom 5. Mai 1955). Statt einer Überweisung erhielt er aber ein Paket mit einer neuen Schreibmaschine, an die er sich erst gewöhnen musste (Abb. 21). Es war ein leichteres Gerät, mit wesentlich mehr Tasten, kleineren Abständen dazwischen und einem anderen System für Groß- und Kleinschreibung sowie Zeilenwechsel. Während der letzten Redaktionsphase, in der es um die korrekte Schreibweise von Jahrestagen, Anführungszeichen usw. ging, rechtfertigte Scholz seine Verspätung mit einem Verweis auf das neue Gerät (Scholz, Brief an Hoffmann und Campe vom 14. Mai 1955).

Abb. 21: Hans Scholz an der Schreibmaschine. Fot. Fritz Eschen, 1956 (Fotografie anlässlich der Verleihung des Fontane-Preises). Quelle: SLUB Dresden / Deutsche Fotothek.

Der Roman *Am grünen Strand der Spree* verließ am 5. September 1955 die Druckerei und kam wenige Tage später in den Vertrieb. Die erste Auflage umfasste lediglich 3.600 Exemplare, was für den westdeutschen Buchmarkt der 1950er Jahre niedrig war (Altenheim, „Buchproduktion" 54–56). Daraus lässt sich schließen, dass der Verlag das Verkaufspotenzial von *Am grünen Strand der Spree* zunächst eher niedrig einschätzte. Diese Vorsicht war eine allgemeine Haltung des Hauses. Einen Monat zuvor hatte Hoffmann und Campe *So zärtlich war Suleyken* von Siegfried Lenz beispielsweise mit weniger als 3.000 Exemplaren auf den Markt gebracht (Jungblut 226). Bis Weihnachten 1955 war die erste Auflage von *Am grünen Strand der Spree* bereits vergriffen. Im Januar und März 1956, nach dem Verleih des Fontane-Preises an Scholz, folgten Nachdrucke in einem Umfang von insgesamt 14.000 Exemplaren. 1958 verkaufte Hoffmann und Campe eine Lizenz für einen weiteren Nachdruck von 60.000 Exemplaren an den Bertelsmann Lesering, dem damals über zwei Millionen Mitglieder angehörten (Mühl-Benninghaus 129; Kollmannsberger 33).

Das Prinzip des Leserings war einfach: Für einen festen, aber geringen Geldbeitrag konnten registrierte Mitglieder zwei Bücher pro Quartal aus dem Programm auswählen (Kollmannsberger 33). Je Exemplar zahlte das Unternehmen 20 Pfennig Lizenzgebühr an den Verlag (Hoffmann und Campe, Lizenz an Bertelsmann). In späteren Jahren folgten Taschenbuchauflagen bei dtv und Rowohlt – letzterer hatte nebenbei bemerkt das Manuskript von Scholz ursprünglich abgelehnt. Den Angaben aus dem Hoffmann und Campe Archiv und der Deutschen Nationalbibliothek zufolge sind bis heute ungefähr 200.000 Exemplare von *Am grünen Strand der Spree* erschienen. Diese Zahlen sind insofern von Bedeutung, als der Roman in der Forschungsliteratur für einen Bestseller gehalten wird. Christian Adam und Hans Schmid behaupten etwa, schon wenige Monate nach der Erstveröffentlichung seien 200.000 Exemplare gedruckt worden (Schmid; Adam, „Hans Scholz" 100). Tatsächlich waren die Verkaufszahlen zu Beginn jedoch viel niedriger und konnten mit den populärsten Büchern dieser Zeit – wie etwa Hans Hellmut Kirsts Trilogie *08/15* [1954–1955] oder Heinz Konsaliks *Der Arzt von Stalingrad* [1956], deren Gesamtauflagen schon damals in Millionen gezählt wurden – nicht mithalten. Selbst der heute fast in Vergessenheit geratene autobiografische Kriegsroman von Peter Bamm *Die unsichtbare Flagge* [1952] erreichte zwischen 1952 und 1962 eine Auflage von 630.000 Exemplaren (Estermann 45).

Ungeachtet der tatsächlichen Auflagenhöhe behandelte die Presse *Am grünen Strand der Spree* wie einen außergewöhnlichen Bestseller. Der Verlag setzte die Öffentlichkeit umgehend darüber in Kenntnis, dass das Buch vergriffen war, ohne allerdings auf die ursprüngliche Auflagenzahl einzugehen. Die Informationen über den Ausferkauf bestätigten den Erfolgseindruck. Das Buch galt als *must have* des Jahres 1955/56. Dass Scholz ein völlig unbekannter Autor war, steigerte den Überraschungseffekt zusätzlich. Dabei handelte es sich um eine wirksame Werbekampagne, die als solche aber nicht leicht zu erkennen war. Mit Ausnahme der Fachpresse, die branchenspezifische Anzeigen für das Buch druckte (Hoffmann und Campe, „Anzeige"), verbreiteten sich Informationen zu *Am grünen Strand der Spree* hauptsächlich über Buchempfehlungskolumnen in Zeitungen.

Bereits kurz nach der Vorstellung des Buches begannen Bemühungen um eine Übersetzung – im Sinne der Übertragung aus dem Deutschen in andere Sprachen. Der von der US-Militärregierung beauftragte Herausgeber der Kulturzeitschrift *Der Monat*, Melvyn Lasky, versprach, bei der Suche nach einem amerikanischen Verlag zu helfen (Scholz, Brief an Hoffmann und Campe vom 5. Dezember 1955). Hoffmann und Campe beauftragte damit letztendlich die erfolgreiche Agentur Joan Daves. Obwohl der renommierte Criterion Verlag Interesse an dem Buch äußerte, hatte er Schwierigkeiten, eine:n Übersetzer:in zu finden. Die englische Fassung wurde schließlich vom weniger bekannten Thomas Y. Cromwell Verlag veröffentlicht, wobei auch dieser über Probleme mit der Übersetzung berichtete. Die amerikanischen Redakteur:innen waren mit der Qualität der Arbeit unzufrieden und ließen das Buch schließlich von einer anderen Übersetzerin überarbeiten. Beide Übersetzerinnen hatten Verbesserungsvorschläge. Die erste, Elisabeth Abbott, wollte das erste Kapitel mit der Ostfrontgeschichte streichen: „Die Geschichte von Jürgen Wilms ist zwar sehr schön und eindrucksvoll, eigentlich rührend, aber zu traurig. Deswegen fürchten wir, es könnte den Leser leicht verstimmen, wenn er sie am Anfang des Buches findet." (Abbott, Brief an Scholz vom 10. Oktober 1957) Die zweite Übersetzerin, Catherine Hutter, schlug wiederum vor, auf die Geschichte aus dem Kriegsgefangenenlager zu verzichten, da sie amerikanische Soldaten in einem schlechten Licht darstelle (Scholz, Brief an Wegener vom 16. Juni 1958). Scholz stimmte keinem dieser Vorschläge zu. Trotz generell positiver Rezensionen war die englische Übersetzung, die den Titel *Through the Night* trug, ein finanzieller Misserfolg. Noch weniger Beachtung fanden die schwedische, niederländische und französische Übersetzung – und das, obwohl letztere im angesehenen Gallimard Verlag erschien. Die Ansichten der Männer in der Jockey Bar vom Krieg und der Nachkriegszeit sowie ihre Berliner ‚Schnoddrigkeit' hatten sich als unübersetzbar erwiesen. Die Konsequenzen trugen letztlich die ausländischen Verlage, während Hoffmann und Campe mit dem Verkauf der Auslandslizenzen gute Gewinne hatte erzielen können.

Die Erstausgabe bei Hoffmann und Campe erschien – wie sonst im Verlag üblich – als Festeinband in Leinen. Sie kostete 15,60 DM – fast das Doppelte des durchschnittlichen Buchpreises der 1950er Jahre (Zedler und Hummel 31). Dafür hätte man in Westberlin sieben bis zehn Kinofilme sehen können. Es wundert also nicht, dass der Verlag mit den Freiexemplaren sparsam umging. So ließ er etwa der fünfköpfigen Jury des Fontane-Preises nur ein Exemplar zukommen (Hoffmann und Campe, Brief an den Senator vom 24. Oktober 1955). Die weiteren Exemplare mussten aus der Westberliner Amerika-Gedenkbibliothek ausgeliehen werden (Hoffmann und Campe, Brief an den Senator vom 4. Januar 1956), weshalb die Senatsmitarbeiterinnen die Jurymitglieder wochenlang an die Rückgabe der Bücher erinnern mussten.[8] Über den hohen Buchpreis beklagten sich auch westdeutsche Leser:innen, für Ostdeutsche war er schlicht unerschwinglich. Eine Leserin aus Ostberlin schrieb auf einer kaputten Schreibmaschine ohne Großbuchstaben an den Autor:

> fast ganze 16 westmärke muß ich jetzt aufbringen! seinem inhalte nach ist ihr buch niemalen geeignet, in unserem demokratischen berlin lizensiert zu werden, sodaß man es für 8–10 ostmark bekäme, wie sich das für thomas mann, heinrich und klaus mann gehört, für die bücher der rowohlt-lizenzen oder gar thomas wolfe und hemingway. auch besteht gar keine aussicht, ihr junges buch in zerfleddertem zustand in einem antiquariat aufzugabeln, noch hat man die chance, es billig rorogebunden zu kriegen, denn ihr verleger ist heinrich heinen seiner, ausgerechnet hoffmann und campe. nun werde ich eben weiterhin die tapeten eines meiner zimmer in fetzen herunterhängen lassen, meinen apetit auf h.o. genüsse für ein paar tage verkneifen und vielleicht ein paar strümpfe stopfen, die ich sonst weggeschmissen hätte. (Leserin, Brief vom 1. Oktober 1956)

Die Sprache des Briefes lässt vermuten, dass die Autorin zum einen kein Geld für die Reparatur ihrer Schreibmaschine und zum anderen – aller Wahrscheinlichkeit nach – auch keine Bildung auf gymnasialer oder gar akademischer Ebene genossen hatte. Glaubt man ihrer selbstironischen Klage, so wirkte sich der hohe Buchpreis negativ auf ihren Alltag, ihre Wohnung, Kleidung und Essgewohnheiten aus. Ferner sticht dieser Brief durch die explizite, lobende Erwähnung des Kriegsmotivs heraus: „hier wie im westen ist seit 1945 allerhand herausgekommen, aber kein so umfassendes – ich möchte sagen, geschichtswerk oder antologie des deutschen menschen vom 2. weltkrieg. und das hat wie ein flammenwerfer gezündet. jetzt brennts." (Leserin, Brief vom 1. Oktober 1956)

Hätte sich die Ostberliner Leserin noch um ein Jahr geduldet, hätte sie das Buch für 9,90 DM erstehen können, denn so viel kostete es ab der 1957 aufgelegten fünften Ausgabe. Die Bertelsmann-Ausgabe war für Mitglieder des Leserings für einen Beitrag von 2,20 DM erhältlich; 1965 folgte das rororo-Buch für ebenfalls 2,20 DM. 1978 brachte Hoffmann und Campe eine Sonderausgabe für 16,90 DM auf den Markt, was angesichts der damaligen Preisentwicklung eine im Vergleich zum

---

[8] Hier sei hinzugefügt, dass sich selbiger Umgang mit den Buchexemplaren nicht auf *Am grünen Strand der Spree* beschränkte, sondern fast alle Titel betraf, die für besagten Preis im Gespräch waren.

Durchschnittseinkommen viel niedrigere Summe als bei der Erstveröffentlichung war. Jede Neuauflage, unabhängig davon, ob von Hoffmann und Campe oder als Lizenzausgabe vermarktet, brachte natürlich Autorenhonorare ein. Bereits Ende 1957 waren auf Scholz' Konto im Verlag über 58.000 DM deponiert – eine damals beträchtliche Geldsumme, für die man ungefähr fünfzehn VW ‚Käfer' hätte kaufen können. Der Autor ließ sich jeden Monat einen kleinen Teil davon auszahlen, wodurch er nun über ein gesichertes Einkommen verfügte. Durch den Vertrag mit Bertelsmann war er darüber hinaus zu regulären Buchlesungen verpflichtet, doch absolvierte er sie nur widerwillig und beklagte sich über allzu niedrige Honorare.

In einem kommerziellen Unternehmen wie dem Hoffmann und Campe Verlag überrascht es nicht, dass finanzielle Faktoren die Buchproduktion maßgeblich beeinflussen. Nichtdestoweniger ist es bemerkenswert, wie viel Platz dem Thema in der Kommunikation mit dem Autor sowie in den internen Besprechungen eingeräumt wurde. Hans-Ulrich Wagner beobachtet diese Tendenz auch in den Korrespondenzen anderer Autor:innen und Verlage: „[Sie] sind voll davon. In den Briefen der deutschen Nachkriegsautoren wurden nicht nur literarische Pläne entworfen und ästhetische Fragen behandelt. Weitaus häufiger tauschte man sich untereinander aus: ‚Am besten zahlt, wie gesagt, Hamburg'." (Wagner 232) Die Vorstellung, Verleger:innen, Lektor:innen und Autor:innen unterhielten sich hauptsächlich über den Inhalt oder den Stil der jeweiligen Bücher, stellt sich angesichts derartiger Quellen als realitätsfern heraus. Die Korrespondenzen, Verträge und Rechnungen zeigen unmissverständlich, welch große Bedeutung der Aktant Geld hatte und über welch starke *agency* er verfügte. Fielen bei der Arbeit an *Am grünen Strand der Spree* Entscheidungen über den Inhalt oder Stil des Buches vergleichsweise schnell – und auch diese wurden meist mit Blick auf das kommerzielle Potenzial des Unterfangens getroffen –, so zog sich die Kommunikation über die finanziellen Angelegenheiten manchmal über Wochen hin. Es wurde verhandelt, wie hoch ein angemessenes Honorar für eine Schriftstellerlesung zu sein habe, oder ob der Verlag das Flugticket für den Autor direkt buchen oder erstatten solle. Geld war zweifelsohne der Faktor, der die Abläufe in der Black Box des Verlages regulierte – so selbstverständlich diese Feststellung in einem marktwirtschaftlich geprägten Umfeld sein mag, so selten wird sie in literaturwissenschaftlichen Arbeiten in Betracht gezogen. Offensichtlich spielten finanzielle Überlegungen auch für die Zirkulation der Beschreibung des Massakers von Orscha eine Rolle, denn diese Passage wurde in Lesungen kaum aufgenommen – wohl, um die potenziellen Käufer:innen des Romans nicht abzuschrecken.

Die Marktpräsenz des Buches sagt ferner viel über die jeweils intendierten Zielgruppen aus. Die anfangs niederige Auflage sowie der hohe Preis lassen darauf schließen, dass der Verlag zunächst ein eher wohlhabendes Publikum ansprechen wollte, das sich mit den Männern in der Jockey Bar hätte identifizieren können. Die Preissenkung zwei Jahre nach der Erstausgabe richtete sich wohl an die restlichen Gesellschaftsschichten. 1958 folgte die günstige Ausgabe für den Lesering, der insbesondere weibliche Mitglieder hatte. Die Entscheidung für diesen Schritt ist insofern interessant, als die Handlung von *Am grünen Strand der Spree* zu diesem Zeitpunkt bereits über andere Medien, nämlich den Hörfunk und die Zeitung, vermittelt worden war. Der Weg des Buches – von der gebundenen Ausgabe in kleiner Auflage über die Lizenzierung günstiger Exemplare für die Buchgemeinschaft bis hin zum Taschenbuch in den 1960er Jahren – zeugt also von einer gewissen Demokratisierung des Stoffes.

Der kommerzielle Aspekt floss selbstverständlich in die Rezeption mit ein. Im Programmheft für das Jahr 1955/56 wurde *Am grünen Strand der Spree* als Berlin-Roman empfohlen. Von dieser Etikettierung versprach sich der Verlag einen Markterfolg, denn Mitte der 1950er Jahre interessierten sich viele westdeutsche Leser:innen für Literatur über die geteilte Stadt (Hoffmann und Campe, Notiz vom 6. Mai 1954); dabei spielt lediglich die Rahmenhandlung in Berlin, während die Binnengeschichten andere Settings haben. Kürzere Besprechungen des Buches in der Lokalpresse basierten allerdings oft nur auf dem Text aus dem Programmheft, der manchmal sogar wörtlich abgeschrieben wurde. Ganz im Sinne der Infrastrukturforschung (Schabacher, „Medium") offenbart der Vergleich mehrerer Rezensionen diese scheinbar unsichtbare Form der Standardisierung von Literaturkritik. Gerade für kleinere Zeitungen, die nur eine:n oder zwei Autor:innen für die Kulturseiten beschäftigen konnten, war die Abdruckstrategie aus Pressematerialien Gang und Gäbe. Für die Rezensent:innen war es schlicht unmöglich, alle Bücher für die fast täglich gedruckten Buchempfehlungen gründlich zu lesen. Die Verlage schickten auch keine Rezensionsexemplare an kleinere Redaktionen – selbige konnten sich den Kauf von so vielen Büchern wiederum nicht leisten. Paradoxerweise waren es die Verlage, die von dieser Situation profitierten. Sie schalteten sich – für Außenstehende fast unsichtbar – in die Literaturrezeption ein, indem sie ihre ausführlichen Programmhefte und Pressematerialien zur Verfügung stellten. Die Rezensionen in der Lokal- und Regionalpresse spiegelten daher die Themenhierarchie wider, die bereits von den Literaturproduzent:innen vorgegeben war. Auf diese Weise avancierte *Am grünen Strand der Spree* zum Berlin-Roman, während die Passage zu Orscha fast keine Beachtung fand.

Die Lesart des Romans als ‚Berolinesie' verstärkte ferner der Abdruck in der *FAZ*. Die Redaktion änderte den Untertitel von *So gut wie ein Roman* in *Berliner Decamerone* (Abb. 22). Auf diese Weise wurde einerseits der Berliner Kontext und andererseits das Genre des Novellenromans betont. Abgesehen von dieser Änderung druckte die *FAZ* die Rahmenhandlung und sechs der sieben Geschichten – darunter das Tagebuch von Jürgen Wilms – vollständig ab. Dank seines episodi-

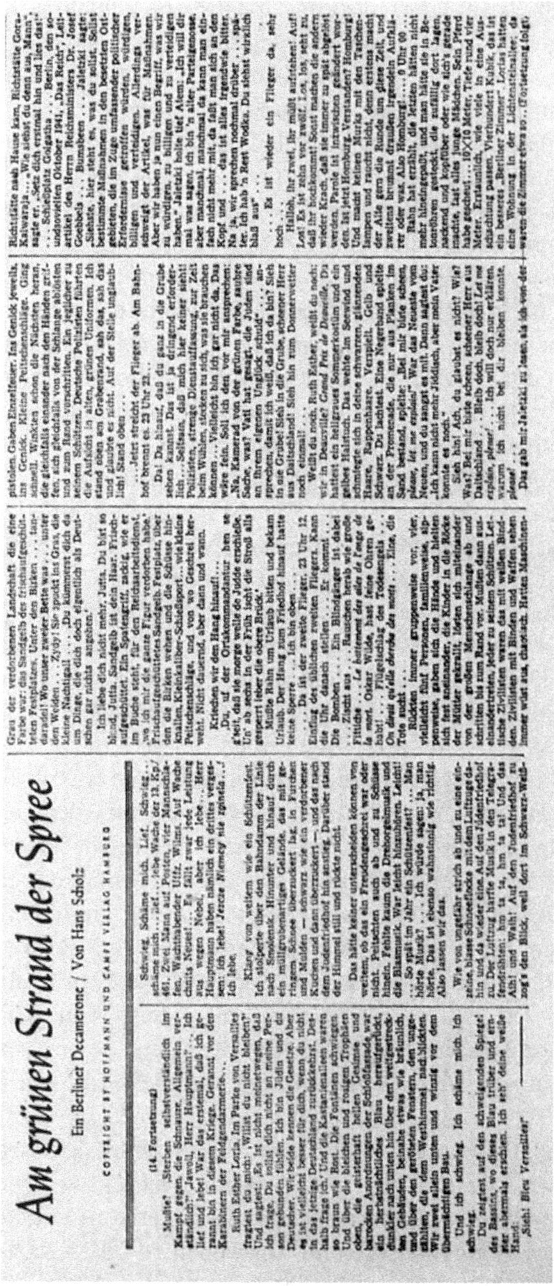
Am grünen Strand der Spree

Ein Berliner Decamerone / Von Hans Scholz

COPYRIGHT BY HOFFMANN UND CAMPE VERLAG HAMBURG

Abb. 22: *Frankfurter Allgemeine Zeitung*, 26. Juni 1956, S. 2. Scan aus dem Mikrofilm.

schen Charakters eignete sich *Am grünen Strand der Spree* gut für das Format des Feuilletonromans, denn die Leser:innen mussten sich nicht zwangsläufig an alle Folgen erinnern bzw. alle gelesen haben, um die Handlung verfolgen zu können. Auch richtete sich die *FAZ* vorwiegend an die wichtigste Zielgruppe des Romans, nämlich Männer aus dem Bildungsbürgertum. Mitten in der Sommerzeit konnten sie an fünf Tagen in der Woche im unteren Teil der zweiten Seite einen Ausschnitt aus dem Roman lesen. Jede Folge hatte eine Länge von ungefähr 3,5 Buchseiten. Vorsätzlich eingebaute ‚Cliffhanger' sind nicht auszumachen. Die Beschreibung des Massakers von Orscha brachte die Zeitung an drei Tagen, vom 24. bis zum 26. Juni 1956. Beim Abdruck handelte es sich also um einen Prozess, der gewissermaßen einen Gegensatz zur textuellen Kohärenz darstellte, da der Roman zwecks Abdrucks in der Zeitung ‚zerstückelt' wurde. Die Herausgeber griffen zwar nur geringfügig in den Text ein, doch veränderte seine Aufteilung in 71 gleich lange Folgen den Leseakt. Man kann sich nicht in die Lektüre ‚vertiefen', denn schon nach wenigen Minuten des Lesevergnügens bricht der Text ab. Der Feuilletonroman lädt daher zu einer kritischeren und analytischeren Lektüre ein: Leser:innen, die der Handlung nicht fließend folgen (können), haben stattdessen die Möglichkeit, den jeweiligen Textabschnitt genauer zu betrachten.

Üblicherweise publizierten Zeitungen literarische Texte vor ihrer Veröffentlichung in Buchform. Das in diesem Zusammenhang wohl bekannteste Beispiel ist Kirsts Roman *08/15*, der zunächst in der *Neuen Illustrierten* erschien (Echternkamp 359). Die *FAZ* stellte diesbezüglich keine Ausnahme dar. In ihrer Dissertation über die Feuilletonromane der *FAZ* behauptet Cristina Priotto (60), die genannte Regel des Vorabdrucks gelte für alle dort gedruckten Werke. *Am grünen Strand der Spree* widerspricht dieser These, sofern sie tatsächlich pauschalisiert werden kann. Weniger bemerkenswert als die Ausnahme von dieser Praxis war hingegen der überwiegend populäre Charakter des Romans. Mögen die meisten Leser:innen heutzutage vor allem ernstere Titel in den *FAZ*-Feuilletonromanen in Erinnerung haben – etwa Max Frischs *Stiller* [1954], Martin Walsers *Ein fliehendes Pferd*, Heinrich Bölls *Billard um halb zehn* [1959] oder Isaac Bashevis Singers *Das Landgut* [1978/9]–, so veröffentlichte die Zeitung doch ein breites Spektrum vom Weltkanon bis hin zur Trivialliteratur (Priotto 58–59).

Für Scholz' Verleger war der gute Ruf der *FAZ* ausschlaggebend, um in die Kooperation mit der Zeitung zu treten (Hoffmann und Campe, Brief an Scholz vom 31. Januar 1956). Sie rechneten wohl mit demselben Werbeeffekt, den Vorabdrucke – man denke nur an den erwähnten Erfolg von *08/15* – üblicherweise mit sich brachten (Mühl-Benninghaus 129). Mit Blick auf die Auflage konnte die *FAZ* mit den meistgelesenen Illustrierten allerdings nicht mithalten. Kamen beispielsweise der *Stern* oder die *Quick* Mitte der 1950er Jahre in mehreren hunderttausenden Exemplaren auf den Markt (Schorntsheimer 10), so lag die Auflage der *FAZ* gerade mal bei ungefähr 150.000 Exemplaren (Hoeres 579). Nichtsdestoweniger war es um ein Vielfaches mehr, als *Am grünen Strand der Spree* in Buchform hätte erreichen können. Immerhin gaben in einer Umfrage von 1955 38 Prozent der Zeitungsleser:innen an, dass sie die Feuilletonromane läsen (Meyen 126). Beim gehobenen Publikum der *FAZ* mag dieser Anteil kleiner gewesen sein, doch selbst wenn nur jede:r vierte Leser:in den Feuilletonroman rezipiert hätte, überträfe ihre Zahl immer noch die damalige Gesamtauflage des Buches.

Für rezeptionsästhetische Überlegungen über die Wirkung des Feuilletonromans im Vergleich zur Buchfassung gibt es leider keine empirischen Belege. Unmittelbare Reaktionen auf den Feuilletonroman sind nicht erhalten geblieben, obwohl wir davon ausgehen müssen, dass – wie nach allen Publikationen dieser Art – bei der Zeitung zahlreiche Briefe von Leser:innen eingingen. Bedauernswerterweise hebt das Archiv des Unternehmens unveröffentlichte Texte über eine derart lange Zeit nicht auf (FAZ, E-Mail an Autorin). Es ist allerdings auffällig, dass ein Großteil der Besprechungen von *Am grünen Strand der Spree*, die in Kulturzeitschriften veröffentlicht wurden, erst nach dem Abdruck als Feuilletonroman erschienen. Möglicherweise bezogen sich die Kritiker:innen in ihren Texten also auf letzteren und nicht auf das Buch. Belegen lässt sich diese Vermutung nur in einem Fall: Der wohl härteste Kritiker von *Am grünen Strand der Spree*, Joachim Kaiser (537), behauptete, dass der Fortsetzungsroman in der *FAZ* für „die Maschinerie des Erfolgs" mitverantwortlich gewesen sei. Sein negatives Urteil richtete sich hauptsächlich gegen die Darstellung des Massakers von Orscha, die er als ‚zynisch' bezeichnete (Kaiser 541). Einer ähnlichen Meinung war der Literaturwissenschaftler Helmut Kreuzer. Kaiser schrieb für *Texte und Zeichen* – eine Kulturzeitschrift, deren Erscheinen trotz namhafter Herausgeber nach nur zwei Jahren eingestellt wurde. Kreuzer veröffentlichte seine Einwände in den *Frankfurter Heften*, die zwar eine hohe Reputation genossen, sich aber nur schwer auf dem Markt durchsetzen konnten. Mitte der 1950er Jahre betrug ihre Auflage knapp 8.000 Exemplare – ein Zehntel von dem, was die Zeitschrift in der unmittelbaren Nachkriegszeit erreicht hatte (Żyliński 48; von Hodenberg, *Konsens* 89–90). Die von beiden Kritikern formulierten Bedenken gegenüber dem Roman und speziell der Darstellung des Massakers konnten deshalb nur in verhältnismäßig engen Kreisen rezipiert werden. Folglich löste *Am grünen Strand der Spree* – weder in der Buch- noch in der Zeitungsfassung – keinen Literaturstreit aus, wie es beispielsweise einige Jahre zuvor mit Ernst von Salomons *Fragebogen* [1951] oder Wolfgang Koeppens *Treibhaus* [1953] der Fall gewesen war (Barner, „Literaturstreite").

Der Abdruck in der *FAZ* sowie der Buchvertrieb über den Bertelsmann Lesering zeigen, dass *Am grünen Strand der Spree* möglichst breite gesellschaftliche Kreise erreichen sollte. In den Pressetexten wurde das Kapitel über die Ostfront konsequent umgangen, stattdessen konzentrierten sich Ankündigungen und Lesungen auf die Berliner Motive. Eine Diskussion über die deutschen Verbrechen in der besetzten Sowjetunion konnte auf diese Weise leicht vermieden werden. Wie relevant diese Werbestrategie für die öffentliche Rezeption des Buches war, zeigt ein Vergleich mit den Reaktionen der Leser:innen in der DDR. Dort war das Buch offiziell nicht zugänglich, weshalb weder Ankündigungen gedruckt noch Lesungen organisiert wurden, die den Fokus des Publikums auf die Berliner Motive hätten richten können. Nichtsdestoweniger wurde das Buch – mehr oder weniger heimlich – gelesen, und von den wenigen ostdeutschen Wortmeldungen, über die wir verfügen, konzentrieren sich ausnahmslos alle auf die Schilderung der Kriegsverbrechen.

Nachdem Scholz seine individuellen Kriegserfahrungen verschriftlicht und sie in eine Buchform ‚übersetzt' hatte, folgten weitere ‚Übersetzungen' in ein Ton- und Bildmedium. Nicht zu vergessen sei hierbei die Tatsache, dass der Weg zu beiden Adaptionen – zunächst für den Hörfunk und später fürs Fernsehen – über die Drehbücher führte. Es handelt sich dabei um ein spezifisches Übergangsmedium, das den literarischen Text ins Hörspiel bzw. in die Fernsehserie transponierte. Zum einen ist das Drehbuch ein Schriftmedium, zum anderen geht es dank seiner charakteristischen Struktur, in der – wie in einem Theaterstück – Dialogsequenzen und Regieanweisungen sichtbar gemacht werden, in grafische Form über. Im Zuge der Filmproduktion wird das Drehbuch oft zusätzlich durch Storyboards und Szenenbilder ergänzt. Im Falle von *Am grünen Strand der Spree* sind derartige visuelle Materialien nicht erhalten geblieben, falls sie überhaupt existierten. Das Drehbuch zur Fernsehserie enthält allerdings handschriftliche Annotationen, die offenbar während der Dreharbeiten hinzugefügt wurden (Abb. 23). Diese Ergänzungen veranschaulichen den prozessualen Charakter des Drehbuchs, denn anders als gedruckte Bücher oder ausgestrahlte Fernsehfilme sind Drehbücher keine ‚fertigen' Werke, sondern Spuren eines dynamischen Übersetzungsprozesses.

Ungeachtet zahlreicher Kürzungen halten die Hörspiel- und Fernsehfilmdrehbücher von *Am grünen Strand der Spree* größtenteils am Wortlaut der von Scholz verfassten Dialoge fest, wobei sie medienspezifische Änderungen einführen, die auf die Ton- und Bildebene hinweisen. Während es sich im Hörspieldrehbuch dabei unmissverständlich um Regieanweisungen handelt, zeigt das Drehbuch zum Fernsehfilm auch gewisse ‚literarische' Züge. Zu Beginn der Erschießungsszene lesen wir beispielsweise die Anweisung: „Das ganze wirkt wie ein Fliessband." (Umgelter und Müller-Freienfels 82) Wie die Kameramänner und Schauspieler diese Anweisung in Bild und Ton umsetzen sollen, präzisiert das Drehbuch nicht. In Anbetracht dessen, dass einige Textstellen handschriftlich ergänzt, durchgestrichen oder mithilfe von Pfeilen markiert wurden, verrät uns

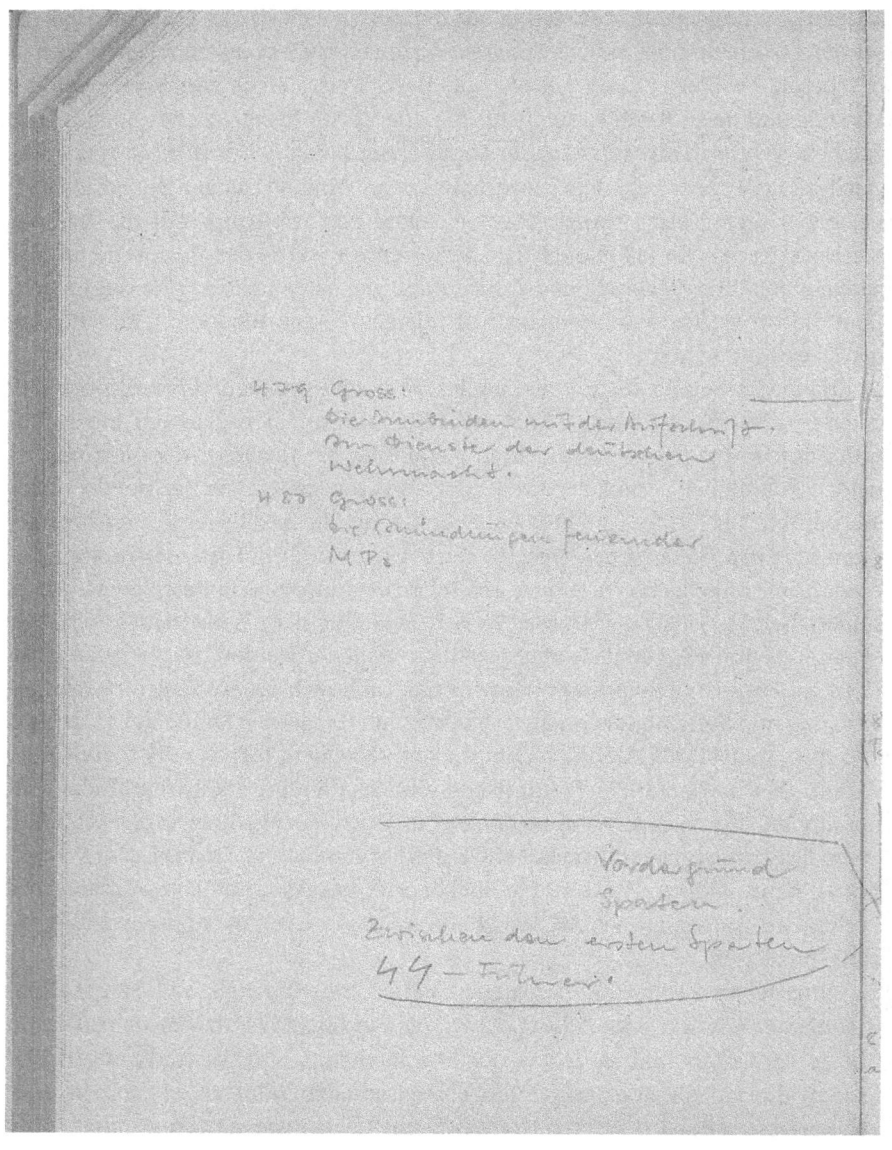

Abb. 23a: Drehbuchseite der ersten Folge der Fernsehserie *Am grünen Strand der Spree*, 1959; Blatt neben der Seite, auf der die Figur des SS-Mannes eingeführt wird. Quelle: Fritz Umgelter Archiv, Archiv der Akademie der Künste.

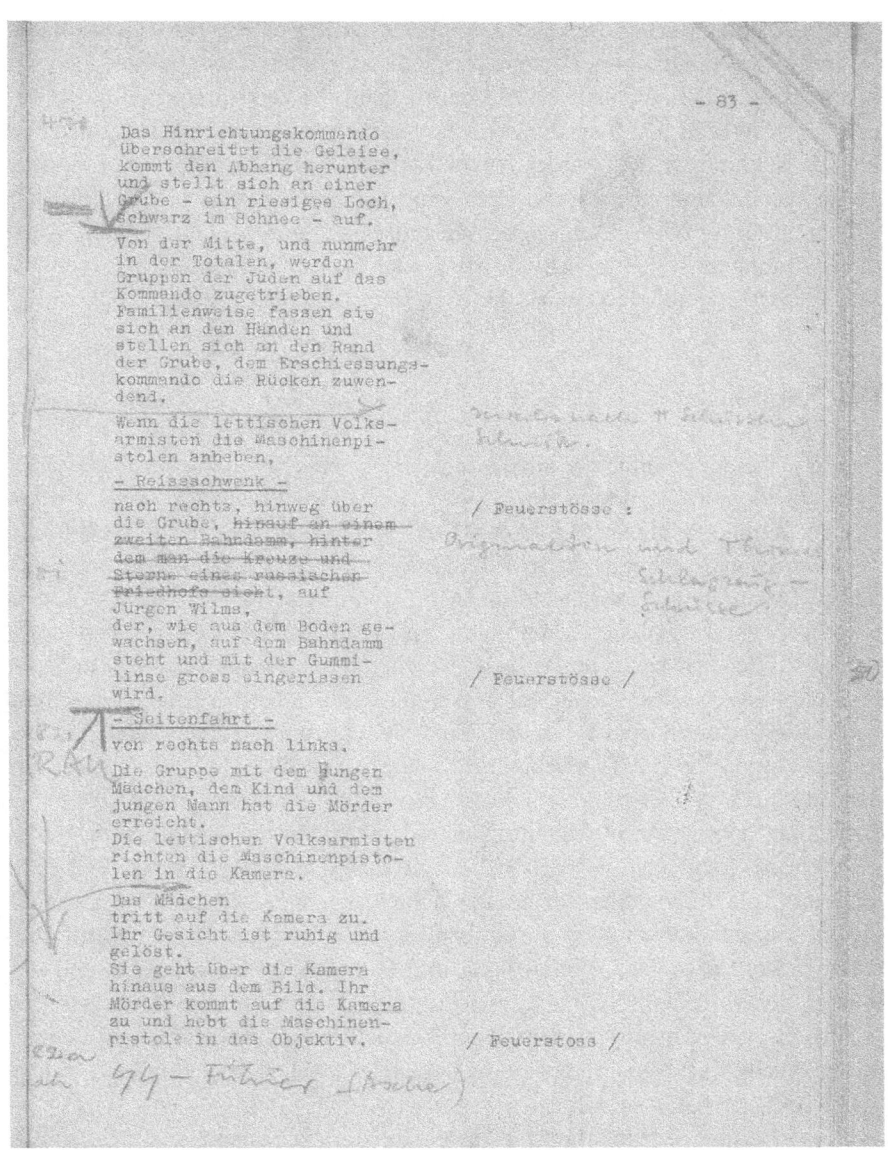

Abb. 23b: Drehbuchseite der ersten Folge der Fernsehserie *Am grünen Strand der Spree*; Ergänzungen zu den Aufnahmen des SS-Mannes an der Erschießungsstelle. Quelle: Fritz Umgelter Archiv, Archiv der Akademie der Künste.

die Distinktion zwischen Typoskript und Handschrift viel über die Arbeitsabläufe während der Dreharbeiten. Dementsprechend sollten die Nahaufnahmen auf die Armbinden der Schützen mit der Aufschrift „Lettische Volksarmee im Dienste der deutschen Wehrmacht" ursprünglich schon kurz nach der Ankunft des Transports mit den Jüd:innen gezeigt werden, bevor sie mittels handschriftlicher Korrekturen in die Erschießungsszene verschoben wurden (Umgelter und Müller-Freienfels 83), wodurch sie in der Handlung einen prominenteren Platz einnehmen. Auch die Aufnahme des SS-Mannes, der die Erschießung beaufsichtigt, wurde handschriftlich im Drehbuch hinzugefügt (Umgelter und Müller-Freienfels 82).

Die Tonmedien

Dass der Ton im gesamten Medienkomplex eine wichtige Rolle spielt, lässt sich bereits seinem Titel entnehmen: So war *Am grünen Strand der Spree* ein bekannter Berliner Schlager aus der Mitte des 19. Jahrhunderts, der sich bis in die Zwischenkriegszeit hinein großer Popularität erfreute. Die Melodie wurde in einer Jazzinterpretation von Peter Thomas im Vor- und Nachspann der Fernsehserie eingespielt und 1966 als Schallplatte veröffentlicht. Im Hörspiel spielt der Schlager hingegen keine Rolle. Dass *Am grünen Strand der Spree* als Hörspiel inszeniert wurde, ist vielmehr auf den seriellen Charakter des Novellenromans zurückführen. Nach dem Erfolg von Ernst Schnabels dreiteiligem Hörspiel *Der sechste Gesang* [1955/56] entschied die Leitung des SWF, weitere „Romane für den Rundfunk" aufzunehmen (Südwestfunk, *Geschäftsbericht* 25). Mit *Am grünen Strand der Spree* „erreichte ‚die große Form' [...] ihre bisher überzeugendste Verwirklichung," wie im Geschäftsbericht für das Jahr 1956/57 vermerkt wurde (Südwestfunk, *Geschäftsbericht* 25). Das hohe Potenzial des Romans mit Blick auf mediale Inszenierungen, das vom damaligen Hörfunk aufgegriffen wurde, bestätigen Stephanie Heck, Simon Lang und Stefan Scherer (16): „Während der Roman bereits in seiner Anlage serielles Erzählen inszeniert, entwickeln die technisch basierten auditiven und audiovisuellen Medien kraft ihrer Potenz, Mehrteiligkeit über Zeitsprünge zu organisieren, ästhetische Verfahren, erzählerische Breite entfalten zu können".

Der SWF-Dramaturg Manfred Häberlen, der zusammen mit Scholz das Drehbuch für das Hörspiel aufbereitete, ließ zwei der sieben Geschichten aus. Eine davon, die kürzeste, handelt von der Begegnung eines deutschen Soldaten mit einer russischen Partisanin. Für eine einstündige Episode hätte der Stoff nicht gereicht. Die zweite ausgelassene Geschichte ist eine Impression eines amerikanischen Kriegsgefangenenlagers in der französischen Champagne, die aufgrund zahlreicher Musikmotive allerdings großes Potenzial für den Hörfunk barg. Als einziges fehlte dieses Kapitel auch im Feuilletonroman. Da Scholz und Häberlen etwa zur gleichen Zeit am Hörspieldrehbuch arbeiteten, als die Entscheidung über den Abdruck in der *FAZ* fiel, ist ein unmittelbarer Zusammenhang zwischen der Auslassung dieser Geschichte in beiden Fassungen unwahrscheinlich. Weder hatten sich Scholz und Häberlen vom Fortsetzungsroman in der *FAZ* inspirieren lassen können, noch konnten sich die Herausgeber der Zeitung auf das Hörspiel beziehen. Vielmehr handelt es sich in beiden Fällen um einen Kürzungsversuch, so dass diese von Scholz eher als Digression eingeführte Geschichte auf der Hand lag.

Das Hörspiel wurde zunächst vom 21. August bis zum 4. September 1956 über Mittelwelle und vom 8. bis zum 22. September über UKW gesendet. Wie viele Hörer:innen es erreichte, lässt sich kaum ermitteln. Im Sendegebiet des SWF waren 1956 1,4 Millionen Rundfunkteilnehmer:innen registriert (Südwestfunk, *Geschäftsbericht* 69); hinzu kamen einige ‚Schwarzhörer:innen', die ihren Rundfunkbeitrag nicht zahlten und daher in keiner Statistik erfasst sind (Falkenberg 219). Allerdings gehörten Hörspiele nicht zu den meistgehörten Sendungen – 1955 gaben 68 Prozent der regelmäßigen Hörer:innen an, Interesse an Hörspielen zu haben (Meyen 115), wohingegen andere Genres weit höhere Einschaltquoten erreichten. In einer Umfrage von 1957, in der die Hörer:innen einzelner Sender nach häufig gehörten Sendungen gefragt wurden, kreuzten nur 33 Prozent der SWF-Hörer:innen die Option ‚Hörspiel' an (Stecker 177). Dem Historiker Axel Schildt (*Moderne Zeiten* 228) zufolge sei das Radio für die meisten seiner Rezipient:innen vor allem ein ‚Hintergrundgeräusch' gewesen. Die große Mehrheit der Hörer:innen beschäftige sich bei eingeschaltetem Radiogerät anderweitig, weshalb selbst „schwierige Hörspiele und politische Informationssendungen, die der Konzentration bedürften, [...] nur von maximal der Hälfte bis zwei Dritteln der Hörer ungeteilte Aufmerksamkeit" erhielten (Schildt, *Moderne Zeiten* 228).

In Anbetracht dieser Zahlen ist die weit verbreitete These, der Hörfunk sei „das dominante Medium der frühen und mittleren fünfziger Jahre gewesen" (von Hodenberg, *Konsens* 91), teilweise zu revidieren. Was für Musik und leichtere Sendungen galt, kann nicht unmittelbar auf ernstere Genres übertragen werden. Ferner muss der Stellenwert des Hörspiels innerhalb der gesamten Hörfunkproduktion präzisiert werden. Trotz gängiger Behauptungen über die „Nachkriegsblüte des Hörspiels" (Prager 418) stellten Hörspiele einen sehr geringen Programmanteil dar.[9] Im Geschäftsjahr 1956/57 sendeten die zwei Kanäle des SWF, der damals als „Vorreiter des Hörspiels" galt (Wessels), 135,5 Stunden Hörspiele. Das erscheint auf den ersten Blick viel, stellt aber weniger als ein Prozent

---

9 Berechnet auf der Grundlage des Südwestfunk *Geschäftsberichts* 1956/57 (20–23).

des Gesamtprogramms dar, zumal diese Zahl auch Wiederholungen beinhält – allein die fünf Stunden von *Am grünen Strand der Spree* wurden im besagten Geschäftsjahr dreimal gesendet. Gustav Frank (146–147) fügt hinzu, dass nur 34 Prozent der Hörspiele, die in der ‚Blütezeit' entstanden, Literaturadaptionen waren, wovon wiederum nur ein kleiner Teil auf Werke zeitgenössischer Autor: innen zurückging: „Die verbreitete Hervorhebung des ‚literarischen Hörspiels' zeugt also vom Bestreben der Rundfunkverantwortlichen wie der Feuilletonkritik und der Verfasser selbst, neben seiner Informations- und traditionell anrüchigen Funktion als ‚allzu billiger Dauerunterhalter' auch einen Bildungsauftrag zu betonen" (Frank 147). Kurz gesagt: Der gute Ruf des damaligen Hörspiels basiert auf der Wirkung weniger Werke prominenter Schriftsteller:innen, auf die sich die Kritiker:innen und spätere Forscher:innen konzentrierten.

Die damalige Signalreichweite des SWF über Mittelwelle umfasst die heutigen Gebiete von Rheinland-Pfalz, den Süden von Nordrhein-Westfalen, den Südwesten von Hessen sowie den Westen von Baden-Württemberg (Abb. 24). Die Signalqualität war aber vielerorts schlecht und oft stark wetterabhängig. Die Hörer: innen, die weit von den Mittelwellesendern entfernt wohnten, mussten Rauschen oder Störgeräusche anderer Sender in Kauf nehmen. Im Südwesten Deutschlands überlagerten sich beispielsweise die Signale des SWF und des amerikanischen Senders Stimme Amerikas (Stecker 174). Die Qualität der ultrakurzen Wellen war zwar wesentlich besser, doch hatte erstens das Signal nur eine kurze Reichweite und ließ sich so nicht lückenlos empfangen, und zweitens verfügten nicht alle Hörer:innen über Radiogeräte, die auf UKW eingestellt waren (Stecker 174).

Die Nutzungsgewohnheiten der Hörer:innen hingen in hohem Maße mit der Tageszeit zusammen. Die Einschaltquote stieg ab 18.00 Uhr stark an, wobei sich die späteren Abendprogramme vor allem an Akademiker:innen richteten (Schildt, *Moderne Zeiten* 226). Die zwei ersten Sendungen bzw. Wiederholungen von *Am grünen Strand der Spree* waren für 20.30 Uhr angesetzt und waren jeweils dienstags und freitags im SWF1 [Mittelwelle] sowie einige Wochen später mittwochs und samstags im SWF2 [UKW] zu hören. Eine Folge dauerte ungefähr eine Stunde. Mit Blick auf den Sendeplan ist zu berücksichtigen, dass der Samstag in den 1950er Jahren als Werktag galt – bis auf zwei Folgen der Wiederholung lief *Am grünen Strand der Spree* also nicht am Wochenende, sondern an Arbeitstagen. Christina Stecker (176) weist ferner auf die Umweltbedingungen hin: Die Erstsendung fand im Sommer statt, und da es im Südwesten Deutschlands abends lange hell ist, ist davon auszugehen, dass das Hörspiel kein attraktives Freizeitangebot darstellte. Im Juli 1957 fand eine Wiederholung der ganzen Reihe auf Mittelwelle, ebenfalls um 20.30 Uhr statt. Im März desselben Jahres sendete der SWF1 den ersten Teil als Einzelfolge, die in den Unterlagen des Historischen Archivs SWR als *Das Tagebuch des Jürgen Wilms* betitelt ist, in der *Hör Zu* aber als

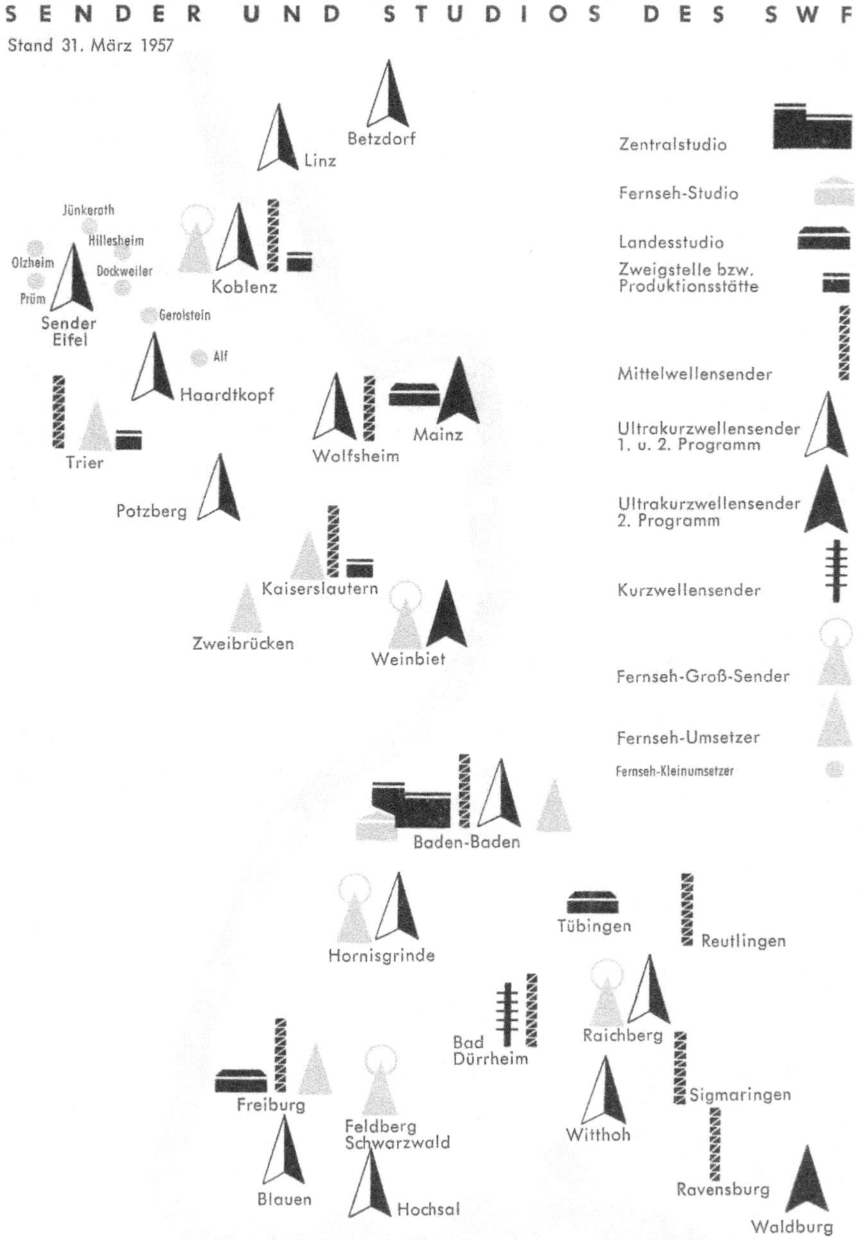

Die Tonmedien — 217

SENDER UND STUDIOS DES SWF
Stand 31. März 1957

- Zentralstudio
- Fernseh-Studio
- Landesstudio
- Zweigstelle bzw. Produktionsstätte
- Mittelwellensender
- Ultrakurzwellensender 1. u. 2. Programm
- Ultrakurzwellensender 2. Programm
- Kurzwellensender
- Fernseh-Groß-Sender
- Fernseh-Umsetzer
- Fernseh-Kleinumsetzer

Orte: Jünkerath, Hillesheim, Olzheim, Dockweiler, Prüm, Sender Eifel, Gerolstein, Linz, Betzdorf, Koblenz, Alf, Trier, Haardtkopf, Wolfsheim, Mainz, Potzberg, Kaiserslautern, Zweibrücken, Weinbiet, Baden-Baden, Hornisgrinde, Tübingen, Reutlingen, Bad Dürrheim, Raichberg, Sigmaringen, Freiburg, Feldberg Schwarzwald, Witthoh, Ravensburg, Blauen, Hochsal, Waldburg

Abb. 24: Sendegebiet des SWF von 1956. Quelle: Südwestfunk. *Geschäftsbericht 1956/57*, S. 56.

Der Bericht des Jürgen Wilms angekündigt wurde. Im Vergleich zur üblichen Sendezeit des fünfteiligen Hörspiels war diese Sendung für 20.45 Uhr angesetzt und endete kurz vor 22.00 Uhr, was vermuten lasst, dass mit dieser konkreten Folge möglicherweise eine andere Zielgruppe angesprochen werden sollte.

Die Spezifik der materiellen Radioinfrastruktur – von der Sendetechnik bis hin zum Status des Radiogeräts zu Hause – hatte weitreichende Konsequenzen für die Funktion des Hörfunks als Erinnerungsmedium. Der Blick in die Black Box des Hörfunks offenbart, dass sich die Sende- und Empfangstechnik kaum auf Programmentscheidungen auswirkte; sie hatte aber Einfluss auf die soziokulturellen Praktiken des Radiohörens. Das insgesamt eingeschränkte Hörspielangebot sowie die Nutzungsgewohnheiten der Hörer:innen lassen daher an der erinnerungskulturellen Relevanz des Hörfunks zweifeln. Gleichwohl argumentiert Manuela Gerlof, dass Tonmedien in der Vermittlung des kollektiven Gedächtnisses eine große Rolle gespielt hätten, zumal insbesondere die gesprochene Sprache „die Integration, Verbreitung und Tradierung eines gewaltigen Korpus von Gedächtnisinhalten aus anderen Medien" ermögliche (Gerlof 64). Es bleibt aber fraglich, ob die Rundfunkanstalten dieses Potenzial hinreichend einsetzten und die Rezipient:innen es wiederum auch nutzten. Vieles spricht dafür, dass sich die erinnerungskulturelle Wirkung von Hörspielen erst dann vollständig entfaltet, wenn sich die Rezipient:innen auf die Sendungen konzentrieren können. Gewiss tun dies Forscher:innen, die sich professionell mit dem Thema beschäftigen, aber für viele Hörer:innen ist das Radio damals wie heute lediglich ein Hintergrundgeräusch. Diese Umstände erklären auch, weshalb weder die fünf Hörspielfolgen von *Am grünen Strand der Spree* noch die Einzelfolge *Das Tagebuch des Jürgen Wilms* nennenswerte Reaktionen auslösten. Aller Wahrscheinlichkeit nach lag dies nämlich weniger am Inhalt und den Stilmitteln des Hörspiels als am medialen Träger.

Neben der Sprache muss noch auf die Musik des Hörspiels eingegangen werden, zumal sie ein bemerkenswertes Element der literarischen Vorlage darstellt. Das Buch enthielt mehrere konkrete Hinweise auf den musikalischen Hintergrund des Treffens in der Jockey Bar, doch entschied sich der Komponist Hans-Martin Majewski, nicht darauf zurückzugreifen. Beispielsweise verzichtete er auf Motive des jiddischen Lieds *Bei mir bist du scheen*, an das sich Jürgen Wilms während des Massakers erinnert (Frank 163). Die Hörer:innen der 1950er Jahre dürften dieses Lied gut gekannt haben, da es in einer Interpretation der Andrews Sisters damals sehr populär war (Nimmo 76; Badenoch 70). Drei Monate vor Beginn der Aufnahmen, im April 1956, begann Majewski, an einem Jazzstück für das Hörspiel zu arbeiten. Bereits der Titel der Komposition, *Jockey-Bounce*, macht klar, dass sich Majewski vor allem von der Atmosphäre in der Bar inspirieren ließ. Im Anschluss an die Hörspielproduktion beabsichtigte er das Stück als EP

Abb. 25: Schallplatte mit dem Jockey-Bounce.

herauszugeben, doch hatte der angesehene Musikverlag Metronom kein Interesse an einer Komposition, die von keinem Sender als Unterhaltungsmusik gespielt wurde (Majewski, Brief an Hoffmann und Campe). Für damalige Schallplattenverleger war der Hörfunk der wichtigste Werbekanal, weshalb Musikstücke, die nicht regelmäßig gespielt und angesagt wurden, wesentlich schlechtere Verkaufschancen hatten. Folglich ließ Majewski zunächst nur die Noten zum Selbstspielen drucken, und 1957 gelang es ihm schließlich, den *Jockey-Bounce* im Bertelsmann-Schallplattenring zu veröffentlichen (Abb. 25). Das Prinzip funktionierte ähnlich wie der erwähnte Lesering, indem registrierte Mitglieder die Schallplatte zu einem reduzierten Preis per Post erhielten. Ungefähr zeitgleich erschien die EP beim Jazzlabel Manhattan (Heck und Lang „Der große" 274). Majewskis leichtes Jazzmotiv enthielt allerdings keinerlei direkte Verweise auf das Tagebuch von Jürgen Wilms, so dass seine erinnerungskulturelle Bedeutung in diesem Zusammenhang als denkbar gering eingestuft werden darf.

Die Bildmedien

Seit dem Ende des 20. Jahrhunderts wird zunehmend darüber disktuiert, dass Bilder über eine *agency* verfügen und ihre Umgebung maßgeblich prägen. Entsprechend groß soll die Wirkung von Bildern auf die Erinnerungskultur sein. Ihnen wird die Rolle der ‚Stützen' und ‚Prothesen' des Gedächtnisses zugeschrieben (Landsberg). Die einzelnen Gedächtnisträger sind allerdings stark miteinander verwoben und können kaum getrennt werden. Ganz im Sinne der Remediation (Bolter und Grusin) baut hier vor allem das Fernsehen auf älteren Formen der Vergangenheitsvermittlung wie der Fotografie, Dokumentar- oder Kinofilmen auf. Beispielsweise werden insbesondere fotografische und filmische Archivaufnahmen im Fernsehen eingesetzt, um einen Eindruck von Authentizität herzustellen (Fischer Th. 520). Horst Bredekamp zufolge ist diese Art der visuellen Plurimedialität auch jenseits des Fernsehens essenziell für die *agency* der Bilder und die daraus resultierende Formierung des kulturellen Gedächtnisses:

> In der Gestaltung der Erinnerung ist den Bildmitteln eine überragende Rolle zugefallen. Es waren vor allem Denkmäler, Filme, Fernsehserien und Photographien, mittels derer sie prägend wirkten. Diese haben sich aufeinander bezogen, in Motiven und Techniken durchdrungen und in numerisch nicht mehr erfaßbaren Mengen durch alle nur denkbaren Reproduktionsmittel von Plakaten bis zu Briefmarken verbreitet. (Bredekamp 57)

In der visuellen Geschichte von *Am grünen Strand der Spree* spielen das Fernsehen, die Fotografie und teilweise auch das Kino eine maßgebliche Rolle, und – ganz nach Bredekamp – beziehen sich die einzelnen Bilder auch auf einander. Anstatt mich aber auf die einzelnen Motive und Authentisierungsstrategien zu konzentrieren oder über Intermedialität zu sinnieren, beleuchte ich an dieser Stelle die materiellen und technischen Aspekte dieser Wechselbeziehung, zumal der sinnstiftende Charakter von Bildmedien mit ihren materiellen und technologischen Qualitäten zusammenhängt – so etwa hat die Größe, Schärfe oder Platzierung des Bildschirms Einfluss auf die ‚Übersetzung' der Geschichte [Input] in medialisierte Geschichtsbilder [Output]. In diesem Zusammenhang helfen die Abläufe in den Black Boxen der Rundfunkanstalten und Filmproduktionsunternehmen zu verstehen, wie die Schilderung des Massakers von Orscha ein Massenpublikum erreichen konnte.

Dass das Gedächtnis auf visuelle ‚Stützen' angewiesen ist, wird bereits auf den ersten Seiten des fiktionalen Tagebuchs von Jürgen Wilms angedeutet, indem Scholz' Protagonist nämlich beim Fotografieren des polnischen Städtchens Maciejowice und später auch der anderen Orte, an denen er sich aufhält, beschrieben wird. Findet das Fotografieren im Hörspiel zwar keine Erwähnung, so wird es im Fernsehen – ebenfalls einem Bildmedium – wieder thematisiert. Vor diesem Hintergrund spricht Peter Seibert („Medienwechsel" 80) von der „Wiederherstellung" der verloren gegangenen Bilder von Wilms, obwohl es im Film – anders als im Buch – keinen direkten Hinweis darauf gibt, dass die Fotografien im Krieg oder in der Kriegsgefangenschaft verloren gegangen wären, im Gegenteil: „Die Fernsehinszenierung rekonstruiert die Bilder, sie ‚korrigiert' an diesem Punkt die Textvorlage, indem sie auf den ‚ursprünglichen' Zustand des Textkonvoluts mit den eingeklebten Fotos zurückgeht" (Seibert, „Medienwechsel" 80). Im Roman versieht Wilms alle Fotografien in seinem Tagebuch mit einer Nummer und einem Kommentar. Die Bilder selbst sind nicht mehr vorhanden, doch können wir auf der Grundlage des Textes davon ausgehen, dass der Tagebuchschreiber ein Album mit Kriegsbildern anlegen wollte. Die Fotografien sollen als Archiv fungieren, das die Kriegsbilder chronologisch und topografisch geordnet in der Zukunft vergegenwärtigen soll. Die Erstellung solcher Fotografiesammlungen war unter Wehrmachtssoldaten eine durchaus verbreitete Praxis. Etwa zehn Prozent der deutschen Soldaten besaßen eine eigene Fotokamera (Jahn und Schmiegelt 25), mit der sie die Angehörigen ihrer Einheiten, die Länder, in denen sie sich als Besatzer aufhielten, sowie den Kriegsalltag festhielten. Da heutzutage nur noch wenige Vertreter dieser Generation am Leben sind, stellen sich ihre Fotografien als äußerst interessante Gedächtnisträger heraus. Indes sie nämlich immer seltener der Aufrechterhaltung individueller Erinnerungen dienen, steigt ihr kommerzieller Wert: Onlineshops, Kleinanzeigenportale und Auktionshäuser bieten unzählige Fotografien von ehemaligen Soldaten zum Kauf an. Darunter befinden sich auch Bilder aus Maciejowice, Orscha und anderen Ortschaften, die auf der Strecke des fiktiven Tagebuchschreibers Wilms lagen.

Die fotografische Praxis von Wilms wird im Fernsehfilm auf unterschiedliche Weise konkretisiert. Die Szene in Maciejowice beginnt mit einer achtzig Sekunden langen Einstellung, in der die Kamera von links nach rechts und anschließend wieder zurück schwenkt. Wir sehen den Markt, den Himmel, den gepflasterten Boden sowie Männer mit erhobenen Händen, die Gesichter zur Wand, die auf ihre Erschießung warten. Erst im Nachhinein begreifen wir, dass der Kameraschwenk Wilms' Blick durch seinen Fotoapparat darstellen sollte, auf der Suche nach einem passenden Motiv. Bei der um seinen Hals hängenden Kamera handelt es sich – soweit zu erkennen ist – um eine Leica II: ein Modell, das 1932 auf den Markt gebracht worden war und bis in die 1950er Jahre zu den populärsten seiner Klasse gehörte. Dank ihrer Leichtigkeit und Robustheit konnte sich die Leica im Kriegsalltag bewähren. Wenige Tage nach den Aufnahmen in Maciejowice verliert Wilms die Kamera aber: Als er die jüdischen Männer bei der Leichenbergung der bei Brest-Litowsk gefallenen deutschen Soldaten fotografiert, kommt zunächst ein Feldgendarm und fordert die Herausgabe des Films. Daraufhin erscheint ein Soldat „mit goldenem HJ-Abzeichen, der den Apparat abreißt samt Riemen, aufs

Pflaster schmeißt und zertrampelt" (*AGSS* 49). Im Fernsehfilm wird diese Szene auch entsprechend inszeniert: Im Vordergrund sehen wir, wie der junge Soldat auf der Leica herumspringt, im Hintergrund sind die frisch ausgehobenen Soldatengräber zu erkennen. Um den Verlust zu kompensieren, leiht Wilms' Kamerad Hapke ihm seine Kamera: „Und son kleenet Sticke Volkskamera hab' ich noch in meine Kiste zu liegen. [...] Aber nur leihweise, vonwegen; nur leihweise, dette klar siehst." (*AGSS* 50) Mit dem Begriff ‚Volkskamera' ist eine handliche Boxkamera für kleinformatige Fotografien gemeint – eine Vielzahl solcher Bilder aus dem Krieg können heute im Internet für kleine Beträge ersteigert werden. Später verbietet der Hauptmann das Fotografieren des Massakers mit dieser Kamera:

> Nee, nee, nee, mein Herr, die Kamera lassen Sie mal schön hier. Das fehlte ja gerade noch: dazu noch Franz Hapken seine. Soweit geht die Liebe nun nich! Ich denke, der Herr Reichsführer SS würde es sehr danebenschätzen, wenn hier seine... seine Vergeltungsmaßnahmen von Krethi und Plethi kinematographisch festgehalten werden. Also ohne Gerät... Marsch (*AGSS* 55).[10]

Wilms darf an der Erschießungsstelle also nicht fotografieren, sondern kann das Massaker nur mündlich oder schriftlich bezeugen. Das bedeutet nicht, dass die Bilder des Massakers – so wie es im Film gezeigt wurde – nicht fotografisch reproduziert wurden, da nämlich der WDR der Presse zahlreiche Standbilder aus der Szene zur Verfügung stellte. Auf diese Weise wurden Ankündigungen und Besprechungen des Films in Programmzeitschriften sowie in der illustrierten Presse von Bildern der filmischen Exekution begleitet. Selbst als Hans Scholz die Miniserie rückblickend im *Tagesspiegel* kommentierte, illustrierte ein solches Bild – Jüd:innen, die an der Grube stehend auf ihre Erschießung warten – seinen Beitrag (Abb. 26).

So wie der Fernsehfilm die Fotografien ‚wiederherstellt', die in Wilms' Tagebuch nicht mehr vorhanden sind, so druckte die Presse also Bilder ab, die Wilms ‚selbst' nicht hatte machen dürfen. Es handelt sich dabei allerdings nicht um visuelle Vorankündigungen – in den meisten Fällen begleiteten die Standbilder aus der Erschießungsszene nachträgliche Besprechungen der Folge. Sie konnten daher als eine Art Trigger wirken, mithilfe dessen die Leser:innen an die Fernsehbilder erinnert wurden. Im darauffolgenden Jahr wurden zehn Standbilder aus dem Fernsehfilm im WDR-Jahrbuch abgedruckt, fünf davon unmittelbar aus der Erschießungsszene – darunter auch das Bild, das zuvor im *Tagesspiel* veröffentlicht worden war. Interessanterweise erschien das Jahrbuch beinahe zeitgleich

---

[10] Obwohl der Hauptmann hier von ‚kinematografischen' Aufnahmen spricht, handelt es sich nicht um eine Film-, sondern um eine Fotokamera.

Abb. 26: *Tagesspiegel* vom 29. Mai 1960, S. 5. Scan aus dem Mikrofilm.

mit dem Bildband *Der gelbe Stern*, in dem zahlreiche historische Fotografien von ähnlichen Exekutionen zum ersten Mal öffentlich präsentiert wurden (Brink 147). In dem von Gerhard Schoenberner herausgegebenen Buch wurden fünfzehn Fotografien von Erschießungen von Jüd:innen in Polen und der Sowjetunion abgedruckt, begleitet von Quellenabdrucken und Texten des Herausgebers. Das Konzept des Bildbands erachtet Cornelia Brink (177) zwar als problematisch, da die Aufnahmen „der Täter und Opfer all denen ein Alibi verschaffen, die nicht direkt am Tatort gewesen waren und eigenhändig gemordet hatten", doch handelt es sich dessen ungeachtet bei dieser Publikation um eine Pionierleistung in der Bundesrepublik der Adenauerära. Die fiktionalen Standbilder aus *Am grünen Strand der Spree*, die wenige Monate zuvor in der Presse und im WDR-Jahrbuch abgedruckt wurden, kursierten demnach in derselben Öffentlichkeit wie die dokumentarischen Aufnahmen, die Schoenberner mit viel Mühe zusammengestellt hatte. Der visuelle und haptische Charakter dieser Publikationen erschwerte jedoch die Unterscheidung zwischen dem Dokumentarischen und dem Fiktionalen. Sowohl die Standbilder aus *Am grünen Strand der Spree* als auch die Fotografien in *Der gelbe Stern* kursierten in gedruckter Form; zudem weisen das quadratische Format, das qualitative hochwertige Papier sowie das Layout des WDR-Jahrbuchs und des Bildbands große Ähnlichkeiten auf. Wie die erste Folge von *Am grünen Strand der Spree* stieß der Band auf große Resonanz und wurde in der Presse mehrmals besprochen. Nichtsdestoweniger betont Brink zu Recht, dass „die medialen und vor allem juristischen Auseinandersetzungen mit den NS-Verbrechen zu Beginn der sechziger Jahre nur einen kleinen Teil der bundesrepublikanischen Bevölkerung erreichten und oft genug auf Abwehr stießen" (Brink 147).

Ähnlich wie die Fotografie war auch der Film ein wichtiges Motiv im Buch, weshalb die Idee einer Verfilmung von *Am grünen Strand der Spree* gewissermaßen auf der Hand lag. Die Männer in der Jockey Bar sind Schauspieler, Werbefilmemacher und Filmproduzenten. Der Heimkehrer Lepsius behauptet, das Tagebuch seines ehemaligen Kameraden in ein Manuskript bzw. Filmexposé überarbeitet zu haben, und seine Freunde versprechen, ihm eine Beschäftigung als Kriegsfilmberater zu vermitteln. Obwohl es sich dabei um eher nebensächliche Bemerkungen handelt, wurden die Anspielungen aufs Kino in der Fernsehfassung beibehalten und auf interessante Weise sogar vertieft. Das einzige bekannte Gesicht unter den Schauspielern des Fernsehfilms war das von Malte Jäger, der Lepsius darstellte. In der NS-Zeit hatte er u. a. in den Propagandafilmen *Jud Süß* [1940] und *Legion Condor* [1939] gespielt. „Er brachte es auf rekordverdächtige sechs Vorbehaltsfilme, die bis heute nicht gezeigt werden dürfen," bemerkt der Fernsehkritiker Hans Schmid. In *Am grünen Strand der Spree* ist es ausgerechnet Jäger alias Lepsius, der – gerade aus der Gefangenschaft entlassen – noch nicht weiß, dass eine Mitgliedschaft in der Legion Condor, einem NS-Verband im Spanischen Bürgerkrieg, besser verschwiegen werden sollte.

Der Produktion der Fernsehserie gingen mehrere Pläne für eine Kinoverfilmung voraus. Die Mitarbeiter:innen von Hoffmann und Campe diskutierten schon kurz nach der Romanveröffentlichung über die Strategie für den Verkauf der Filmrechte, und erstmals ergab sich die Möglichkeit einer Verfilmung im Zuge der Arbeiten am Hörspiel. Im Winter 1956 lernte Scholz nämlich Max Ophüls kennen, der Interesse am Roman zeigte. Obwohl diese Begegnung im SWF stattfand, zog Mitte der 1950er Jahre niemand ernsthaft eine Fernsehverfilmung von *Am grünen Strand der Spree* in Erwägung. Man sah in dem neuen Medium eher eine Bedrohung denn eine Chance für die Literatur. Aufgrund finanzieller Risiken wurde Ophüls' Idee für einen Kinofilm allerdings nie umgesetzt.

Als 1959 der NWRV-Intendant Hanns Hartmann den Fernsehlizenzvertrag für *Am grünen Strand der Spree* finalisierte, änderte sich die Situation auf dem Medienmarkt. 1959 war das erste Nachkriegsjahr, in dem die Einnahmen der Filmtheater im Vergleich zum Vorjahr gesunken waren (Mühl-Benninghaus 179); die folgenden Jahre bestätigten die Gewinnverluste als andauernde Tendenz. Der wichtigste Grund für diese Wende war die wachsende Popularität des Fernsehens, das in der Erinnerungsforschung als „*das* Leitmedium der Geschichtsvermittlung" gilt (Erll, *Kollektives Gedächtnis* 158). Diese heute offensichtliche These verlangt aber nach einer Kontextualisierung. Das erinnerungskulturelle Potenzial des Fernsehens basiert vor allem darauf, dass sowohl die öffentlich-rechtlichen als auch die privaten Sender über umfangreiche Archive verfügen, auf die sie stets zurückgreifen können. Anders als das Kino sendet das Fernsehen mehrfach dieselben Filme und produziert auf der Grundlage von Filmausschnitten oder Zeitzeugeninterviews, die in den Fernseharchiven lagern, eigene Dokumentationen. Natürlich dauerte es einige Jahrzehnte, bis sich die Fernseharchive mit entsprechendem Material füllten. Forscher:innen wie Tobias Ebbrecht-Hartmann, Wulf Kansteiner oder Judith Keilbach haben diese Praxis für das westdeutsche Fernsehen in ihren Studien gründlich belegt.

Das Fernsehen der frühen Nachkriegszeit war ein Medium, das auf Aktualität setzte. Es gab den Zuschauer:innen zum ersten Mal die Möglichkeit, an wichtigen Ereignissen mit Ton *und* Bild von zuhause aus teilzuhaben. Dies betraf u. a. geschichtspolitische Ereignisse wie die Krönung von Elisabeth II. 1953 oder die Fußball-WM 1954. Hingegen handelte es sich nur bei den wenigsten Sendungen um Liveübertragungen; den Großteil stellten Aufzeichnungen dar. Das Programm prägte ein breites Unterhaltungsangebot mit regelmäßig stattfindenden Quizsendungen und Spielen, was die Serialität des neuen Mediums kodifizierte. Gleichzeitig gab es bereits in den späten 1950er Jahren vereinzelt Anzeichen dafür, dass das Fernsehen in Zukunft einen wichtigen Beitrag zur Gestaltung des Umgangs mit der NS-Vergangenheit leisten würde. 1955, zehn Jahre nach Kriegsende, sendete das Deutsche Fernsehen erste Bilder zu diesem Thema (Classen 28). Es folgten die Fernsehausstrahlung von *Nacht und Nebel* im April 1957 und kritische Beiträge zu den antisemitischen Ausschreitungen in Köln Ende 1959. Ab Oktober 1960 liefen die vierzehnteilige Dokumentation *Das Dritte Reich* und anschließend die Berichte vom Eichmann-Prozess. 1962 produzierte der NDR unter Leitung von Egon Monk die Verfilmung von Christian Geißlers Roman *Die Anfrage*.

Um 1960 vollzog sich im Medium Fernsehen also ein Wandel, der sich nachträglich als einer jener Momente der Gedächtnisgeschichte herausstellte, die – wie zuvor die Schrift, der Druck oder die Fotografie – die Modi der kollektiven Erinnerung nachhaltig veränderten. Im Zuge der wachsenden Bedeutung des Fernsehens für die Meinungsbildung wurden immer mehr politische Inhalte ins Programm aufgenommen. 1960, als *Am grünen Strand der Spree* ausgestrahlt wurde, widmeten sich 2.374 von 116.617 Sendeminuten der ARD, d. h. 1,7 Prozent des Gesamtprogramms, dem Thema der NS-Vergangenheit (Classen 29, 32), wovon sich wiederum nur ein Zehntel mit der Verfolgung der Jüd:innen befasste (Classen 86). Dementsprechend groß war die Tragweite der ersten Folge von *Am grünen*

Strand der Spree, zumal sie den zeitgenössischen Rezipient:innen unerwartete bzw. bisher ungesehene Bilder bot. Mit einer gewissen Skepsis schrieb entsprechend der Kritiker des *Tagesspiegels* über die Filmadaption von Scholz' Roman: „Vom Fernsehen erwartete man da erst recht nichts. [...] Aber eben von daher, vom Fernsehen, kam jetzt der härteste und erbarmungsloseste aller bisherigen Kriegsfilme." (*Der Tagesspiegel*, 24. März 1960)[11]

Am grünen Strand der Spree fügte sich in die Übergangszeit miteinander konkurrierender Fernsehmodelle der 1950er und 1960er Jahre ein (Hißnauer, „Fernsehspiel" 196–200). Die Miniserie – oder zumindest ihre erste Folge – veranschaulichte, dass das Fernsehen politisch relevant und unterhaltend zugleich sein konnte. Dies ging mit Veränderungen sowohl des Angebots als auch der Nachfrage einher. Von 1958 bis 1959 – binnen gerade mal eines Jahres – hatte sich die Zahl der registrierten Fernsehapparate verdoppelt. Mitte 1959 lag sie bei etwa 2,5 Millionen und ein Jahr später – zum Zeitpunkt der Ausstrahlung der Miniserie – bei ungefähr 3,2 Millionen (Mühl-Benninghaus 135). Mit anderen Worten stand durchschnittlich in jedem vierten Haushalt ein Fernsehgerät.[12] Anfang der 1960er Jahre konnte beinahe auf dem gesamten Bundesgebiet Fernsehsignal empfangen werden (Schildt, *Moderne Zeiten* 270), wobei u. a. aufgrund unterschiedlicher Signalstärken die Anzahl der Zuschauer:innen in den Großstädten größer war als auf dem Land. In Anbetracht des schnellen Wandels versteht Monique Miggelbrink Fernsehgeräte als Aktanten des heimischen Alltags. Insofern ist das soziotechnische Netzwerk zwischen Zuschauer:innen und Fernsehgeräten als Ort der Sinnbildung zu betrachten: Im Akt des Fernsehens in der heimischen Umgebung etablierte sich so nämlich ein wichtiger Teil der Erinnerungskultur der bundesrepublikanischen Nachkriegszeit.

Die Bilder, die das damalige Fernsehen in die Wohnungen seiner Zuschauer:innen transportierte, waren vergleichsweise unscharf und klein. In diesem Sinne bezeichnete der Rezensent der *Welt* (24. März 1960) die erste Folge von *Am grünen Strand der Spree* als „Inferno auf einer Bildscheibe von 43 Zentimetern" – das entspricht einer Bildschirmgröße von 17 Zoll. Kann ich den Film heute mithilfe eines Beamers auf die Wand projizieren und beliebig oft ‚zurückspulen', so verfügten die zeitgenössischen Fernsehbesitzer:innen selbstverständlich nicht über diese Möglichkeit. Die technologische Entwicklung der Empfänger an der Wende der 1950er und 1960er Jahre illustriert den in der Akteur-Netzwerk-Theorie beschriebenen Prozess der „Stabilisierung der Objekte". In seinem Verlauf werden

---

[11] Pressezitate stammen, wenn nicht anders angegeben, aus der Sammlung „Im Urteil der Presse...".
[12] Berechnung auf der Grundlage von Mühl-Benninghaus (135) und Statistisches Jahrbuch (226).

technische Errungenschaften zu alltäglichen Gegenständen und somit zu „Instrumenten des Wissens" (Akrich 425). Das hier gemeinte Wissen bezieht sich jedoch nicht zwangsläufig auf die Kenntnis von Fakten [*know-what*] oder Prozeduren [*know-how*], sondern auf eine gesellschaftliche Praxis, die den Umgang mit Gegenständen definiert. Dazu gehört die Bedienung der Geräte, aber auch die Tatsache, dass ihnen sozialsystemische Bedeutungen zugeschrieben werden (Akrich 426). In diesem Zusammenhang ist es nicht unerheblich, dass 1960 in zahlreichen Wohnzimmern noch ältere Modelle ‚Aladin' und ‚Fantom' der Firma Krefft standen – beide hatten eine Bildschirmgröße von nur 36 cm bzw. 14 Zoll. Nur die wenigsten Bewohner:innen der Bundesrepublik hatten genug Geld und Platz, um qualitativ hochwertigere Fernsehgeräte in einer Größe von bis zu 61 cm bzw. 24,5 Zoll anzuschaffen (Schildt, *Moderne Zeiten* 271). Auf derart kleinen Bildschirmen, die zudem ‚gestreifte' Bilder zeigten – ein häufiger Qualitätsmangel des Fernsehens der frühen 1960er Jahre – war die Handlung im Hintergrund vermutlich nur schwer auszumachen. Es stellt sich daher die Frage, was die Zuschauer:innen in der Erschießungsszene überhaupt sahen.

Die Quellen zur Rezeption von *Am grünen Strand der Spree* geben Auskunft darüber, inwiefern die Zuschauer:innen die Aufschrift „Lettische Volksarmee. Im Dienste der Deutschen Wehrmacht" auf den Armbinden der Schützen lesen konnten, zumal auch die Worte „Lettische Volksarmee" in kleineren Buchstaben aufgestickt waren als „Im Dienste der Deutschen Wehrmacht". Der Rezensent im *Tag* schrieb beispielsweise: „Juden aus Polen, Deutschland, die von lettischen Hilfsgruppen unter SS-Aufsicht niedergemetzelt werden" (24. März 1960), und auch der *Kölner Stadt-Anzeiger* bemerkte: „Die eigentlichen Mordschützen waren Letten" (24. März 1960). Beide Rezensenten hatten also die ganze Aufschrift lesen können, während es durchaus Zuschauer:innen gab, die das Detail übersehen hatten. Dies lässt sich daran erkennen, dass sie sich über die Mitwirkung eines deutschen Soldaten an der Erschießung empörten, obwohl er in der Szene ‚nur' neben den Schützen steht (Zuschauer [R.B.], Brief an Hartmann; Zuschauer [F.L.], Brief an Umgelter; Infratest 5–7). Je nach Bildqualität kam es also zu signifikanten Verschiebungen in der Interpretation. Diese Unterschiede lassen auf die *agency* der Fernsehgeräte schließen, die hier als Mikro-Akteure agieren (Miggelbrink 141). Ihnen kommt somit eine zentrale Rolle im Prozess der Vermittlung und ‚Übersetzung' von Geschichte in Geschichtsbilder zu. Ein anderes Beispiel dafür, wie der Blick in die Black Box der Filmproduktion beim Dekodieren einiger filmästhetischer Aspekte hilft, stellt die großangelegte Szene der Schlacht bei Brest-Litowsk dar. Sie beinhaltet zahlreiche Totalaufnahmen von großer Tiefenschärfe, doch durften die Details im Hintergrund auf einem 17-Zoll-Bildschirm mit niedriger Auflösung kaum zu erkennen gewesen sein.

Der rasante Einzug des Fernsehens in den westdeutschen Alltag war Andreas Fickers (61) zufolge eine „konservative Medienrevolution". Einerseits war diese Entwicklung nur infolge der zuvor stattgefundenen Etablierung des Kinos, des Hörfunks oder der illustrierten Presse möglich gewesen; andererseits bedeutete die Medienwende der frühen Nachkriegszeit einen Rückzug in die Häuslichkeit. Nachdem Fernsehgeräte zunächst hauptsächlich in Kneipen und Cafés verfügbar gewesen waren (Schildt, *Moderne Zeiten* 266), verlagerte sich der Ort des Fernsehkonsums ab Mitte der 1950er Jahre zunehmend in die Wohnzimmer (Schildt, *Moderne Zeiten* 273). Großer Beliebtheit erfreuten sich dabei Fernsehabende in Familien- und Nachbarschaftsrunde.[13] Diese Wende hatte gravierende Auswirkungen auf die übrigen Freizeitmedien. Unter den ‚Fernsehteilnehmern' – wie damals Personen genannt wurden, die den Rundfunkbeitrag fürs Fernsehen zahlten – sank der Anteil der regelmäßigen Radiohörer:innen um 20 Prozent, und der Leser:innen um 17 Prozent (Institut für Demoskopie 83). Interessanterweise galt letzteres nicht für die illustrierten Zeitschriften (Schildt, *Moderne Zeiten* 281) – diese Branche profitierte gar von der Entwicklung des Fernsehens, indem sie die neuen Stars zu den Held:innen ihrer intensiv bebilderten Beiträge machte.

Entscheidend für die Rezeption von *Am grünen Strand der Spree* war aber die Tatsache, dass es im Zeitalter der „knappen Kanäle" (von Hodenberg, „Expeditionen" 25) keine Möglichkeit gab, zwischen den Sendungen zu wählen.[14] 1960 stand den Zuschauer:innen bundesweit nur ein Kanal, das Deutsche Fernsehen, zur Verfügung. Die in der ARD zusammengeschlossenen Rundfunkanstalten sendeten ihre Programme von 17.00 bis ungefähr 22.00 Uhr. Mit dem ZDF nahm ein zweiter öffentlich-rechtlicher Sender seinen Betrieb erst 1963 auf. Folglich war das Fernsehpublikum – anders als die Kinobesucher:innen oder Zeitungsleser:innen – bis dahin verhältnismäßig homogen (Hißnauer, „Fernsehspiel" 202). Angesichts der ‚knappen Kanäle', die nur spätnachmittags und abends verfügbar waren, lag die Entscheidung über das Fernsehschauen zudem meistens bei den Männern der Familie. Dieses patriarchale Nutzungsverhalten ist auch an den Reaktionen auf *Am grünen Strand der Spree* abzulesen. Es gab Männer, die sich darüber beklagten, dass sie den Film aufgrund der brutalen Kriegsbilder nicht mit ihren Frauen hätten sehen können (Infratest 7). Ähnliche

---

13 Umfassende Studien zur Alltagspraxis des Fernsehschauens wurden in den USA und Frankreich durchgeführt (Spigel; Lévy). Für die Bundesrepublik untersuchte Axel Schildt dieses Feld, wobei seine Arbeiten wesentlich breiter konzipiert sind als die von Spigel oder Lévy und sich auf mehrere Medien konzentrieren.

14 Mit dem Begriff der ‚knappen Kanäle' übersetzt von Hodenberg den Begriff ‚television scarcity' von John Ellis (39–60).

Rückmeldungen erreichten den Regisseur Fritz Umgelter per Brief (Zuschauer [F.L.], Brief an Umgelter).

Wie zu jedem Filmabend erschien zunächst der Ansager, um kurz in den Film einzuführen. Im Hinblick auf die Erschießungsszene warnte er „die Eltern unter den Zuschauern" davor, den Film gemeinsam mit Kindern anzuschauen (*Mittag*, 26. März 1960). Das Interesse der Zuschauer:innen weckte zudem das Format des mehrteiligen „Fernsehromans" bzw. „Episodenwerks" (*Abendpost*, 23. März 1960), das sich ein Jahr zuvor mit Umgelters Verfilmung des Romans *So weit die Füße tragen* als sehr erfolgreich herausgestellt hatte. Ein Journalist der Fachzeitschrift *Funkkorrespondenz* fasst die Vorteile des neuen Genres zusammen:

> Der epische Fernsehfilm ist eine schöne Erfindung. Wenn es ihn nicht gäbe, müsste er schleunigst erfunden werden. In Bildern zu erzählen, Zeit und Zuständen, Alltag und Atmosphäre mehr Gesicht zu geben als einer schlüssigen Dramaturgie, kurz, das Allgemeine dem Besonderen vorzuziehen – das bietet die Chance, dem normalen, prallen, freundlichen und schrecklichen Leben eher als mit einem komprimierten Konflikt auf die Spur zu kommen. Doch sollte man die Konzeption nicht auf Monumentalwerke und die ‚Bewältigung der Vergangenheit' beschränken. Auch Romane, die sich an einem Abend filmisch ‚erzählen' lassen und keine Kriegs- und Nachkriegsthemen haben, verdienen das Interesse der Produktion. (zit. n. Hickethier, *Das Fernsehen* 194)

Zusammen mit *So weit die Füße tragen* markiert *Am grünen Strand der Spree* also einen wichtigen Moment des Wandels in der Geschichte der westdeutschen Fernsehserie, wobei zu bedenken sei, dass es bereits in den 1950er Jahren zahlreiche seriell angelegte Fernsehspiele gab. Die ersten fiktionalen Fortsetzungsnarrative im westdeutschen Fernsehen wurden Mitte der 1950er Jahre gedreht, weshalb Hißnauer („Der ‚Fernsehroman'" 63) die in der Forschungsliteratur mehrfach formulierte These über *So weit die Füße tragen* als erste deutsche Fernsehserie kritisch revidiert. Das Prinzip der Serialität, von in regelmäßigen Zeitabständen gesendeten sowie auf Kontinuität basierenden Formaten, war den Zuschauer:innen zu Beginn der 1960er Jahre bereits bekannt (Hißnauer, „Fernsehspiel" 204) – selbstverständlich nicht nur aus dem Fernsehen, sondern auch aus der Zeitung und dem Hörfunk. Neu war aber, dass es sich bei Umgelters Mehrteilern um seriell angelegte Spielfilme in einer kinoähnlichen Qualität handelte. Im Laufe der Zeit etablierte sich die Miniserie als eigenständiges Format, das oft die ‚schwierige Vergangenheit' thematisierte – um neben *Am grünen Strand der Spree* nur den US-amerikanischen Mehrteiler *Holocaust* [1978/1979] oder etwa die ZDF-Produktion *Unsere Mütter, unsere Väter* [2013] zu nennen. Ähnlich wie den frühen Kinofilm prägten das neue Fernsehformat Verfilmungen von Romanvorlagen und Theaterstücken, ehe man dazu überging, eigene Drehbücher für den Fernsehfilm zu entwickeln.

Für die Inszenierung von *Am grünen Strand der Spree* als ‚Fernsehroman' sprach wie zuvor beim Hörspiel der episodische Aufbau der Romanvorlage. Hißnauer („Fernsehspiel" 204–208) weist zu Recht darauf hin, dass auf literarischen Vorlagen basierende Fernsehspiele damals zwar keine Neuheit waren, doch etablierte sich der Begriff des Fernsehromans – zweifelsohne in Anlehnung an den ‚Zeitungsroman' – hauptsächlich in Bezug auf die zwei Miniserien von Umgelter: *So weit die Füße tragen* und *Am grünen Strand der Spree*. Rückblickend ließ Scholz verlautbaren („Dienst an der Sittlichkeit"): „Diese sieben Geschichten blieben locker aneinandergebündelt beisammen und boten sich von selbst den Sendern an, die gerade Seriensendungen produzieren wollten." Nichtsdestoweniger ist die Bezeichnung von *Am grünen Strand der Spree* als (Mini-)Serie nicht unproblematisch. Die einzelnen Folgen wurden am Dienstagabend gesendet, in jeweils zweiwöchigen Abständen, was dazu führte, dass zwischen der ersten und der letzten Folge mehr als zwei Monate vergingen. Im Gegensatz dazu liefen die Folgen späterer Miniserien in wesentlich kürzeren Zeitabständen – *Holocaust* wurde beispielsweise am 22. und 23. sowie am 25. und 26. Januar 1979 ausgestrahlt. Wie im Fall von *Am grünen Strand der Spree* wurde die Serie werktags gesendet, von Montag bis Freitag. Da der Samstagabend als quotenstärkste Sendezeit im (west-)deutschen Fernsehen für Unterhaltungsformate reserviert war bzw. ist, werden ernste Inhalte oft auf andere Tage verschoben. Selbst 2013, als das ZDF *Unsere Mütter, unsere Väter* zeigte, wurde diese Regel beibehalten. So lief die erste Folge zwar am Sonntag, den 17. März, die beiden anderen aber am darauffolgenden Montag und Mittwoch.

Inwiefern lassen sich also die fünf Folgen von *Am grünen Strand der Spree*, die an fünf entlegenen Abenden fünf unterschiedliche Geschichten erzählten und lediglich von einer Rahmenhandlung zusammengehalten wurden, als ein zusammengehöriges Werk statt als fünf eigenständige Fernsehfilme betrachten? Tatsächlich handelt es sich hierbei um einen Grenzfall, zumal es sowohl aus narratologischer Perspektive als auch aus Sicht von Produktion und Rezeption Argumente für und wider die Serialität von *Am grünen Strand der Spree* gibt (Heck, „Quality-TV"). Die fünf Folgen wurden gemeinsam und nicht jeweils einzeln gedreht sowie als Miniserie beworben; auch verglichen die Zuschauer:innen sie miteinander. Ferner identifiziert Stephanie Heck (234) einige visuelle Motive, die in den fünf Folgen der Miniserie wiederholt eingesetzt werden. Zwischen den Geschichten, die von den Männern in der Jockey Bar erzählt werden, gibt es – ganz wie in der Romanvorlage – wiederum nur wenige Kontinuitäten. Der serielle Charakter des Narrativs begrenzt sich also vor allem auf die Rahmenhandlung. Folglich wird *Am grünen Strand der Spree* in der Forschungsliteratur auch unterschiedlich bezeichnet. Marcus Stiglegger spricht von einer ‚Serie' bzw. ‚Miniserie', Knut Hickethier, Stefan Scherer, Stephanie Heck, Christian Hißnauer und Simon Lang von einem ‚Mehrteiler' bzw. ‚Fernsehmehrteiler'.[15] Peter Seibert schreibt schlicht von einer ‚Sendung' bzw. einem ‚Fernsehereignis' und Lars Koch von einem ‚Fernsehfilm'. Darüber hinaus wäre denkbar, von *Am grünen Strand der Spree* als einer ‚Reihe' oder – in Anlehnung an die Bezeichnung der literarischen Vorlage – als einem ‚Zyklus' zu sprechen (Heck und Lang, „So gut"). Einen entsprechend ratlosen Eindruck machten auch die zeitgenössischen Kritiker. Um Bezeichnungen wie ‚Fernsehroman' oder ‚Mammutfilm' zu vermeiden, suchten einige von ihnen nach Alternativen. Der Rezensent der Tageszeitung *Der Tag* (24. März 1960) notierte: „Formal weder ein Spielfilm noch ein Fernsehfilm, eher ein Bilderbogen." Dieses Problem ist letztendlich nur lösbar, sofern wir die Bezeichnungsvielfalt als Ausdruck des ambivalenten Charakters von *Am grünen Strand der Spree* deuten. Je nach Perspektive und Forschungsfrage kann die Zuordnung variieren. Ich verwende hier den Begriff der Fernseh- bzw. Miniserie gerade deshalb, da sie 1960 kaum in Gebrauch waren, und um so nicht zwischen den damals konkurrierenden Bezeichnungen wählen zu müssen.

Die Finanzierung und Organisation der Dreharbeiten der fünf Folgen von *Am grünen Strand der Spree* konnte nur ein öffentlich-rechtlicher Produzent leisten. Im Gegensatz zu den gescheiterten Verhandlungen zwischen Hoffmann und Campe und ausgewählten Filmproduktionsfirmen spielte Geld in der Kommunikation mit dem Sender kaum eine Rolle. Nach der Spaltung des Nordwestdeutschen Rundfunks [NWDR] 1956 in NDR und WDR unterlagen die Fernsehprogramme bis 1961 noch dem gemeinsamen Nord- und Westdeutschen Rundfunkverband [NWRV]. Die Produktion von *Am grünen Strand der Spree* wurde von der Kölner Redaktion koordiniert und soll etwa zwei Millionen DM gekostet haben, was den achtstündigen Fernsehfilm zu den damals teuersten Sendungen des westdeutschen Fernsehens machte (Telemann, „Imperfektion"; Koch L. 78). Gleichzeitig waren die Produktionskosten aber nur um ein Geringes höher als die eines aufwändigen zweistündigen Kinofilms (Telemann, „Imperfektion"). Dementsprechend hatte Hanns Hartmann anstelle von finanziellen Risiken eher die politischen Konsequenzen einer Verfilmung von *Am grünen Strand der Spree* in Erwägung zu ziehen.

Die Dreharbeiten fanden in den Bavaria Studios in Geiselgasteig statt. Der Drehplan für *Am grünen Strand der Spree* war größtenteils chronologisch aufgestellt, d.h. die erste Folge wurde zuerst und die fünfte zuletzt gedreht. Die Dreharbeiten begannen am 7. September 1959 – nur wenige Tage, nachdem Fritz Umgelter und Reinhart Müller-Freienfels das fertige Drehbuch vorgelegt hatten. Trotz dieses chronologischen Drehplans fanden die Dreharbeiten für die Er-

---

15 Hißnauer geht in seinem Aufsatz „Der ‚Fernsehroman' als Nobilitierungsversuch der Serie in den 1960er Jahren" genauer auf die Bezeichnung ein.

schießungsszene in der letzten Phase, vom 16. bis zum 29. Februar 1960, statt. Für die letzten vier Drehtage wurden Helmut Förnbacher, der die Rolle des SS-Mannes in der Erschießungsszene spielte,[16] sowie vier weitere Schauspieler, die in dieser Szene vorkamen, eingeplant (Westdeutscher Rundfunk, Dispositionsplan). Nur drei Wochen später wurde die Folge gesendet. Neben möglichen politisch begründeten Bedenken von Hartmann (Brief an Blachstein u. a.), der überlegte, „nicht ob, sondern wie" die Szene zu drehen sei, sind auch pragmatische Gründe für die Verschiebung im Drehplan denkbar. Da das Massaker in der Romanvorlage bei Wintereinbruch stattfindet, ist nicht auszuschließen, dass die abweichende Reihenfolge der Dreharbeiten auf die zu erwartenden Wetterbedingungen zurückzuführen ist, zumal die Wahrscheinlichkeit, bei natürlichem Schnee filmen zu können, im Februar am höchsten war.

Die Bavaria Studios gehörten zu den wenigen Filmunternehmen der Bundesrepublik, die in der Lage waren, derart große Produktionen – parallel zu Arbeiten an anderen Projekten – zu bewältigen. Der erfahrene Produktionsleiter Walter Pindter war bereits für die Dreharbeiten von *So weit die Füße tragen* verantwortlich gewesen. An beiden Produktionen wirkten auch einige Kölner Mitarbeiter:innen des NWRV mit, die nach Geiselgasteig entsandt wurden, darunter Bühnenbildner:innen, Cutterinnen und die Produktionssekretärin (Pindter, Brief an Hartmann). Diese personellen Kontinuitäten aus *So weit die Füße tragen* spiegeln sich auch im filmischen Endprodukt von *Am grünen Strand der Spree:* So verwendeten die für die Requisiten und Bauten verantwortlichen Mitarbeiter, Kurt Squarra und Alfred Bütow, in beiden Miniserien vermutlich dieselben Eisenbahnwagen. Dies würde erklären, wieso auf den Zügen in *Am grünen Strand der Spree* die kyrillischen Buchstaben CCCP zu lesen sind – in *So weit die Füße tragen* reiste der Protagonist in solchen Eisenbahnwagen nämlich quer durch die Sowjetunion.

Am grünen Strand der Spree wurde auf 35 mm-Film aufgenommen und direkt von der Filmkopie ausgestrahlt. Mit Blick auf bestimmte formelle Merkmale, wie etwa den Einsatz von Totalaufnahmen, gilt *Am grünen Strand der Spree* als typisches Beispiel für die an der Wende der 1950er und 1960er Jahre eingetretene „Filmisierung des Fernsehens" (Hißnauer, „Fernsehspiel" 202–203; Hißnauer „Der ‚Fernsehroman'" 68). Heck, Lang und Scherer (19–20) formulieren ferner die These, dass sich Umgelter bewusst gegen die ‚Live-Ideologie' des damaligen Fernsehens gewandt habe, wobei diese Behauptung aus zeitlicher Perspektive zu hinterfragen ist, da der Großteil der Sendungen damals, wie bereits ausgeführt, im Vorhinein aufgenommen wurde. *Am grünen Strand der Spree* stellte diesbezüglich

---

16 Filmportal.de gibt fälschlicherweise an, Reinhard Kolldehoff habe die Rolle gespielt (Zugriff am 24. März 2020).

sicherlich keine Ausnahme dar. Die auf 35 mm-Film gedrehte Miniserie hätte zudem leicht in einen Kinofilm überarbeitet werden können, was tatsächlich in Planung war. Für die erste Folge verbrauchten die Filmemacher 3.104 Meter Film (Umgelter, Notizen). Bei einer Filmdauer von 97 Minuten bedeutete dies, dass ca. 500 Meter Film zusätzlich gedreht, aber nicht verwendet wurden. Die geplante Kinofassung sollte um die Rahmenhandlung gekürzt werden – ähnlich verhielt es sich im Fall der eigenständigen Radiosendung *Das Tagebuch des Jürgen Wilms*, die auf der Grundlage der ersten Hörspielfolge entstanden war. Um eine Filmlänge von ca. 90 Minuten beizubehalten, hätte der Kinofilm also um andere Szenen ergänzt werden müssen. Genauere Angaben lassen sich leider nicht machen, da die Bavaria Studios über kein Archiv verfügen, in dem sich Informationen zu den Änderungen hätten finden können (Hilscher). Hartmanns Nachfolger, Klaus von Bismarck, ließ die Arbeiten am Kinofilm allerdings vorzeitig beenden. Die bereits fälligen Rechnungen in Höhe von 11.548 DM wurden fristgemäß beglichen und das Projekt wurde abgeschlossen (Bavaria).

Woher wissen wir, wie die Zuschauer:innen auf die erste Folge von *Am grünen Strand der Spree* reagierten? Zum einen verfügen wir über mehr als hundert Rezensionen sowie einige Zuschriften aus dem Publikum, zum anderen führte das Münchner Infratest-Institut im Anschluss an die Sendung eine Umfrage unter den Zuschauer:innen durch. Das Institut war von Wolfgang Ernst, dem ehemaligen Leiter der Abteilung Hörer- und Zuschauerforschung des NWDR, gegründet worden. Im Auftrag der Rundfunkanstalten untersuchten seine Mitarbeiter:innen die Meinungen des Publikums (Meyen 61). Bei Befragungen, die unmittelbar im Anschluss an die Sendung stattfanden, standen die Zuschauer:innen noch nicht unter dem Eindruck der Pressebesprechungen, zumal die meisten Rezensionen erst zwei Tage nach Sendetermin erschienen. Am Tag danach musste die Rezension geschrieben werden, bevor sie am Folgetag erscheinen konnte. Allerdings kannten die Rezensent:innen die Umfrageergebnisse noch nicht, so dass es sich hier um zwei voneinander unabhängige Gruppen der Meinungsbildung handelte. In den frühen Berichten von Infratest waren Informationen über die Größe und die demografische Zusammensetzung der Stichprobe nicht vorhanden. Die einzige standardisierte Frage im Fragebogen betraf die Bewertung des Films auf einer Skala von −10 bis +10. Daraus berechnete Infratest zwei Typen des sogenannten Urteilsindex: Der absolute Index wurde nur auf der Grundlage der positiven Werte berechnet, in den relativen Index flossen auch die negativen Werte mit ein. Im Falle von *Am grünen Strand der Spree* betrugen sie entsprechend +5 und +1 – beide Werte zeigen, dass das Publikum gespalten war. Anders als in vielen Umfragen dieser Zeit nutzten die Mitarbeiter:innen von Infratest keinen einheitlichen Fragebogen, sondern forderten die Zuschauer:innen zu spontanen Äußerungen auf, die anschließend in ‚positive' und ‚negative' Stimmen geordnet und teilweise abgetippt wurden. Dies ist ein großer Vorteil gegenüber standardisierten Verfahren, da Ulrike Weckel („Plädoyer" 149) zufolge „bei Umfragen via Fragebogen die Befragten lediglich Fragen, die andere zuvor als relevant identifiziert haben," beantworten. Man darf daher davon ausgehen, dass der Bericht zu *Am grünen Strand der Spree* ein breites Spektrum der Publikumsreaktionen erfasste. Für die Medien- und Gedächtnisgeschichte ist dies von kaum zu überschätzendem Wert. So kritisiert Wulf Kansteiner („Nazis, Viewers" 576; „Transnational" 328), dass Aussagen über das kollektive Gedächtnis nur anhand von medialen Repräsentationen getroffen würden, da es aufgrund mangelnder Quellen nur wenige Möglichkeiten gäbe, den Bogen zwischen implizitem und realem Publikum zu spannen. Die Umfragen des Infratest-Instituts helfen dabei, diese Lücke zumindest teilweise zu schließen.

Neben dem Einblick in die Meinungen der Zuschauer:innen lieferte Infratest auch Informationen zu den Einschaltquoten – die erste Folge von *Am grünen Strand der Spree* soll eine Sehbeteiligung von 83 Prozent erreicht haben. Nachträglich sprach man von einem ‚Straßenfeger' (Hißnauer, „Spiel | Film" 216; Hübner H.W.).[17] Da es damals noch keine elektronische Quotenmessung gab, wurden die Zahlen über Umfragen ermittelt und durch qualitative Studien erweitert (Meyen 60). Bei 3,2 Millionen Fernsehgeräten und einer durchschnittlichen Haushaltsgröße von 3,9 Personen[18] ergibt eine Quote von 83 Prozent ca. 10,3 Millionen Zuschauer:innen. Aufgrund der hohen Preise für Fernsehgeräte, die in günstigen Varianten ungefähr 500 DM kosteten (Schildt, *Moderne Zeiten* 273), ist aber davon auszugehen, dass sich vorwiegend nur kleinere Haushalte, mit wenigen Kindern, Großeltern und ohne Untermieter ein Gerät leisten konnten. Nimmt man die größten Haushalte mit mehr als fünf Personen aus der Statistik heraus, ergibt das ca. 8,3 Millionen Zuschauer:innen bei einer durchschnittlichen Haushaltsgröße von 3,1 Personen. Und selbst bei dieser Berechnung ist es unwahrscheinlich, dass an einem Dienstagabend ganze Familien mit kleinen Kindern vor den Fernsehern saßen. Die tatsächliche Zahl war somit vermutlich noch etwas kleiner, obwohl für heutige Verhältnisse auch ein Publikum von ca. 7,5 Millionen Zuschauer:innen ein Erfolg wäre. Jede der hier angeführten Berechnungen stellt allerdings nur eine grobe Schätzung dar, denn es fehlen wichtige Informationen zur Methodik der Datenerhebung von Infratest – so kennen wir weder die genaue Formulierung der Fragen, die Zusammensetzung der Stichprobe, noch den Konfidenzintervall und das Konfidenzniveau der Schätzung. Eine Lösung

---

17 Obwohl die Miniserie in der Forschungsliteratur sowie in späteren publizistischen Texten mehrmals als ‚Straßenfeger' bezeichnet wird, gehört dieser Begriff nicht zum Vokabular der zeitgenössischen Filmkritiker:innen.
18 Berechnet auf der Grundlage des Statistischen Jahrbuches 1960.

bietet daher die Bestimmung des relativen Erfolgs von *Am grünen Strand der Spree*, d. h. der Vergleich der Einschaltquote mit den Ergebnissen anderer Sendungen, die ebenfalls von Infratest mithilfe derselben Stichprobe und Methode untersucht wurden. Die heute gänzlich in Vergessenheit geratenen Fernsehspielfilme *Schiff in Gottes Hand* und *Einer von Sieben*, die beide vom Zweiten Weltkrieg handeln und 1959 ausgestrahlt wurden, erreichten Quoten von 81 Prozent und 82 Prozent (Infratest 1). Die Quote von *So weit die Füße tragen* lag sogar bei 90 Prozent (Telemann, „Wilder Osten" 61). Vor diesem Hintergrund stellt *Am grünen Strand der Spree* eher den Normal- als einen Ausnahmefall dar. Den bahnbrechenden Dokumentarmehrteiler *Das Dritte Reich* von 1960/61 verfolgten im Schnitt hingegen nur 58 Prozent der Zuschauer:innen (ARD). Frank Bösch („Der Nationalismus" 66) spricht von sechs bis sieben Millionen Fernsehzuschauer:innen. Seine These über den herausragenden Erfolg von *Das Dritte Reich* muss daher – vor dem Hintergrund des direkten Vergleichs mit den Einschaltquoten historischer Fernsehspielfilme – teilweise revidiert werden. In jedem Fall ist aber zu berücksichtigen, dass die Zuschauer:innen in Zeiten der ‚knappen Kanäle' nur die Wahl zwischen Schauen oder Nicht-Schauen hatten. Die Konkurrenz waren demnach nicht andere Sender, sondern der Hörfunk, Zeitschriften sowie anderweitige Freizeitbeschäftigungen.

Obwohl das Deutsche Fernsehen mit *Am grünen Strand der Spree* erst die zweite Miniserie der westdeutschen Fernsehgeschichte präsentierte, tauschten sich die Fernsehkritiker nicht sonderlich aufführlich zu dem neuen Format aus. Lediglich die *Welt* (24. März 1960) schrieb vom Fernsehen als Medium der neuen Möglichkeiten. Einige Kritiker bemängelten zudem „Probleme mit der ‚Übersetzung' des Romans in Filmische" (*Kölner Stadt-Anzeiger*, 24. März 1960). Die Mehrheit der Besprechungen der ersten Folge widmete sich stattdessen der Kriegsdarstellung und der Schilderung des Massakers. Tobias Ebbrecht-Hartmann („Media resonance" 2) zufolge tragen außerfilmische Elemente von Fernsehereignissen, insbesondere Pressekommentare, maßgeblich zur Gestaltung der Erinnerungskultur bei. In quantitativer Hinsicht war die ‚Resonanz' der ersten Folge von *Am grünen Strand der Spree* sehr groß – mit ca. 150 Kommentaren, Besprechungen, Ankündigungen usw. war der Fernsehfilm eines der am häufigsten thematisierten Medienereignisse seiner Zeit. Ebbrecht-Hartmanns überzeugende Argumentation möchte ich um eine weitere Ebene in Bezug auf das *agenda setting* ergänzen (Kligler-Vilenchik). Anders als Rezensionen von Kinofilmen, die den Kinobesuch empfehlen bzw. davon abraten, handelte es sich bei Fernsehkritiken um nachträgliche Kommentare, die sich kaum auf das Verhalten der Zuschauer:innen auswirken konnten. Zum Zeitpunkt der Veröffentlichung der Fernsehkritik war die Sendung schon gelaufen. Die Funktion der Pressebesprechungen bestand demnach primär darin, Diskussionen anzuregen, nicht aber das Sehverhalten der potenziellen

Zuschauer:innen zu beeinflussen. Nun bestand ungefähr die Hälfte der Texte, die anlässlich der Ausstrahlung der ersten Folge von *Am grünen Strand der Spree* veröffentlicht wurden, aus mehr oder weniger wörtlichen Abschriften aus den Pressematerialien des Senders. Für die gesellschaftliche Debatte über den Umgang mit den NS-Verbrechen spielen sie deshalb eine marginale Rolle. Die restlichen Rezensionen, die sowohl in der überregionalen als auch in der lokalen Presse erschienen, gingen ausführlicher auf die Erschießungsszene ein und wurden im WDR-Jahrbuch lückenlos abgedruckt. Auf den ersten Blick bestätigen sie die große ‚Resonanz' des Fernsehfilms. Bei einem Blick in die einzelnen Zeitungen und Zeitschriften wird allerdings schnell klar, weshalb die Miniserie nicht zum Politikum wurde: Das Medienecho beschränkte sich auf die Film- und Fernsehkolumnen auf den letzten bzw. vorletzten Seiten, in denen zahlreiche Texte entweder anonym oder lediglich mit Initialen unterschrieben waren. Aus diesem *agenda setting* geht hervor, dass es sich ‚nur' um eine Fernsehsendung handelte und nicht um ein gesellschaftlich relevantes Thema. So wie in der Akteur-Netzwerk-Theorie die Ausstattung und Möblierung des Labors die Wissensproduktion mitprägt, so hat auch die ‚Möblierung', sprich: die redaktionelle Zusammensetzung der Zeitung eine Auswirkung auf die Erinnerungskultur. Wären dieselben Kommentare zur Schilderung des Massakers von Orscha an anderer Stelle platziert gewesen und von prominenten Kritikern unterschrieben worden, so hätten sie womöglich eine breitere Diskussion über den medialen Umgang mit den NS-Verbrechen in der Bundesrepublik der Nachkriegszeit auslösen können.

Mit ziemlich großer Sicherheit können wir davon ausgehen, dass *Am grünen Strand der Spree* auch heimlich in der DDR gesehen wurde – zumindest in den Regionen, in denen das westdeutsche Fernsehen empfangen werden konnte. Nicht nur wegen des Verbots, westdeutsche Sender zu sehen, kann es sich bei der ostdeutschen Rezeption von *Am grünen Strand der Spree* allerdings nicht um ein Massenphänomen gehandelt haben. 1960 war das Medium Fernsehen in der DDR weit weniger populär als in der Bundesrepublik. Zum einen waren die Preise für Fernsehgeräte unerschwinglich hoch, zum anderen hatte das Programm noch wenig zu bieten. Aus diesem Grunde startete die SED erst einige Jahre später eine reguläre Kontrolle der Sehgewohnheiten der DDR (Kuschel 47–48). Interessanterweise sendete der DFF am 21. März 1960, genau einen Tag vor der Ausstrahlung von *Am grünen Strand der Spree*, die erste Folge des *Schwarzen Kanals* – einer Propagandasendung, in der die aktuellen Ereignisse und Fernsehbeiträge aus der Bundesrepublik kommentiert wurden. Die terminliche Übereinstimmung beider Fernsehpremieren war gewiss nur eine zeitliche Koinzidenz. Obwohl die erste Episode von Umgelters Fünfteiler im Frühjahr 1960 zweifelsohne zu den meist kommentierten Medienereignissen in der Bundesrepublik gehörte, wurde sie im *Schwarzen Kanal* nicht erwähnt (Deutsches Rundfunk Archiv).

Fazit: Infrastrukturen

Der Gedanke, dass das Gedächtnis auf materielle Träger angewiesen ist, geht auf die Wachstafelmetapher von Plato zurück. Vor diesem Hintergrund untersuchte Jan Assmann unterschiedliche Schreibsysteme antiker Hochkulturen hinsichtlich ihrer Bedeutung für die Etablierung des kulturellen Gedächtnisses. Was für die Antike gründlich erforscht wurde, wird in Arbeiten zu jüngeren Epochen hingegen seltener thematisiert. Zwar verwenden wir keine Wachstafeln mehr, doch ist es für die Erinnerungskultur von großem Belang, ob ein Film auf einem 35 mm-Film oder auf einem überspielbaren Magnetfilm gedreht wird. Wie jede soziale Praxis braucht die Erinnerungskultur daher einen ‚Unter-Bau', lat. *infra-structura* (Schabacher, „Zur Einführung" 283). Der erste Theoretiker, der auf den Zusammenhang zwischen der infrastrukturellen Organisation einer Gesellschaft und ihrer symbolischen Ordnung aufmerksam machte, war Harold A. Innis. In diesem Gedanken lag auch der Ursprung der späteren Theorie von Marshall McLuhan, derzufolge die materielle Verfassung der Medien die zu vermittelnden Botschaften prägt. Für mindestens zwei Generationen von Medien- und Kulturwissenschaftler:innen gehört diese These zur Grundausbildung. Umso interessanter ist es, dass wissenschaftliche Studien zur Auswirkung von Medieninfrastrukturen auf die Erinnerungskultur bisher eine Randerscheinung in der Forschung darstellen. Nach wie vor dominieren hermeneutische Ansätze die *memory studies*. Die Infrastruktur der Erinnerungskultur sind zwar keine Straßen, Schienen und Rohre, dafür aber der Tisch in der Stammkneipe, das Papier und die Schreibmaschine, der Fotoapparat, der Sendemast oder das Fernsehgerät, die mit ihren Nutzer:innen aufs Engste vernetzt sind. Selbstverständlich können wir hier auch von der Infrastruktur der Kulturproduktion im breiteren Wortsinne sprechen, denn dieselben Objekte beeinflussen Kulturpraktiken auch jenseits des kollektiven Gedächtnisses. Vor dem Hintergrund des Zusammenhangs zwischen Gedächtnis- und Mediengeschichte ist der kulturtechnischen Infrastruktur allerdings besondere Aufmerksamkeit zu widmen.

Im Inneren der Black Box der Erinnerungskultur kommen zahlreiche Aktanten zum Vorschein, deren Wirkungskraft mit darüber entscheidet, was erinnert wird und was nicht. Für die Entstehung unmittelbarer Berichte aus dem Kriegsalltag, die nicht nachträglich, sondern im Hier und Jetzt verfasst wurden, war der Zugang zu Papier, Bleistiften, Fotoapparaten, Filmrollen usw. entscheidend. Diese Objekte wurden den Soldaten entweder per Feldpost aus dem Reich zugeschickt oder in den besetzten Ländern konfisziert. Scholz verfasste die ersten Notizen zu *Am grünen Strand der Spree* während des Krieges auf dem Briefpapier eines französischen Hotels – er erhielt die Blankoblätter wahrscheinlich per Brief. Die Fotografien ließen die Soldaten während der Heimaturlaube entwickeln oder nutzten dafür die Apparaturen der örtlichen Fotoläden. Der Akt des Schreibens und Fotografierens im Krieg war somit eine Praxis der Macht – und zwar nicht nur in der Auslegung von Macht nach Foucault, demzufolge der Blick eine Ausdrucksform von Überlegenheit ist, sondern im materiellen und körperlichen Sinne. Während die Täter Papier oder Fotoapparate besaßen oder mit Gewalt beschlagnahmten, hatten die Opfer weit weniger Möglichkeiten, ihre Sichtweise für die Zukunft festzuhalten.

Des Weiteren beeinflussen materielle Faktoren die Vervielfältigung der aufgezeichneten Erinnerungen. Zusammen mit den Autor:innen, Redakteur:innen, Regisseur:innen, Produzent:innen und anderen Akteur:innen des Kulturbetriebs bilden Schreibmaschinen, Mikrofone, Kameras, Ton- und Filmbänder, Radio- und Fernsehapparate ein Netzwerk, das sich maßgeblich auf die Erinnerungskultur auswirkt. Dass es sich hierbei um eine Infrastruktur handelt, erkennt man an ihrer Un-Sichtbarkeit, Standardisierung und Prozessualität (Schabacher, „Medium" 138). Buchleser:innen erkennen nicht, ob das ursprüngliche Manuskript per Hand oder Schreibmaschine geschrieben wurde; Radiohörer:innen sind sich des Standorts des nächsten Sendemasts in der Regel unbewusst; ungeübte Fernsehzuschauer:innen erkennen nicht, auf welcher Art von Film eine Sendung aufgenommen wurde. All das zeugt von der Un-Sichtbarkeit der medialen Infrastruktur. Woran erkennt man die Standardisierung? An der gleichen Länge der Folgen des Feuilletonromans, der Hörspiel- und Fernsehserie. Dies wirkt sich nicht nur auf die inhaltliche Gestaltung der einzelnen Werke aus, sondern auch auf ihre Wahrnehmung. Die zeitlichen Abstände während der Lektüre eines Feuilletonromans lassen den Text anders reflektieren, als wenn er in einem Zuge bzw. mehr oder weniger kontinuierlich gelesen würde. Die Standardisierung betrifft auch den Film und die sich daraus ergebenden Möglichkeiten einer größeren [Zelluloid] oder geringeren [Magnetaufzeichnung] Tiefenschärfe. Die Prozessualität hängt wiederum mit den Handlungsabläufen während der Produktion und Rezeption von erinnerungskulturell relevanten Inhalten zusammen. Diese können an Redaktionsunterlagen, Drehbüchern oder Dispositionsplänen abgelesen werden.

Zahlreiche Objekte, die im Kulturbereich, insbesondere in den Massenmedien, zum Einsatz kommen, erfüllen ferner die grundlegenden Kriterien der von Susan Leigh Star formulierten Infrastrukturtheorie. Sie sind nicht nur unsichtbar, standardisiert und prozessual, sondern auch [1] eingebettet, [2] erlernt, [3] praxisverknüpft und [4] kommen erst bei ihrem Zusammenbruch zum Vorschein (Star 423–425). So kann ein medienspezifisches Gerät seine Funktion in der Erinnerungskultur nur dann erfüllen, wenn es in eine Kette mit anderen Geräten eingebettet ist: Selbst eine Schreibmaschine – um bei dem in diesem Kapitel ausführlich thematisierten Beispiel zu bleiben – nutzt wenig, wenn Schriftsteller:innen keinen Zugang zu Verlagen, Druckereien und Distributionsnetzwerken haben. Wenn die Leser:innen am Ende das fertige Buch in der Hand halten, ist diese dahinterstehende Technik für sie fast unsichtbar. Damit der Schreibprozess zügig voran geht, muss – um wiederum beim Beispiel der deutschen Sprache zu bleiben – die schreibende Person das QWERTZ-Tastatursystem erlernt haben (Star und Bowker 35). Erst der Ausfall der Schreibmaschine und die Notwendigkeit, auf ein anderes Modell auszuweichen, offenbaren aber ihre infrastrukturellen Eigenschaften.

Die Dynamik des infrastrukturellen Netzwerks ist von äußeren Faktoren abhängig. Dazu zählen natürliche Gegebenheiten, wie etwa die Entfernungen zwischen den Orten, an denen der Medienkomplex produziert wurde, ebenso wie das Wetter, das sich auf die Produktionsbedingungen auswirkte. Da Hans Scholz nicht bereit war, für die Adaption des Romans in das Drehbuch der Miniserie nach Köln zu reisen, ließ er den Mitarbeiter:innen des Senders freie Hand. Aufgrund des sichtbaren Tauwetters während der Dreharbeiten konnte die erste Folge der Miniserie das Bild des frostigen Ostens nicht vollständig entfalten. Ein weiterer Faktor, der sich auf die Infrastruktur der Erinnerungskultur auswirkt, sind die Finanzen. Kurz gesagt: Das Verhältnis zwischen Arbeits- und Materialkosten einerseits sowie Einnahmen durch den Verkauf von Büchern, Eintrittskarten, Lizenzen usw. andererseits muss stimmen. Solange die Erinnerungsforschung hauptsächlich die politischen und ästhetischen Diskurse in den Mittelpunkt stellt, bleiben technologische und pragmatische ‚Bedingungen' des kollektiven Gedächtnisses (Halbwachs) nach wie vor unterbeleuchtet. So sind etwa die politischen Ausrichtungen der führenden westdeutschen Schriftsteller:innen, die sich mit der NS-Vergangenheit auseinandersetzten, gründlich untersucht worden; die für die Rezeption ihrer Werke grundlegende Frage nach der Auflagenhöhe ihrer Bücher bleibt indes oft unbeantwortet.

Festzuhalten ist, dass die ‚Wanderung' des Gedächtnisses von einem zu einem anderen Medienträger in erheblichem Maße auf der Infrastruktur des Kulturbetriebs beruht. Die Auflagenhöhe, die Papierqualität, der Buchpreis, das Sendegebiet, die Ton- und Bildqualität – all das trägt zur Konstruktion der Erinnerungskultur bei. Die Bücher, Zeitungen, Radio- und Fernsehgeräte avancieren hierbei zu Aktanten, die mit menschlichen Akteuren – Produzent:innen und Rezipient:innen – interagieren. Vor diesem Hintergrund hilft der Blick in die Black Box der Verlage und Rundfunkanstalten dabei, den Weg zwischen Input – hier: der Eindruck, den das Massaker bei Scholz hinterlassen hatte – und Output – hier: die medialen Repräsentationen des Massakers – nachzuzeichnen. Dementsprechend ist das kollektive Gedächtnis eine soziotechnische Kulturpraxis, die ohne die Infrastruktur der Medien nicht denkbar wäre.

Fazit: Sackgassen der Erinnerungskultur

In der Einführung zu diesem Buch behaupte ich, *Am grünen Strand der Spree* sei in Vergessenheit geraten und allenfalls Spezialist:innen bekannt. Diese Schlussfolgerung geht auf eine Reihe von Diskussionen zu diesem Projekt zurück, die ich auf zahlreichen deutschen und internationalen Kolloquien, Seminaren und Konferenzen führte – und in den allermeisten Fällen hatte das Publikum noch nie von *Am grünen Strand der Spree* gehört. Die Herausgeber:innen des bisher einzigen Sammelbandes zum Medienkomplex bestätigen diesen Eindruck (Heck und Lang und Scherer 11). Das sowie die mehr oder weniger direkte Behauptung, einen verschollenen Titel der westdeutschen Mediengeschichte ‚wiederzuentdecken', wiederholt sich in allen jüngeren Arbeiten zu *Am grünen Strand der Spree*. Ironischerweise gibt es davon gar nicht so wenige. 1985 rezensierte Wolfgang Schuller den Roman anlässlich dessen 30. Jubiläums für die *Neuen Deutschen Hefte*.[1] Die Rezension eines längst erschienenen Buches in einer der namhaftesten deutschen Kulturzeitschriften lässt sich als symbolische Aufwertung im Literaturfeld deuten. Knapp ein Jahrzehnt später erinnerte Wilfried Barner in seiner *Geschichte der deutschen Literatur nach 1945* (182–183) an den Roman von Hans Scholz, allerdings ausschließlich im Hinblick auf die deutsche Teilung und die Darstellung Berlins in der Zeit des Wirtschaftswunders.[2] Ganz der zeitgenössischen Lesart des Romans entsprechend, erwähnte Barner die Erschießungsszene nicht. Wenige Jahre später verwies Knut Hickethier im Standardwerk *Geschichte des deutschen Fernsehens* auf die Miniserie und begründete dies – anders als Barner – u.a. mit der außergewöhnlichen Darstellung des Massakers, womit der Medienwissenschaftler wiederum den Tenor der zeitgenössischen Rezensionen des Fernsehfilms reproduzierte. 2001 erschien in der Fachzeitschrift *Der Deutschunterricht* ein langer Aufsatz über den ersten Teil der Miniserie, in welchem der Medienwissenschaftler Peter Seibert – ein ehemaliger Doktorand von Helmut Kreuzer, einem der ersten Kritiker des Romans – die visuelle Dimension der Erschießungsszene didaktisch aufbereitete. Der Fernsehkritiker Hans Schmid veröffentlichte anlässlich der DVD-Ausgabe in der Jubiläumsreihe der ARD eine umfangreiche und äußerst informative Besprechung im Onlinemagazin *Telepolis*. Diese war insofern überfällig, als das Booklet zur DVD sehr spärlich ausgefallen war. Es folgte ein ausführlicher Essay von Dominik Graf in der *FAZ* vom 2. April 2013, der nicht nur nach dem Schicksal der Fernsehserie, sondern auch nach dem

---

1 Die Besprechung wurde zwar 1985 geschrieben, erschien aber in der ersten Ausgabe der *Neuen Deutschen Hefte* von 1986.
2 Mehr dazu schreibt Scherer („Literarhistorische" 110).

OpenAccess. © 2022 Magdalena Saryusz-Wolska, publiziert von De Gruyter. Dieses Werk ist lizenziert unter einer Creative Commons Namensnennung – Nicht kommerziell – Keine Bearbeitung 4.0 International Lizenz. https://doi.org/10.1515/9783110745528-006

"Verschwinden" der an ihr beteiligten Schauspieler:innen fragte. Im selben Jahr erschien ein Aufsatz über das didaktische Potenzial von *Am grünen Strand der Spree*, den der Hochschullehrer Eckehard Dworok für die Zeitschrift *Mut. Forum für Kultur, Politik und Geschichte* verfasste. Sein Text trägt den vielsagenden Titel: „Wer kennt es noch? Das Tagebuch von Jürgen Wilms". Im Sommersemester 2015 führte Stefan Scherer am Karlsruher Institut für Technologie ein dem Medienkomplex gewidmetes Projektseminar durch, dessen Ergebnisse 2020 in besagtem Sammelband erschienen. Zum 60. Jubiläum der Erstausstrahlung von *Am grünen Strand der Spree* erinnerte ich schließlich im Portal *Zeitgeschichte Online* an die Miniserie. Diese Liste umfasst bei Weitem nicht alle Beispiele der angeblichen ‚Wiederentdeckungen' des Medienkomplexes. Mit ziemlich großer Sicherheit lässt sich demnach behaupten, dass *Am grünen Strand der Spree* seit mindestens dreißig Jahren am Rande der deutschen Erinnerungskultur präsent ist. Immer wieder fanden zumindest der Roman und Fernsehfilm in Standardwerken der Forschungsliteratur, Fachzeitschriften, der überregionalen Presse und in Onlineportalen Erwähnung. Ist *Am grünen Strand der Spree* also womöglich doch nicht so sehr in Vergessenheit geraten, sondern lediglich einigen Wissenschaftler:innen und Autor:innen unbekannt gewesen, denen ich und die übrigen ‚Entdecker:innen' im Laufe unserer Arbeit begegneten?

Davon, dass *Am grünen Strand der Spree* nie gänzlich aus der (west-)deutschen Medienlandschaft verschwand, zeugt das lange Nachleben des Medienkomplexes. Die Erstveröffentlichung des Buches bzw. die Premiere des Fernsehfilms markierten lediglich den Anfang ihrer ‚Wanderung' durch die medialisierte Öffentlichkeit. Es folgten Rezensionen, Neuauflagen, mehrfache Ausstrahlungen usw. Mochte die erste Ausgabe von *Am grünen Strand der Spree* noch in einer Auflagenhöhe von nur 3.600 Exemplaren gedruckt worden sein, so wurden bisher ca. 200.000 Exemplare verkauft, darunter sowohl die Auflagen bei Hoffmann und Campe als auch die Lizenzausgaben. Die Deutsche Nationalbibliothek verfügt über Exemplare aus zehn Auflagen im Hoffmann und Campe Verlag sowie elf Auflagen in anderen Verlagen, wie etwa Fischer, dtv und Rowohlt, der ursprünglich das Manuskript ablehnte. Diese Ausgaben stehen vermutlich bis heute in tausenden (west)deutschen Bücherregalen; ich habe sie auch in Hotellobbys – mehr Dekoration als Leseangebot – und auf Bookcrossing-Ständen gesehen. Dazu kommen die vier Übersetzungen ins Englische, Schwedische, Französische und Niederländische. Offenbar bestand seitens des Publikums also eine gewisse Nachfrage, auch wenn der Roman unter Literaturwissenschaftler:innen keinerlei Beachtung fand. Erst nachdem das Interesse der Leser:innen nachgelassen hatte, ‚entdeckten' Forscher:innen das Buch allmählich für sich. Die letzte Papierausgabe von *Am grünen Strand der Spree* erschien 2013 im Mainzer Thiele Verlag, ist aber inzwischen aber auch nicht mehr verfügbar. Zwischen 2018 und

2020 war das Buch, ebenfalls in der Ausgabe des Thiele-Verlags, als E-Book erhältlich; weitere Ausgaben sind in Vorbereitung.

Der 2011 erfolgten Aufnahme des Films in die Jubiläumsreihe der ARD „Große Geschichten" gingen drei Wiederholungen im Fernsehen voraus. 1966 war das Deutsche Fernsehen endlich auf die Anfragen des Verlags eingegangen und wiederholte die fünf Folgen. Zehn Jahre später folgte eine Ausstrahlung im dritten Programm, dem Westdeutschen Fernsehen [WDF]. In der Ankündigung ließ der Sender mitteilen: „Zahlreiche Zuschriften mit der Bitte, die fünfteilige Produktion *Am grünen Strand der Spree* noch einmal auszustrahlen, haben das WDF bewogen, ‚Wunsch der Woche' damit zu beginnen" (Brünler). Die darauffolgende Ausstrahlung im Jahr 1981 hatte Gedenkcharakter, denn sie erfolgte anlässlich des Todes von Regisseur Fritz Umgelter (Deutsche Presse-Agentur). Bis 2011 war der Fernsehfilm nur über das Archiv des WDR zugänglich, obgleich sich nicht um ein gänzlich unbekanntes Werk handelte: Neben Knut Hickethier, der es in seinen bahnbrechenden Forschungsarbeiten zur Geschichte des deutschen Fernsehens mehrmals erwähnte, veröffentlichte der Medienwissenschaftler Lars Koch 2002 einen Aufsatz über *Am grünen Strand der Spree* im vielzitierten Sammelband *Geschichte im Film*. Die DVD wurde seit ihrer Erstveröffentlichung zweimal neu aufgelegt, zuletzt 2019. Inzwischen sind die fünf Folgen der Miniserie auch problemlos in voller Länge und in hoher Auflösung über diverse Streamingdienste im Internet zu finden. Das Buch ist in zahlreichen Onlineantiquariaten für eher symbolische Summen zu erstehen; in der englischsprachigen Fassung sogar kostenlos über die Plattform Internet Archive. Der Feuilletonroman der *FAZ* ist über zahlreiche große deutsche Bibliotheken sowohl in Papierform bzw. auf Mikrofilm als auch über das digitale Zeitungsarchiv zugänglich. Lediglich die Geschichte des Hörspiels ist im Vergleich sehr unscheinbar, denn nach der Wiederholung im Juli 1957 wurde es nicht mehr gesendet. Erst dank der CD, die der DVD-Ausgabe beigefügt war, kann es auch außerhalb des Archivs des SWR gehört werden.

Die wohl offensichtlichste Erklärung der ‚Wanderung' von *Am grünen Strand der Spree* durch die (west-)deutsche Erinnerungskultur wäre, dass der Medienkomplex nach seinem ursprünglichen Erfolg über ein halbes Jahrhundert lang nicht in Vergessen geriet, sondern ins Speichergedächtnis verschoben wurde; seit einigen Jahren aber allmählich ins Funktionsgedächtnis wechselt. Die Positionierung von *Am grünen Strand der Spree* abseits des aktiven, kulturellen Gedächtnisses lässt sich daran erkennen, dass entsprechende kommemorierende Ereignisse bzw. Handlungen – wie etwa die Aufnahme in Curricula oder öffentliche Diskussionen – ausbleiben. Hans Scholz ist keine einzige Straße oder ein anderer öffentlicher Ort in Deutschland gewidmet, und die Szenen bzw. Dialoge aus seinem Buch hielten nie Einzug in die Alltagssprache. Gleichzeitig erfreut sich der Roman und seine Inszenierungen in den letzten Jahren immer größeren Interesses. Um bei der räumlichen Metaphorik zu bleiben: *Am grünen Strand der Spree* ist zunächst in eine Sackgasse der Erinnerungskultur geraten, aus der sich der Medienkomplex nun langsam wieder auf die Hauptstraße hinausbewegt.

Die beinahe ostentative Abwesenheit in den Debatten und Lehrplänen der 1960er bis 1980er Jahre dieses einst so erfolgreichen und viel diskutierten Medienkomplexes lässt aber auch den Gedanken zu, dass es sich doch um eine Form des Vergessens handelt, oder – besser gesagt, nämlich an den Titel von Guy Beiners (28) Monografie *Forgetful Remembrance* anknüpfend – um eine Form der ‚vergesslichen Erinnerung'. Paradoxerweise unterstützt das Speichergedächtnis in bestimmten Situationen sogar das Vergessen, worauf Aleida Assmann (*Formen* 16) in Ergänzung ihrer Überlegungen zum Speicher- und Funktionsgedächtnis hinweist: Das Vergessen fällt leichter, wenn es kein endgültiger, sondern ein umkehrbarer Prozess ist. In diesem Zusammenhang führt Assmann den Dichter Friedrich Georg Jünger an: „Das Vergessen, das die Verwahrung des Gedachten und seine Rückkehr ins Denken ermöglicht, ist das unwahrnehmbare Verwahrensvergessen" (Assmann, *Formen* 16; zit. n. Jünger, *Gedächtnis*, 16–17). In dem für sie charakteristischen Stil, das Gedächtnis mithilfe von Raummetaphern zu erläutern, vergleicht Assmann (*Formen* 38) das „Verwahrensvergessen" mit einem „Wartesaal der Geschichte".

Nach längerem Verweilen in einer erinnerungskulturellen Sackgasse, im Verwahrensvergessen, bewegt sich *Am grünen Strand der Spree* nun wieder in Richtung des Funktionsgedächtnisses. Auch diese Art der Bewegung sieht das Konzept von Beiner (69) vor: das Vergessen kann der Erinnerung nämlich vorausgehen. Im Fall von *Am grünen Strand der Spree* ist dies daran zu erkennen, dass der Medienkomplex einige Jahr(zehnt)e nicht in der Medienöffentlichkeit thematisiert wurde, bis die *Neuen Deutschen Hefte* das 30. Jubiläum der Ersterscheinung vermerkten, Roman und Fernsehfilm vereinzelt in akademische Lehrbücher Einzug hielten und schließlich die DVD in der Jubiläumsausgabe der ARD erschien. Mögen kanonische Werke zwar wesentlich öfter erwähnt und neu aufgelegt werden, so kann die Mehrheit der ‚gänzlich in Vergessenheit geratenen' (Beiner 28) Autor:innen von einer derartigen Präsenz in der Erinnerungskultur nur träumen.

Dem Germanisten Stefan Scherer („Literarhistorische" 112) zufolge hat das wiederkehrende Interesse für *Am grünen Strand der Spree* mit der Erschießungsszene zu tun. Mit Verweis auf mein eigenes Forschungsprojekt kann ich diese These nur bestätigen; auch Knut Hickethier, Lars Koch, Eckehard Dworok oder Christian Adam gehen in ihren Publikationen auf die Bilder des Massakers ein. Die Darstellung des Holocaust in *Am grünen Strand der Spree* steht auch abseits der Wissenschaft im unbestreitbaren Fokus. So druckten die Herausgeber der DVD im Booklet einen Leserbrief aus der *Bild am Sonntag* vom 3. April 1960 ab, in dem geschrieben steht: „Meine Eltern erzählten mir wohl manchmal über ‚früher', doch erst durch diesen Film kam mir richtig zum Bewusstsein, was die Deutschen den unschuldigen Juden antaten." (Auerwerk) Der Essay von Dominik Graf für die *FAZ* bietet zwar einen Überblick über alle fünf Folgen der Fernsehserie, als Illustration wurde aber ein großes Standbild aus der Erschießungsszene gewählt; dasselbe, das einst der *Tagesspiegel* verwendete, um den Beitrag von Scholz („Der Autor") nach der Ausstrahlung der letzten Folge zu bebildern, und das im WDR-Jahrbuch 1960/61 die Rezensionsabdrucke begleitete. Ungeachtet seiner Stellung außerhalb des erinnerungskulturellen Mainstreams setzte *Am grünen Strand der Spree* sicherlich Maßstäbe für zukünftige Visualisierungen von Massenerschießungen.

Wege in die Sackgasse

Die Vertreter:innen der kulturwissenschaftlichen Erinnerungsforschung sind sich einig, dass jede Form der kulturellen Aneignung von Vergangenheit sowie jede Art der Adaption von Kulturtexten einen Beitrag zum kulturellen Gedächtnis leiste (Rigney, *The Afterlives* 52–53). „Die kulturelle Erinnerung," schreibt Astrid Erll (*Kollektives* 161), „bezieht sich üblicherweise nicht so sehr darauf, was man vorsichtig ‚das Original' oder ‚die eigentlichen Ereignisse' nennen könnte, sondern stattdessen auf die palimpsestartige Struktur von medialen Repräsentationen." Für das ‚Weiterleben' des kulturellen Gedächtnisses gibt es in der Forschung zwei nennenswerte Erklärungsmodelle: Zum einen schrieb Pierre Nora einst von der ‚Geschichte der Geschichte', die er Geschichte zweiten Grades nannte und sich in Erinnerungsorten offenbare. Nora legt seinen Schwerpunkt auf die Transformation von Geschichte in identitätsrelevante, öffentliche Diskurse wie Texte, Bilder, Rituale usw. Zum anderen entwickelte Ann Rigney das Konzept des ‚Nachlebens', das durch intensive Remedialisierungen ermöglicht wird. Inszenierungen, Adaptionen, Zitate oder Paraphrasen sorgen dafür, dass bestimmte Werke und Motive im aktiven kulturellen Gedächtnis bleiben. Der Begriff des ‚Nachlebens' ist ferner mit den Anfängen der Erinnerungsforschung verbunden, indem er sowohl auf ihren psychoanalytischen [Sigmund Freud] als auch auf ihren kulturphilosophischen [Aby Warburg und Walter Benjamin] Ursprung zurückgeht. In beiden Fällen handelt es sich um eine intensive, aber nicht ganz bewusste Form der Erinnerungsarbeit. Das ‚Nachleben' kommt demnach – in Analogie zu Nora – einer ‚Erinnerung an die Erinnerung' gleich.

Noras und Rigneys Erklärungsmodelle erweisen sich als sehr hilfreich, um kulturelle Erinnerungen zu erfassen, die nach wie vor von diskursiver Relevanz sind – weniger aber, um Prozesse des Außenvorbleibens und der Nichtaufnahme ins kulturelle Gedächtnis zu erläutern. *Am grünen Strand der Spree* wurde nach den ersten Erfolgen nicht weiter ‚verarbeitet'; der Medienkomplex generierte keine weiteren Inszenierungen oder Remakes. Im Gegenteil blieben die Neuauflagen des Buches und die Wiederholungen im Fernsehen zunächst weitgehend unbemerkt. Es fehlt daher der Stoff, den man im Sinne der Erinnerungsforschung untersuchen könnte. Auch die Metaphern des Speichergedächtnisses, des Wartesaals der Geschichte und der Sackgassen der Erinnerungskultur sind lediglich Hilfsmittel zur Bestandsaufnahme; sie erklären aber keinesfalls den erinnerungskulturellen Weg des Medienkomplexes. Um die ‚Wanderung' von *Am grünen Strand der Spree* in eine erinnerungskulturelle Sackgasse zu erfassen, muss nach anderen Erklärungsmodellen gesucht und ins ‚Innere' der Erinnerungskultur eingestiegen werden, anstatt an der Oberfläche der medialisierten Öffentlichkeit zu bleiben. Einen Einblick in die fundamentalen Prozesse des Nicht-Erinnerns ermöglicht in diesem Fall der mikrohistorische Ansatz. Wie kam es, dass *Am grünen Strand der Spree* und die darin enthaltene Schilderung des Massakers von Orscha über so viele Jahre kaum Beachtung fanden? Was passierte in der erinnerungskulturellen Black Box? Wer und/oder was steuerte *Am grünen Strand der Spree* durch die Wege der Erinnerungskultur? Schon an diesen Fragen lässt sich die Bedeutung sozialer Handlungen und materieller Bedingungen ablesen, die das kulturelle Gedächtnis in Bewegung halten bzw. zum Stillstand bringen.

Die Publikationsgeschichte von Scholz' *Am grünen Strand der Spree* prägten Akteure, die sich teils für und teils gegen die Veröffentlichung des Romans aussprachen. Während der damals im Rowohlt Verlag arbeitende Dichter Wolfgang Weyrauch das Manuskript ablehnte und Otto Görner, Lektor des Hoffmann und Campe Verlags, die Streichung der Erschießungsszene forderte, verteidigte die Lektorin Harriet Wegener das Buch und ordnete lediglich geringfügige Kürzungen der besagten Passage an. Warum Weyrauch das Manuskript ablehnte, ist unbekannt, aber vermutlich argumentierte er ähnlich wie andere Kritiker des Romans aus dem Kreis der Gruppe 47: Sie störten sich am saloppen Ton der Rahmenhandlung und der lockeren Verflechtung ernster und heiterer Themen. Der ehemalige NSDAP-Funktionär Görner (Brief an Scholz vom 26. Mai 1954) wollte hingegen gezielt die Veröffentlichung der Beschreibung des Massakers, die er als „peinlich" empfand, verhindern. Dass die Schilderung in dieser Form erscheinen konnte, war schließlich gleichermaßen der Verdienst von Scholz, der seine Eindrücke aus Orscha literarisch verarbeitet hatte, wie von Wegener, die sich im internen Machtkampf des Verlags durchsetzen konnte. Nicht unbedeutend ist in diesem Prozess, dass sie eine Vertraute des Verlagsbesitzers war, während Görner auf freiberuflicher Basis für den Verlag lektorierte.

Akteure, die sich für den Stoff einsetzten, brauchte *Am grünen Strand der Spree* auch bei der Entstehung der beiden Adaptionen. Im Hörfunk übernahm

Scholz' späterer Freund, Gert Westphal, diese Rolle; im Fernsehen war es der Intendant Hanns Hartmann. Interessanterweise lassen sich in dieser Phase keine unmittelbaren Gegner des Projekts identifizieren. Erst nach der Ausstrahlung des Fernsehfilms lehnte der neue WDR-Intendant, Klaus von Bismarck, Wiederholungen sowie die Überarbeitung des Materials in einen Kinofilm ab, wenngleich sich die Gründe für seine Entscheidung nicht mehr feststellen lassen. Er traf sie im Winter 1960/61 – zu einem Zeitpunkt, der den Beginn der Bewegung von *Am grünen Strand der Spree* in eine erinnerungskulturelle Sackgasse markiert. Das Buch war zwar weiterhin im Handel erhältlich, die Miniserie wurde 1966 sogar erneut ausgestrahlt, doch inzwischen überschatteten andere Ereignisse der Auseinandersetzung mit der NS-Vergangenheit die Erschießungsszene aus Orscha. Weder die Neuauflagen noch die Fernsehwiederholung lösten, wie ich feststellen konnte, nennenswerte Reaktionen aus.

Hartmann und Wegener veranschaulichen zudem am deutlichsten, auf welche Weise Sagbarkeitsregeln verhandelt wurden. Der Intendant bereitete den Verwaltungsrat des NWRV in einem Brief, den er kurz vor der Ausstrahlung des Fernsehfilms verschickte, auf die Erschießungsszene vor. Sein Handeln ist als politische Intervention zu deuten, die allerdings noch keine unmittelbare Wirkung zeitigte. Wegener äußerte wiederum Bedenken, ob den Leser:innen die drastischen Passagen zehn Jahre nach Kriegsende zuzumuten seien – auch das war nichts anderes als die Verhandlung erinnerungskultureller Spielregeln, um das kollektive Gedächtnis zu ‚bewegen'. Die von vielen Forscher:innen (Kittel; Reichel; Frei; Berghoff u. a.) konstatierte Intensivierung der ‚Vergangenheitsbewältigung' an der Wende der 1950er und 1960er Jahre muss mit zahlreichen vergleichbaren Verhandlungen der Sagbarkeitsregeln einhergegangen sein. Eine genaue Untersuchung dieser unterschwelligen Prozesse – jener Mikrobewegungen des kulturellen Gedächtnisses – hinter der geschichtspolitischen Wende um 1960 ist aber nach wie vor ein Forschungsdesiderat.

Für die Nichtaufnahme von *Am grünen Strand der Spree* in den bundesrepublikanischen Literaturkanon sieht Moritz Baßler in Literaturkritiker Joachim Kaiser den Hauptverantwortlichen. Die schonungslose Rezension des Mitglieds der Gruppe 47 kann tatsächlich zur Ablehnung des Romans in einflussreichen Literaturkreisen geführt haben. Laut Scherer gehe die Abwesenheit von *Am grünen Strand der Spree* im literarischen Feld der 1960er Jahre auf die Politisierung der Literatur zurück: „Die polemische Verabschiedung der Ära Adenauer, nun durchgehend als ‚Restauration' stigmatisiert, ließ den Bestseller von Scholz auch in Beiträgen zur Kulturgeschichte der 1950er [Jahre] vergessen" werden (Scherer, „Literarhistorische" 111). Die Abwesenheit von *Am grünen Strand der Spree* in der westdeutschen Literaturgeschichte ist aber auch – so meine These – auf den Status des Autors selbst zurückzuführen. Der Roman sowie die daraus entnommene Erzählung *Schkola* waren Scholz' einzige fiktionale Werke. Sein darauffolgendes Buch, das 1960 ebenfalls bei Hoffmann und Campe erschien, war eine Essaysammlung über die geteilte Stadt: *Berlin, jetzt freue dich*. Der Gattung der ortsbezogenen Essays und Reiseberichte blieb Scholz bis zum Ende seiner schriftstellerischen Tätigkeit treu. Hinzu kamen Feuilletonbeiträge, Rezensionen und Besprechungen, die er für den *Tagesspiegel* schrieb. Kurzum: Im Laufe seiner Karriere etablierte sich Scholz nicht als belletristischer Autor, sondern als Publizist, der sich vor allem auf die Kulturgeschichte Berlins fokussierte. Folglich blieb ihm der Platz eines bedeutenden Schriftstellers in der (west-)deutschen Literaturgeschichte verwehrt.

Ob die Fernsehfassung von *Am grünen Strand der Spree* einen anderen Weg in der bundesrepublikanischen Erinnerungskultur eingeschlagen hätte, wäre Hartmann im Herbst 1960 nicht von seinem Intendantenposten abgewählt worden, ist heute eine Frage der Spekulation. Vielleicht hätte die Geschichte des Medienkomplexes mit der Fertigstellung des Kinofilms einen anderen Lauf genommen? Vielleicht hätte Hartmann sich schon früher für eine Wiederholung der Miniserie eingesetzt? So wie Scholz' eigener schriftstellerischer Werdegang für das eher ereignislose Nachleben des Romans von Bedeutung war, so spielte Fritz Umgelter vermutlich eine ähnliche Rolle für die Miniserie. Nachdem er zwischen 1959 und 1960 die Mehrteiler *So weit die Füße tragen* und *Am grünen Strand der Spree* gedreht hatte, widmete er sich eher leichteren Produktionen. Auf die Frage, für wen er Fernsehen mache, antwortete er: „Für Leute aus allen Schichten des Volkes. Ich will einen Querschnitt aus allen Schichten gleichzeitig vor den Apparat bekommen" (zit. n. Anonym, „Soweit"). Konsequenterweise eilte Umgelter auch kein Ruf eines Spezialisten für schwierige Themen voraus.

Zu hinterfragen ist ferner, ob *Am grünen Strand der Spree* tatsächlich ein solcher Bestseller war, für den er in der damaligen Presse gehandelt wurde. Wie ich im dritten Kapitel berechnet habe, wurden bis Ende 1958 ungefähr 40.000 Exemplare verkauft, hinzu kam die Auflage der *FAZ*, die *Am grünen Strand der Spree* als Feuilletonroman abdruckte. Die restlichen ca. 160.000 Exemplare verteilten sich auf die späteren Ausgaben und waren mehr als fünf Jahrzehnte lang auf dem Buchmarkt erhältlich.[3] Die Bestseller der 1950er Jahre – vor allem Unterhaltungsromane, die vom Krieg handelten – wurden hingegen millionenfach verkauft; einige davon wurden in den auflagestärksten Illustrierten vorabgedruckt. Für die Aufnahme eines Literaturwerks in den Kanon spielt die Auflagenhöhe allerdings keine entscheidende Rolle. So erreichten die drei berühmten Romane von Wolfgang Koeppen *Tauben im Gras* [1951], *Das Treibhaus* [1953] und *Der Tod in Rom* [1954] bis 1960

---

3 Die Zahlen basieren auf den Angaben aus dem Hoffmann und Campe Archiv.

eine Auflage von nur 6.000 bis 12.000 Exemplaren (Estermann 48); dennoch werden sie in jedem Lehrbuch zur Nachkriegsgeschichte der deutschsprachigen Literatur erwähnt. Scholz' Roman ist literaturhistorisch um einiges schwieriger zu verorten: Unter das Genre der populären Kriegsromane über Soldatenhelden fällt er nicht, als kritisches und anspruchsvolles Buch lässt er sich aber auch nicht bezeichnen. Es handelt sich in vielerlei Hinsicht um ein Beispiel jenseits etablierter Kategorisierungen von Trivial- und Hochliteratur (Baßler). Folglich wurde *Am grünen Strand der Spree* in der Forschung zu beiden Feldern nur selten berücksichtigt.

Als die Erstausgabe im September 1955 auf den Markt kam, war es für eine öffentliche Debatte über die NS-Verbrechen noch zu früh. Es gab damals noch keine gemeinsame Sprache, in der man diese Diskussion hätte führen können – von politischen Blockaden ganz abgesehen. Die wenigen Rezensent:innen, die die Beschreibung des Massakers von Orscha erwähnten, hatten sichtlich Schwierigkeiten, die passenden Worte für das zu finden, was sie gelesen hatten. Ferner wurde das Buch mit großer Wahrscheinlichkeit nicht von allen Kritiker:innen vollständig gelesen – viele Besprechungen sind auffallend ähnlich, manchmal wiederholen sich auch ganze Formulierungen aus der Ankündigung des Verlags, der aus Sorge um einen möglichen Skandal die Aufmerksamkeit der Literaturkritik bewusst auf die ‚unproblematischen' Motive des Berliner Nachtlebens lenkte. Als später weitere Auflagen gedruckt wurden, hätte man an die in der Zwischenzeit geführten Debatten anknüpfen können. Doch in den 1960er und 1970er Jahren gab es kaum Anlass zu neuen Besprechungen des Romans, zumal sich Rezensionen für gewöhnlich nur auf Neuerscheinungen beziehen. Dass die Beschreibung des Massakers von Orscha bis vor Kurzem fast unbemerkt geblieben war, ging also – zumindest teilweise – auf die Regeln des Buchmarktes zurück.

Die materiellen Bedingungen der Hörspielsendung und der Fernsehausstrahlung werfen ähnlich viele Fragen auf. Wie viele Menschen der Radioinszenierung zuhörten, lässt sich aufgrund von Datenmangels nicht mal ansatzweise schätzen. An den sommerlichen Abenden im August 1956 und Juli 1957 war das Hörspiel vermutlich nicht das attraktivste Freizeitangebot. Im Unterschied zur Rezeption des Hörspiels kann die Zahl der Zuschauer:innen der Fernsehserie – zumindest der ersten Folge am Abend ihrer Erstausstrahlung – dank einer Umfrage von Infratest auf ca. 7,5 Millionen geschätzt werden. Die Zuschauer:innen reagierten emotional auf die Bilder des Massakers, begründeten dies jedoch unterschiedlich – während sich die Mehrheit der für die Presse schreibenden Rezensent:innen betroffen zeigte, brachte das anonyme Publikum eher Empörung zum Ausdruck.

Erst im Zuge der 1960er Jahre vollzog sich eine zunehmende Politisierung des Fernsehens, wodurch es allmählich als eigenständiger Akteur in wichtigen, gesellschaftlichen Debatten wahrgenommen wurde. Als nach der Ausstrahlung von *Am grünen Strand der Spree* andere Fernsehereignisse wie beispielsweise die dreizehnteilige Dokumentation *Das Dritte Reich* [1960/61], die Berichterstattung aus dem Eichmann-Prozess [1961] oder Egon Monks *Anfrage* [1962] für viel Aufmerksamkeit sorgten, war die Szene aus Umgelters Miniserie längst nicht mehr im Gespräch. Tatsächlich ließ die emotionale Wirkung der ersten Folge schon wenige Wochen nach ihrer Ausstrahlung nach, als die Miniserie fortgesetzt wurde. Und so populär das Fernsehen in der Bundesrepublik der frühen 1960er Jahre war, so kurzlebig war auch sein Gedächtnis. Anders als Kinofilme, die über Wochen und Monate hinweg in unterschiedlichen Kinos gespielt wurden, und anders als heutige Fernsehfilme, die über Wiederholungen in den dritten Programmen, die Präsenz in Mediatheken und DVD-Ausgaben eine nachhaltige Wirkung entfalten können, stellten die Fernsehfilme der Nachkriegszeit eher punktuelle Ereignisse dar, die in relativ kurzer Zeit von anderen Fernseheindrücken überschattet wurden.

Wie können die Akteure der Geschichte von *Am grünen Strand der Spree* mit nicht-menschlichen Aktanten – um mit Bruno Latour (*Neue Soziologie* 22) zu sprechen – ‚wieder zusammengeführt' werden? Das kulturelle Gedächtnis ‚bewegt' sich nicht von selbst, sondern wird – so meine These in Anlehnung an Latour – ‚in Bewegung gesetzt'. Zu diesem Zweck müssen die handelnden Akteure über eine entsprechende Infrastruktur bzw. einen materiellen Unterbau verfügen: den Raum und den Tisch, an dem *memory talks* geführt werden; das Papier und den Stift, mithilfe derer der Schriftsteller seine Erlebnisse im Krieg notiert; die Schreibmaschine mit Farbband zur Überarbeitung der Aufzeichnungen in ein Typoskript. Da Telefonate zwischen Westberlin und der Bundesrepublik teuer waren, schrieb Scholz lange Briefe an seine Lektor:innen, in dringenden Fällen schickten sie einander Telegramme. Das Netzwerk der Rundfunkanstalten ‚versammelte' (Latour, *Neue Soziologie* 22) die technischen Geräte und die Mitarbeiter:innen, die sie bedienen konnten. Nicht zu vergessen seien die Hörer:innen und Zuschauer:innen, die sich zwecks Rezeption des Hörspiels bzw. der Miniserie vor ihren qualitativ oft minderwertigen Radio- und Fernsehapparaten versammelten. Unsere heutige Erinnerungskultur ist von einer funktionierenden Infrastruktur digitaler Medien wie Server, Kabel, Antennen usw. umso abhängiger.

In diesem Zusammenhang kommen Barrieren innerhalb der Erinnerungskultur zum Vorschein. Während sich ein Teil des Publikums neue Bücher oder Empfangsgeräte nicht leisten konnte, wohnten andere wiederum in dünn besiedelten Gebieten, wo es nicht genügend Buchhandlungen und kein ausreichendes Signal gab. Genau darauf beruhte auch die Nichtpräsenz von *Am grünen Strand der Spree* in der DDR. Mitte der 1950er Jahre ein Buch aus Westberlin zu schmuggeln, war noch kein logistisches Problem, doch war für die meisten DDR-Bürger der Preis von 15,60 DM schlichtweg unerschwinglich. Die geteilte Stadt lag weit außerhalb des Sendegebiets des SWF. 1960 steckte das Fernsehen in der DDR erst in den Kinderschuhen, so dass die wenigsten Ostberliner ein Fernsehgerät besaßen, mit dem sie das Westfernsehen hätten empfangen können. Angesichts dieser Barrieren war die Rezeption von *Am grünen Strand der Spree* in der DDR sehr marginal und ein politisches Verbot nicht mal nötig.

Wie lässt sich die Infrastruktur der Erinnerungskultur erforschen? Bei entsprechender Quellenlage sind Dokumente hilfreich, die hermeneutisch arbeitende Forscher:innen meist für wenig aussagekräftig halten: Honorarverträge, Reisekostenabrechnungen, Hotelbuchungen, Personalunterlagen, Mitteilungen in Branchenzeitschriften, Korrespondenzen mit Techniker:innen, Listen von Belegexemplaren, Paratexte wie Pressebesprechungen, Buch- oder Filmankündigungen usw. Mithilfe solcher Quellen können empirisch basierte Aussagen über Produktionsabläufe, Werbemaßnahmen, Signalstärken und Bildschirmauflösungen getroffen werden. Ferner offenbaren diese unscheinbaren Dokumente die Bedeutung finanzieller Faktoren. Hans Scholz (Brief an Hoffmann und Campe vom 5. Dezember 1955) räumte beispielsweise ein, dass ihn eine offene Rechnung beim Schneider zum Schreiben motivierte. Ein Abgleich von Reiseverläufen zeigt, wer mit wem, wann, wo und wieviel Zeit verbracht haben konnte. Auf diese Weise wird klar, dass Scholz im Februar 1956 Max Ophüls in Baden-Baden getroffen haben musste, obwohl keinerlei Korrespondenz zwischen den beiden Männern erhalten geblieben ist. Die Produktionsunterlagen verraten zudem, dass die vom NWRV beschäftigten Bühnenbildner:innen unmittelbar nach der Fertigstellung von *So weit die Füße tragen* mit der Vorbereitung der Dreharbeiten zu *Am grünen Strand der Spree* begannen. Diese Information erklärt u. a. die Provenienz der sowjetischen Eisenbahnwagen in der Romanverfilmung. An der symbolischen Bedeutung dieser Requisite, die eine Mitschuld der Sowjets an dem Massaker suggeriert, ändert das freilich wenig; die durch eine derartige Recherche erlangte Information hilft aber zu verstehen, wie derartige Bilder zustande kamen.

Das ‚Auftauchen' des Massakers

Das wachsende Interesse an *Am grünen Strand der Spree* ist – wie Scherer, Lang und Heck zu Recht behaupten – im Kontext des Wandels der kulturellen Erinnerung an den Holocaust zu betrachten. Diese öffnet sich in den letzten Jahren für Erinnerungen, die über die bisher dominierenden Topoi der Konzentrations- und Vernichtungslager hinausgehen. Nachdem der Nürnberger Einsatzgruppenprozess [1947/1948] so gut wie keine Beachtung in der Presse gefunden hatte (Earl 17), machte erst der Ulmer Einsatzgruppenprozess zehn Jahre später Teile der bundesrepublikanischen Öffentlichkeit auf das Thema der Massenerschießungen aufmerksam. Nichtsdestoweniger ging das Bild der Vernichtung der jüdischen Frauen, Männer, Kinder und Greise in der Sowjetunion nicht in das (west-)deutsche kulturelle Gedächtnis ein. Erst die Debatten um die ‚Wehrmachtsausstellungen' an der Wende des 20. und 21. Jahrhunderts stießen ein Gedenken an die Opfer des *Holocaust by bullets* an. Die Fakten über die Beteiligung der Wehrmacht an diesen Verbrechen, die insbesondere noch im Zuge der ersten Ausstellung Empörung und Betroffenheit hervorgerufen hatten, wurden zunehmend zur Kenntnis genommen. Davon zeugte u.a. 2017 die Ausstellung der Berliner Topographie des Terrors *Massenerschießungen. Der Holocaust zwischen Ostsee und Schwarzem Meer 1941–1944*, die auf erheblich mehr gesellschaftliche Akzeptanz stieß als die beiden ‚Wehrmachtsausstellungen'.

Die Forschung zu den Massenerschießungen beschleunigten zwei Faktoren: die geopolitische Wende um 1989 sowie die Erweiterung der Europäischen Union 2004. Zum einen resultierte das Ende des Kalten Krieges in der Öffnung der ostmitteleuropäischen Archive; zum anderen gehörten Länder wie Polen, Litauen, Lettland und Estland politisch nun zu Europa, weshalb auch ihre Geschichten in die europäische Erinnerungskultur aufgenommen wurden (Assmann, *Auf dem Weg*). Die Ergebnisse der Täterforschung, wie etwa die bahnbrechende Studie *Ganz normale Männer* [1992] des amerikanischen Historikers Christopher Browning, werden inzwischen über außerwissenschaftliche Kanäle vermittelt: In seinem autobiografischen Roman *Am Beispiel meines Bruders* [2003] nimmt Uwe Timm auf selbige mehrmals explizit Bezug, und auf der Grundlage von Brownings Forschung entstand auch Stefan Ruzowitzkys semidokumentarischer Film *Das radikal Böse* [2015]. Jenseits von Europa, in den zentralen Gedenkinstitutionen Yad Vashem oder dem United States Holocaust Memorial Museum, verschiebt sich der Schwerpunkt ebenfalls in Richtung des *Holocaust by bullets*.

Im transnationalen Holocaustgedächtnis haben Gedenkinitiativen an die 1,5 Millionen Opfer des *Holocaust by bullets* nur geringe Sichtbarkeit (Stoll und Klei). Anders als im Falle des Gedenkens an die Ghettos, Konzentrations- und Vernichtungslager schufen die Überlebenden keine Meistererzählungen, die das Bild der Massenerschießungen hätten nachhaltig prägen können (Vice, „"Beyond words"" 89). Es gibt keine Werke über Massenexekutionen von Jüd:innen, die eine vergleichbare Resonanz gehabt hätten wie die Stimmen von Primo Levi, Ruth Klüger oder Marcel Reich-Ranicki. Auch abseits der Literatur – im Film, Theater oder den bildenden Künsten – ist die Erinnerung an den *Holocaust by bullets* überschaubar. Dies ist insofern von Bedeutung, als kulturelle Diskurse in der Erinnerungsforschung gleichsam Seismografen betrachtet werden, die uns Einblicke in den Wandel des gesellschaftlichen Umgangs mit der Vergangenheit geben. Die Aussagekraft wissenschaftlicher Publikationen oder wissenschaftlich kuratierter Ausstellungen bezieht sich auf den professionalisierten Teil der Erinnerungskultur; die geringe Zahl an Büchern, Theaterstücken oder Kunstprojekten, die sich mit dem Thema der Massenerschießungen auseinandersetzen, ist hingegen ein wichtiges Zeichen dafür, dass der *Holocaust by bullets* noch nicht in den Kern des kulturellen Gedächtnisses vorgedrungen ist.

Katrin Stoll und Alexandra Klei (10) argumentieren, dass die Tatorte vor allem aus deutscher Perspektive unsichtbar seien, da sie „irgendwo im Osten" lägen. Dieser These möchte ich nicht widersprechen, denn sie hilft, die emotionalen Reaktionen der Zuschauer:innen von *Am grünen Strand der Spree* zu erklären, die sich darüber empörten, dass solch geografisch wie historisch ferne Ereignisse nun über den Fernsehbildschirm ihre angeblich sicheren Wohnzimmer filtrierten. Stoll und Kleis These muss meines Erachtens allerdings um einen wesentlichen Aspekt erweitert werden, denn die Massenerschießungen der Jüd:innen sind auch dort wenig sichtbar, wo sie stattfanden – in Osteuropa. Dafür gibt es dreierlei Gründe: Erstens überlebten nur vereinzelte Jüd:innen die Erschießungen. Jüd:innen, die nicht rechtzeitig vor dem Einmarsch der Deutschen fliehen konnten, wurden in der Regel eingesperrt und ermordet. Nur in wenigen Ausnahmefällen gelang es den Opfern, den Exekutionen zu entgehen, so dass lediglich vereinzelte Personen ein Zeugnis aus Opferperspektive ablegen konnten. Zweitens handelte es sich bei Letzteren oft um Menschen, die über kein hinreichendes kulturelles, soziales oder ökonomisches Kapital verfügten, um ihre Erlebnisse nach dem Krieg öffentlich(-keitswirksam) zu vermitteln. Die wenigen unter ihnen, die diesen Schritt wagten, schrieben in ost(mittel)europäischen Sprachen, u. a. auf Jiddisch, Polnisch oder Russisch, weshalb ihre Zeugnisse nur bedingt internationale Aufmerksamkeit erregen konnten. Die Erzählung *Ponary – Baza* [Ponary – Basis] des polnischen Schrifstellers Józef Mackiewicz über die Massenerschießungen im litauschen Ort Ponary im Sommer 1941 oder das Gedicht *Ja eto videl!* [Ich sah es!] des russischen Lyrikers Ilya Selvinsky über die Exekutionen an der Krim im Dezember 1941 (Bolecki; Schreyer; Toker; Roskies) sind einige solcher Beispiele. Drittens wurde in der Sowjetunion – teilweise auch im heutigen Russland und Belarus – der Opfer pauschal als ‚sowjetische Bürger' gedacht. Ob es sich dabei um Menschen handelte, die als Jüd:innen von Angehörigen des Naziregimes ermordet wurden, oder um andere Kriegsopfer, spielte in der sowjetischen Geschichtspropaganda kaum eine Rolle (Brumlik und Sauerland 17; Walke „Wir haben"). Der bekannte Film *Geh und sieh* [1985, Regie: Elem Klimov][4] handelt etwa

---

4 In der Bundesrepublik wurde der Film als *Komm und sieh* vertrieben, während er in der DDR unter dem Titel *Geh und sieh* ausgestrahlt wurde – und damit dem Originaltitel *Idi i smotri* entspricht, weshalb ich den Filmtitel in dieser Übersetzung anführe.

von sowjetischen Partisan:innen, die von den Deutschen brutal ermordet werden. Dass die Bekämpfung der Partisan:innen oft als Vorwand für die Vernichtung der Jüd:innen diente (Heer, „Die Logik"), kommt im sowjetischen Film freilich nicht zur Sprache. In Anbetracht fehlender Meistererzählungen über den *Holocaust by bullets* greifen jüngste Forschungen und Gedenkinitiativen auf Quellen zurück, die bisher verborgen waren. So präsentierten die Kulturwissenschaftlerinnen Roma Sendyka und Erica Lehrer in der beeindruckenden Krakauer Ausstellung *Widok zza bliska. Inne obrazy Zagłady* [*Terribly Close: Polish Vernacular Artists Face the Holocaust*] Werke lokaler Künstler:innen aus der Kriegs- und frühen Nachkriegszeit, aus denen sich auf die Reaktion der Bevölkerung auf die Massenerschießungen ihrer jüdischen Mitbürger:innen schließen lässt, die sich vor allem durch ein kollektives Wegschauen charakterisierte.

Eine wichtige Ausnahme in den Leerstellen der Erinnerung an den *Holocaust by bullets* bildet das Massaker von Babyn Jar am 29. und 30. September 1941. Am höchsten jüdischen Feiertag Jom Kippur ermordeten Angehörige der Einsatzgruppe C ungefähr 34.000 Jüd:innen in der Schlucht bei Kiew. Nach ersten Berichten, die noch während des Krieges auf Jiddisch kolportiert wurden (Lekht 18–41), schilderte der ukrainische Schriftsteller Anatolij Kuznecov das Massaker in seinem Buch *Babij Jar: Ein dokumentarischer Roman* [1966], in das er auch die Erinnerungen der Überlebenden Dina Proničeva eingeflochten hatte. Kaum ernsthaft verwundet, befreite sie sich nach Einbruch der Dunkelheit von der Erde und floh.[5] Fünfzehn Jahre nach Kuznecovs Buch veröffentlichte D.M. Thomas seinen Roman *Das weiße Hotel*. Die Geschichte einer von Sigmund Freuds Patientinnen mündet in Babyn Jar. Da die Perspektive seiner Protagonistin stark Kuznecovs Darstellung des Zeugnisses von Proničeva ähnelt, wurde Thomas des Plagiats bezichtigt. Der britische Schriftsteller leugnete diese Inspiration nicht, und der Fall seines Romans löste schließlich eine lang anhaltende Debatte über die Grenzen der Fiktion aus (Vice, *Holocaust Fiction* 38–66). Das Motiv der Befreiung von Leichen, übertragen auf die Beschreibung des Massakers von Trachimbrod, taucht zudem im Bestseller *Alles ist erleuchtet* von Jonathan Safran Foer [2002, *Everything is Illuminated*] sowie in seiner weniger erfolgreichen Verfilmung auf [2005, Regie: Liev Schreiber]. Schließlich waren Kuznecovs Buch und Proničevas Zeugnis auch wichtige Inspirationen für Katja Petrowskaja, die mit ihrer Erzählsammlung *Vielleicht Esther* [2014] den Opfern von Babyn Jar „ein literarisches Denkmal setzte" (Davies 24). Das aus den Erinnerungen von Proničeva

---

5 Zum Zeugnis von Dina Proničeva sowie dem Buch von Anatolij Kuznecov siehe die Beiträge von Karel C. Berghoff und Sonja Margolina im Themenheft „Babyn Jar. Der Ort, die Tat und die Erinnerung" von *Osteuropa*.

abgeleitete Bild des Massakers ist daher ein Beispiel für eine äußerst geradlinige ‚Wanderung' des kulturellen Gedächtnisses, in der die jeweiligen Etappen verhältnismäßig leicht nachzuzeichnen sind.

Zur internationalen Ikone der Gräueltaten des Nationalsozialismus wurde Babyn Jar aber erst nach der Ausstrahlung der US-amerikanischen Miniserie *Holocaust* [1978, Regie: Marvin J. Chomsky]. Der SS-Mann Erik Dorf beobachtet von einem Hügel oberhalb der Schlucht die Ermordung mehrerer tausend jüdischer Frauen und Männer und bemängelt dabei die Effizienz der Tötungsprozedur. Eindeutige Verweise auf diese Szene baute schließlich Jonathan Littel in seinen vieldiskutierten Roman *Die Wohlgesinnten* [franz. Orig. 2006, dt. Übers. 2008] ein. Der fiktive SS-Mann Maximilian Aue berichtet über Babyn Jar:

> Die ukrainischen ‚Packer' trieben ihre Menschenfracht zu diesen Häufchen und zwangen sie, sich darüber- oder danebenzulegen; daraufhin traten die Männer des Erschießungskommandos vor und schritten langsam die Reihen der fast nackten, ausgestreckt liegenden Menschen entlang und schossen jedem aus ihren Maschinenpistolen eine Kugel ins Genick; insgesamt gab es drei Exekutionskommandos. Zwischen den Erschießungen untersuchten einige Offiziere die Opfer und gaben ihnen, falls nötig, den Gnadenschuss mit der Pistole. Oben, den ganzen Schauplatz überblickend, stand eine Gruppe von SS- und Wehrmachtsoffizieren. (Littel 180–181)

Erzählen Kuznecov, Thomas, Foer und teilweise Petrowskaja konsequent aus der Opferperspektive, genauer gesagt: aus der Perspektive von Dina Proničeva, so schildern Chomskys und Littels populäre Werke das Massaker von Babyn Jar aus der Position der Täter, die – auf einem Hügel stehend – von oben zuschauen, wie die Opfer gefasst in die Gruben steigen und dort erschossen werden (Cazenave). Diejenigen, die noch am Leben sind, werden mit ‚Gnadenschüssen' umgebracht. Ein ähnliches, wenn auch weniger kohärentes Bild der Massenerschießungen ergibt sich aus vereinzelten Verhörprotokollen von Angehörigen der Einsatzkommandos. Die wenigen Männer, die sich überhaupt zu den Massenerschießungen äußerten, behaupteten in der Regel, nur zugesehen zu haben, wie andere, namenlose Täter die Morde verübt hatten. Hans Walkhoff vom Reserve-Polizeibataillon 3 sagte etwa aus: „Kurz vor Beendigung der Erschießungsaktion mußten wir Polizeireservisten zur Grube kommen und uns die Schweinerei dort ansehen." (Walkhoff 1176)

Die meisten der hier erwähnten literarischen und filmischen Beispiele repräsentieren nicht-deutsche Kulturen (mit Ausnahme des Buches von Petrowskaja, wobei auch sie nicht in Deutschland aufgewachsen ist). In der deutschen Nachkriegsliteratur wurden die Massenerschießungen in der Regel nur kurz angedeutet. Schon in Peter Bamms Roman *Die unsichtbare Flagge* [1952] fällt der

Hinweis auf die von „den anderen" durchgeführten Erschießungen bestenfalls lapidar aus:

> Allmählich kamen die Zeiten für uns, die wir als ruhig hätten bezeichnen können. Aber die anderen waren nun langsam nachgerückt und hatten auch hier zu morden begonnen. In einem angeschlossenen Teil des GPU-Gefängnisses, Mauer an Mauer mit uns, sammelten sie die Bürger Sewastopols, die jüdischen Glaubens waren, und töten sie. (Bamm 88)

Auf diese Weise stellt Bamm den Unterschied zwischen der ‚sauberen Wehrmacht', in der sein Protagonist und *alter ego* als Sanitäter dient, und der verbrecherischen SS her. Zwei Jahre später erschien Erich Maria Remarques *Zeit zu leben, Zeit zu sterben* [1954], doch fielen die Stellen über die Exekutionen der Verlagszensur zum Opfer. Da es sich in diesen und anderen Fällen nur um kurze, marginale Erwähnungen deutscher Kriegsverbrechen handelt, die von zahlreichen Rechtfertigungs- bzw. Relativierungsrhetoriken begleitet werden, spricht Norman Ächtler von einem ‚Auftauchen' der Täter in der westdeutschen Literatur der 1950er Jahre (Ächtler, „Sieh"). Dieses sporadische ‚Auftauchen' ist eine – sich immer noch vollziehende – „Aufwärtsbewegung" (Gumbrecht 51) des Gedächtnisses.[6] In der erwähnten Erzählung überlegt Uwe Timm (140) kurz, ob sein Bruder – ein Angehöriger der SS-Division „Totenkopf" – an dem Massaker von Babyn Jar beteiligt war. In Petrowskajas *Vielleicht Esther* steht vielmehr die (Nicht-)Erinnerung als das historische Ereignis selbst im Mittelpunkt. In Giulio Ricciarellis Film *Im Labyrinth des Schweigens* [2014], der sich der einsetzenden Aufarbeitung der Vergangenheit in der Bundesrepublik der 1950er Jahre widmet, wird lediglich eine Nebenfigur als ehemaliger Angehöriger des Polizeireserve-Bataillons 101 eingeführt. Diese beiläufige Information mit dem Wissen zu verknüpfen, dass es sich dabei um jenes Bataillon handelt, das einst Browning untersuchte, bleibt den Zuschauer:innen selbst überlassen. Ein Roman oder Spielfilm, der sich den Massenerschießungen von Jüd:innen im Zweiten Weltkrieg gezielt widmen würde, fehlt in der deutschsprachigen Kultur bis heute.

‚Populär' wurde hingegen das Bild der ‚Exzesstäter'. Dies waren ‚die anderen', was sich u. a. an den Erläuterungen zu den Entnazifizierungsbefragungen ablesen lässt. Selbst diejenigen, die eine aktive Mitgliedschaft in NS-Organisationen zugaben, „versicherten, sie hätten sich an keinen ‚Exzessen' beteiligt" (Leßau 258). Folglich eignen sich ‚Exzesstäter' auch als Projektionsfläche für das radikal Böse in Literatur und Film. In Bölls *Wo warst du Adam?* [1951] befiehlt der SS-Mann

---

6 Vielversprechende Ansätze für weitere Studien zum ‚Auftauchen' bietet die Kombination des Konzepts der *travelling memory* mit den Arbeiten zu Geschichte und Karriere des Begriffs *Emergenz* bzw. *emergence* (Traninger).

einer jüdischen Frau namens Ilona zu singen und erschießt sie mitten im Lied. Hans Hellmut Kirst führte in *08/15* [1954] machtbesessene SS-Männer ein; Regisseur Paul May verstärkte ihren exzessiven Charakter in der äußerst erfolgreichen Verfilmung [1954–1955] zusätzlich. In Kino und Fernsehen werden Bilder von Exzesstätern, die sich angesichts der Brutalität des Ostfeldzugs in perverse Mörder verwandeln, bis in die Gegenwart remedialisiert, u. a. auch in der Miniserie *Unsere Mütter, unsere Väter* [2013, Regie: Philipp Kadelbach], in der ein psychopathischer SS-Mann in der besetzten Ukraine unschuldige Dorfbewohner:innen ermordet. Diese gängigen Bilder haben allerdings wenig mit der historischen Realität zu tun – nicht ohne Grund gab Browning seinem Buch den Titel *Ganz normale Männer*. Zahlreiche Quellen belegen, dass in den besetzten osteuropäischen Ländern nicht nur hochrangige SS-Männer und überzeugte Nazis, sondern auch Polizeibeamte, Wehrmachtsangehörige und gelegentlich auch lokale Helfer an den Massenerschießungen beteiligt waren – ganz normale Männer.

Wie ist *Am grünen Strand der Spree* im Prozess des ‚Auftauchens' von Massenerschießungen und Exzesstätern zu verorten? Hans Scholz lieferte eine der ausführlichsten Beschreibungen des *Holocaust by bullets* der Weltliteratur und wohl die längste Passage dieser Art in der deutschsprachigen Literatur. Dass die Schilderung des Massakers von Orscha bereits 1955 – also noch lange vor Kuznecovs Buch – erscheinen konnte, verleiht dem Roman von Scholz zusätzliche Besonderheit. Ob es sich dabei um eine Remedialisierung der damals vereinzelt vorhandenen kulturellen Hinweise auf den *Holocaust by bullets* handelt, ist allerdings fraglich. Hans Scholz behauptete mehrfach, kein Leser zeitgenössischer Literatur zu sein und die Beschreibung des Massakers ausschließlich auf seine Erinnerungen gegründet zu haben. Weder im Roman, noch in den Quellen in Scholz' Nachlass spricht etwas dafür, dass er an Böll, Bamm, Kirst oder Remarque anknüpfte. Auch die prämedialisierende Wirkung der Erschießungsszene auf spätere Bilder dieser Art ist schwer zu belegen. In der umfangreichen Forschungsliteratur zu *Holocaust, Das weiße Hotel* oder den *Wohlgesinnten* gibt es keinerlei Hinweise darauf, dass die Autoren *Am grünen Strand der Spree* gelesen oder gesehen hätten. Angesichts der verschwindend geringen Präsenz des Medienkomplexes im Ausland erscheint dies unwahrscheinlich. Übersetzungen gab es zwar, sie verkauften sich aber schlecht, und das Hörspiel und der Fernsehfilm wurden nie außerhalb (West-)Deutschlands gesendet.

Ungeachtet der Tatsache, dass sich ein kausaler Zusammenhang zwischen *Am grünen Strand der Spree* und späteren Schilderungen von Massenerschießungen nicht nachweisen lässt, ‚wanderten' ähnliche Bilder durch die Kultur und trugen zur Konstruktion einer Erinnerung an den Holocaust, in der wehrlose Opfer psychopathischen Tätern ausgesetzt sind, bei. Der Vergleich der bekanntesten Titel zeigt ferner, dass Wilms' Perspektive dem Täterblick entspricht, obwohl er sich als unbeteiligter Zeuge inszeniert. Wie Erik Dorf in *Holocaust* und Maximilian Aue in *Die Wohlgesinnten* beobachtet er den Mord aus sicherer Entfernung. Während er im Roman unterhalb des Tatortes steht, blickt er im Film von einem erhöhten Standpunkt in die Grube hinein. Die von Umgelter ergänzte Figur des dämonischen SS-Mannes gibt die Anweisungen schweigend, lediglich mithilfe von Gesten. Wie in der Miniserie von Green und dem Roman von Littel, anders aber als in den Büchern von Thomas oder Foer, erfahren wir kaum etwas über die Opfer. In Roman und Hörspiel sind es namenlose Jüd:innen, im Fernsehfilm befindet sich unter den Opfern das Geschwisterpaar, mit dem Wilms in Góra Kalwaria seine Essensration teilt. In allen Fassungen sind die Opfer stumm, passiv und wehrlos.

Auch besteht vermutlich kein unmittelbarer Zusammenhang zwischen dem von Umgelter inszenierten Bild eines psychopathischen SS-Mannes und späteren Verkörperungen dieser Figur. All diese Bilder einzelner Exzesstäter, die sich schon in der frühen juristischen Aufarbeitung der NS-Verbrechen nachweisen lassen, gehören zu demselben Diskurs, der die deutsche Gesellschaft in Millionen harmlose Mitläufer und wenige schuldige Täter einteilte. Daran lässt sich die Spezifik des ‚wandernden' Gedächtnisses sowie das Prinzip der Prä- und Remedialisierung erkennen: Bestimmte Motive zirkulieren unabhängig nachweislicher Bezüge zueinander in der Erinnerungskultur. Trotz nur loser Verbindungen legen sich die ikonischen Darstellungen von Babyn Jar mit einem langen Schatten über *Am grünen Strand der Spree*. In der Forschungsliteratur mehren sich Signale, dass die Szenen aus *Holocaust* und *Die Wohlgesinnten* einen Referenzpunkt für die neuesten Lesarten des Tagebuchs von Jürgen Wilms darstellen. So schreibt beispielsweise Moritz Baßler (33) über ein „Babyn-Jar-artiges Massaker an Juden" in *Am grünen Strand der Spree*. Die wandernde Erinnerung an die Massenerschießung schließt also einen Kreis, indem die mittlerweile klischeehaften Schilderungen des Massakers bei Kiew zum Maßstab der Darstellungsmodi von Massenerschießungen geworden zu sein scheinen.

Ferner lohnt nicht nur auf die ‚aufgetauchten', sondern auch auf die ‚untergetauchten' Motive ein genauerer Blick. In der zweiten, nur vierzehn Seiten langen Novelle des Romans erzählt Hesselbarth von der russischen Partisanin, die im ursprünglichen Manuskript noch als Jüdin beschrieben war. Hesselbarth begegnet ihr im Juli 1941 in Orscha; auf dem Rückmarsch im Januar 1943 kreuzen sich ihre Wege erneut, als er sie auf einem Fahrzeug der 177. Jäger-Division entdeckt. „Partisanen?", fragt er. „Fahren zum Erschießen," erwidert der Feldwebel (*AGSS* 83). Hesselbarth versucht noch, das Mädchen zu warnen und ihr die Flucht zu ermöglichen, doch sie entschließt sich, bei ihrer Gruppe zu bleiben. „Dann fielen im dunkelnden Walde nicht weit von uns viele Schüsse." (*AGSS* 85) Was auf diesen Seiten erzählt wird, ist kein Gefecht, sondern eine Exekution. Ganz eindeutig handelt es sich auch hier um ein von einer Wehrmachtseinheit verübtes Kriegsverbrechen.

Kein:e einzige:r Rezensent:in und auch kein:e einzige:r Briefeschreiber:in erwähnte diese Passage. Es ist, als ob es sie im Buch nicht gäbe. Aus dem Hörspiel wurde sie herausgeschnitten, im Fernsehfilm integrierte Umgelter die Novelle ins Tagebuch des Jürgen Wilms: Der Protagonist begegnet in Orscha einem Mädchen, das er zuvor in Polen sah. Er rät ihr zu fliehen, doch sie geht gemeinsam mit ihrer Familie zur Grube und wird dort mit den anderen Jüd:innen erschossen. Die Exekution von Partisan:innen kommt in der Fernsehfassung von *Am grünen Strand der Spree* nicht vor. Anders als die von den Einsatzgruppen koordinierten Massenerschießungen waren die Ermordungen von Partisan:innen in der Regel eine Angelegenheit der Wehrmacht (Heer, „Die Logik"). Lange wurden sie für einen Teil der legitimen Kriegsführung gehalten und gehörten zum Repertoire der heroischen Erinnerung an den Ostfeldzug. Erst im Rahmen der sogenannten Wehrmachtsausstellungen wurden die Exekutionen von Partisan:innen als Verbrechen eingestuft, was u. a. zu den heftigen Reaktionen der Besucher:innen beitrug. In den ehemaligen Sowjetrepubliken gehört der tapfere Kampf der Partisan:innen bis heute zum kollektiven Gedächtnis. Die Geschichte der Partisanin fügt sich also weder in (west-)deutsche Erinnerungsnarrative ein, da sie unmittelbar auf die Täterschaft der Wehrmacht hinweist; noch ist sie mit den sowjetischen Erinnerungsmustern zu vereinbaren, zumal die Partisanen als wehrlose Opfer anstatt als kämpfende Held:innen dargestellt werden. Die Entfernung der ursprünglich jüdischen Partisanin aus dem Manuskript und später aus dem Hörspiel- und Fernsehfilmdrehbuch ist ein anschauliches Beispiel für das ‚Untertauchen' von ‚unbequemen' Themen. Das ‚kooperative' Schweigen des Publikums mit Blick auf dieses Motiv half zusätzlich, es zu verbergen. Auf diese Weise wurde das Schicksal der Jüd:innen unter den Partisan:innen an den äußersten Rand des west- und osteuropäischen kulturellen Gedächtnisses gedrängt.

Lange fehlte es an Forschungsansätzen, die es ermöglichten, die Erinnerung an die Täterschaft analytisch zu untersuchen. Im Zusammenhang mit der Debatte um das Denkmal für die ermordeten Juden Europas in Berlin forderte Reinhart Koselleck seinerzeit eine stärkere Fokussierung auf das „negative Gedächtnis". Er sprach von einer Verpflichtung, sich der „Taten selber und damit auch der Täter zu erinnern" (Koselleck, „Formen" 28). Dem Historiker ging es dabei keinesfalls um eine Heroisierung der Täter, sondern um eine vollständige Auseinandersetzung mit ihren Verbrechen. Dies setzt aber voraus, dass die Grenzen zwischen den Kategorien der Täter, Opfer, Zuschauer:innen, Zeug:innen, Helfer:innen usw. verschoben bzw. aufgeweicht werden. Wie ist der fiktive Wehrmachtssoldat Jürgen Wilms, der dem Massaker ‚nur' zuschaut und dennoch Schuldgefühle äußert, zu bezeichnen? In welche Kategorie fällt Hesselbarth, der von sich behauptet, er habe der Partisanin helfen wollen?

Ende der 2010er Jahre erschienen zwei Arbeiten, die neue Forschungsperspektiven auf derartige Fragen eröffneten. Michael Rothberg schlägt den Begriff des *implicated subject* [2019] vor, wobei es sich weder um einen Alternativvorschlag zum Täterbegriff noch um ein Hyperonym handelt. Angesichts der Vielfalt an Haltungen, die sowohl realhistorisch möglich waren als auch in den Kulturtexten vermittelt werden, öffnet Rothbergs Konzept eines Subjekts, das auf gewisse Weise in den Genozid ‚verwickelt' war, den Raum für eine breitere und differenziertere Diskussion. Mary Fulbrook diskutiert in ihrem Buch *Reckonings* [2018] wiederum die Konsequenzen der Tatsache, dass die ‚Bewältigung' der Täterschaft zwangsläufig in einer Gesellschaft stattfand, in der Millionen Männer selbst Täter waren. Kurzum: sie urteilten in eigener Sache. Dies habe – so Fulbrooks Hauptargument – zahlreiche Scheinmaßnahmen hervorgebracht: Ermittlungen, die eingestellt wurden, und Prozesse, die in einer milden Strafe oder in Freisprüchen mündeten. Begleitet von zahlreichen öffentlichen Debatten über die Notwendigkeit einer gesamtgesellschaftlichen Aufarbeitung der Vergangenheit ermöglichten diese Scheinmaßnahmen der Bundesrepublik, sich international als Staat zu profilieren, der sich erfolgreich mit seinem verbrecherischen Erbe auseinandergesetzt habe. Ohne an dieser Stelle ausführlicher auf Fulbrooks Thesen einzugehen, möchte ich darauf hinweisen, dass ihr Argument auch jenseits der Diskussionen um die juristische Aufarbeitung der Vergangenheit eingesetzt werden kann. Praktisch alle Kulturschaffenden der jungen Bundesrepublik waren *implicated subjects*. Ebenso ‚verwickelt' war ihr Publikum. Der Großteil der erwachsenen Nachkriegsbevölkerung hatte im Krieg eigene Erfahrungen gemacht, und vor allem die Männer, die am Ostfeldzug teilgenommen hatten, waren unmittelbare Täter oder Mitwisser, Mitläufer, Zuschauer usw. gewesen. Was bedeutete das Schreiben in eigener Sache für das kulturelle Gedächtnis des Zweiten Weltkriegs? Insbesondere in Bezug auf das Gedenken an die Massenerschießungen und die grausame Besatzungspolitik der Deutschen in Osteuropa ist diese Frage noch nicht hinreichend erforscht.

Das subkutane Gedächtnis

Was im kulturellen Gedächtnis nicht ‚auftaucht', ist nicht zwangsläufig vergessen. Das hat Aleida Assmann mit ihren Begriffen des Speichergedächtnisses und des Verwahrensvergessens mehrfach zum Ausdruck gebracht. Woher wissen wir aber, wonach wir im ‚Wartesaal der Geschichte' oder in der ‚Sackgasse der Erinnerungskultur' – wie ich es nenne, um das Prinzip der ‚Wanderung' hervorzuheben – suchen sollen? Was passiert, bevor die Schwelle zur Öffentlichkeit überschritten wird? An einigen Stellen in diesem Buch sprach ich vom ‚subkutanen Gedächtnis'. Dieses Konzept möchte ich nun abschließend genauer erläutern.

‚Subkutan' leitet sich aus dem Lateinischen ab und bedeutet ‚unterhalb der Haut'. Es gehört zum medizinischen Vokabular und wird den meisten Menschen aus Arztpraxen bekannt sein, denn zahlreiche Medikamente werden über subkutane Injektionen verabreicht: nicht zu tief, an den großen Blutgefäßen vorbei und deswegen nicht so schmerzhaft. Beim ‚subkutanen Gedächtnis' handelt es sich um Gedächtnisformen, die in der Öffentlichkeit ganz oder nahezu unsichtbar sind. Sie werden ‚unterhalb' der Oberfläche öffentlich geführter Debatten verwahrt. Dementsprechend kommt das subkutane Gedächtnis vor allem hinter den Kulissen der Erinnerungskultur zum Vorschein. Die Untersuchung nicht veröffentlichter Quellen offenbart einen Diskurs, der in der kulturwissenschaftlichen Erinnerungsforschung oft übersehen wird. Wenn Harriet Wegener dem Autor kommuniziert: „Die meisten haben es nicht gern, wenn Hitlers Judenerschiessungen immer noch einmal aufgetischt werden", dann spricht sie aus, was damals nicht öffentlich gesagt wurde: Sie wüsste, um welche Erschießungen es gehe, es sollte aber besser darüber geschwiegen werden.

Aufgrund des unterschwelligen Charakters des subkutanen Gedächtnisses ist das vertraute Gespräch das wahrscheinlich häufigste Medium seiner Vermittlung. Die von den britischen und amerikanischen Geheimdiensten abgehörten deutschen Soldaten, deren Gespräche Sönke Neitzel und Harald Welzer analysierten, wussten nichts von dem Mitschnitt. Sie sprachen daher offen über ihre Kriegserlebnisse, darunter auch über die Massenerschießungen. Frank Bajohr und Dieter Pohl behaupten, der Holocaust sei ein offenes Geheimnis gewesen, u. a. weil in Osteuropa viele der Massenerschießungen zu einem „öffentlichen Massenspektakel" gerieten, über das anschließend sowohl „im Bekanntenkreis, in deutschen Ministerien und Amtsstuben als auch im Privaten" berichtet wurde (Bajohr und Pohl 128). Hanne Leßau belegt zudem, dass sich selbst nach dem Krieg viele Deutsche über ihre positive Einstellung zum Nationalsozialismus unterhielten, wenngleich sie selten zugaben, selbst an den Verbrechen beteiligt gewesen zu sein. Das Wissen um die Kriegsverbrechen sei in der deutschen Nachkriegsgesellschaft indes durchaus verbreitet gewesen (Leßau 11). Als Quelle dienen Leßau (126) u. a. Briefe, die in der Nachkriegszeit äußerst oft geschrieben wurden, da die kriegsbedingten Migrationen viele Familien und Freundeskreise getrennt hatten.

Eine vertraute Gesprächssituation stellten zudem die zahlreichen Begegnungen am Stammtisch her (Kühne). Der von Scholz geschilderte Abend in der Jockey Bar ist im Grunde nichts anderes als ein Stammtischgespräch der Luxusvariante: mit Sekt und gefüllter Ente bei gehobenerem Ambiente. Da die Leser:innen oft betonten, der Autor habe den ‚Jargon' gut getroffen, dürfen wir auch annehmen, dass er den Ton derartiger Begegnungen tatsächlich realitätsnah geschildert hatte. Ebenso mussten die tausenden Ermittlungen gegen NS-Täter, von denen die meisten eingestellt wurden, unter Mitarbeiter:innen der Polizeibehörden, Kriminalämter und Staatsanwaltschaften für Gesprächsstoff sorgen. Ihr genauer Ablauf ist allerdings reine Spekulation. Hieran lässt sich erkennen, dass das subkutane Gedächtnis zwar auf informeller Vermittlung basiert, aber dennoch eine Form der Archivierung erfordert, damit es über die Gesprächssituation hinaus überliefert werden kann. Die von Neitzel und Welzer beschriebenen Kriegsgefangenen wurden abgehört und die daraus entstandenen Aufnahmen protokolliert; die von Leßau untersuchte Kommunikation fand prinzipiell in schriftlicher Form statt und gelangte so in die Archive; Scholz schrieb auf der Grundlage seiner Gespräche mit Bekannten aus der Berliner Kunstszene einen Stammtischroman *de luxe*; von den mutmaßlichen Plaudereien anlässlich der Ermittlungen gegen NS-Täter wissen wir aber nichts, da sie nicht überliefert wurden.

Ungeachtet der hier angeführten Beispiele ist das subkutane Gedächtnis kein Phänomen, das sich auf das deutsche Tätergedächtnis nach dem Zweiten Weltkrieg beschränkt. Gerade in nichtdemokratischen Gesellschaften besteht oft die Notwendigkeit, Gedächtnisarbeit ‚im Untergrund' zu leisten. In der Volksrepublik Polen beispielsweise wurde während des ersten Nachkriegsjahrzehnts der Kämpfer:innen der Heimatarmee – der größten militärischen Untergrundbewegung mit über 400.000 Mitglieder:innen – öffentlich nicht gedacht, da die regierende Polnische Vereinigte Arbeiterpartei den Schwerpunkt auf das Verdienst der kommunistischen Kämpfer:innen setzte. Die ehemaligen Angehörigen der Heimatarmee tauschten sich also im Privaten aus – und auch das taten sie vorsichtig, sollten nicht vertrauenswürdige Personen diese Gespräche belauschen. In Kulturtexten wurde die Erinnerung an die Heimatarmee zwischen den Zeilen vermittelt – so etwa in Andrzej Wajdas Film *Der Kanal* [1956], der von den Kämpfer:innen im Warschauer Aufstand erzählt, ohne mit einem Wort zu erwähnen, dass der Aufstand von der Heimatarmee organisiert wurde. Da dies in den 1950er Jahren zum in der Öffentlichkeit nicht artikulierten Allgemeinwissen gehörte, konnte sich der Regisseur darauf verlassen, dass sein Publikum den Film richtig einordnen würde. In der polnischen Forschungsliteratur wird in diesem Zusammenhang zwischen offiziellem und nichtoffiziellem Gedächtnis unterschieden (Szacka). Diese Opposition basiert auf der Verortung des Gedächtnisses innerhalb bzw. außerhalb des politischen Diskurses, ist aber im Hinblick auf die Mechanismen seiner Konstruktion und Zirkulation unzureichend. Ferner ist die Trennung zwischen offiziellem und nichtoffiziellem Gedächtnis in demokratischen Gesellschaften problematisch, da es trotz der geringeren Regulierung von Erinnerungspraktiken Themen gibt, die in der medialisierten Öffentlichkeit selten vertreten, dafür aber umso häufiger bzw. intensiver im Privaten diskutiert werden.

Das subkutane Gedächtnis dringt gelegentlich über seine Repräsentationen in die Öffentlichkeit. Die Suche danach erfordert minutiöse Untersuchungen von Kulturtexten und -bildern, um allerlei ‚Brüche‘, ‚Widersprüche‘ und ‚Leerstellen‘ zu identifizieren. Dazu gehören kurze Andeutungen, kleine, zwischen den Zeilen versteckte Zeichen oder kaum ausgesprochene Behauptungen. In *Am grünen Strand der Spree* sind entsprechende Signale vor allem in der Rahmenhandlung lokalisiert. Anders als Wilms, der das Massaker von Orscha in seinem Tagebuch detailliert beschreibt, und anders als Hesselbarth, der offen über die Ermordung der Partisan:innen spricht, bevorzugen die restlichen Teilnehmer der Trinkrunde Anspielungen und halbe Sätze. Als sie über Wilms reden, sagt einer von ihnen: „Nix Partisaneneinsatz, Landesschützen, Kriegsgefangenenkommandos" (*AGSS* 27). Das soll heißen: Wilms habe keiner Einheit angehört, die Verbrechen verübt habe. Scheinbar wissen alle Versammelten, was gemeint ist, so dass dieser Kommentar nicht weiter präzisiert werden muss. Gleichzeitig wendet sich Scholz hier augenzwinkernd an seine Leser:innen, denn auch sie werden ahnen, von welcher Art von Einsatz die Rede ist; und sollten sie es nicht wissen, erfahren sie es auf den folgenden Seiten, wenn Lepsius aus dem Tagebuch von Wilms vorlesen und Hesselbarth seine Partisanengeschichte erzählen wird.

Worin liegt der Unterschied zwischen dem subkutanen und dem kommunikativen Gedächtnis? Beide werden in der informellen Kommunikation, oft mündlich überliefert und können in Kulturtexten repräsentiert werden. Allerdings ist das kommunikative Gedächtnis eine Form des Generationengedächtnisses: Vertreter:innen älterer Generationen teilen ihre Erinnerungen mit jüngeren Menschen. Diese Form der Gedächtnisarbeit setzt voraus, dass die ältere Gruppe über ein Wissen verfügt, das erst an ihre jüngeren Zuhörer:innen übermittelt werden soll. Das Narrativ, das in diesem Zusammenhang entsteht, zeichnet sich durch eine „textuelle Kohärenz" aus, damit es weiter vermittelt werden kann (Assmann J. 82–98). Die Ausgangssituation des subkutanen Gedächtnisses ist eine andere, denn es ist an das autobiografische Gedächtnis aller Beteiligten gebunden. Hier tauschen sich Wissende mit Wissenden aus. Da beide Seiten derselben Erlebnisgemeinschaft angehören, bedarf es keines ausführlichen und kohärenten Austausches. Ein kleines Zeichen, eine Andeutung, eine angefangene, aber nicht zu Ende erzählte Geschichte reichen aus, zumal beide Seiten ohnehin wissen, wovon die Rede ist. Die schwache Kohärenz des subkutanen Gedächtnisses hat zwei wichtige Konsequenzen: zum einen kann es nicht effektiv ‚wandern‘ wie andere Gedächtnismodi, denn ihm fehlt die dafür notwendige, feste narrative Struktur; zum anderen kommt es deutlicher auf affektiver als auf diskursiver Ebene zum Vorschein. All das führt dazu, dass das subkutane Gedächtnis in der Forschung zu Erinnerungskulturen größtenteils unsichtbar bleibt.

Die Bindung des subkutanen Gedächtnisses an die Erlebnisgemeinschaft lässt sich in *Am grünen Strand der Spree* am Beispiel des Motivs der lettischen Einheiten in Orscha illustrieren. In den 1950er Jahren, als der Roman erschien, war die Kollaboration der Letten noch kein Thema, das in der bundesrepublikanischen Öffentlichkeit diskutiert wurde. Die Medien berichteten erst in den 1970er Jahren darüber (Knop). Und dennoch löste die Behauptung, die Jüd:innen von Orscha seien von Letten und nicht von Deutschen ermordet worden, keinerlei Verwunderung des Publikums aus. Dass es sich dabei um eine ‚bequeme' Darstellung handelte, da sie Nicht-Deutsche als Täter identifizierte, steht außer Frage. Interessanter ist hingegen, wieso die Schuld gerade lettischen Einheiten zugewiesen wurde. Es ist davon auszugehen, dass Soldaten – Fronturlauber wie Heimkehrer – von der Beteiligung der Letten an den Massenerschießungen erzählten. Ihre Mittäterschaft war in der breiteren Gesellschaft offenbar kein Geheimnis, weshalb die Präsenz der lettischen Schützen in *Am grünen Strand der Spree* auf keinerlei Misstrauen stieß, obwohl sie faktisch nicht an der Erschießung der Jüd:innen in Orscha beteiligt gewesen waren. Stattdessen knüpften die Autoren des Medienkomplexes hier an das subkutan zirkulierende Wissen über die Massenmorde und ihre (Mit-)Täter an.

Ein paradigmatisches Beispiel für die mediale Repräsentation des subkutanen Gedächtnisses liefert ferner Regina Schillings preisgekrönter Dokumentarfilm *Kulenkampffs Schuhe* [2018]. Die Regisseurin zeigt, wie populäre Quizshowmaster des bundesrepublikanischen Fernsehens auf die Kriegserlebnisse ihrer Generation anzudeuten pflegten. Konzentrierte sie sich als kleines Mädchen nur auf das Spiel, so fällt ihr bei erneuter Sichtung auf, wie etwa Hans-Joachim Kulenkampff bei einer Frage, in der es um Wodka geht, verlautbaren lässt: „Das einzige Mal, dass ich es nicht bereue, in Russland gewesen zu sein." – „Was sagt Kulenkampff da?", fragt Schilling aus dem Off, spult die Szene zurück und zeigt sie noch einmal im Zeitraffer. Sie recherchiert Kulenkampffs Kriegsbiografie und kommt zu dem Schluss, dass sich derartige Bemerkungen an Zuschauer wie ihren Vater richteten, da es um die Herstellung einer Erinnerungsgemeinschaft zwischen dem berühmten Moderator und dem männlichen Teil seines Publikums ging. Offensichtlich konnten die erwachsenen Männer vor den Fernsehapparaten derartige Bemerkungen problemlos dekodieren, während sie für nicht eingeweihte Zuschauer:innen undurchsichtig blieben.

Der unterschwellige und fragmentarische Charakter des subkutanen Gedächtnisses erinnert an Hans Ulrich Gumbrechts Interpretation des Latenzbegriffs. Indem er sich vom ursprünglich psychoanalytischen Verständnis des Begriffs distanziert, greift er auf ihn zurück, um die ‚Stimmung' der frühen Nachkriegsrepublik zu beschreiben. Die Vergangenheit sei in der Gegenwart präsent gewesen, auch wenn sie nicht zu fassen oder zu berühren gewesen sei: „Wir können offenbar weder sagen, woher wir diese Gewissheit einer Präsenz nehmen, noch wo das Latente genau sein soll." (Gumbrecht 39) Die ‚Stimmung' ähnele einer Situation, in der „etwas in der Luft hängt", was aber kaum artikuliert wird bzw. werden kann. Aus diesem von Gumbrecht beschriebenen Zustand der Latenz leitet Aleida Assmann (*Formen* 16) ihr Konzept des Verwahrensvergessens ab, das ebenfalls eine Form des subkutanen Gedächtnisses zu sein scheint. Vom impliziten Gedächtnis, das prinzipiell „unbewusst" durch die Kultur wandert (Erll, *Kulturelles Gedächtnis* 81, 106), unterscheidet es sich durch die bewusste Komponente. Assmann schreibt vom „Zudecken" als Technik des Verwahrensvergessens, wobei „das Problem oder inkriminiertes Ereignis lediglich aus der Kommunikation entfernt [wird]. Jeder weiß noch, worum es geht, niemand hat es vergessen." (*Formen* 22)

Das Schweigen der Rezensent:innen zur Erschießungsszene in Scholz' Roman kann also als Zeichen der Mitwisserschaft interpretiert werden. Uwe Timm sinniert darüber, wieso sein Bruder die Massenerschießungen in seinem sonst so informativen Tagebuch verschwieg, und wagt die Antwort: „Die Tötung von Zivilisten hier normaler Alltag, nicht mal erwähnenswert." (Timm 93) Schweigen muss nicht – wie oft in der Erinnerungsforschung angenommen – ein Zeichen eines Traumas oder starker Affekte sein. Die wohl häufigste Situation, in der Menschen schweigen oder in Halbsätzen sprechen, ist – so banal dies klingen mag –, wenn sie nichts oder wenig zu sagen haben. Vielleicht hat die Mehrheit der Rezensent:innen von *Am grünen Strand der Spree* die Passage über das Massaker von Orscha kaum kommentiert, gerade weil sie sie weder verwunderte noch empörte? Vielleicht war sie eines Kommentars nicht wert, weil die meisten Männer mittleren Alters bestens wussten, wovon die Rede war – entweder aus eigener Erfahrung oder aus Erzählungen, also aus Situationen wie dem fiktiven Treffen in der Jockey Bar? Was niemand zuvor literarisch verarbeitet hatte, stellte nun der Debütant Scholz dar – wenn auch möglicherweise etwas naiv.

Joachim Kaiser und Helmut Kreuzer – die einzigen Rezensenten, die sich ausführlich und kritisch zu Scholz' Schilderung der Ereignisse von Orscha äußerten – vertraten hingegen bereits eine jüngere Generation. Sie hatten keinerlei Erfahrung als Soldaten und waren nicht Teil der Erlebnis- und Erinnerungsgemeinschaft der Mitwisser. Wenn Kreuzer (58) beklagt, dass Scholz den „Judenmord" bei „Sekt und Witzen" beschreibe, und Kaiser (540) bemängelt, dass der Schriftsteller seine Protagonisten in einem „Amüsierlokal" über den „Nazistaat" sprechen lasse, dann kritisieren sie genau das, was den Kern des subkutanen Gedächtnisses ausmacht: die informelle Kommunikation über die Vergangenheit, die deswegen lückenhaft und fragmentarisch ist, da die kommunizierende

Gruppe über ähnliche Erinnerungen und Erlebnisse verfügt. Als Außenstehende dieser ‚Gemeinschaft' blickten die beiden Literaturkritiker aus einer anderen Perspektive auf den Roman als der bedeutende Großteil der Rezensent:innen. Das subkutane Gedächtnis bedarf offenbar eines gewissen Abstands, um sich seiner Selbstverständlichkeit zu entledigen und sichtbar zu werden.

Die intensiven Reaktionen nach der Ausstrahlung der Miniserie bedeuten in dieser Interpretation zweierlei: Zum einen legte der zeitliche Abstand von fünf Jahren zwischen dem Roman und seiner Verfilmung vieles offen, was bisher als nicht erwähnenswert gegolten hatte; zum anderen gingen die Filmemacher in der zweiundzwanzigminütigen Szene ‚zu weit'. Der Unterschied zwischen der Rezeption des Romans und des Fernsehfilms lag in der Entwicklung des Diskurses über die NS-Verbrechen, die sich in der zweiten Hälfte der 1950er Jahre vollzog. Der Ulmer Einsatzgruppenprozess und die Gründung der Zentralen Stelle in Ludwigsburg schufen einen neuen Rahmen für die Debatte. Gleichzeitig saßen nun auch Angehörige einer jüngeren Generation vor den Fernsehbildschirmen, die keine eigenen Kriegserfahrungen hatte. Sie repräsentierten eine neue Erinnerungsgemeinschaft, konnten und wollten sich nicht mehr stillschweigend über die Kriegsvergangenheit verständigen. Den drastischen Bildern im eigenen Wohnzimmer konnte also nicht zu- bzw. weggenickt werden. Das historische Massaker selbst stellte aber niemand in Frage. Die emotionalen Aussagen der Zuschauer:innen bezogen sich vor allem auf die massenmediale Sichtbarmachung der Massenerschießungen, nicht aber auf die Fakten.

Das subkutane Gedächtnis ist in vielerlei Hinsicht spekulativ, da wir etwas analysieren, das nur bedingt greifbar ist. Wir sprechen hier – um meine Studie zusammenzufassen – von einem Phänomen, das innerhalb geschlossener Erinnerungsgemeinschaften zum Vorschein kommt und deshalb auf der Oberfläche des öffentlichen Diskurses beinahe unsichtbar bleibt. Man kann über das subkutane Gedächtnis kaum anders schreiben als mithilfe von Fragen und Konjunktivsätzen. Bei der Analyse des subkutanen Gedächtnisses handelt es sich um ein Forschungsdesiderat, das mit mikro-, vielleicht sogar nanohistorischen Untersuchungen beantwortet werden sollte. In der Geschichte von *Am grünen Strand der Spree* sind Spuren dieses subkutanen Gedächtnisses auf jeden Fall nachweisbar, da offenbar bereits in der Bundesrepublik der 1950er und 1960er Jahre eine entsprechende Form der Erinnerung an den *Holocaust by bullets* existierte.

Bibliografie und Quellen

Zwecks besseren Überblicks wurden die bibliografischen Angaben in zwei Gruppen aufgeteilt: a) Literatur und veröffentlichte Quellen (= Print- und Internetveröffentlichungen) und b) unveröffentlichte Quellen (= Archivquellen und Korrespondenzen). Unter ‚Anonym' sind Angaben verzeichnet, die keine:n identifizierbare:n Autor:in haben, weder als Person noch als Institution. Die Zuschriften der Leser:innen und Zuschauer:innen werden aus Datenschutzgründen anonymisiert angegeben. Die Zentrale Stelle der Landesjustizverwaltungen zur Aufklärung nationalsozialistischer Verbrechen wird in Kurzform als Zentrale Stelle aufgeführt. Im Einklang mit dem *MLA Handbook for Writers of Research Papers* (7th Edition) wurden die URLs ebenfalls in verkürzter Form angegeben.

Die Abkürzung *AGSS* im Text bezieht sich auf die erste Ausgabe des Romans von Hans Scholz. *Am grünen Strand der Spree. So gut wie ein Roman*. Hamburg: Hoffmann und Campe, 1955.

Literatur und veröffentlichte Quellen

Ächtler, Norman. *Generation in Kesseln: Das soldatische Opfernarrativ im westdeutschen Kriegsroman: 1945–1960*. Göttingen: Wallstein, 2013.

Ächtler, Norman. „Forciertes Vergessen: Eine systemtheoretische Perspektive auf das Darstellungstabu von Kriegsverbrechen im westdeutschen Literatursystem der 1950er Jahre". *Mitteilungen des Deutschen Germanistikverbandes* 58.4 (2011): 399–412.

Ächtler, Norman. „‚Sieh in die Grube, scheener Herr aus Daitschland!' Vom Auftauchen der Täter im deutschen Kriegsroman". *Mittelweg 36* 23.1 (2014): 75–98.

Ächtler, Norman. „‚Entstörung' und Dispositiv – Diskursanalytische Überlegungen zum Darstellungstabu von Kriegsverbrechen im Literatursystem der frühen Bundesrepublik". *Das Prinzip Störung in den Geistes- und Sozialwissenschaften*. Hrsg. Norman Ächtler und Carsten Gansel. Berlin: De Gruyter, 2013. 57–82.

Ackermann, Felix. *Palimpsest Grodno. Nationalisierung, Nivellierung und Sowjetisierung einer mitteleuropäischen Stadt 1919–1991*. Wiesbaden: Harrassowitz, 2010.

Adam, Christian. *Der Traum vom Jahre Null: Autoren, Bestseller, Leser: Die Neuordnung der Bücher in Ost und West nach 1945*. Berlin: Galiani, 2016.

Adam, Christian. „Hans Scholz: Am grünen Strand der Spree (1955)". *HolocaustZeugnisLiteratur. 20 Werke wieder gelesen*. Hrsg. Markus Roth und Sascha Feuchert. Göttingen: Wallstein, 2018. 99–106.

Adorno, Theodor W. „Kulturkritik und Gesellschaft". Theodor W. Adorno. *Kulturkritik und Gesellschaft I. Prismen. Ohne Leitbild*. Hrsg. Rolf Tiedemann. Frankfurt am Main: Suhrkamp 1997 [= *Gesammelte Schriften*. Bd. 10,1]. 12–30.

Adorno, Theodor W. „Schuld und Abwehr". Theodor W. Adorno. *Soziologische Schriften II*. Suhrkamp: Frankfurt am Main 2003 [= *Gesammelte Schriften*. Bd. 9,2]. 121–398.

Adorno, Theodor W. „Was bedeutet Aufarbeitung der Vergangenheit?". Theodor Adorno. *Erziehung zur Mündigkeit. Vorträge und Gespräche mit Hellmut Becker, 1959–1969*. Hrsg. Gerd Kadelbach. Frankfurt am Main: Suhrkamp, 1970. 10–29.

Adorno, Theodor W. und Max Horkheimer. *Dialektik der Aufklärung. Philosophische Fragmente*. 16. Aufl. Frankfurt am Main: Fischer Verlag, 2006.

Akrich, Madeleine. "Die De-Skription technischer Objekte". *ANThology. Ein einführendes Handbuch zur Akteur-Netzwerk-Theorie*. Hrsg. Andréa Bellinger und David J. Krieger. Bielefeld: transcript, 2006. 407–428.
Allemann, Fritz René. "Zöllner und Pharisäer". *Der Monat* 138 (1960): 86–88.
Alphen, Ernst van. "Affective Operations of Art and Literature". *RES* 53/54 (2008): 20–30.
Alphen, Ernst van. *Caught by History. Holocaust Effects in Contemporary Art, Literature, and Theory*. Stanford, CA: Stanford University Press, 1997.
Alt, Helmut. "Am grünen Strand der Spree. Bemerkungen zu einer Hörspielrunde". *Frankfurter Rundschau*, 9. Juli 1957.
Altenheim, Hans. "Buchproduktion und Leserinteressen in Westdeutschland seit 1945". *Medienrezeption seit 1945*. Hrsg. Walter Klinger und Gunnar Roters und Maria Gerhards. Baden-Baden: Nomos, 1999. 49–58.
Altenheim, Hans. "Joan Daves, Berlin / New York. Spuren einer Literaturagentin". *Archiv für Geschichte des Buchwesens* 70 (2015): 241–246.
Anderson, Benedict. *Die Erfindung der Nation: Zur Karriere eines folgenreichen Konzepts*. Übers. Benedikt Burkard und Christopher Münz. Berlin: Ullstein, 1988.
Anderson, Stuart und Wulf Kansteiner. "On the Moral Profile of Public History. German Television, Nazi Perpetrators, and the Evolution of Holocaust Memory". *Nazi Ideology and Ethics*. Hrsg. Lothar Fritze und Wolfgang Bialas. Newcastle: Cambridge Scholars Publishing, 2014. 439–461.
Angrick, Andrej. *"Aktion 1005". Spurenbeseitigung von NS-Massenverbrechen 1942–1945*. Göttingen: Wallstein, 2018.
Angrick, Andrej und Peter Klein. *Die "Endlösung" in Riga. Ausbeutung und Vernichtung 1941–1944*. Darmstadt: Wissenschaftliche Buchgesellschaft, 2006.
Anonym. "Berliner Senat ehrt ‚Unbesungene Helden'". *Der Kurier*, 20. April 1960 [Zeitungsausschnitt im Archiv der Akademie der Künste. Hans Scholz Archiv 17].
Anonym [Rotzoll, Christa]. "Boccaccio in der Bar" [Rezension von *Am grünen Strand der Spree* und Interview mit Hans Scholz]. *Der Spiegel* 12 (1956): 44–46.
Anonym. "Bautzen heißt jetzt Budysyn". *Die Zeit*, 4. März 1954.
Anonym. "Die Kinder wurden erschlagen". *Frankfurter Allgemeine Zeitung*, 4. Juni 1958.
Anonym. "Dr. B. Treffpunkt Berlin". *Wiesbadener Tageblatt*, 26.–27.11.1955.
Anonym. "Funk für Anspruchsvolle. Roman als Hörspielreihe". *Die Zeit*, 6. September 1956 [Zeitungsausschnitt im SWR Historischen Archiv Baden-Baden].
Anonym. "Hans Scholz". *Allgemeine Wochenzeitung der Juden in Deutschland*, 25. November 1954.
Anonym. "Hans Scholz". https://de.wikipedia.org/. Zuletzt besucht am 3. Juni 2019.
Anonym. "Massenerschießungen auf der Viehweide". *Süddeutsche Zeitung*, 12. Juli 1958.
Anonym. "Neu in Deutschland". *Der Spiegel* 24 (1955): 39.
Anonym. Ohne Titel [Besprechung des Fernsehfilms *Am grünen Strand der Spree*]. *Fernseh-Kritik* 20/21 (1960) [Zeitungsausschnitt im Archiv der Akademie der Künste. Fritz Umgelter Archiv 281].
Anonym. Ohne Titel. *Das Forum* (Wiesbaden) 1 (1956) [Zeitungsausschnitt im Archiv der Akademie der Künste. Hans Scholz Archiv 8].
Anonym. Ohne Titel. *Welt der Arbeit*, 27. Mai 1960 [Zeitungsausschnitt im Archiv der Akademie der Künste. Hans Scholz Archiv 14].
Anonym. "Probleme verspielt". *Die Zeit*, 9. Juni 1955.

Anonym. „Richter stellen sich". *Frankfurter Allgemeine Zeitung*, 30. August 1958.
Anonym. „Schwab-Felisch, Hans". http://www.munzinger.de. Zuletzt besucht am 12. September 2019.
Anonym. „Soweit die Füße tragen: ‚Mister Mehrteiler' schenkte dem Fernsehen große Erfolge". *Berliner Zeitung*, 11. Mai 1981 [Zeitungsausschnitt im Archiv der Deutschen Kinemathek].
Anonym. *Statistisches Jahrbuch für die Bundesrepublik Deutschland 1960*. Stuttgart: Kohlhammer, 1961.
Anonym. „Zwölf Jahre in zwölf Stunden". *Der Spiegel* 45 (1960): 88–92.
Apel, Friedmar. „Das grausam-lächerliche Abenteuer". *Frankfurter Allgemeine Zeitung*, 3. März 2016.
Arad, Yitzhak. *The Holocaust in the Soviet Union*. Jerusalem: Yad Vashem, 2009.
ARD. „Große Dokumentation über „Das Dritte Reich". http://web.ard.de/ard-chronik. Zuletzt besucht am 25. März 2020.
Arendt, Max, Hrsg. *Am grünen Strand der Spree. Ein Gruß der Reichshauptstadt an die Kameraden im Felde*. [Berlin]: Curt Hermann Weise Verlag, 1943.
Asper, Helmut G. *Max Ophüls. Eine Biographie mit zahlreichen Dokumenten, Texten und Bildern*. Berlin: Bertz, 1998.
Assmann, Aleida. *Auf dem Weg zu einer europäischen Gedächtniskultur?*. Wien: Picus, 2012.
Assmann, Aleida. *Erinnerungsräume. Formen und Wandlungen des kulturellen Gedächtnisses*. München: C.H. Beck, 1999.
Assmann, Aleida. *Formen des Vergessens*. Göttingen: Wallstein, 2016.
Assmann, Aleida. *Der lange Schatten der Vergangenheit. Erinnerungskultur und Geschichtspolitik*. München: C.H. Beck, 2006.
Assmann, Aleida. „Speichergedächtnis und Funktionsgedächtnis in Geschichte und Gegenwart". *Wir sind Erinnerung*. Hrsg. Peter Rusterholz und Rupert Moser. Bern: Haupt 2003. 181–196.
Assmann, Aleida. „Zur Mediengeschichte des kulturellen Gedächtnisses". *Medien des kollektiven Gedächtnisses: Konstruktivität – Historizität – Kulturspezifität*. Hrsg. Astrid Erll und Ansgar Nünning. Berlin: De Gruyter, 2004. 45–60.
Assmann, Aleida. „Zur (Un)vereinbarkeit von Leid und Schuld in der deutschen Erinnerungsgeschichte". *Erinnern und Vergessen: Zur Darstellbarkeit von Traumata*. Hrsg. Karolina Jeftic und Jean-Baptiste Joly. Ems: Akademie Schloss Solitude, 2005. 117–131.
Assmann, Aleida und Sebastian Conrad, Hrsg. *Memory in a Global Age. Discourses, Practices and Trajectories*. Basingstoke: Palgrave Macmillan, 2010.
Assmann, Aleida und Ute Frevert. *Geschichtsvergessenheit – Geschichtsversessenheit: Vom Umgang mit deutschen Vergangenheiten nach 1945*. Stuttgart: Deutsche Verlags-Anstalt, 1999.
Assmann, Jan. *Das kulturelle Gedächtnis. Schrift, Erinnerung und politische Identität in den frühen Hochkulturen*. München: C.H. Beck, 1992.
A. Th. [Ohne Titel]. *Die Zeit*, 27. Mai 1960 [Zeitungsausschnitt im Archiv der Akademie der Künste. Fritz Umgelter Archiv 281].
Auerwerk, Bob. [Leserbrief]. *Bild am Sonntag*, 3. April 1960 [Abdruck im DVD-Booklet *Am grünen Strand der Spree*. Hamburg: Studio Enterprises, 2013].
Badenoch, Alexander. *Voices in Ruins. West German Radio across the 1945 Divide*. Basingstoke: Palgrave Macmillan, 2008.

Bähr, Fabian. „Der Holocaust im Spielfilm der 1960er Jahre". *Lexikon der „Vergangenheitsbewältigung" in Deutschland: Debatten- und Diskursgeschichte des Nationalsozialismus nach 1945*. Hrsg. Torben Fischer und Matthias N. Lorenz. 3. überarb. und erw. Aufl. Bielefeld: transcript, 2015. 181–182.

Bal, Mieke. „Affekt als kulturelle Kraft". Übers. von Antje Krause-Wahl. *Affekte. Analysen ästhetisch-medialer Prozesse*. Hrsg. Antje Krause-Wahl und Heike Oehlschläger und Serjoscha Wiener. Bielefeld: transcript, 2006. 7–19.

Bamm, Peter. *Die unsichtbare Flagge. Ein Bericht*. München und Zürich: Droemer und Knaur, 1952.

Barner, Wilfried. *Geschichte der deutschen Literatur von 1945 bis zur Gegenwart*. Beck: München, 1994.

Barner, Wilfried. „Was sind Literaturstreite? Über einige Merkmale". *Mitteilungen des deutschen Germanistenverbandes* 47.4 (2000): 374–380.

Bartov, Omer. *Hitlers Wehrmacht. Soldaten, Fanatismus und die Brutalisierung des Krieges*: Übers. Karin Miedler und Thomas Pfeiffer. Reinbek bei Hamburg: Rowohlt, 1995.

Baßler, Moritz. „Leichter werden. Zum Programm und Struktur von Hans Scholz' ‚Am grünen Strand der Spree'". *„Am grünen Strand der Spree": Ein populärkultureller Medienkomplex der bundesdeutschen Nachkriegszeit*. Hrsg. Stephanie Heck und Simon Lang und Stefan Scherer. Bielefeld: transcript, 2020, 29–48.

Bajohr, Frank und Dieter Pohl. *Der Holocaust als offenes Geheimnis: die Deutschen, die NS-Führung und die Alliierten*. München: C.H. Beck, 2006.

Baudrillard, Jean. *Der symbolische Tausch und der Tod*. Übers. Gerd Bergfleth. München: Matthes und Seitz, 1982.

Bauer, Thomas. *Die Vereindeutigung der Welt. Über den Verlust an Mehrdeutigkeit und Vielfalt*. Ditzingen: Reclam, 2018.

Bästlein, Klaus. *Der Fall Globke: Propaganda und Justiz in Ost und West*. Metropol: Berlin, 2018.

Bauman, Zygmunt. *Flüchtige Moderne*. Übers. Reinhard Kreissl. Frankfurt am Main: Suhrkamp, 2003.

Beer, Mathias. „Die Entwicklung der Gaswagen beim Mord an den Juden". *Vierteljahreshefte für Zeitgeschichte* 35.3 (1987): 403–417.

Beiner, Guy. *Forgetful Remembrance: Social Forgetting and Vernacular History of a Rebellion in Ulster*. Oxford: Oxford University Press, 2018.

Belarus Holocaust Memorial Project. https://www.belarusmemorials.com. Zuletzt besucht am 19. November 2019.

Ben Arie, Itzchak. „Ein Werk des Bekenntnisses". *Jediath Chaiashoth*, 17. April 1960 [Zeitungsausschnitt im Archiv der Akademie der Künste. Hans Scholz Archiv 17].

Berg, Günter. „Kommentar". Siegfried Lenz. *Der Überläufer. Roman*. Hamburg: Hoffmann und Campe, 2016. 339–358.

Berg, Nicolas. *Der Holocaust und die westdeutschen Historiker. Erforschung und Erinnerung*. 3. durchges. Aufl. Göttingen: Wallstein, 2004.

Berghahn, Volker R. *Journalists between Hitler and Adenauer. From Inner Emigration to the Moral Reconstruction of West Germany*. Princeton, NJ: Princeton University Press, 2019.

Berghoff, Hartmut. „Zwischen Verdrängung und Aufarbeitung. Die bundesdeutsche Gesellschaft und ihre nationalistische Vergangenheit in den Fünfziger Jahren". *Geschichte in Wissenschaft und Unterricht* 2 (1998): 94–114.

Berghoff, Karel C. „Aussage in der Heimat der Täter. Dina Proničeva im Callsen-Prozess". *Osteuropa* 71.1/2 (2021): 41–58.

Bergmann, Werner. „Antisemitismus als politisches Ereignis. Die antisemitische Welle im Winter 1959/1960". *Antisemitismus in der politischen Kultur nach 1945*. Hrsg. Werner Bergmann und Rainer Erb. Berlin: Westdeutscher Verlag, 1990. 253–274.

Bergold, Björn. *Wie Stories zu History werden. Zur Authentizität von Zeitgeschichte im Spielfilm*. Bielefeld: transcript, 2019.

Bergson, Henri. *Materie und Gedächtnis. Eine Abhandlung über die Beziehung zwischen Körper und Geist*. Einl. Erik Oger. Übers. Julius Frankenberger. Hamburg: Felix Meiner Verlag, 1991.

Bf. „Ironie als Alibi". *Aachener Nachrichten* 15. März 1957 [Besprechung der Radiosendung *Gedanken und Zeit* von Joachim Kaiser als Zeitungsausschnitt im Archiv der Akademie der Künste. Hans Scholz Archiv 9].

Biedrzynski, Richard. „Dem Jahrhundert ins Gesicht sehen". *Stuttgarter Zeitung*, 7. April 1954 [Zeitungsausschnitt im Archiv der Akademie der Künste. Hans Scholz Archiv 8].

Bierbach, Wolfgang. *Der Neue WDR. Dokumente zur Nachkriegsgeschichte des Westdeutschen Rundfunks*. Köln: Grote, 1978.

Biltereyst, Daniel und Philippe Meers. „Film, Cinema and Reception Studies. Revisiting Research on Audience's Filmic and Cinematic Experiences". *Reception Studies and Audiovisual Translation*. Hrsg. Elena Di Giovanni und Yves Gambier. Amsterdam: John Benjamins, 2018. 21–42.

Biltereyst, Daniel und Richard Maltby und Philippe Meers, Hrsg. *The Routledge Companion to New Cinema History*. Abingdon: Routledge, 2019.

Boern, Waitman Wade. *Marching into Darkness. The Wehrmacht and the Holocaust in Belarus*. Cambridge, MA: Harvard University Press, 2014.

Bolecki, Włodzimierz. *Ptasznik z Wilna. O Józefie Mackiewiczu. Zarys monograficzny*. Kraków: Arcana, 2007.

Böll, Heinrich. *Der Zug war pünktlich*. 29. Aufl. München: dtv, 2009.

Böll, Heinrich. *Wo warst du Adam?*. 19. Aufl. München: dtv, 2018.

Bolter, Jay David und Richard Grusin. *Remediation. Understanding New Media*. Cambridge, MA: MIT Press, 1999.

Bordwell, David. *Narration in the Fiction Film*. London: Routledge, 1997.

Bösch, Frank. „Das ‚Dritte Reich' ferngesehen. Geschichtsvermittlung in der historischen Dokumentation". *Geschichte in Wissenschaft und Unterricht* 50 (1999): 204–220.

Bösch, Frank. „Geschichte mit Gesicht. Zur Genese des Zeitzeugen in Holocaust-Dokumentationen seit den 1950er Jahren". *Alles authentisch? Popularisierung der Geschichte im Fernsehen*. Hrsg. Thomas Fischer und Rainer Witz. Konstanz: UVK Verlagsgesellschaft, 2006. 51–72.

Bösch, Frank. „Der Nationalsozialismus im Dokumentarfilm: Geschichtsschreibung im Fernsehen, 1950–1990". *Public History. Darstellungen des Nationalsozialismus jenseits der Geschichtswissenschaft*. Hrsg. Frank Bösch und Constantin Goschler. Frankfurt am Main: Campus, 2009. 52–76.

Bourdieu, Pierre. „Ökonomisches Kapital, kulturelles Kapital, soziales Kapital". Übers. Reinhard Kreckel. *Soziale Ungleichheiten*. Hrsg. Reinhard Kreckel. Göttingen: Schwartz, 1983. 183–198.

Bourdieu, Pierre. *Die Regeln der Kunst: Genese und Struktur des literarischen Feldes.* Übers. Achim Ruser und Bernd Schwibs. Frankfurt am Main: Suhrkamp, 1999.

Bowker, Geoffrey C. und Susan Leigh Star. *Sorting Things Out. Classification and Its Consequences.* Cambridge, MA und London: MIT Press, 1999.

Brasch, Alfred. „Der Südwestfunk hat ein Ensemble. Deutschlands jüngster Sender geht eigene Wege". *Rheinische Post*, 20. April 1957 [Zeitungsausschnitt im SWR Historischen Archiv Baden-Baden].

Bredekamp, Horst. „Bildakte als Zeugnis und Urteil". *Mythen der Nationen. 1945 – Arena der Erinnerungen* Bd. 1. Hrsg. Monika Flacke. Berlin und Mainz: DHM und von Zabern, 2004. 29–67.

Brennan, Teresa. *The Transmission of Affect.* Ithaca und London: Cornell University Press, 2004.

Brink, Cornelia. *Ikonen der Vernichtung: öffentlicher Gebrauch von Fotografien aus nationalsozialistischen Konzentrationslagern nach 1945.* Berlin: Akademie-Verlag, 1998.

Brochhagen, Ulrich. *Vergangenheitsbewältigung und Westintegration in der Ära Adenauer.* Hamburg: Junius, 1994.

Browning, Christopher R. *Ganz normale Männer. Das Reserve-Polizeibataillon 101 und die ‚Endlösung' in Polen.* Übers. Jürgen Peter Krause. Reinbek bei Hamburg: Rowohlt, 1993.

Browning, Christopher R. „Perpetrator Testimony: Another Look at Adolf Eichmann". Christopher R. Browning. *Collected Memories: Holocaust History and Postwar Testimony.* Madison: Wisconsin University Press, 2003. 3–36.

Bude, Heinz. *Bilanz der Nachfolge. Die Bundesrepublik und der Nationalsozialismus.* Frankfurt am Main: Suhrkamp, 1992.

Brumlik, Micha und Karol Sauerland. „Einleitung". *Umdeuten, verschweigen, erinnern. Die späte Aufarbeitung des Holocaust in Osteuropa.* Hrsg. Micha Brumlik und Karol Sauerland. Frankfurt am Main und New York: Campus, 2010. 17–24.

Cazenave, Jennifer. „A History of Images or an Image of History? Jonathan Littel's *The Kindly Ones*". *Memory Studies* 3.2 (2010): 110–122.

Černoglazova, Raisa Andreevna, Hrsg. *Tragedija evreev Belorussii v gody nemeckoj okkupacii, 1941–1944 gg. Sbornik dokumentov i materialov.* Bd. 2. Minsk: Dremač, 1997.

Classen, Christoph. *Bilder der Vergangenheit. Die Zeit des Nationalsozialismus im Fernsehen der Bundesrepublik Deutschland 1955–1965.* Köln u. a.: Böhlau, 1999.

Cornißen, Christoph. „Erinnerungskulturen. Version 2.0". https://docupedia.de/. Zuletzt besucht am 10. Mai 2020.

Curilla, Wolfgang. *Die deutsche Ordnungspolizei und der Holocaust im Baltikum und in Weissrussland 1941–1944.* 2. Aufl. Paderborn: Schöningh, 2006.

Davies, Franziska. „Babyn Jar vor Gericht. Juristische Aufarbeitung in der Sowjetunion und Deutschland". *Osteuropa* 71.1/2 (2021): 23–40.

Dean, Martin. *Collaboration in the Holocaust. Crimes of the Local Police in Belorussia and Ukraine, 1941–1944.* Houndmills: Macmillan Press, 2000.

Deleuze, Gilles. *Differenz und Wiederholung.* Übers. Joseph Vogl. 2. korr. Aufl. München: Fink, 1997.

Desbois, Patrick. *Der vergessene Holocaust. Die Ermordung der ukrainischen Juden. Eine Spurensuche.* Vorw. Arno Lustiger. Übers. Heiner Kober. Berlin: Berliner Taschenbuchverlag, 2010.

Deutsche Presse-Agentur. „ARD-Sommertheater ehrt Fritz Umgelter". *Stuttgarter Zeitung*, 2. Juli 1982.

Deutsches Rundfunk Archiv. Sendemanuskripte ‚Der Schwarze Kanal'. http://sk.dra.de/. Zuletzt besucht am 16. September 2019.

Diner, Dan. „Zur Poetik der Fassungslosigkeit". *Den Holocaust erzählen. Historiographie zwischen wissenschaftlicher Empirie und narrativer Kreativität*. Hrsg. Norbert Frei und Wulf Kansteiner. Göttingen: Wallstein 2013. 101–106.

Döring, Jörg und Markus Joch, Hrsg. *Alfred Andersch ‚revisited', Werkbiographische Studien im Zeichen der Sebald-Debatte*. Berlin und Boston: De Gruyter, 2011.

Draaisma, Douwe. *Die Metaphernmaschine. Eine Geschichte des Gedächtnisses*. Übers. Verena Kiefer. Darmstadt: Primus Verlag, 1999.

Drubek-Meyer, Natascha. *Filme über Vernichtung und Befreiung. Die Rhetorik der Filmdokumente aus Majdanek 1944–1945*. Wiesbaden: Springer VS, 2020.

Durkheim, Émile. *Die Regeln der soziologischen Methode*. Hrsg. René König. Frankfurt am Main: Suhrkamp, 1984.

Dworok, Eckehard. „Wer kennt es noch? Das Tagebuch von Jürgen Wilms". *Mut. Forum für Kultur, Politik und Geschichte* 546 (2013): 63–67.

E.R. „Für unbefangene Menschlichkeit. Gedenkstunde der jüdischen Gemeinde. Verleihung des Heinrich-Stahl-Preises 1960". *Der Tagesspiegel*, 21. April 1960.

Earl, Hilary. *The Nuremberg SS-Einsatzgruppen-Trial, 1945–1958. Atrocity, Law and History*. Cambridge und New York: Cambridge University Press, 2010.

Ebbrecht, Tobias. *Geschichtsbilder im medialen Gedächtnis. Filmische Narrative des Holocausts*. Bielefeld: transcript, 2011.

Ebbrecht, Tobias. „History, Public Memory, and Media Event". *Media History* 13.2 (2007): 221–224.

Ebbrecht-Hartmann, Tobias. „Media Resonance and Conflicting Memories: Historical Event Movies as Conflict Zone". *Memory Studies* (2020): online. Zuletzt besucht am 26. März 2020.

Echternkamp, Jörg. *Soldaten im Nachkrieg. Historische Deutungskonflikte und westdeutsche Demokratisierung 1945–1955*. München: Oldenbourg, 2014.

Ehrenreich, Robert und Clifton R. Spargo, Hrsg. *After Representation? The Holocaust, Literature, and Culture*. Piscataway: Rutgers, 2010.

Elektronnaja Evrejskaja Encyklopedija. https://eleven.co.il. Zuletzt besucht am 26. Dezember 2019.

Ellis, John. *Seeing Things. Television in the Age of Uncertainty*. London und New York: I.B. Tauris, 2000.

Eichmüller, Andreas. „Die Strafverfolgung von NS-Verbrechen durch westdeutsche Justizbehörden seit 1945. Eine Zahlenbilanz". *Vierteljahreshefte für Zeitgeschichte* 56.4 (2008): 621–640.

Emmerich, Brigitte. „Görner, Herbert Otto". *Sächsische Biografie*. Hrsg. Institut für Sächsische Geschichte und Volkskunde. http://www.isgv.de/saebi/. Zuletzt besucht am 3. Mai 2020.

Engelking, Barbara und Jan Grabowski, Hrsg. *Dalej jest noc. Losy Żydów w wybranych powiatach okupowanej Polski*. Warszawa: Centrum Badań nad Zagładą Żydów, 2018.

Epl. „Der Baden-Badener Pentameron. Zur Sendefolge ‚Am grünen Strand der Spree'". *Kölner Rundschau*, 29. Oktober 1955 [Zeitungsausschnitt im SWR Historischen Archiv Baden-Baden].

Epple, Angelika. „Globale Mikrogeschichte. Auf dem Weg zu einer Geschichte der Relationen". *Im Kleinen das Große suchen. Mikrogeschichte in Theorie und Praxis.* Hrsg. Ewald Hiebl und Ernst Langthaler. Innsbruck u. a.: Studien Verlag, 2012. 37–47.
Erichsen, Susanne. *Ein Nerz und eine Krone. Die Lebenserinnerungen des deutschen Fräuleinwunders.* München: Econ, 2003.
Erll, Astrid. „Erinnerungskultur und Medien. In welchem Kontext spielt sich die Diskussion um Geschichtsvermittlung im Film ab?". *Zeitgeschichte als TV-Event. Erinnerungsarbeit und Geschichtsvermittlung im deutschen Fernsehfilm.* Hrsg. Albert Drews. Loccum: Loccumer Protokolle, 2007. 9–28.
Erll, Astrid. *Kollektives Gedächtnis und Erinnerungskulturen. Eine Einführung.* 3. Aufl. Stuttgart: J.B. Metzler, 2017.
Erll, Astrid. „Medium des kollektiven Gedächtnisses: Ein (erinnerungs)kulturwissenschaftlicher Kompaktbegriff". *Medien des kollektiven Gedächtnisses.* Hrsg. Astrid Erll und Ansgar Nünning. Berlin und New York: De Gruyter, 2004. 3–22.
Erll, Astrid. „Travelling Memory". *Parallax* 17.4 (2011): 4–18.
Erll, Astrid und Stephanie Wodianka. „Einleitung: Phänomenologie und Methodologie des ‚Erinnerungsfilms'". *Film und kulturelle Erinnerung. Plurimediale Konstellationen.* Hrsg. Astrid Erll und Stephanie Wodianka. Berlin und New York: De Gruyter, 2008. 1–20.
Estermann, Monika. „Tendenzen der Literaturdistribution in der Bundesrepublik Deutschland durch Bücher und Zeitschriften". *Buch, Buchhandel und Rundfunk 1950–1960.* Hrsg. Monika Estermann und Edgar Lersch. Wiesbaden: Harrassowitz, 1990. 33–57.
Ezergailis, Andrew. *The Holocaust in Latvia, 1941–1944.* Riga und Washington: Historical Institute of Latvia und United States Holocaust Memorial Museum, 1996.
Falkenberg, Karin. „‚Der Radio hat g'sagt…' Ein medienwissenschaftlich-ethnomethodologisches Forschungsprojekt". *Radiotage, Fernsehtage. Studien zur Rundfunkgeschichte nach 1945.* Hrsg. Markus Behmer und Bettina Hasselbring. Münster: LIT, 2006. 215–225.
Faulstich, Werner. „Der Öffentlichkeitsbegriff. Historisierung – Systematisierung – Empirisierung". *Öffentlichkeit. Diskurs zu einem Schlüsselbegriff der Organisationskommunikation.* Wiesbaden: Westdeutscher Verlag, 1999. 67–76.
Fd. „So gut wie ein Roman". *Ostfriesen-Zeitung Leer,* 26. November 1955.
Felgina, Irina. Ohne Titel [Zeitzeugeninterview]. *Su adata širdyje. Getų ir koncentracijos stovklų kalinių astiminimai.* Hrsg. Lietuvos Gyventojų Genocido ir Rezistencijos Tyrimo Centras. Garnelis: Vilnius 2003. 81–82.
Fickers, Andreas. „The Emergence of Television as a Conservative Media Revolution: Historicising a Process of Remediation in the Post-War Western European Mass Media Ensemble". *Journal of Modern European History* 10.1 (2012): 49–75.
Finlay, Frank. „‚In this prison of the guard room': Heinrich Böll's *Briefe aus dem Krieg 1939–1945* in the Context of Contemporary Debates". *Germans as Victims in the Literary Fiction of the Berlin Republic.* Hrsg. Stuart Taberner und Karina Berger. Rochester, NY: Camden House, 2009. 56–69.
Fischer, Thomas. „Geschichte als Ereignis. Das Format Zeitgeschichte im Fernsehen". *Die Medien der Geschichte. Historizität und Medialität in interdisziplinärer Perspektive.* Hrsg. Fabio Crivellari u. a. Konstanz: UVK Verlagsgesellschaft, 2004. 511–529.
Fischer, Torben. „Ulmer Einsatzgruppenprozess". *Lexikon der „Vergangenheitsbewältigung" in Deutschland. Debatten und Diskursgeschichte des Nationalsozialismus nach 1945.* Hrsg.

Torben Fischer und Matthias N. Lorenz. 3. überarb. Aufl. Bielefeld: transcript, 2015. 70–72.
Foer, Jonathan Safran. *Alles ist erleuchtet*. Übers. Dirk van Gunstern. Köln: Kiepenheuer & Witsch, 2011.
Frank, Gustav. „Von der Allegorie zum Verismo. Radiotechnik, Hörspielästhetik und Phonopoetik um 1955". *„Am grünen Strand der Spree": Ein populärkultureller Medienkomplex der bundesdeutschen Nachkriegszeit*. Hrsg. Stephanie Heck und Simon Lang und Stefan Scherer. Bielefeld: transcript, 2020. 145–172.
Frei, Norbert. *Vergangenheitspolitik. Die Anfänge der Bundesrepublik und die NS-Vergangenheit*. München: C.H. Beck, 1996.
Fri. „Krieg und Frieden in der Literatur". *Berliner Zeitung*, 19. November 1960.
Friedländer, Saul, Hrsg. *Probing the Limits of Representation. Nazism and the ‚Final Solution'*. Cambridge, MA: Harvard University Press, 1992.
Fritsche, Christiane. *Vergangenheitsbewältigung im Fernsehen. Westdeutsche Filme über den Nationalsozialismus in den 1950er und 60er Jahren*. München: Martin Medienbauer, 2003.
Fritscher-Fehr, Melanie. *Demokratie im Ohr. Das Radio als geschichtskultureller Akteur in Westdeutschland 1945–1963*. Bielefeld: transcript, 2019.
Fröhlich, Claudia. „Der ‚Ulmer Einsatzgruppen-Prozess' 1958. Wahrnehmung und Wirkung des ersten großen Holocaust-Prozesses". *NS-Prozesse und deutsche Öffentlichkeit. Besatzungszeit, frühe Bundesrepublik und DDR*. Hrsg. Jörg Osterloh und Clemens Vollnhals. Göttingen: Vandenhoeck & Ruprecht, 2011. 233–262.
Fulbrook, Mary. *Reckonings. Legacies of Nazi Persecution and the Quest for Justice*. Oxford: Oxford University Press, 2018.
Garncarz, Joseph. *Begeisterte Zuschauer. Über die Filmpräferenzen der Deutschen in der NS-Zeit*. Köln: Harlem-Verlag, 2021.
Gedenkstätte Deutscher Widerstand. „Alexander Schwab". https://www.gdw-berlin.de/. Zuletzt besucht am 22. Januar 2020.
Gerlach, Christian. „Die Einsatzgruppe B 1941/42". *Die Einsatzgruppen in der besetzten Sowjetunion 1941/42. Die Tätigkeits- und Lageberichte des Chefs der Sicherheitspolizei und des SD*. Hrsg. Peter Klein. Berlin: Edition Hentrich, 1997.
Gerlof, Manuela. *Tonspuren. Erinnerungen an den Holocaust im Hörspiel der DDR (1945–1989)*. Berlin und New York: De Gruyter, 2010.
Gersdorff, Freiherr von. „Brief an die Herausgeber". *Frankfurter Allgemeine Zeitung*, 20. Juni 1958.
Gertenbach, Lars und Henning Laux. *Zur Aktualität von Bruno Latour. Einführung in sein Werk*. Wiesbaden: Springer, 2019.
Giddens, Anthony. *Central Problems in Social Theory: Action, Structure and Contradiction in Social Analysis*. London: Macmillan Press, 1979.
Giddens, Anthony. *Konstitution der Gesellschaft. Grundzüge einer Theorie der Strukturierung*. Einl. Hans Joas. Übers. Wolf-Hagen Krautz und Wilfried Spohn. Frankfurt am Main: Campus Verlag, 1988.
Giddens, Anthony. *Soziologie*. Hrsg. Christian Fleck und H.G. Zilian. Übers. Angela Kornberger und Maria Nievoll und H.G. Zilian. Graz: Nausner & Nausner, 1995.
Ginzburg, Carlo. *Der Käse und die Würmer. Die Welt eines Müllers um 1600*. Übers. Karl F. Hauber. 8. Aufl. Berlin: Verlag Klaus Wagenbach, 2020.

Glienke, Stephan Alexander. *Die Ausstellung „Ungesühnte Nazijustiz" (1959–1962)*. Baden-Baden: Nomos, 2006.
Głowiński, Michał. „Lektura dzieła a wiedza historyczna". *Dzieło literackie jako źródło historyczne*. Hrsg. Zofia Stefanowska und Janusz Sławiński. Czytelnik: Warszawa 1978. 94–113.
Golańska, Dorota. *Affective Connections. Towards a New Materialist Politics of Sympathy*. Lanham: Rowman & Littlefield, 2017.
Golańska, Dorota. „Bodily Collisions. Toward a New Materialist Account of Memorial Art". *Memory Studies* 13.1 (2020): 74–89.
Goschler, Constantin. „Radikalkonservative Intellektuelle in der frühen Bundesrepublik". *Solitäre und Netzwerker. Akteure des kulturpolitischen Konservatismus nach 1945 in den Westzonen Deutschlands*. Hrsg. Erhard Schütz und Peter Uwe Hohendahl. Essen: Klartext, 2009. 23–33.
Grabowski, Jan. *Hunt for the Jews. Betrayal and Murder in German-occupied Poland*. Bloomington: Indiana University Press, 2013.
Graduiertenkolleg Mediale Historiographien. „Forschungsprofil". https://www.uni-weimar.de/. Zuletzt besucht am 31. Mai 2020.
Graf, Dominik. „Verliebte Männer im Krieg". *Frankfurter Allgemeine Zeitung*, 2. April 2013.
Gross, Jan Tomasz. *Nachbarn. Der Mord an den Juden von Jedwabne*. Vorw. Adam Michnik. Übers. Friedrich Griese. München: C.H. Beck, 2011.
Grusin, Richard. „Premediation". *Criticism* 46.1 (2004): 17–39.
Gumbrecht, Hans Ulrich. *Nach 1945. Latenz als Ursprung der Gegenwart*. Übers. Frank Born. Berlin: Suhrkamp, 2012.
Gürgen, Hannes. „,Geschehen und erzählt, meine Herren, ist durchaus noch nicht dasselbe'. Das Verhältnis von Dokumentation und Fiktion in Hans Scholz' ,Am grünen Strand der Spree'". *„Am grünen Strand der Spree": Ein populärkultureller Medienkomplex der bundesdeutschen Nachkriegszeit*. Hrsg. Stephanie Heck und Simon Lang und Stefan Scherer. Bielefeld: transcript, 2020. 69–86.
Hagen, Ingunn und Janett Wasko, Hrsg. *Consuming Audiences? Production and Reception in Media Research*. Cresskill, NJ: Hampton Press, 2000.
Halbwachs, Maurice. *Das Gedächtnis und seine sozialen Bedingungen*. Übers. Lutz Geldsetzer. 6. Aufl. Frankfurt am Main: Suhrkamp, 1985.
Hamburger Institut für Sozialforschung, Hrsg. *Vernichtungskrieg. Verbrechen der Wehrmacht 1941 bis 1944*. Hamburg: Hamburger Edition, 1996.
Hamburger Institut für Sozialforschung, Hrsg. *Verbrechen der Wehrmacht. Dimensionen des Vernichtungskrieges 1941–1944*. Hamburg: Hamburger Edition, 2002.
Harding, Thomas. *Sommerhaus am See. Fünf Familien und 100 Jahre deutscher Geschichte*. Übers. Daniel Bussenius. München: dtv, 2016.
Haus der Geschichte Baden-Württemberg, Hrsg. *Die Mörder sind unter uns. Der Ulmer Einsatzgruppenprozess 1958* [Ausstellungskatalog]. Stuttgart: Stadthaus Ulm, 2008.
Hauck, Roya. „Eine neue ,Heimat' ,am grünen Strand der Spree'. Zur Funktion der Mottos in Hans Scholz' Roman". *„Am grünen Strand der Spree": Ein populärkultureller Medienkomplex der bundesdeutschen Nachkriegszeit*. Hrsg. Stephanie Heck und Simon Lang und Stefan Scherer. Bielefeld: transcript, 2020. 49–68.
Heck, Stephanie. „,Quality-TV' made 1960. Aspekte serieller Komplexität im frühen deutschen Fernsehen". *„Am grünen Strand der Spree": Ein populärkultureller Medienkomplex der*

bundesdeutschen Nachkriegszeit. Hrsg. Stephanie Heck und Simon Lang und Stefan Scherer. Bielefeld: transcript, 2020. 223–248.

Heck, Stephanie und Simon Lang und Stefan Scherer, Hrsg. „Am grünen Strand der Spree": Ein populärkultureller Medienkomplex der bundesdeutschen Nachkriegszeit. Bielefeld: transcript, 2020.

Heck, Stephanie und Simon Lang. „Der große Boogie-Woogie aus der Macht des Schicksals. Musik im Fernsehmehrteiler ‚Am grünen Strand der Spree'". „Am grünen Strand der Spree": Ein populärkultureller Medienkomplex der bundesdeutschen Nachkriegszeit. Hrsg. Stephanie Heck und Simon Lang und Stefan Scherer. Bielefeld: transcript, 2020. 273–288.

Heck, Stephanie und Simon Lang. „‚Selfmade'-Talente. Biografien von Hans Scholz und Fritz Umgelter". „Am grünen Strand der Spree": Ein populärkultureller Medienkomplex der bundesdeutschen Nachkriegszeit. Hrsg. Stephanie Heck und Simon Lang und Stefan Scherer. Bielefeld: transcript, 2020. 311–320.

Heck, Stephanie und Simon Lang. „So gut wie ein Roman? Hans Scholz' ‚Am grünen Strand der Spree'". Der Rahmenzyklus in der europäischen Literatur. Von Boccaccio bis Goethe, von Chaucer bis Gernhardt. Hrsg. Christoph Kleinschmidt und Uwe Japp. Heidelberg: Universitätsverlag Winter, 2018. 233–251.

Heer, Hannes. „Die Logik des Vernichtungskrieges. Wehrmacht und Partisanenkampf". Vernichtungskrieg. Verbrechen der Wehrmacht 1941–1944. Hrsg. Hannes Herr und Klaus Naumann. Hamburger Edition: Hamburg, 1996. 104–138.

Heer, Hannes. „Von der Schwierigkeit einen Krieg zu beenden. Reaktionen auf die Ausstellung ‚Vernichtungskrieg. Verbrechen der Wehrmacht 1941 bis 1944'". Hannes Heer. Tote Zonen. Die deutsche Wehrmacht an der Ostfront. Hamburg: Hamburger Edition, 1999. 287–309.

Heer, Hannes. Vom Verschwinden der Täter. Der Vernichtungskrieg fand statt, aber keiner war dabei. Berlin: Aufbau-Verlag, 2004.

Hempel-Küter, Christa. Germanistik zwischen 1925 und 1955. Studien zur Welt der Wissenschaft am Beispiel von Hans Pyritz. Berlin: Akademie Verlag, 2000.

Henke, Lukas. „Adler 7 – Die erste deutsche Schreibmaschine kam aus Frankfurt". https://blog.historisches-museum-frankfurt.de. Zuletzt besucht am 1. Februar 2020.

Hepp, Andreas. „Netzwerke der Medien – Netzwerke des Alltags. Medienalltag in der Netzwerkgesellschaft". Medienkultur und soziales Handeln. Hrsg. Tanja Thomas. Wiesbaden: Verlag für Sozialwissenschaften, 2008. 63–90.

Herbert, Ulrich. „Nazis sind immer die anderen". Die Tageszeitung, 21. März 2013.

Herf, Jeffrey. Zweierlei Erinnerung. Die NS-Vergangenheit im geteilten Deutschland. Übers. Klaus-Dieter Schmidt. Berlin: Propyläen, 1997.

Hestermann, Jenny. Inszenierte Versöhnung. Reisediplomatie und die deutsch-israelischen Beziehungen von 1957 bis 1984. Frankfurt am Main: Campus, 2016.

Heuenkamp, Ursula, Hrsg. Schuld und Sühne? Kriegserlebnis und Kriegsdeutung in deutschen Medien der Nachkriegszeit (1945–1961). Amsterdam: Rodopi, 2001.

Heuss, Theodor. „Diese Scham nimmt uns niemand ab!" Praxis Geschichte 6 (2007): 36–37.

Heydebrandt, Renate von und Dieter Pfau und Jörg Schönert, Hrsg. Zur theoretischen Grundlegung einer Sozialgeschichte der Literatur. Ein struktural-funktionaler Entwurf. Berlin und Boston: De Gruyter, 2011.

Hickethier, Knut. Das Fernsehen in der Bundesrepublik. Themen, Struktur, Theorie und Geschichte 1951–1977. Stuttgart: Metzler, 1980.

Hickethier, Knut. „Der Zweite Weltkrieg und der Holocaust im Fernsehen der Bundesrepublik der fünfziger und frühen sechziger Jahre". *Der Krieg in der Nachkriegszeit. Der Zweite Weltkrieg in Politik und Gesellschaft der Bundesrepublik*. Hrsg. Michael Greven. Opladen: Leske+Budrich, 2000. 93–112.

Hickethier, Knut. *Geschichte des deutschen Fernsehens*. Metzler: Stuttgart 1998.

Hiebl, Ewald, und Ernst Langthaler, Hrsg. *Im Kleinen das Große suchen. Mikrogeschichte in Theorie und Praxis*. Innsbruck u. a.: Studien Verlag, 2012.

Hilberg, Raul. *Täter, Opfer, Zuschauer. Die Vernichtung der Juden 1933–1945*. Übers. Hans Günter Holl. Frankfurt am Main: Fischer, 1992.

Hirschfeld, Gerhard. „Einleitung". *Karrieren im Nationalsozialismus. Funktionseliten zwischen Mitwirkung und Distanz*. Hrsg. Gerhard Hirschfeld und Tobias Jersak. Frankfurt: Campus, 2004. 9–16.

Hißnauer, Christian. „Spiel | Film. Fernsehspiel, Kinofilm und der Fernsehroman ‚Am grünen Strand der Spree'. Zur Spezifik des westdeutschen Fernsehens um 1960". *„Am grünen Strand der Spree": Ein populärkultureller Medienkomplex der bundesdeutschen Nachkriegszeit*. Hrsg. Stephanie Heck und Simon Lang und Stefan Scherer. Bielefeld: transcript, 2020. 191–222.

Hißnauer, Christian. „Der ‚Fernsehroman' als Nobilitierungsversuch der Serie in den 1960er Jahren". *Fernsehserie und Literatur: Facetten einer Medienbeziehung*. Hrsg. Vincent Fröhlich und Lisa Gott und Jens Ruchatz. München: Text + Kritik, 2019. 62–82.

Hodenberg von, Christina. „Expeditionen in den Methodendschungel. Herausforderungen der Zeitgeschichte im Fernsehzeitalter". *Journal of Modern European History* 10.1 (2012): 24–48.

Hodenberg von, Christina. *Konsens und Krise. Eine Geschichte der westdeutschen Medienöffentlichkeit 1945–1973*. Göttingen: Wallstein, 2006.

Hoeres, Peter. *Zeitung für Deutschland. Die Geschichte der FAZ*. München und Salzburg: Benvento, 2019.

Hoffmann, Christoph. *Schreiben im Forschen. Verfahren, Szenen, Effekte*. Tübingen: Mohr Siebeck, 2018.

Hoffmann und Campe. „Anzeige". *Börsenblatt für den deutschen Buchhandel* (Frankfurter Ausgabe) 91.15 (1955): 3993.

Hoskins, Andrew. „The Mediatization of Memory". *Mediatization of Communication*. Hrsg. Knut Lundby. Berlin: De Gruyter, 2014. 661–679.

Hoskins, Andrew. „New Memory: Mediating History". *Historical Journal of Film, Radio, and Television* 21.4 (2001): 333–346.

Hübner, Emanuel. *Das Olympische Dorf von 1936. Planung, Bau und Nutzungsgeschichte*. Paderborn: Ferdinand Schöningh, 2015.

Hübner, Heinz Werner. „Wandel durch Anordnung". *Die Zeit*, 2. August 1985

Hutcheon, Linda. *A Theory of Adaptation*. 2. Aufl. Abingdon: Routledge, 2013.

Huyssen, Andreas. *Twighlit Memories: Marking Time in a Culture of Amnesia*. New York: Routledge, 1995.

Inglis, David. „Globalization and/of Memory: on the Complexification and Contestation of Memory Cultures and Practices". *Routledge International Handbook of Memory Studies*. Hrsg. Ana Lisa Tota und Trever Hagen. Abingdon: Routledge, 2016. 143–157.

Ingrao, Christian. *Hitlers Elite. Die Wegbereiter des nationalistischen Massenmordes*. Übers. Enrico Heinemann und Ursel Schäfer. Berlin: Propyläen, 2010.

Innis, Harold A. „Die Presse. Ein vernachlässigter Faktor in der Wirtschaftsgeschichte". Übers. Frederike Schwerin-High. *Harold A. Innis – Kreuzwege der Kommunikation. Ausgewählte Texte.* Hrsg. Karlheinz Barck. Wien und New York: Springer. 233–264.

Innis, Harold A. „Tendenzen der Kommunikation". Übers. Frederike Schwerin-High. *Harold A. Innis Kreuzwege der Kommunikation. Ausgewählte Texte.* Hrsg. Karlheinz Barck. Wien und New York: Springer, 1997. 95–120.

Ioffe, Emanuil Grigorevich und Galina Dmitrievna Knatko. *Kholokost v Belarusi: 1941–1944: Dokumenty i Materialy.* Minsk: Nacionalnyj Arhv Respubliki Belarus, 2002.

Irum, Paulina. Oral History Interview. United States Holocaust Memorial Museum. Sign. RG-50.120.0382. https://collections.ushmm.org. Zuletzt besucht am 24. September 2019.

Jaesrich, Hellmut. „Die Ritter der Tafelrunde. Erlebnisbericht über ein Berliner Buch". *Der Monat* 90 (1956): 55–58.

Jahn, Peter und Ulrike Schmiegelt, Hrsg. *Foto-Feldpost. Geknipste Kriegserlebnisse 1939–1945.* Berlin: Deutsch Russisches Museum und Elefanten Press, 2000.

James, Harold. „Die D-Mark." *Deutsche Erinnerungsorte. Eine Auswahl.* Hrsg. Etienne François und Hagen Schulze. München: C.H. Beck, 2005. 369–385.

Jarausch, Konrad. *Zerrissene Leben. Das Jahrhundert unserer Mütter und Väter.* Darmstadt: WBG Theiss, 2018.

Jauß, Hans Robert. *Ästhetische Erfahrung und literarische Hermeneutik.* Frankfurt am Main: Suhrkamp, 1991.

Jauß, Hans Robert. „Literaturgeschichte als Provokation der Literaturwissenschaft". *Rezeptionsästhetik.* Hrsg. Rainer Warning. 2. Aufl. München: Fink, 1979. 126–162.

Jedlicki, Jerzy. „Dzieje doświadczone i dzieje zaświadczane". *Dzieło literackie jako źródło historyczne.* Hrsg. Zofia Stefanowska, und Janusz Sławiński. Warszawa: Czytelnik, 1978. 344–371.

J.F.W. Ohne Titel. *Vorwärts*, 10. August 1956 [Zeitungsausschnitt im Archiv der Akademie der Künste. Hans Scholz Archiv 7].

Joop, Gerhard. „Besser als mancher Roman". *Westermanns Monatshefte* 97.6 (1956): 89–91.

Jungblut, Michael. *Herausforderungen und Antworten. Die Ganske Verlagsgruppe – Geschichte eines Medienhauses.* Hamburg: Hoffmann und Campe, 2007.

Jünger, Friedrich Georg. *Gedächtnis und Erinnerung.* Frankfurt am Main: Vittorio Klostermann, 1957.

Jurianov, Victor. „Tragedija Oršanskogo Getto". http://shtetle.com/. Zuletzt besucht am 1. Juli 2020.

Kabalek, Kobi. „Das Scheitern und die Erinnerung. Über das Nicht-Retten von Juden in zwei deutschen Nachkriegsfilmen". *Diktatorpuppe zerstört, Schaden gering: Kunst und Geschichtspolitik im Postnazismus.* Hrsg. Lisa Bolyos und Katharina Morawek. Wien: Mandelbaum, 2012. 92–103.

Kaiser, Joachim. „So gut wie ein Ufa-Film". *Texte und Zeichen* 9.5 (1956): 536–542.

Kampmann, Elisabeth. *Kanon und Verlag. Zur Kanonisierungspraxis des Deutschen Taschenbuch-Verlags.* Berlin: Akademie Verlag, 2011.

Kansteiner, Wulf. „Fantasies of Innocence. The Holocaust Bystander as German Television Star". *Völkermord zur Prime Time. Der Holocaust im Fernsehen.* Hrsg. Judith Keilbach und Béla Rásky und Jana Starek. Wien und Hamburg: New Academic Press, 2019. 23–45.

Kansteiner, Wulf. „Finding Meaning in Memory: A Methodological Critique". *History and Memory* 41.2 (2002): 179–197.

Kansteiner, Wulf. „Hidden in Plain View. Remembering and Forgetting the Bystanders of the Holocaust in (West) German Television". *Probing the Limits of Categorization. The Bystander in Holocaust History.* Hrsg. Christina Morina und Krijs Thijs. New York und Oxford: Berghahn Books, 2019. 266–290.

Kansteiner, Wulf. „Nazis, Viewers, and Statistics: Television History, Television Audience Research, and Collective Memory in West Germany". *Journal of Contemporary History* 39.4 (2004): 575–598.

Kansteiner, Wulf. „Transnational Holocaust Memory, Digital Culture, and the End of Reception Studies". *Twentieth Century in European Memory. Transcultural Mediation and Reception.* Hrsg. Tea Sindbæk Andersen und Barbara Törnquist-Plewa. Amsterdam: Brill, 2017. 305–343.

Katz, Klaus. „Die WDR-Intendanten 1956–1986". *Am Puls der Zeit. 50 Jahre WDR. Band 2: Der Sender weltweit nah dran 1956–1985.* Hrsg. Klaus Katz u. a. Köln: Kiepenheuer & Witsch, 2005. 34–45.

Kay, Alex und David Stahel. „Crimes of the Wehrmacht: A Re-evaluation." *Journal of Perpetrator Research* 3.1 (2020), 95–127.

Keilbach, Judith. „Eine Epoche vor Gericht. Der Eichmann-Prozess und das bundesdeutsche Fernsehen". *Völkermord zur Prime Time. Der Holocaust im Fernsehen.* Hrsg. Judith Keilbach und Béla Rásky und Jana Starek. Wien und Hamburg: New Academic Press, 2019. 265–283.

Keilbach, Judith. „Zeugen, deutsche Opfer und traumatisierte Täter – zur Inszenierung von Zeitzeugen in bundesdeutschen Fernsehdokumentationen über den Nationalsozialismus". *Tel Aviver Jahrbuch für deutsche Geschichte* 31 (2003): 287–306.

Kirn, Richard. Ohne Titel. *Frankfurter Neue Presse*, 19. Mai 1960 [Zeitungsausschnitt im Archiv der Akademie der Künste. Fritz Umgelter Archiv 281].

Kittel, Manfred. *Die Legende von der „zweiten Schuld". Vergangenheitsbewältigung in der Ära Adenauer.* Berlin: Ullstein, 1993.

Kittler, Friedrich. *Aufschreibsysteme 1800/1900.* München: Fink, 1985.

Kittler, Friedrich. *Grammophon, Film, Typewriter.* Berlin: Brinkmann und Bose, 1986.

Klein, Peter, Hrsg. *Einsatzgruppen in der besetzten Sowjetunion 1941/42. Die Tätigkeits- und Lageberichte des Chefs der Sicherheitspolizei und des SD.* Berlin: Edition Hentrich, 1997.

Klaus, Elisabeth und Ricarda Drüeke, Hrsg. *Öffentlichkeiten und gesellschaftliche Aushandlungsprozesse. Theoretische Perspektiven und empirische Befunde.* Bielefeld: transcript, 2017.

Klemperer, Victor. *LTI. Notizbuch eines Philologen.* Berlin: Aufbau, 1947.

Kligler-Vilenchik, Neta. „Memory-Setting: Applying Agenda-Setting Theory to the Study of Collective Memory". *On Media Memory. Collective Memory in a New Media Age.* Hrsg. Motti Neiger und Oren Meyers und Eyal Zandberg. Basingstoke: Palgrave Macmillan, 2011. 226–237.

Klüger, Ruth. „Gibt es ein ‚Judenproblem' in der deutschen Nachkriegsliteratur?". Ruth Klüger. *Katastrophen. Über deutsche Literatur.* Göttingen: Wallstein, 1994. 9–38.

Knaap, Ewout van der. *„Nacht und Nebel". Gedächtnis des Holocaust und internationale Wirkungsgeschichte.* Göttingen: Wallstein, 2008.

Knop, Martin. „Victor Arajs – Kollaboration beim Massenmord". *Historische Rassismusforschung. Ideologien – Täter – Opfer.* Hrsg. Barbara Danckwortt und Thorsten Querg und Claudia Schöning. Berlin: Argument, 1995. 231–245.

Koch, Gertrud und Jeremy Gaines. „'Not Yet Accepted Anywhere': Exile, Memory, and Image in Kracauer's Conception of History". *New German Critique* 54 (1991) [= Special Issue on Siegfried Kracauer]: 95–109.

Koch, Hans Herrmann. „Aussage am 17. Januar 1946 im Minsker Prozeß". *Der Krieg der deutschen Wehrmacht und der Polizei 1941–1944. Sowjetische Überlebende berichten.* Hrsg. Peter Kohl. Frankfurt am Main: Fischer, 1995. 268–269.

Koch, Lars. „Das Fernsehbild der Wehrmacht am Ende der fünfziger Jahre – zu Fritz Umgelters Fernsehmehrteiler ‚Am grünen Strand der Spree'". *Geschichte im Film. Mediale Inszenierungen des Holocaust und kulturelles Gedächtnis.* Hrsg. Waltraud ‚Wara' Wende. Stuttgart und Weimar: Metzler 2002. 78–95.

Kogel, Jörg Dieter, und Kai Schlüter. „Die Leidenschaft des lauten Lesens – ein Gespräch mit Gert Westphal". *Radio Bremen*, 31. Oktober 1999. https://www.radiobremen.de. Zuletzt besucht am 31. Mai 2019.

Kohl, Peter, Hrsg. *Der Krieg der deutschen Wehrmacht und der Polizei 1941–1944. Sowjetische Überlebende berichten.* Frankfurt am Main: Fischer, 1995.

Kollmannsberger, Michael. *Buchgemeinschaften im deutschen Buchmarkt. Funktionen, Leistungen, Wechselwirkungen.* Wiesbaden: Harrassowitz, 1995.

Koeppen, Wolfang. *Tauben im Gras, Das Treibhaus, Der Tod in Rom* [Drei Romane]. Nachw. Hans-Ulrich Treichel. Frankfurt am Main: Suhrkamp, 2008.

Korn, Karl. „Berliner Dekameron 1955". *Frankfurter Allgemeine Zeitung*, 28. Januar 1956.

Korn, Karl. „Unser neuer Roman. ‚Am grünen Strand der Spree'". *Frankfurter Allgemeine Zeitung*, 8. Juni 1956.

Koselleck, Reinhart. „Erfahrungswandel und Methodenwechsel. Eine historisch-anthropologische Skizze". Reinhart Koselleck. *Zeitschichten. Studien zur Historik.* Frankfurt am Main: Suhrkamp, 2003. 27–77.

Koselleck, Reinhart. „Formen und Traditionen des negativen Gedächtnisses". *Verbrechen erinnern. Die Auseinandersetzung mit Holocaust und Völkermord.* Hrsg. Volkhard Knigge und Norbert Frei, Mitarb. Annett Schweitzer. München: C.H. Beck, 2002. 21–32.

Koselleck, Reinhart. *Zeitschichten. Studien zur Historik.* Frankfurt am Main: Suhrkamp, 2003.

Kracauer, Siegfried. *Theorie des Films: die Errettung der äusseren Wirklichkeit.* Übers. Friedrich Walter und Ruth Zellschan. Frankfurt am Main: Suhrkamp, 2006.

Krammer, Hans. „Himmlers Henker hören den Staatsanwalt". *Süddeutsche Zeitung*, 4. August 1958.

Krausnick, Helmut. *Die Truppe des Weltanschauungskriegs. Die Einsatzgruppen der Sicherheitspolizei und des SD 1938–1942.* Teil 1. Stuttgart: Deutsche Verlagsanstalt, 1981.

Kreuzer, Helmut. „Auf den zweiten Blick". *Frankfurter Hefte* 1 (1957): 57–61.

Krösche, Heike. „‚Die Justiz muß Farbe bekennen'. Die öffentliche Reaktion auf die Gründung der ‚Zentralen Stelle der Landesverwaltungen' 1958". *Zeitschrift für Geschichtswissenschaft* 56.4 (2008): 338–357.

Kühne, Thomas. *Kameradschaft. Die Soldaten des nationalsozialistischen Krieges und das 20. Jahrhundert.* Göttingen: Vandenhoeck & Ruprecht, 2006.

Künzli, Arnold. Brief an die Redaktion. *Der Monat* 140 (1960): 91–92.

Künzli, Arnold. „Symposion an der Spree". *National Zeitung*, 20 Oktober 1955. [Abschrift in den Akten des Fontane-Preises. Landesarchiv Berlin B Rep. 014/2109. Bl. 133–137].

Kuhn, Annette. „A Journey Through Memory". *Memory and Methodology.* Hrsg. Susannah Radstone. Oxford: Bloomsbury, 2000. 179–196.

Kuschel, Franziska. *Schwarzhörer, Schwarzseher und heimliche Leser. Die DDR und die Westmedien*. Göttingen: Wallstein, 2016.
Kwiet, Konrad. „Forests and the Final Solution". *Leerstelle(n)? Der deutsche Vernichtungskrieg 1941–1944 und die Vergegenwärtigungen des Geschehens nach 1989*. Hrsg. Katrin Stoll, Alexandra Klei. Berlin: Neofelis Verlag, 2019. 41–70.
Landgericht Darmstadt. „Urteil vom 8. April 1954, 2Ks2/54". *Justiz und NS-Verbrechen. Sammlung deutscher Strafurteile wegen nationalsozialistischer Tötungsverbrechen 1945–1966*. Bd. 12. Hrsg. Adelheid L. Rüter-Eglermann und H.H. Fuchs und C.F. Rüter. Amsterdam: Amsterdam University Press, 1974. 371–385.
Landgericht Kiel. „Urteil vom 8. April 1964, 2Ks1/64". *Justiz und NS-Verbrechen. Sammlung deutscher Strafurteile wegen nationalsozialistischer Tötungsverbrechen 1945–1966*. Bd. 19. Hrsg. Irene Sagel-Grande und H.H. Fuchs und C.F. Rüter. Amsterdam: Amsterdam University Press, 1978. 795–813.
Landgericht München. „Urteil vom 21. Juli 1961, 2Ks1/61". *Justiz und NS-Verbrechen. Sammlung deutscher Strafurteile wegen nationalsozialistischer Tötungsverbrechen*. Bd. 17. Hrsg. H.H. Fuchs und C.F. Rüter. Amsterdam: University of Amsterdam Press, 1977. 657–708.
Landsberg, Alison. *Engaging the Past. Mass Culture and the Production of Historical Knowledge*. New York: Columbia University Press, 2015.
Landsberg, Alison. *Prosthetic Memory: The Transformation of American Remembrance in the Age of Mass Culture*. New York: Columbia University Press, 2004.
Lang, Simon. „Cocktail Studies als historische Alkohologie. Zum Alkoholkonsum in der Jockey Bar". *„Am grünen Strand der Spree": Ein populärkultureller Medienkomplex der bundesdeutschen Nachkriegszeit*. Hrsg. Stephanie Heck und Simon Lang und Stefan Scherer. Bielefeld: transcript, 2020. 135–141.
Lang, Simon. „Das mediale Rauschen der Spree. Die zeitgenössische Rezeption von Bestseller, Hörspiel und Fernsehfilm". *„Am grünen Strand der Spree": Ein populärkultureller Medienkomplex der bundesdeutschen Nachkriegszeit*. Hrsg. Stephanie Heck und Simon Lang und Stefan Scherer. Bielefeld: transcript, 2020. 289–310.
Lanziger, Margareth. „Das Lokale neu positionieren im *actor-network*-Raum – globalgeschichtliche Herausforderungen und illyrische Steuerpolitiken". *Im Kleinen das Große suchen. Mikrogeschichte in Theorie und Praxis*. Hrsg. Ewald Hiebl und Ernst Langthaler. Innsbruck u. a.: Studien Verlag, 2012. 48–56.
Latour, Bruno. *Eine neue Soziologie für eine neue Gesellschaft. Einführung in die Akteur-Netzwerk-Theorie*. Übers. Gustav Roßler. Frankfurt am Main: Suhrkamp, 2007.
Latour, Bruno. *Die Hoffnung der Pandora. Untersuchungen zur Wirklichkeit der Wissenschaft*. Übers. Gustav Roßler. Frankfurt am Main: Suhrkamp, 2000.
Latour, Bruno. „On recalling ANT". *Actor Network Theory and after*. Hrsg. John Law und John Hassard. Oxford und Maiden: Blackwell Publishing, 2006. 15–25.
Latour, Bruno. *Science in Action. How to Follow Scientists and Engineers through Society*. Cambridge, MA: Harvard University Press, 1987.
Latour, Bruno und Steve Woolgar. *Laboratory Life: The Construction of Scientific Facts*. New Jersey: Princeton University Press, 1986.
Law, John. „After ANT: Complexity, Naming and Topology". *Actor Network Theory and after*. Hrsg. John Law und John Hassard. Oxford, Maiden: Blackwell Publishing, 2006. 1–14.

Lebedeva, Olga. „W Orše k 75-letiju velikoj pobedy". *Vitebskije Vesti*, 29. April 2020. http://vitvesti.by/. Zuletzt besucht am 1. Juni 2020.

Le Goff, Jacques. *Geschichte und Gedächtnis*. Übers. Elisabeth Hartfelder. Frankfurt am Main: Campus, 1992.

Lekht, Naya. *Narratives of Return: Babii Iar and Holocaust Literature in the Soviet Union*. 2013. https://escholarship.org/uc/item/46z2z132. Zuletzt besucht am 4. März 2021.

Leßau, Hanne. *Entnazifizierungsgeschichten. Die Auseinandersetzung mit der eignen NS-Vergangenheit in der frühen Nachkriegszeit*. Göttingen: Wallstein, 2020.

Lethen, Helmut. „Versionen des Authentischen: sechs Gemeinplätze". *Literatur und Kulturwissenschaften. Positionen, Theorien, Modelle*. Hrsg. Hartmut Böhme und Klaus R. Scherpe. Reinbek bei Hamburg: Rowohlt, 1996. 205–231.

Levi, Giovanni. „On Microhistory". *New Perspectives on Historical Writing*. Hrsg. Peter Burke. Pennsylvania State University Press, 2012. 93–113.

Lévy, Marie-Françoise. „Television, Family and Society in France 1949–1968". *Historical Journal of Film, Radio and Television* 18.2 (1998): 199–212.

Levy, Daniel und Sznaider, Natan. *Erinnerung im globalen Zeitalter. Der Holocaust*. Aktual. Neuausgabe. Frankfurt am Main: Suhrkamp, 2007.

Lewy, Guenter. *Perpetrators. The World of the Holocaust Killers*. New York und Oxford: Oxford University Press, 2017.

Leys, Ruth. „The Turn to Affect. A Critique". *Critical Inquiry* 37.3 (2011): 434–472.

Lindeperg, Sylvie. „*Nacht und Nebel*". *Ein Film in der Geschichte*. Übers. Stefan Barmann. Berlin: Vorwerk 8, 2010.

Lindeperg, Sylvie „Film Production as a Palimpsest". *Behind the Screen. Inside European Production Cultures*. Hrsg. Petr Szczepanik und Patrick Vondreau. New York: Palgrave Macmillan, 2013. 73–87.

Littel, Jonathan. *Die Wohlgesinnten*. Übers. Heiner Kober. Berlin: Berliner Taschenbuch Verlag, 2009.

Lorenz, Matthias N., Hrsg. *Wendejahr 1959? Die literarische Inszenierung von Kontinuitäten und Brüchen in gesellschaftlichen und kulturellen Kontexten der 1950er Jahre*. Bielefeld: Aisthesis Verlag, 2011.

Lübbe, Hermann. „Der Nationalsozialismus im deutschen Nachkriegsbewußtsein". *Historische Zeitschrift* 236.3 (1983): 279–299.

Luft, Friedrich. „Das große Berliner Palaver. Vier Männer, vier Schicksale". *Die Welt*, 21. Januar 1956.

Luft, Friedrich. „Ein Buch, ein Bau, Theater und etwas Frühling". *Süddeutsche Zeitung*, 17/18. März 1956.

ma. „Der größte deutsche Prozess nach dem Kriege". *Frankfurter Allgemeine Zeitung*, 1. September 1958.

Magen, Antoine. „,Am grünen Strand der Spree' – so gut wie ein Künstlerroman". *„Am grünen Strand der Spree": Ein populärkultureller Medienkomplex der bundesdeutschen Nachkriegszeit*. Hrsg. Stephanie Heck und Simon Lang und Stefan Scherer. Bielefeld: transcript, 2020. 87–106.

Mallmann, Klaus-Michael u. a., Hrsg. *Die „Ereignismeldungen UdSSR" 1941. Dokumente der Einsatzgruppen in der Sowjetunion*, Darmstadt: WBG, 2011.

Margolina, Sonja. „Ein Grab in den Lüften. Hommage an Anatolij Kuznecov". *Osteuropa* 71.1/2 (2021): 197–210.

Martin, Marko. *"Eine Zeitschrift gegen das Vergessen."* Bundesrepublikanische Traditionen und Umbrüche im Spiegel der Kulturzeitschrift „Der Monat". Frankfurt am Main u. a.: Peter Lang. 2003.
Massumi, Brian. „The Autonomy of Affect". *Deleuze: A Critical Reader.* Hrsg. Paul Patton. Cambridge und Oxford: Blackwell 1993. 217–239.
McGlothlin, Erin. „Empathetic Identification and the Mind of the Holocaust. Perpetrator in Fiction: A Proposed Taxonomy of Response". *Narrative* 24.3 (2016): 251–276.
McGlothlin, Erin. „The Voice of the Perpetrator, the Voices of the Survivors". *Persistent Legacy. The Holocaust and German Studies.* Hrsg. Erin McGlothlin und Jennifer M. Kapczynski. Rochester: Camden House, 2016. 33–53.
McLuhan, Marshall. *Die magischen Kanäle. Understanding Media.* Übers. Mainrad Amann. Düsseldorf und Wien: Econ-Verlag, 1970.
Medick, Hans. „Mikro-Historie". *Sozialgeschichte, Alltagsgeschichte, Mikro-Historie. Eine Diskussion.* Hrsg. Winfried Schulze. Göttingen: Vandenhoeck & Ruprecht 1994. 40–53.
Meise, Sylvia. „Memory Talk. Wie Erinnerungen entstehen". *Psychologie heute* 33.3 (2006): 64.
Meyen, Michael. *Hauptsache Unterhaltung. Mediennutzung und Medienbewertung in Deutschland in den 50er Jahren.* Münster: LIT, 2001.
Miggelbrink, Monique. *Fernsehen und Wohnkultur. Zur Vermöbelung von Fernsehgeräten in der BRD der 1950er und 1960er Jahre.* Bielefeld: transcript, 2018.
Miron, Guy und Shlomit Shulhani, Hrsg. *Die Yad Vashem Enzyklopädie der Ghettos während des Holocausts*, Bd. 1. Übers. Helmut Dierlam u. a. Göttingen: Wallstein, 2014.
Mitscherlich, Alexander und Margarethe Mitscherlich. *Die Unfähigkeit zu trauern. Grundlagen kollektiven Verhaltens.* 18. Aufl. München: Piper, 2004.
Moeller, Robert G. „The Politics of the Past in the 1950s: Rhetorics of Victimisation in East and West Germany". *Germans as Victims: Remembering the Past in Contemporary Germany.* Hrsg. Bill Niven. Houndmills: Palgrave Macmillan, 2006. 26–42.
Moeller, Robert G. *War Stories: The Search for a Usable Past in the Federal Republic of Germany.* Ann Arbor: University of Michigan Press, 2001.
Moller, Sabine. *Zeitgeschichte sehen. Die Aneignung von Vergangenheit durch Filme und ihre Zuschauer.* Berlin: Bertz und Fischer, 2018.
Moses, Dirk. „Die 45er. Eine Generation zwischen Faschismus und Demokratie". *Neue Sammlung* 40.2 (2000): 233–263.
Moses, Dirk. *German Intellectuals and the Nazi Past.* Cambridge: Cambridge University Press, 2007.
Mühl-Benninghaus, Wolfgang und Mike Friedrichsen. *Geschichte der Medienökonomie: Eine Einführung in die traditionelle Medienwirtschaft 1750 bis 2000.* Baden-Baden: Nomos 2012.
Mullen, Mary K. und Soonhyung Yi. „The cultural Context of Talk about the Past: Implications for the Development of Autobiographical Memory". *Cognitive Development* 10.3 (1995): 407–419.
Muslow, Martin, und Marcello Stamm, Hrsg. *Konstellationsforschung.* Frankfurt am Main: Suhrkamp, 2005.
Neitzel, Sönke und Harald Welzer. *Soldaten. Protokolle vom Kämpfen, Töten und Sterben.* Frankfurt am Main: Fischer, 2011.

Niethammer, Lutz. *Deutschland danach: postfaschistische Gesellschaft und nationales Gedächtnis.* Hrsg. Ulrich Herbert u. a. Bonn: Dietz, 1999.

Neumann, Birgit und Ansgar Nünning. „Travelling Concepts as a Model for the Study of Culture". *Travelling Concepts for the Study of Culture.* Hrsg. Birgit Neumann und Ansgar Nünning. Berlin und Boston: De Gruyter, 2012. 1–22.

Niven, Bill, Hrsg. *Germans as Victims: Remembering the Past in Contemporary Germany.* Basingstoke: Palgrave Macmillan, 2006.

Nimmo, Harry. *The Andrew Sisters: A Biography and Career Record.* London: McFarland, 2007.

Nora, Pierre. „Pour une histoire au second degré". *Le Débat* 122 (2002): 24–31.

Olick, Jeffrey. *In the House of the Hangman. The Agonies of German Defeat, 1943–1949.* Chicago: The University of Chicago Press, 2005.

Oels, David. *Rowohlts Rotationsroutine. Markterfolge und Modernisierung eines Buchverlages vom Ende der Weimarer Republik bis in die fünfziger Jahre.* Essen: Klartext, 2003.

Payk, Marcus. *Der Geist der Demokratie. Intellektuelle Orientierungsversuche im Feuilleton der frühen Bundesrepublik: Karl Korn und Peter de Mendelssohn.* München: Oldenbourg Verlag, 2008.

Payk, Marcus. „Opportunismus, Kritik und Selbstbehauptung. Der Journalist Karl Korn zwischen den dreißiger und den sechziger Jahren". *Rückblickend in die Zukunft. Politische Öffentlichkeit und intellektuelle Positionen in Deutschland um 1950 und um 1930.* Hrsg. Alexander Gallus und Axel Schildt. Göttingen: Wallstein, 2011. 147–163.

Person, Katarzyna. *Policjanci: wizerunek Żydowskiej Służby Porządkowej w getcie warszawskim.* Warszawa: Żydowski Instytut Historyczny, 2018.

Petrowskaja, Katja. *Vielleicht Esther.* Berlin: Suhrkamp, 2014.

Pohl, Dieter. „Historiography and Nazi Killing Sites". *Killing Sites: Research and Remembrance.* Hrsg. International Holocaust Remembrance Alliance. Berlin: Metropol, 2015. 31–46.

Prager, Gerhard. „Das Hörspiel und die Zeichen der Zeit". *Kreidestriche ins Ungewisse. Zwölf deutsche Hörspiele nach 45.* Hrsg. Gerhard Prager. Darmstadt: Moderner Buchklub, 1960. 415–429.

Prajs, Henryk. Zeitzeugeninterview. https://www.youtube.com/. Zuletzt besucht am 10. Dezember 2019.

Priotto, Cristina. *Fortsetzung folgt. Feuilletonromane in der „Frankfurter (Allgemeinen) Zeitung" im 20. Jahrhundert.* Marburg: Tectum, 2007.

Prusin, Alexander Victor. „,Fascist Criminals to the Gallows!' Holocaust and Soviet War Crimes Trials, December 1945–February 1946". *Holocaust and Genocide Studies* 17.1 (2003): 1–30.

Puszkar, Norbert. „Hans Scholz's ‚Am grünen Strand der Spree'. Witnessing and Representing the Holocaust". *Neophilologus* 93.2 (2009): 311–324.

Rauch, Stefanie, „Understanding the Holocaust through Film. Audience Reception between Preconceptions and Media Effects". *History and Memory* 30.1 (2018): 151–188.

Reckwitz, Andreas. „Anthony Giddens". *Klassiker der Soziologie. Band II. Von Talcott Parsons bis Anthony Giddens,* 5. überarb. aktual. und erw. Aufl. Hrsg. Dirk Kaesler. München: C.H. Beck, 2007. 311–337.

Redaktion. „Man winkt vom Schützenstand. Ein Buch, das unserer Erinnerung nachhelfen kann". *Europäische Zeitung,* 20. Juli 1956.

Reese, Martin. „Die Adler 7 und ihre Konstrukteure". *Historische Bürowelt* 112 (2018): 21–23.

Reichel, Peter. *Vergangenheitsbewältigung in Deutschland. Die Auseinandersetzung mit der NS-Diktatur in Politik und Justiz*. 2. Aufl. München: C.H. Beck, 2010.
Reifenberger, Jürgen. *Vergangenheit. Bewältigung. Vergangenheitsbewältigung. Zur Geschichte und Theorie eines scheinbar erforschten Themas*. Bielefeld: transcript, 2019.
Rein, Leonid. *The Kings and the Pawns. Collaboration in Byelorussia during World War II*. New York: Berghahn Books, 2011.
Remarque, Erich Maria. *Zeit zu leben, Zeit zu sterben*. Nachw. Tilman Westphalen. Köln: Kiepenheuer & Witsch, 1989.
Reuss, Anja. „‚Holocaust by Bullets'. Die Organisation des deutschen Massenmordes in Belarus 1941–1944". *Besatzung, Vernichtung, Zwangsarbeit. Beiträge des 20. Workshops zur Geschichte und Gedächtnisgeschichte der nationalsozialistischen Konzentrationslager*. Hrsg. Frédéric Bonnesoeur u.a. Berlin: Metropol, 2017. 29–56.
R.H.. Ohne Titel. *Hildesheimer Presse*, 24. März 1960 [Zeitungsausschnitt im Archiv der Akademie der Künste. Fritz Umgelter Archiv 281].
Rhodes, Richard. *Die deutschen Mörder. Die SS-Einsatzgruppen und der Holocaust*. Übers. Jürgen Peter Krause. Bergisch Gladbach: Lübbe, 2004.
Rigney, Ann. *The Afterlives of Walter Scott: Memory on the Move*. Oxford: Oxford University Press, 2012.
Rigney, Ann. „Cultural Memory Studies: Mediation, Narrative, and the Aesthetic". *Routledge International Handbook of Memory Studies*. Hrsg. Anna Lisa Tota und Trever Hagen. London: Routledge, 2015. 65–76.
Riffel, Dennis. *Unbesungene Helden. Die Ehrungsinitiative des Berliner Senats 1958 bis 1966*. Berlin: Metropol, 2007.
Romanovsky, Daniel. „Orsha". *Encyclopedia of Camps and Ghettos, 1933–1945*. Bd. 2. Hrsg. Geoffrey P. Megargee. Washington und Bloomington: United States Holocaust Memorial Museum und Indiana University Press, 2009. 1709–1712.
Roskies, David. „Wartime Writing in Eastern Europe". *Literature of the Holocaust*. Hrsg. Alan Rosen. Cambridge: Cambridge University Press, 2013. 15–32.
Rothberg, Michael. *The Implicated Subject. Beyond Victims and Perpetrators*. Stanford, CA: Stanford University Press, 2019.
Rothberg, Michael. *Multidirectional Memory: Remembering the Holocaust in the Age of Decolonization*. Stanford: Stanford University Press, 2009.
Rose, Gillian. *Visual Methodologies: An Introduction to Researching with Visual Materials*. 4. Aufl. Los Angeles u.a.: Sage, 2016.
Rozenberg, Aleksandr. *Po stranicam istorii evrejskoj Oršy*. A.N. Varaksil: Minsk, 2012.
Rürup, Reinhard. *Der lange Schatten des Nationalsozialismus: Geschichte, Geschichtspolitik und Erinnerungskultur*. Göttingen: Wallstein, 2019.
Rüsen, Jörn. „Die Historisierung des Nationalsozialismus". Jörn Rüsen. *Zerbrechende Zeit. Über den Sinn der Geschichte*. Köln u.a.: Böhlau 2001. 219–262.
Rüsen, Jörn. „Holocaust-Erinnerung und deutsche Identität". Jörn Rüsen. *Zerbrechende Zeit. Über den Sinn der Geschichte*. Köln u.a.: Böhlau 2001. 278–299.
Saalbach, Hans. *Das Olympische Dorf. Erbaut von der Wehrmacht des Deutschen Reichs zur Feier der XI Olympischen Spiele Berlin 1936*. Leipzig: Philipp Reclam, 1936.
Saryusz-Wolska, Magdalena. „Entsetzliche, kaum auszuhaltende Bilder. Der Holocaust in der Fernsehserie ‚Am grünen Strand der Spree' im März 1960". https://zeitgeschichte-online.de/ April 2020. Zuletzt besucht am 17. Mai 2020.

Saryusz-Wolska, Magdalena. „,Ich war gezwungen zuzusehen'. Zu Holocausttätern, die sich als Zeugen inszenieren". *Bezeugen. Mediale, forensische und kulturelle Praktiken von Zeugenschaft.* Hrsg. Zeynep Tuna und Mona Wischhoff und Isabelle Zinsmaier. Stuttgart: Metzler, 2022 [im Erscheinen].

Saryusz-Wolska, Magdalena und Carolin Piorun. „Verpasste Debatte. ‚Unsere Mütter, unsere Väter' in Deutschland und Polen". *Osteuropa* 11/12 (2014): 115–132.

Saupe, Achim. „Authentizität. Version 3.0". https://docupedia.de/. Zuletzt besucht am 17. Mai 2020.

Schabacher, Gabriele. „Medium Infrastruktur. Trajektorien soziotechnischer Netzwerke in der ANT". *Zeitschrift für Medien und Kulturforschung* 2 (2013). 129–148.

Schabacher, Gabriele. „Zur Einführung [Infrastrukturen]". *Grundlagentexte der Medienkultur.* Hrsg. Andreas Zimmerman. Wiesbaden: Springer, 2019. 283–288.

Schauding, Michael. *Literatur im Medienwechsel. Gerhart Hauptmanns Tragikomödie ‚Die Ratten' und ihre Adaptationen für Kino, Hörfunk, Fernsehen.* München: Verlagsgemeinschaft Schauding/Bauer/Ledig, 1992.

Scherer, Stefan. „So gut wie eine literarhistorische ‚Aufheiterung' der Nachkriegszeit. Scholz' Roman in der Synthetischen Moderne". *„Am grünen Strand der Spree": Ein populärkultureller Medienkomplex der bundesdeutschen Nachkriegszeit.* Hrsg. Stephanie Heck und Simon Lang und Stefan Scherer. Bielefeld: transcript, 2020. 107–134.

Schildt, Axel. *Moderne Zeiten. Freizeit, Massenmedien und „Zeitgeist" in der Bundesrepublik der 50er Jahre.* Hamburg: Christians, 1995.

Schildt, Axel. „Das Jahrhundert der Massenmedien. Ansichten zu einer künftigen Geschichte der Öffentlichkeit". *Geschichte und Gesellschaft* 27.2 (2001): 177–206.

Schildt, Axel. „Medien-Intellektuelle. Intellektuelle Positionen und mediale Netzwerke in der Bundesrepublik (1949–1990)". http://www.zeitgeschichte-hamburg.de. Zuletzt besucht am 2. Februar 2020.

Schimke, Max. *Freund unter Feinden. Wie ich als junger Soldat den Zweiten Weltkrieg überlebte.* Hrsg. Werner Schimke, Gießen: Brunnen, 2018.

Schlant, Ernestine. *Die Sprache des Schweigens. Deutsche Literatur und der Holocaust.* Übers. Holger Fliessbach. München: C.H. Beck, 2001.

Schlumbohm, Jürgen. „Mikrogeschichte – Makrogeschichte. Zur Eröffnung einer Debatte". *Mikrogeschichte, Makrogeschichte. Komplementär oder inkommensurabel?.* Hrsg. Jürgen Schlumbohm. Göttingen: Wallstein, 1998. 7–32.

Schmid, Hans. „Scheener Herr aus Daitschland". https://heise.de/, 23. Juni 2011. Zuletzt besucht am 5. Mai 2020.

Schmidt, Arno. *Das steinerne Herz. Historischer Roman aus dem Jahre 1954 nach Christi.* Durchgeseh. Ausg. Frankfurt am Main: Fischer Taschenbuch Verlag, 1991.

Schmiegelt, Ulrike. „,Macht euch um mich keine Sorgen…'". *Foto-Feldpost. Geknipste Kriegserlebnisse 1939–1945.* Hrsg. Peter Jahn und Ulrike Schmiegelt. Berlin: Deutsch Russisches Museum und Elefanten Press, 2000. 23–31.

Schneider, Gerhard. „Von Strindberg, über Hauptmann zu Böll". *Neue Zeit,* 27. November 1960.

Schneider, Thomas F. „,Die Sucht nach Flucht'. Zu Erich Maria Remarques ‚Zeit zu leben und Zeit zu sterben'". Erich Maria Remarque. *Zeit zu leben und Zeit zu sterben. Roman,* Originalfass. Hrsg. Thomas F. Schneider. Köln: Kiepenheuer & Witsch, 2018. 560–584.

Schoemeker, Pamela und Tim P. Vos. *Gatekeeping Theory.* London u. a.: Routledge, 2009.

Schoenberner, Gerhard. *Der gelbe Stern. Die Judenverfolgung in Europa 1933 bis 1945.* Hamburg: Rütten & Loening Verlag, 1960.
Scholz, Anne-Marie. *From Fidelity to History. Film Adaptations as Cultural Events in the Twentieth Century.* New York und Oxford: Berghahn Books 2013.
Scholz, Hans. *Am grünen Strand der Spree. So gut wie ein Roman.* Hamburg: Hoffmann und Campe 1955.
Scholz, Hans. *Aux bords verdoyants de la Sprée.* Übers. Loise Servcen. Paris: Gallimard, 1960.
Scholz, Hans. „Der Autor vor dem Fernsehschirm". *Der Tagesspiegel*, 29. Mai 1960.
Scholz, Hans. „Berlin, Berlin und kein Ende". *Tagesspiegel*, 7. Oktober 1961.
Scholz, Hans. *Berlin, jetzt freue dich.* Hamburg: Hoffmann und Campe, 1960.
Scholz, Hans. „Dienst an der Sittlichkeit". *Die Zeit*, 3. Juni 1960.
Scholz, Hans. „Jahrgang 1911. Leben mit allerlei Liedern". Hans Mommsen und Hans Scholz und Jan Herchenröder. *Jahr und Jahrgang 1911.* Hamburg: Hoffmann und Campe, 1966. 54–116.
Scholz, Hans. „Rede anlässlich der Aufnahme in die Akademie". *Jahrbuch der Deutschen Akademie für Sprache und Dichtung* 1969: 110–115.
Scholz, Hans. „Schkola". *Der Monat* 96 (1956): 61–83.
Scholz, Hans. *Schkola.* München: Albert Langen und Georg Müller, 1958.
Scholz, Hans. *Through the Night.* Übers. Elisabeth Abbott. New York: Thomas Y. Crowell, 1959.
Scholz, Hans. *Wanderungen und Fahrten in die Mark Brandenburg.* Bd. 1–10. Frankfurt am Main: Ullstein, 1980–1984.
Scholz, Stephan. „,Seltsamer Triumphzug'. Zu den Ursachen des bundesdeutschen Erfolges des ,Tagebuchs der Anne Frank' in den 1950er Jahren". *Geschichte in Wissenschaft und Unterricht* 62.1/2 (2011): 66–91.
Schönert, Jörg. *Perspektiven zur Sozialgeschichte der Literatur. Beiträge zur Theorie und Praxis.* Berlin und Boston: De Gruyter, 2012.
Schorntsheimer, Michael. *Die leuchtenden Augen der Frontsoldaten. Nationalsozialismus und Krieg in den Illustriertenromanen der fünfziger Jahre.* Berlin: Metropol, 1995.
Schreyer, Maxim D. *I Saw It. Ilya Selvinsky and the Legacy of Bearing Witness to the Shoah.* Boston: Academic Studies Press, 2013.
Schuller, Wolfgang. „Hans Schott nach dreißig Jahren". *Neue Deutsche Hefte* 33.1 (1985): 93–98.
Schütz, Erhard, und Peter Uwe Hohendahl. „Solitäre, Mittler und Netzwerker. Einleitende Vorbemerkungen". *Solitäre und Netzwerker. Akteure des kulturpolitischen Konservatismus nach 1945 in den Westzonen Deutschlands.* Hrsg. Erhard Schütz und Peter Uwe Hohendahl. Essen: Klartext, 2009. 9–12.
Schwan, Christian. „Das Olympische Dorf von 1936 im Spiegel der Geschichte". Margit Kühl et al. *Vergessener Ort. Olympisches Dorf 1936.* Potsdam: Strauss, 2009. 7–54.
Schwarz, Michael. „,Er redet leicht, schreibt schwer'. Theodor W. Adorno am Mikrophon." *Zeithistorische Forschungen / Studies in Contemporary History* 8 (2011): 286–294.
Schwerbrock, Wolfgang. „Umstrittene Bücher – moralische Bibliothekare". *Frankfurter Allgemeine Zeitung*, 4. Juni 1957.
Schwab-Felisch, Hans. „Am grünen Strand der Spree. Zu dem Berlin Buch eines neuen Autors". *Die Zeit*, 20. Oktober 1955.
Scott, John, Hrsg. *A Dictionary of Sociology.* 4. Aufl. Oxford University Press, 2015. https://www.oxfordreference.com/. Zuletzt besucht am 30. Januar 2020.

Seibert, Peter. „Bruch mit dem Bildertabu. Der Beginn des visuellen Erinnerns im westdeutschen Fernsehen an den nationalsozialistischen Völkermord". *Erinnerungsarbeit. Grundlage einer Kultur des Friedens.* Hrsg. Bernhard Nolz und Wolfgang Popp. Münster: LIT, 2000: 125–140.

Seibert, Peter. „Medienwechsel und Erinnerung. Der Beginn der Visualisierung des Holocaust im westdeutschen Fernsehen". *Der Deutschunterricht* 5 (2001): 74–83.

Shapiro, Paul. A. „Foreword". Father Patrick Desbois. *Holocaust by Bullets. A Priest's Journey to Uncover the Truth behind the Murder of 1.5 Million Jews.* New York: Palgrave Macmillan, 2007. VII–XVI.

Siegert, Bernhard. „Das Hörspiel als Vergangenheitsbewältigung". *Medienkultur der 50er Jahre. Diskursgeschichte der Medien nach 1945.* Bd. 1. Hrsg. Irmela Schneider und Peter M. Spangenberg. Wiesbaden: Westdeutscher Verlag, 2002. 287–298.

Smilovickij, Leonid. *Katastrofa evreev v Belorussi: 1941–1944 gg.* Tel Aviv: Biblioteka Matveja Černego, 2000.

Sobchack, Vivian. „History Happens". *The Persistence of History. Cinema, Television, and the Modern Event.* Hrsg. Vivian Sobchack. London: Routledge, 1996. 1–16.

Spector, Shmuel and Geoffrey Wigoder, Hrsg. *The Encyclopedia of Jewish Life Before and During the Holocaust.* Einf. Elie Wiesel. Bd. 2. New York und Jerusalem: New York University Press und Yad Vashem, 2001.

Spigel, Lynn. *Make Room for TV. Television and the Family Ideal in Postwar America.* Chicago University Press, 1992.

Spörri, Myriam. „,Jüdisches Blut'. Zirkulationen zwischen Literatur, Medizin und politischer Presse, 1918–1933. *Österreichische Zeitschrift für Geschichtswissenschaften* 16 (2005): 32–52.

Staiger, Janet. *Media Reception Studies.* New York: New York University Press, 2005.

Staiger, Janet und Sabine Hake, Hrsg. *Convergence Media History.* New York: Routledge, 2009.

Star, Susan Leigh. „Die Ethnographie von Infrastruktur". Übers. Michael Schmidt. Susan Leigh Star. *Grenzobjekte und Medienforschung.* Hrsg. Sebastian Gießmann und Nadine Taha. Bielefeld: transcript, 2017. 419–436.

Statistisches Bundesamt, Hrsg. *Statistisches Jahrbuch für die Bundesrepublik Deutschland.* Bd. 1960. Stuttgart: Metzler.

Stecker, Christina. „Sonderverhalten und Phonoästhetik. Rezeptionsgeschichtliche Überlegungen zur Hörspielreihe ,Am grünen Strand der Spree'". *„Am grünen Strand der Spree": Ein populärkultureller Medienkomplex der bundesdeutschen Nachkriegszeit.* Hrsg. Stephanie Heck und Simon Lang und Stefan Scherer. Bielefeld: transcript, 2020. 173–188.

Stier, Oren Baruch. *Holocaust Icons. Symbolizing the Shoah in History and Memory.* New Brunswick: Rutgers University Press, 2015.

Stiftung Denkmal für die Ermordeten Juden Europas. Gedenkstättenportal zu Orten der Erinnerung in Europa. Erinnerung an die Ermordeten Juden in Orscha, https://www.memorialmuseums.org/. Zuletzt besucht am 29. September 2019.

Stiglegger, Marcus. *Auschwitz-TV. Reflexionen des Holocaust im Fernsehen.* Wiesbaden: Springer, 2015.

Stoll, Katrin. *Die Herstellung der Wahrheit. Strafverfahren gegen ehemalige Angehörige der Sicherheitspolizei für den Bezirk Białystok.* Berlin und Boston: De Gruyter, 2012.

Stoll, Katrin und Klei, Alexandra, Hrsg. *Leerstelle(n)? Der deutsche Vernichtungskrieg 1941–1944 und die Vergegenwärtigungen des Geschehens nach 1989*. Berlin: Neofelis Verlag, 2019.
Strub, Christian. „Trockene Rede über mögliche Ordnungen der Authentizität. Erster Versuch". *Authentizität als Darstellung*. Hrsg. Jan Berg und Hans-Otto Hügel und Hajo Kurzenberger. Universität Hildesheim, 1997. 7–18.
Stubbe-da-Luz, Helmut. „Harriet Wegener – von der Militärregierung zur ‚Abgeordneten' ernannt". *Das Rathaus. Zeitschrift für Kommunalpolitik* 11 (1986): 678–682.
Südwestfunk. *Geschäftsbericht 1956/57*. Baden-Baden: Südwestfunk, Abteilung für Werbung und Statistik, 1957.
Szacka, Barbara. *Czas przeszły – pamięć – mit*. Warszawa: Wydawnictwo Naukowe Scholar, 2006.
Taberner, Stuart und Karina Berger, Hrsg. *Germans as Victims in the Literary Fiction of the Berlin Republic*. Rochester, NY: Camden House, 2009.
Telemann [Martin Morlock]. „Wilder Osten". *Der Spiegel* 18 (1959): 61.
Telemann [Martin Morlock]. „Imperfektion". *Der Spiegel* 14 (1960): 61.
Tessin, Georg, Hrsg. *Verbände und Truppen der deutschen Wehrmacht und Waffen-SS im Zweiten Weltkrieg*. Bd. 1–17, Osnabrück: Biblio, 1965–2002.
Tilitzki, Christian. *Die deutsche Universitätsphilosophie in der Weimarer Republik und im Dritten Reich*, Bd. 1. Berlin: Akademie Verlag, 2002.
Timm, Uwe. *Am Beispiel meines Bruders*. Köln: Kiepenheuer & Witsch, 2003.
Tobin, Patrick. „No Time for ‚Old Fighters': Postwar West Germany and the Origins of the 1958 Ulm Einsatzkommando Trial". *Central European History* 44.4 (2011): 684–710.
Tokarska-Bakir, Joanna. „Z Latourem w Kielcach". https://www.academia.edu/. Zuletzt besucht am 30. Januar 2020.
Toker, Leona. „The Holocaust in Russian Literature". *Literature of the Holocaust*. Hrsg. Alan Rosen. Cambridge: Cambridge University Press, 2013. 118–130.
Topografičeskije karty. http://www.etomesto.ru/. Zuletzt besucht am 15. Januar 2020.
Törnquist-Plewa Barbara, und Tea Sindbæk Andersen und Astrid Erll. „Introduction. On Transcultural Memory and Reception". *The Twentieth Century in European Memory: Transcultural Mediation and Reception*. Hrsg. Barbara Törnquist-Plewa und Tea Andersen Sindbæk. Leiden: Brill, 2017. 1–23.
Traninger, Anita. „Emergence as a Model for the Study of Culture". *Travelling Concepts for the Study of Culture*. Hrsg. Birgit Neumann und Ansgar Nünning. Berlin und Boston: De Gruyter, 2012. 67–82.
Vries de, Jan. „Playing with Scales: The Global and the Micro, the Macro and the Nano". *Global History and Microhistory*. Hrsg. John-Paul Ghobrial. Oxford: Oxford University Press 2019 [= *Past and Present Supplement* 14 (2019)]. 23–36.
Vice, Sue. „‚Beyond Words'. Representing the ‚Holocaust by Bullets'". *Holocaust Studies* 25 (2019), H. 1–2: 88–100.
Vice, Sue. „Claude Lanzmann's Einsatzgruppen Interviews". *Representing Perpetrators in Holocaust Literature and Film*. Hrsg. Jenni Adams und Sue Vice. Chicago: Vallentine Mitchell, 2013, 47–68.
Vice, Sue. *Holocaust Fiction*. Abingdon und New York: Routledge, 2000.
Vinnitsa, Gennadij. *Cholokost na okupirovannoj territorii vostočnoj Belarusi v 1941–1944 godach*, Minsk: Kovčeg, 2011.

Vowinckel, Annette. „Kritik der Forschungslücke". *Werkstatt Geschichte* 22.61 (2013): 43–48.
W. „Im SWF-Hörspiel: ‚Am grünen Strand der Spree'". *Badisches Tageblatt*, 8. September 1956 [Zeitungsausschnitt im SWR Historischen Archiv Baden-Baden].
Wagener, Hans. *Gabriele Tergit: Gestohlene Jahre.* Göttingen: V&R Unipress, 2013.
Wagner, Hans-Ulrich. „Ein symbolisches Verhältnis. Der Rundfunk und das literarische Leben im Nachkriegsdeutschland". *Doppelleben. Literarische Szenen aus Nachkriegsdeutschland. Materialien zur Ausstellung.* Göttingen: Wallstein 2009. 227–236.
Wagner-Pacifici, Robin und Barry Schwartz. „The Vietnam Veterans Memorial. Commemorating a Difficult Past". *The American Journal of Sociology* 97.2 (1991): 376–420.
Walden, Michael. „Es war so schön… Die Geschichte einer Fernsehsendung". *Der Monat* 158 (1960): 23–31.
Walke, Anika. „‚Wir haben über dieses Thema nie gesprochen'". *Umdeuten, verschweigen, erinnern. Die späte Aufarbeitung des Holocaust in Osteuropa.* Hrsg. Micha Brumlik und Karol Sauerland. Frankfurt am Main und New York: Campus, 2010. 25–46.
Walke, Anika. „Split Memory: The Geography of Holocaust Memory and Amnesia in Belarus". *Slavic Review* 77.1 (2018): 174–197.
Warburg, Aby. „Einleitung". Aby Warburg. *Der Bilderatlas Mnemosyne.* Hrsg. Martin Warnke und Cornelia Brink (= *Gesammelte Schriften*. Bd. 2). Berlin und Boston: De Gruyter, 2000. 3–6.
Weckel, Ulrike. *Beschämende Bilder. Deutsche Reaktionen auf alliierte Dokumentarfilme über befreite Konzentrationslager.* Stuttgart: Franz Steiner Verlag, 2012.
Weckel, Ulrike. „The *Mitläufer* in Two German Postwar Films Representation and Critical Reception". *History and Memory* 15.2 (2003): 64–93.
Weckel, Ulrike. „Plädoyer für Rekonstruktionen der Stimmenvielfalt. Rezeptionsforschung als Kulturgeschichte". *Geschichte und Gesellschaft* 45.1 (2019): 120–150.
Wege, Lotte. „Jargon als Stil". *Neue Deutsche Hefte* 26.5 (1956) [= Beilage zu *Kritische Blätter* 8.5 (1956)]: 3–4.
Weinke, Annette. „‚Bleiben die Mörder unter uns?' Öffentliche Reaktionen auf die Gründung und Tätigkeit der Zentralen Stelle Ludwigsburg". *NS-Prozesse und deutsche Öffentlichkeit. Besatzungszeit, frühe Bundesrepublik und DDR.* Hrsg. Jörg Osterloh und Clemens Vollnhals. Göttingen: Vandenhoeck & Ruprecht 2011. 263–282.
Welzer, Harald. *Das kommunikative Gedächtnis. Eine Theorie der Erinnerung.* 4. Aufl. München: C.H. Beck, 2017.
Welzer, Harald und Sabine Moller und Karoline Tschuggnall. *„Opa war kein Nazi". Nationalsozialismus und Holocaust im Familiengedächtnis.* Fischer: Frankfurt am Main, 2002.
Wessels, Wolfram. „Das Hörspiel bringt… Eine Geschichte des Hörspiels im Südwestfunk". *Veröffentlichen zum Forschungsschwerpunkt Massenmedien und Kommunikation* 69 (1991): 3–36.
Westdeutscher Rundfunk. „Im Urteil der Presse: ‚Am grünen Strand der Spree'". *Westdeutscher Rundfunk. Jahrbuch 1959–1960*, Köln: WDR, 1960. 41–64.
Westermann, Hans Herbert. „Ein Gespräch mit Gert Westphal". *Des Dichters oberster Mund. Gert Westphal zum 70. Geburtstag.* Hrsg. Bernd M. Kraske und Hans-Jürgen Glinde. Berlin: Böckel Verlag. 70–73.

Wetherell, Margaret. „Affect and Discourse. What's the Problem? From Affect as Axcess to Affective/Discursive practice". *Subjectivity* 6 (2013): 349–368.
Wieviorka, Annette. „From Survivor to Witness: Voices from the Shoah". *War and Remembrance in the Twentieth Century*. Hrsg. Jay Winter und Emmanuel Sivan. Cambridge: Cambridge University Press, 2005. 125–141.
Wilk, Werner. „Mehr als ein Roman". *Der Tagesspiegel*, 27. November 1955.
Wohner, Wolfgang. „Nach Genickschüssen tranken sie Schnaps". *Süddeutsche Zeitung*, 9. Mai 1958.
Wosi. „Fritz Umgelter tot: Ein Pionier des Fernsehspiels". *Berliner Morgenpost*, 12. Mai 1981 [Zeitungsausschnitt im Pressearchiv der Deutschen Kinemathek – Museum für Film und Fernsehen].
Wulff, Hans Jürgen. Bundesdeutsche Kriegs- und Militärfilme der 1950er Jahre. Eine Filmobibliographie. https://macau.uni-kiel.de/. Zuletzt besucht am 17. Dezember 2019.
Yad Vashem. Online Guide of Murder Sites of Jews in the Former USSR, https://www.yadvashem.org/research/research-projects/killing-sites/killing-sites-catalog.html. Zuletzt besucht am 23. September 2019.
Yad Vashem. Central Database of Shoah Victims' Names. https://yvng.yadvashem.org/. Zuletzt besucht am 26. Dezember 2019.
Yad Vashem. Untold Stories. The Murder Sites of the Jews in the Occupied Territories of the Former USSR. https://www.yadvashem.org/untoldstories/. Zuletzt besucht am 25. September 2019.
Yahad In-Unum. Belarus trip 11 from 15–29. Oktober 2011. https://www.yahadinunum.org/. Zuletzt besucht am 24. September 2019.
Young, James Edward. *Beschreiben des Holocausts. Darstellung und Folgen der Interpretation*. Übers. Christa Schuenke. Frankfurt am Main: Suhrkamp, 1997.
Young, Nigel. *Postnational Memory. Peace, War. Making Pasts Beyond Borders*. Abingdon: Routledge, 2019.
Zajas, Paweł. *Verlagspraxis und Kulturpolitik. Beiträge zur Soziologie des Literatursystems*. Paderborn u. a.: Fink, 2019.
Zedler, Jörg und Adrian Hummel. „Zahlen und Figuren – Schlüssel aller Literaturen? Dimensionen statistischer und literatursoziologischer Methodik". *Deutschsprachige Buchkultur der 1950er Jahre. Fiktionale Literatur in Quellen, Analysen und Interpretationen*. Hrsg. Günter Häntzschel und Adrian Hummel und Jörg Zedler. Wiesbaden: Harrassowitz, 2009. 17–37.
Zeidler, Manfred. „Der Minsker Kriegsverbrecherprozeß vom Januar 1946. Kritische Anmerkungen zu einem sowjetischen Schauprozeß gegen deutsche Kriegsgefangene". *Vierteljahreshefte für Zeitgeschichte* 52.2 (2005): 211–244.
Zoch-Westphal, Gisela. „Gert Westphal". *Des Dichters oberster Mund. Gert Westphal zum 70. Geburtstag*. Hrsg. Bernd M. Kraske und Hans-Jürgen Glinde. Berlin: Böckel Verlag, 1990. 17–23.
Żółkiewski, Stefan. *Kultura, socjologia, semiotyka literacka: studia*, Warszawa: Państwowy Instytut Wydawniczy, 1979.
Żyliński, Leszek. „Waren die fünfziger Jahre unpolitisch? Ein Blick auf die westdeutsche Literatur und Öffentlichkeit". *Die Quarantäne. Deutsche und österreichische Literatur der fünfziger Jahre zwischen Kontinuität und Neubeginn*. Hrsg. Edward Białek. Wrocław: Atut, 2004. 43–58.

Unveröffentlichte Quellen

199. Infanterie-Division. Vorschlagsliste für die Verleihung des Kriegsverdienstkreuzes 1. Klasse, 25. Januar 1945, Militärarchiv Bundesarchiv Freiburg. RW59/229/fol. 309.

Abbott, Elisabeth. Brief an Hans Scholz vom 10. Oktober 1957. Archiv der Akademie der Künste Berlin. Hans Scholz Archiv 940.

Amerika Gedenkbibliothek [H. Pieritz?]. Brief an Senator für Volksbildung vom 7. Januar 1956. Landesarchiv Berlin. B Rep. 014/2109/1956.

Anonym. Brief an Hans Scholz vom 8. April 1956. Archiv der Akademie der Künste Berlin. Hans Scholz Archiv 26.

Anonym. Brief an Hans Scholz vom 24. Juli 1957. Archiv der Akademie der Künste Berlin. Hans Scholz Archiv 26.

Anonym. [J.A.] Brief an Hans Scholz vom 1. Februar 1960. Archiv der Akademie der Künste Berlin, Hans Scholz Archiv 191.

Anonym. Personalakte Otto Görner. Bundesarchiv Berlin. R9361–1/19752.

Anonym. Personalakte Manfred Häberlen. Bundesarchiv Berlin. R2/115010.

Anonym. Personalakte Fritz Umgelter. Bundesarchiv Militärarchiv Freiburg. Pers 6/166967.

Anonym. Interview Nr. 546B, Reise 11. Der Autorin von Yahad-In Unum am 18. September 2019 bereitgestellt.

Asper, Helmut. E-Mail an Autorin vom 26. September 2018. Im Besitz der Autorin.

Bauer, Lorenz. Vernehmung vom 11. August 1962 vor dem Landeskriminalamt Kiel. Bundesarchiv Ludwigsburg, Zentrale Stelle, B162/3279. Bl. 986–992.

Baumeister, Anton. Vernehmung vom 14. August 1962 vor dem Landeskriminalamt Kiel. Bundesarchiv Ludwigsburg, Zentrale Stelle, B162/3279. Bl. 979–985.

Bavaria GmbH. Rechnung für Neufassung von *Am grünen Strand der Spree* vom 18. Juni 1962. Historisches Archiv WDR. Sign. 691.

Benn, Gottfried. Brief an Joachim Tiburtius, Senator für Volksbildung vom 15. Februar 1956. Landesarchiv Berlin. B Rep. 014/2109/1956.

Benn, Gottfried. Brief an Hoffmann und Campe vom 13. Dezember 1955. Archiv der Akademie der Künste Berlin. Hans Scholz Archiv 43.

Best, Otto F. Brief an Hoffmann und Campe ohne Datum. Hoffmann und Campe Archiv. *Am grünen Strand der Spree* Box 1.

Bischoff, Friedrich. Telegramm an Max Ophüls vom 20. Februar 1956. Nachlass Gert Westphal. Deutsches Literaturarchiv Marbach.

Bröde, Helmut. Vernehmung vom 13. September 1962 vor der Staatsanwaltschaft Kiel. Bundesarchiv Ludwigsburg, Zentrale Stelle. B162/3278. Bl. 888–889.

Brünler, Robert. „Am grünen Strand der Spree". *WDF-Extra* 168 (175) [Pressemitteilung]. Historisches Archiv WDR. Sign. D1363.

Bundesministerium für gesamtdeutsche Fragen. Brief an Hans Scholz vom 12. Januar 1959. Archiv der Akademie der Künste Berlin. Hans Scholz Archiv 572.

Bürkle, Albrecht. Brief an Hans Scholz vom 2. April 1957. Archiv der Akademie der Künste Berlin. Hans Scholz Archiv 940.

Bürkle, Albrecht. Brief an Hans Scholz vom 21. April 1958. Archiv der Akademie der Künste Berlin. Hans Scholz Archiv 940.

CCC [Werner Bergold]. Brief an Hoffmann und Campe vom 12. Mai 1956. Archiv der Akademie der Künste Berlin. Hans Scholz Archiv 939.

Ditner, Paul. Vernehmung vom 3. April 1959 vor der Staatsanwaltschaft München I. Staatsarchiv München. 3270/4. Bl. 799–804.
Frankfurter Allgemeine Zeitung. E-Mail an Autorin vom 2. September 2016. Im Besitz der Autorin.
Friedensburg, Ferdinand. Brief an Hans Scholz vom 19. März 1956. Archiv der Akademie der Künste Berlin. Hans Scholz Archiv 114.
Friedensburg, Ferdinand. Brief an Hans Scholz vom 12. Juni 1956. Archiv der Akademie der Künste Berlin. Hans Scholz Archiv 114.
Gedenkstätte Deutscher Widerstand. E-Mail an Autorin vom 3. Februar 2020. Im Besitz der Autorin.
Görner, Otto. Brief an Hans Scholz vom 24. Mai 1954. Hoffmann und Campe Archiv. *Am grünen Strand der Spree* Box 1.
Görner, Otto. Notiz vom 15. Mai 1954. Hoffmann und Campe Archiv. *Am grünen Strand der Spree* Box 1.
Günther, Joachim. Brief an Senator für Volksbildung vom 22. Dezember 1955. Landesarchiv Berlin. B Rep. 014/2109/1956.
Hartmann, Hanns. Brief an Hoffmann und Campe vom 16. Januar 1959. Hoffmann und Campe Archiv. *Am grünen Strand der Spree* Box 1.
Hartmann, Hanns. Brief an Peter Blachstein und Hans Waterman und Gerhard Schröder vom 14. März 1960. Historisches Archiv WDR. Sign. 4084.
Hartmann, Hanns. Brief an Zuschauer vom 5. April 1960. Historisches Archiv WDR. Sign. 5720.
Herrmann, Paul. Brief an Harriet Wegener vom 10. August 1953. Hoffmann und Campe Archiv. *Am grünen Strand der Spree* Box 1.
Hilscher, Michael [Bavaria Studios]. E-Mail an Autorin vom 27. September 2017. Im Besitz der Autorin.
Hoffmann und Campe [Walter Stark]. Brief an Hans Scholz vom 28. August 1953. Hoffmann und Campe Archiv. *Am grünen Strand der Spree* Box 1.
Hoffmann und Campe [Unterschrift unleserlich, verm. Otto Görner]. Brief an Paul Hermann vom 5. Mai 1954. Hoffmann und Campe Archiv. *Am grünen Strand der Spree* Box 1.
Hoffmann und Campe [Egon Schramm]. Brief an Hans Scholz vom 21. März 1955. Hoffmann und Campe Archiv. *Am grünen Strand der Spree* Box 1.
Hoffmann und Campe [ohne Unterschrift, verm. Walter Stark]. Brief an Hans Scholz vom 21. Juni 1955. Archiv der Akademie der Künste Berlin. Hans Scholz Archiv 938.
Hoffmann und Campe [Walter Stark]. Brief an den Senator für Volksbildung vom 24. Oktober 1955, Landesarchiv Berlin, B Rep 14/2109.
Hoffmann und Campe [Walter Stark]. Brief an den Senator für Volksbildung vom 4. Januar 1956, Landesarchiv Berlin, B Rep 14/2109.
Hoffmann und Campe [Albrecht Bürkle]. Brief an Hans Scholz vom 31. Januar 1956. Hoffmann und Campe Archiv. *Am grünen Strand der Spree* Box 1.
Hoffmann und Campe [Walter Stark]. Brief an Hans Scholz vom 5. Dezember 1955. Archiv der Akademie der Künste Berlin. Hans Scholz Archiv 938.
Hoffmann und Campe [Walter Stark]. Brief an Hans Scholz vom 28. Februar 1956. Archiv der Akademie der Künste Berlin. Hans Scholz Archiv 939.
Hoffmann und Campe [Walter Stark]. Brief an Hans Scholz vom 2. April 1958. Archiv der Akademie der Künste Berlin. Hans Scholz Archiv 940.

Hoffmann und Campe [Walter Stark]. Brief an den Westdeutschen Rundfunk [Klaus von Bismarck] vom 25. Mai 1961. Historisches Archiv WDR. Sign. 13691

Hoffmann und Campe [Unterschrift unleserlich]. Notiz vom 6. Mai 1954. Hoffmann und Campe Archiv. *Am grünen Strand der Spree* Box 1.

Hoffmann und Campe [Walter Stark]. Notiz vom 14. Mai 1959. Hoffmann und Campe Archiv. *Am grünen Strand der Spree* Box 1.

Hoffmann und Campe. Lizenz an Bertelsmann 1958. Hoffmann und Campe Archiv. *Am grünen Strand der Spree* Box 3.

Infratest GmbH. Sehbeteiligung und Stellungnahmen der Fernsehzuschauer zur 1. Folge der Sendung *Am grünen Strand der Spree* am 22.3.1960. Deutsches Rundfunkarchiv.

Institut für Demoskopie. Die Freizeit: Eine sozialpsychologische Studie unter Arbeitern und Angestellten [Im Auftrag des Verlags Heim und Werk GmbH]. Allensbach am Bodensee, 1958.

J.A. Brief an Hans Scholz vom 1. Februar 1960. Archiv der Akademie der Künste Berlin. Hans Scholz Archiv 191.

Jüdische Gemeinde Westberlin. Pressemitteilung vom 18. April 1960. Archiv der Akademie der Künste. Hans Scholz Archiv 17.

Kirst, Willy. Vernehmung vom 4. Mai 1965 vor der Staatsanwaltschaft Kiel. Bundesarchiv Ludwigsburg, Zentrale Stelle B162/3284. Bl. 2223–2226.

Leser:in. Brief an Hans Scholz vom 20. Mai 1956 [Pfingstsonntag]. Archiv der Akademie der Künste Berlin. Hans Scholz Archiv 26.

Leser:in. Brief an Hans Scholz vom 24. Juli 1956. Archiv der Akademie der Künste Berlin. Hans Scholz Archiv 26.

Leser:in. Brief an Hans Scholz vom 1. Oktober 1956. Archiv der Akademie der Künste Berlin. Hans Scholz Archiv 26.

Leser:in. Brief an Hans Scholz vom 11. Juli 1958. Archiv der Akademie der Künste, Hans Scholz Archiv 217.

Littek, Walter. Vernehmung vom 20. April 1964 vor dem Landeskriminalamt Kiel. Bundesarchiv Ludwigsburg, Zentrale Stelle. B162/3283. Bl. 1825–1826.

Majewski, Hans-Martin. Brief an Hoffmann und Campe [Walter Stark] vom 9. Oktober 1956. Archiv der Akademie der Künste Berlin. Hans Scholz Archiv 939.

Narz, Roxanne. E-Mail an Autorin vom 9. Oktober 2019. Im Besitz der Autorin.

NWRV [Nord- und Westdeutscher Rundfunkverband, Haus Köln]. Programmhefte *Am grünen Strand der Spree*. Deutsches Rundfunkarchiv. o. Sign.

Ophüls, Max. Brief an Gert Westphal ohne Datum. Nachlass Gert Westphal. Deutsches Literaturarchiv Marbach.

Ophüls, Max. Telegramm an Gert Westphal vom 20. Februar 1956. Nachlass Gert Westphal. Deutsches Literaturarchiv Marbach.

Oršanskoja Gorodskaja Komisija. Bericht vom 20. September 1944. United States Holocaust Memorial Museum. RG-06.025*03/504.

P.G. Brief an Hans Scholz vom 9. April 1960. Archiv der Akademie der Künste. Hans Scholz Archiv 303.

Pindter, Walter. Brief an Hanns Hartmann vom 18. Februar 1960. Historisches Archiv WDR. Sign. 4107.

Preisgericht für das Gebiet der Literatur [Vorsitzender Paul Altenberg]. Bericht über die Sitzung am 9. März 1956. Landesarchiv Berlin. B Rep 14/2109.

Preisgericht für das Gebiet der Literatur. Fontane-Preis [Entwurf einer Pressemitteilung vom 14. März 1956]. Landesarchiv Berlin. B Rep 14/2109.
Rittermann, Hans. Manuskript für NWDR Berliner Vertretung vom 28. Dezember 1955. Archiv der Akademie der Künste. Hans Scholz Archiv 7.
Rohde-Liebenau, Alix. Brief an Hans Scholz vom 2. Mai 1956. Archiv der Akademie der Künste. Hans Scholz Archiv 344.
Rohwerder, Max. Tagebuch. 2 Weltkrieg 1941/42. Deutsches Tagebucharchiv. Reg. 14 1/I, 4.
Rothstein, Gerhard. Brief an Hans Scholz vom 15. Februar 1957. Archiv der Akademie der Künste Berlin. Hans Scholz Archiv 352.
Scholz, Hans. Brief an die Diplomatische Mission Israels vom 4. März 1957, Archiv der Akademie der Künste Berlin. Hans Scholz Archiv 768.
Scholz, Hans. Brief an Hoffmann und Campe [z. Hd. Egon Schramm] vom 5. Mai 1955: Hoffmann und Campe Archiv: *Am grünen Strand der Spree* Box 1.
Scholz, Hans. Brief an Hoffmann und Campe [z. Hd. Egon Schramm] vom 14. Mai 1955. Archiv der Akademie der Künste Berlin. Hans Scholz Archiv 938.
Scholz, Hans. Brief an Hoffmann und Campe [z. Hd. Walter Stark] vom 5. Dezember 1955. Archiv der Akademie der Künste Berlin. Hans Scholz Archiv 938.
Scholz, Hans. Brief an Hoffmann und Campe [z. Hd. Walter Stark] vom 5. Mai 1956. Archiv der Akademie der Künste Berlin. Hans Scholz Archiv 939.
Scholz, Hans. Brief an Hoffmann und Campe [z. Hd. Walter Stark] vom 23. Mai 1956. Hoffmann und Campe Archiv. *Am grünen Strand der Spree* Box 1.
Scholz, Hans. Brief an Hoffmann und Campe [z. Hd. Walter Stark] vom 10. Juni 1956. Archiv der Akademie der Künste Berlin. Hans Scholz Archiv 739.
Scholz, Hans. Brief an G.P. ohne Datum, Archiv der Akademie der Künste. Hans Scholz Archiv 303.
Scholz, Hans. Brief an J.A. vom 7. Februar 1960. Archiv der Akademie der Künste. Hans Scholz Archiv 191.
Scholz, Hans. Brief an Leser [L.E.], ohne Datum. Archiv der Akademie der Künste. Hans Scholz Archiv 26.
Scholz, Hans. Brief an Wolf Jobst Siedler [Feuilletonredaktion des *Tagesspiegels*] vom 18. Dezember 1956. Archiv der Akademie der Künste Berlin. Hans Scholz Archiv 768.
Scholz, Hans. Brief an Walter Stark vom 4. Januar 1958. Archiv der Akademie der Künste Berlin. Hans Scholz Archiv 939.
Scholz, Hans. Brief an den Südwestfunk vom 20. März 1956. SWR Historisches Archiv Baden-Baden. Sign. P 4499.
Scholz, Hans. Brief an Harriet Wegener vom 28. Mai 1956. Hoffmann und Campe Archiv. *Am grünen Strand der Spree* Box 1.
Scholz, Hans. Brief an Harriet Wegener vom 16. Juni 1958. Archiv der Akademie der Künste Berlin. Hans Scholz Archiv 940.
Scholz, Hans. Jazz für Schloss Pörnitz [handschriftliches Manuskript], 1941. Archiv der Akademie der Künste Berlin. Hans Scholz Archiv 20.
Scholz, Hans. Lebenslauf von Gert Westphal, 1973. Archiv der Akademie der Künste Berlin. Hans Scholz Archiv 475.
Scholz, Hans. *Märkische Rübchen und Kastanien* [Manuskript], 1953. Archiv der Akademie der Künste Berlin. Hans Scholz Archiv 1.

Scholz, Hans. Notiz vom 9. Juli 1957. Archiv der Akademie der Künste Berlin. Hans Scholz Archiv 9.
Scholz, Hans. Persönlichkeitsaufnahme. Landesarchiv Berlin. B Rep 147/726.
Scholz, Hans. Rede zum Heinrich-Stahl-Preis vom 19. April 1960. Archiv der Akademie der Künste Berlin. Hans Scholz Archiv 26.
Scholz, Hans und Manfred Häberlen. *Am grünen Strand der Spree. Erstes Kapitel: Einer fehlt in der Runde* [Hörspieldrehbuch]. SWR Historisches Archiv Baden-Baden. Sign. 59/I/56.
Schulz, Gerhard. Vernehmung vom 4. Juni 1964 vor dem Landeskriminalamt Kiel. Bundesarchiv Ludwigsburg, Zentrale Stelle. B162/3283. Bl. 1913–1918.
Schulz, Karl. Vernehmung vom 1. August 1958 vor der Staatsanwaltschaft München I. Staatsarchiv München. 32970/2. Bl. 239–244.
Schulz Wilhelm. Vernehmung vom 29. November 1959 vor dem Bayerischen Landeskriminalamt. Staatsarchiv München. 32970/7. Bl. 1382–1397.
Schwab-Felisch, Hans. Brief an Hans Scholz vom 2. Oktober 1955. Archiv der Akademie der Künste Berlin. Hans Scholz Archiv 402.
Schwab-Felisch, Hans und Hans Scholz. Sendungen für den RIAS. Archiv der Akademie der Künste Berlin. Hans Scholz Archiv 6.
Seel, Eberhadt. Brief an Joachim Tiburtius. Senator für Volksbildung vom 29. November 1955. Landesarchiv Berlin. B Rep. 014/2109/1956.
Seitz, Helmut. Vernehmung vom 8. Februar 1962 vor dem Landgericht Frankfurt am Main. Bundesarchiv Ludwigsburg, Zentrale Stelle. B162/3276. Bl. 456–459.
Severin, Pitt. Brief an Hans Scholz vom 11. Juli 1956. Archiv der Akademie der Künste. Hans Scholz Archiv 413.
Siegling Hans. Vernehmung vom 10. September 1962 vor dem Landeskriminalamt Kiel. Bundesarchiv Ludwigsburg, Zentrale Stelle. B162/3278. Bl. 885–887.
Stein, Hubert. Vernehmung vom 1. September 1962 vor dem Landeskriminalamt Kiel. Bundesarchiv Ludwigsburg, Zentrale Stelle. B162/3277. Bl. 858–864.
Strohhammer, Karl. Vernehmung vom 16. Januar 1963 vor der Staatsanwaltschaft Kiel. Bundesarchiv Ludwigsburg, Zentrale Stelle. B162/3280. Bl. 1194–1208.
Südwestfunk. Brief an Hans Scholz vom 9. Januar 1957. Archiv der Akademie der Künste. Hans Scholz Archiv 920.
Südwestfunk. Manfred Häberlen. Südwestfunk-Intern vom 10. August 1973. SWR Historisches Archiv Baden-Baden.
Südwestfunk. Presse und Information vom 23. Juli 1956. SWR Historisches Archiv Baden-Baden.
Südwestfunk. Pressedienst Information vom 27. Januar 1957. SWR Historisches Archiv Baden-Baden.
Tergit, Gabriele. Brief an Hans Scholz vom 30. November 1957. Archiv der Akademie der Künste. Hans Scholz Archiv 442.
Tergit, Gabriele. Brief an Erika Sterz vom 11. April 1952. Nachlass von Gabriele Tergit. Deutsches Literaturarchiv Marbach. Kasten 1.
Tergit, Gabriele. Ohne Titel [Manuskript]. Nachlass von Gabriele Tergit. Deutsches Literaturarchiv Marbach. Kasten 1.
Umgelter, Fritz. Biographisches. Archiv der Akademie der Künste. Fritz Umgelter Archiv 403.
Umgelter, Fritz. Notizen. Archiv der Akademie der Künste. Fritz Umgelter Archiv 280.

Umgelter, Fritz und Reinhart Müller-Freienfels. Drehbuch: Am grünen Strand der Spree. Ein Fernsehroman nach dem gleichnamigen Buch von Hans Scholz. I. Teil. Archiv der Akademie der Künste. Fritz Umgelter Archiv 95.

Umgelter, Fritz und Jürgen Neven du Mont. Korrespondenz 1960–1969, Bundesarchiv Koblenz. Nachlass Jürgen Nevent du Mont. N 1279/18–52.

Vertrag zwischen Hans Scholz und Hoffmann und Campe. Hoffmann und Campe Archiv. *Am grünen Strand der Spree* Box 3.

Vries, Axel de. Vernehmung vom 5. April 1960 vor dem Landeskriminalamt Düsseldorf. Bundesarchiv Ludwigsburg, Zentrale Stelle. B162/3275. Bl. 15–17.

Wachtendonk, Walter. Vernehmung vom 25. September 1958 vor der Staatsanwaltschaft München. Staatsarchiv München. 32970/2. Bl. 287–297.

Walkhoff, Hans. Vernehmung vom 15. Oktober 1962 vor dem Landeskriminalamt Kiel. Bundesarchiv Ludwigsburg, Zentrale Stelle. B162/3280. Bl. 1175–1179.

Wehmeier, Gustav. Vernehmung vom 12. Februar 1962 vor dem Landgericht Frankfurt am Main. Bundesarchiv Ludwigsburg, Zentrale Stelle. B162/3276. Bl. 464–465.

Wegener, Harriet. Brief an Hans Scholz vom 6. Mai 1954. Hoffmann und Campe Archiv. *Am grünen Strand der Spree* Box 1.

Wegener, Harriet. Brief an Hans Scholz vom 25. Mai 1955. Archiv der Akademie der Künste. Hans Scholz Archiv 938.

Wegener, Harriet. Brief an Hans Scholz vom 28. Mai 1956. Hoffmann und Campe Archiv. *Am grünen Strand der Spree* Box 1.

Wegener, Harriet. Brief an Hans Scholz vom 2. Juni 1958. Archiv der Akademie der Künste. Hans Scholz Archiv 940.

Weischedel, Wilhelm. Brief an Hans Scholz vom 2. September 1956. Archiv der Akademie der Künste. Hans Scholz Archiv 467.

Westdeutscher Rundfunk [Hans Joachim Lange]. Brief an Hoffmann und Campe vom 19. April 1962. Historisches Archiv WDR. Sign. 13691.

Westdeutscher Rundfunk. Dispositionsplan *Am grünen Strand der Spree*. Historisches Archiv WDR.

Westdeutscher Rundfunk und Hoffmann und Campe und Bavaria Studios. Korrespondenz. Historisches Archiv WDR. Sing. 691.

Westphal, Gert. Rückblick auf meine Arbeit vor 20 Jahren, 1978. Archiv der Akademie der Künste. Hans Scholz Archiv 475.

Weyrauch, Wolfgang. Brief an Hans Scholz vom 10. Oktober 1953. Archiv der Akademie der Künste. Hans Scholz Archiv 809.

Wiechert, Albert. Vernehmung vom 7. Februar 1962 vor dem Landgericht Frankfurt am Main Bundesarchiv Ludwigsburg, Zentrale Stelle. B162/3276. Bl. 448–552.

Wild, Felicitas. Brief an Hans Scholz vom 11. Januar 1960. Archiv der Akademie der Künste. Hans Scholz Archiv 503.

Zuschauer:in. [R.B.] Brief an Hanns Hartmann vom 27. März 1960. Historisches Archiv WDR. Sign. 5720.

Zuschauer:in. [A.G.] Brief an Fritz Umgelter ohne Datum. Archiv der Akademie der Künste. Fritz Umgelter Archiv 282.

Zuschauer:in. [F. L.] Brief an Fritz Umgelter ohne Datum. Archiv der Akademie der Künste. Fritz Umgelter Archiv 282.

Filmografie

08/15. Reg. Paul May. Spielfilme. BRD, 1954–1955.
Alles ist erleuchtet [*Everything is Illuminated*]. Reg. Liev Schreiber. USA, 2005.
Am grünen Strand der Spree. 1960. Reg. Fritz Umgelter. TV-Miniserie. BRD, 1960.
Anfrage. Reg. Egon Monk. TV-Spielfilm. BRD, 1962.
Berlin Alexanderplatz. Reg. Phil Jutzi. Spielfilm, DE, 1931.
Das Dritte Reich. Reg. Heinz Huber und Arthur Müller und Gerd Ruge. TV-Dokumentarfilm. BRD, 1960/1961.
Das radikal Böse, Reg. Stefan Ruzowitzky. Dokumentarfilm. DE/AT, 2014.
Das Tagebuch der Anne Frank [*The Diary of Anne Frank*]. Reg. George Stevens. Spielfilm. USA, 1959.
Der Kanal [*Kanał*]. Reg. Andrzej Wajda. Spielfilm. PL, 1959.
Deutschland im Jahre Null [*Germania anno zero*]. Reg. Roberto Rossellini. Spielfilm. IT/FR/DE (Sowjetische Besatzungszone), 1948.
Ehe im Schatten. Reg. Kurt Maetzig. Spielfilm. DE (Sowjetische Besatzungszone), 1947.
Einer von Sieben. Reg. John Olden. TV-Spielfilm. BRD, 1959.
Geh und sieh alias *Komm und sieh* [*Idi i smotri*]. Reg. Elem Klimov. UdSSR, 1985.
Holocaust – die Geschichte der Familie Weiss [*Holocaust*]. Reg. Gerald Green. TV-Miniserie. USA, 1978.
Ich weiß, wofür ich lebe. Reg. Paul Verhoeven. Spielfilm. BRD, 1955.
Im Labyrinth des Schweigens. Reg. Giulio Ricciarelli. Spielfilm. DE, 2014.
Irgendwo in Berlin. Reg. Gerhard Lamprecht. Spielfilm. DE (Sowjetische Besatzungszone), 1946.
Jud Süß. Reg. Veit Harlan. Spielfilm. DE, 1940.
Korczak und seine Kinder alias *Korczak und die Kinder*. R: N.N. TV-Spielfilm. BRD, 1961.
Kulenkampffs Schuhe. Reg. Regina Schilling. Dokumentarilm. DE, 2018.
Legion Condor. Reg. Carl Ritter. Spielfilm. DE, 1939.
Liebe 47. Reg. Wolfgang Liebeneiner. Spielfilm. DE (Britische Besatzungszone), 1949.
Lola Montez. Reg. Max Ophüls. Spielfilm. BRD, 1956.
Lola rennt. Reg. Tom Tykwer. Spielfilm, DE, 1998.
Majdanek – Friedhof Europas [*Majdanek – cmentarzysko Europy*]. Reg. Aleksander Ford. UdSSR/PL, 1944.
Nacht und Nebel [*Nuit et Brouillard*]. Reg. Alain Resnais. Dokumentarfilm. FR, 1956.
Narbengesicht [*The Scarface*]. Reg. Howard Hawks. Spielfilm. USA, 1932.
Rosen für den Staatsanwalt. Reg. Wolfgang Staudte. Spielfilm. BRD, 1959.
Schiff in Gottes Hand. Reg. N.N. TV-Spielfilm. BRD, 1959.
So weit die Füße tragen. Reg. Fritz Umgelter. TV-Miniserie. BRD, 1959.
Stalingrad. Reg. Gustav Burmester. TV-Spielfilm. DE, 1963.
Sterne. Reg. Konrad Wolf. Spielfilm. DDR, 1959.
Todesmühlen [*Death Mills*]. Reg. Hanuš Burger und Billy Wilder. Dokumentarfilm. USA, 1945.
Unsere Mütter, unsere Väter. Reg. Philipp Kadelbach. TV-Miniserie, DE, 2013.

Personenregister

Abbott, Elisabeth 77, 204
Ackermann, Felix 4
Adam, Christian 203, 243
Adenauer, Konrad 35, 48, 62, 81, 149, 223, 246
Adorno, Theodor W. 35, 40, 129, 131, 147, 183, 195
Akrich, Madeleine 227
Alexander, Alfred 91
Allemann, Fritz René 82
Alphen, Ernst van 107, 110, 141, 153, 184
Alt, Helmut 151, 155
Altenheim, Hans 77, 203
Andersch, Alfred 82, 84, 123
Anderson, Benedict 37
Anderson, Stewart 38
Angrick, Andrej 16, 135
Apel, Friedmar 62, 63
Arad, Yitzhak 4, 9, 16
Arājs, Victor 135
Aramovs, Familie 9
Arendt, Hannah 131
Arendt, Max 67
Asper, Helmut G. 87
Assmann, Aleida 30, 31, 37, 45, 128, 140, 156, 182, 186–188, 243, 251, 259, 264
Assmann, Jan 37, 186–188, 197, 201, 237, 262
Aue, Maximilian 254, 257
Auerwerk, Bob 244

Ächtler, Norman 23, 32, 71, 72, 75, 125, 140, 142, 161, 255

Bachmann, Ingeborg 151
Badenoch, Alexander 150, 171, 218
Bähr, Fabian 175
Bajohr, Frank 260
Bal, Mieke 33, 107, 138
Bamm, Peter 203, 254–256
Barner, Wilfried 210, 240
Bartov, Omer 22

Baßler, Moritz 79, 131, 132, 134, 183, 246, 248, 257
Bästlein, Klaus 35
Baudrillard, Jean 178
Bauer, Joseph Martin 39, 89
Bauer, Lorenz 14, 138, 194
Bauer, Thomas 42
Bauman, Zygmunt 33
Baumeister, Anton 5, 9, 11
Beer, Mathias 11
Beiner, Guy 243
Ben Arie, Itzchak 149
Benjamin, Walter 244
Benn, Gottfried 71–73, 84
Berg, Günter 62
Berg, Nicolas 59
Berger, Karina 156
Berghahn, Volker R. 81, 101
Berghoff, Hartmut 36, 48, 166, 181–183, 246
Berghoff, Karel C. 253
Bergmann, Werner 94
Bergold, Björn 106, 107, 191
Bergson, Henri 108
Best, Otto F. 80, 195
Biedrzynski, Richard 144
Bierbach, Wolfgang 90
Biltereyst, Daniel 51
Bischoff, Friedrich 82, 83, 87, 88
Bismarck, Klaus von 98, 233, 246
Boccaccio, Giovanni 75
Boern, Waitman Wade 3, 5, 10, 11, 59
Bolecki, Włodzimierz 252
Böll, Heinrich 34, 75, 76, 80, 82, 123, 125, 162, 182, 183, 209, 255, 256
Bolter, Jay David 220
Borchert, Wolfgang 39
Bordwell, David 158
Bösch, Frank 38, 90, 235
Bourdieu, Pierre 49, 50, 72, 91, 103
Bowker, Geoffrey C. 191, 239
Brauner, Artur 87
Bredekamp, Horst 166, 167, 220

Brennan, Teresa 107
Brink, Cornelia 223, 224
Brochhagen, Ulrich 21
Bröde, Helmut 9
Browning, Christopher 7, 46, 251, 255, 256
Brumlik, Micha 252
Brünler, Robert 242
Bude, Heinz 80
Bürkle, Albrecht 73, 131
Bütow, Alfred 232

Callon, Michel 189
Cazenave, Jennifer 254
Celan, Paul 80, 132
Černoglazova, Raisa Andreevna 3, 4, 9–11, 13, 15
Certeau, Michel de 142
Chomsky, Marvin J. 168, 254
Classen, Christoph 32, 38, 94, 95, 99, 225
Clifford, James 33
Conrad, Sebastian 31
Cornelißen, Christoph 27
Cremer, Ludwig 86
Curilla, Wolfgang 5, 9, 117

Daves, Joan 77, 102, 204
Davies, Franziska 253
Dean, Martin 10
Desbois, Patrick 11, 22, 116, 119, 136, 137
Diner, Dan 140
Ditner, Paul 13
Döblin, Alfred 39
Döring, Jörg 124
Draaisma, Douwe 186
Drubek-Meyer, Natascha 168
Drüeke, Ricarda 105
Durkheim, Émile 49
Dürrenmatt, Friedrich 151
Dworok, Eckehard 241, 243

Earl, Hilary 58, 250
Ebbrecht-Hartmann, Tobias (= Tobias Ebbrecht) 138, 170, 181, 225, 235
Echternkamp, Jörg 209
Eggebrecht, Axel 60
Ehrenreich, Robert 31
Eich, Günter 150, 151

Eichmann, Adolf 36, 38, 99, 225, 249
Eichmüller, Andreas 35, 36, 58, 182
Eick, Paul 4–7, 9, 15
Elisabeth II. (Elizabeth Alexandra Mary aus dem Haus Windsor) 225
Ellis, John 228
Engelking, Barbara 124
Epple, Angelika 31
Erichsen, Susanne 57, 66, 74
Erll, Astrid 21, 30, 33, 37, 51, 108, 111, 156, 168, 187, 225, 244, 264
Ernst, Wolfgang 233
Eschen, Fritz 202
Estermann, Monika 203, 248
Ezergailis, Andrew 14, 133, 135

Falkenberg, Karin 215
Faulstich, Werner 24, 48
Felgina, Irina 1
Fickers, Andreas 39, 228
Fiedler, Friedrich 199
Finlay, Frank 124
Fischer, Thomas 220
Fischer, Torben 58, 89
Foer, Jonathan Safran 253, 254, 257
Fontane, Theodor 60, 71, 75, 76
Ford, Aleksander 168
Förnbacher, Helmut 170, 232
Frank, Anne 183
Frank, Gustav 102, 152, 216, 218
Frei, Norbert 21, 48, 59, 246
Freud, Sigmund 244, 253
Frevert, Ute 140
Friedensburg, Ferdinand 73
Friedländer, Saul 31
Friedrichsen, Mike 95
Frisch, Max 209
Fritsche, Christiane 90
Fritscher-Fehr, Melanie 79, 85, 86, 103
Fröhlich, Claudia 35, 90, 97, 181
Fulbrook, Mary 21, 36, 103, 259

Gaines, Jeremy 145
Galinski, Heinz 60, 149
Ganske, Kurt 61, 62, 114
Garncarz, Joseph 32
Geertz, Clifford 25

Geissler, Christian 96, 225
Gerlof, Manuela 150, 218
Gersdorff, Freiherr von 135
Gershons, Familie 9
Gertenbach, Lars 191
Giddens, Anthony 43, 46, 48–51, 68, 72, 103, 104
Ginzburg, Carlo 26
Glienke, Stephan Alexander 60
Globke, Hans 35
Głowiński, Michał 135
Goethe, Johann Wolfgang von 75
Golańska, Dorota 31, 109, 118
Görner, Otto 62, 63, 67, 68, 70, 102, 114, 245
Goschler, Constantin 103
Graalfs, Hans 14, 18
Grabowski, Jan 124
Graf, Dominik 240, 244
Grass, Günter 60, 74, 182
Green, Gerald 168, 257
Grien, Hans Baldung 119
Grigoleit, Kurt 89
Gross, Jan Tomasz 7
Grusin, Richard 37, 220
Gumbrecht, Hans Ulrich 255, 263, 264
Günther, Joachim 78
Gürgen, Hannes 113

Häberlen, Manfred 85, 93, 150, 152, 154, 156, 214, 215
Habermas, Jürgen 187
Hackenberg, Else 85, 86, 151
Hagen, Ingunn 51
Hake, Sabine 39
Halbwachs, Maurice 30, 33, 37, 193, 239
Hall, Stuart 142
Harding, Thomas 91
Hartmann, Hanns 89–92, 94, 95, 97, 98, 100, 102, 104, 156, 162, 224, 227, 231–233, 246, 247
Hauck, Roya 127
Hauptmann, Gerhard 39, 76
Havelock, Eric A. 187, 188
Heck, Stephanie 20, 21, 39, 54, 55, 91, 192, 214, 219, 230, 231, 232, 240, 250
Heer, Hannes 180, 199, 253, 258

Heine, Heinrich 61
Hemingway, Ernest Miller 205
Hempel-Küter, Christa 147
Henke, Lukas 201
Hepburn, Audrey 88
Hepp, Andreas 100
Herbert, Ulrich 125, 185
Herf, Jeffrey 21, 48, 59
Herrmann, Paul 58, 61, 67, 74
Hesse, Hermann 76
Hestermann, Jenny 74, 140
Heukenkamp, Ursula 161
Heuss, Theodor 73, 74, 140
Heydebrandt, Renate von 50
Heydrich, Reinhard 181
Hickethier, Knut 23, 95, 96, 175, 229, 230, 240, 242, 243
Hiebl, Ewald 25, 34
Hilberg, Raul 7, 58, 169, 172
Himmler, Heinrich 181
Hirschfeld, Gerhard 170
Hißnauer, Christian 24, 169, 226, 228–232, 234
Hitler, Adolf 53, 54, 56, 58, 81, 90, 114, 181, 260
Hodenberg, Christina von 24, 32, 40, 48, 80, 85, 101–103, 210, 215, 228
Hoeres, Peter 69, 81, 82, 210
Hoffmann, Christoph 45
Hoffmann, Ernst Theodor Amadeus 75
Hofman, Wolfgang 86
Hohendahl, Peter Uwe 101
Horkheimer, Max 74, 147
Hoskins, Andrew 37, 38
Hübner, Emanuel 55
Hübner, Heinz Werner 234
Hummel, Adrian 204
Hutcheon, Linda 37, 51
Huterer, Andrea 3
Hutter, Catherine 77, 204
Huyssen, Andreas 31

Inglis, David 31
Ingrao, Christian 194
Innis, Harold A. 187–189, 197, 237
Ioffe, Emanuil Grigorevich 4

Irum, Paulina 1
Iser, Wolfgang 142

Jaesrich, Hellmut 72, 74, 78, 79, 100, 101
Jäger, Malte 224
Jahn, Peter 8, 199, 221
Jarausch, Konrad 29, 93, 199
Jauß, Hans Robert 30, 47, 67, 107, 142
Jens, Walter 84
Joch, Markus 124
Johann, Ernst 177
Jolles, André 62
Joop, Gerhard 78
Jungblut, Michael 61, 62, 203
Jünger, Friedrich Georg 243
Jurianov, Victor 16, 17

Kabalek, Kobi 166, 175
Kadelbach, Philipp 124, 256
Kaiser, Joachim 60, 61, 78–81, 83, 101, 103, 104, 146–149, 185, 210, 246, 264
Kalthoff, Eva 58
Kampmann, Elisabeth 52
Kansteiner, Wulf 31, 38, 174, 178, 181, 225, 234
Karmen, Roman 168
Kasperskij, A. F. 10, 14
Katz, Klaus 91, 98
Käunter, Helmut 58
Kay, Alex 103
Každan (Buchhalter) 3
Keilbach, Judith 38, 90, 99, 225
Kessel, Martin 76
Keun, Irmgard 76
Killisch von Horn, Krafft 57
Kirn, Richard 179, 180
Kirst, Hans Hellmut 203, 209, 256
Kirst, Willy 6–8, 10, 12, 13, 15–18, 199
Kittel, Manfred 21, 48, 49, 59, 183, 246
Kittler, Friedrich 188, 189
Klaus, Elisabeth 105
Klei, Alexandra 8, 22, 251, 252
Klein, Peter 4, 135
Kligler-Vilenchik, Neta 235
Klimov, Elem 252
Klingenberg, Heinz 86
Klüger, Ruth 123, 124, 148, 251

Knaap, Ewout van der 71, 95, 166
Knop, Martin 135, 263
Koch, Gertrud 145
Koch, Hans Herrmann 3, 7, 15
Koch, Lars 162, 170, 175, 184, 231, 242, 243
Koch, Thilo 73, 101, 102, 104
Koeppen, Wolfgang 76, 82, 210, 247
Kogel, Jörg Dieter 83, 84
Kohl, Peter 3, 16, 52
Kolldehoff, Reinhard 232
Kollmannsberger, Michael 203
Konsalik, Heinz 203
Korn, Karl 69, 70, 74, 79, 81–83, 92, 101, 104, 105, 143–145
Koselleck, Reinhart 107, 110, 128, 258
Kościuszko, Tadeusz 127
Kracauer, Siegfried 74, 144
Krammer, Hans 176
Kreuzer, Helmut 79, 80, 146–149, 159, 184, 185, 210, 240, 264
Krösche, Heike 36, 182
Krüger, Ruth 159
Kuhn, Annette 33
Kühne, Thomas 195, 260
Kulenkampff, Hans-Joachim 263
Künzli, Arnold 145
Kuschel, Franziska 236
Kuznecov, Anatolij 253, 254, 256
Kwiet, Konrad 10

Lamprecht, Gerhart 164
Landsberg, Alison 32, 50, 188, 220
Lang, Simon 20, 21, 39, 54, 55, 78, 91, 121, 214, 219, 231, 232, 240, 250
Langthaler, Ernst 25, 34
Lanziger, Margareth 26
Lasky, Melvyn 204
Latour, Bruno 44, 46, 189–191, 249
Laux, Henning 191
Law, John 189
Le Goff, Jacques 186
Lebedeva, Olga 17
Lehrer, Erica 253
Lekht, Naya 253
Lenz, Siegfried 61, 62, 203
Leßau, Hanne 29, 255, 260, 261
Lethen, Helmuth 106

Levi, Giovanni 25, 26
Levi, Primo 251
Levy, Daniel 31
Lévy, Marie-Françoise 228
Lewy, Guenter 14
Leys, Ruth 110, 153
Liankevich, Andrei 2, 6, 17, 112
Lindeperg, Sylvie 41, 71
Littell, Jonathan 35
Lorenz, Matthias L. 183
Lourié, Felicitas (verh. Wild) 99, 138, 143, 149
Louriés, Familie 55, 138
Lübbe, Hermann 35
Luft, Friedrich 69, 70, 73, 74, 79, 87, 88, 100, 101, 104, 143, 144
Luhmann, Niklas 72

Mackiewicz, Józef 252
Magen, Antoine 116
Majewski, Hans-Martin 88, 152, 218, 219
Mallmann, Klaus-Michael 3
Mann, Golo 74
Mann, Klaus 205
Mann, Thomas 83, 84
Margolina, Sonja 253
Martin, Marko 74
Massumi, Brian 108–110, 117, 128, 184
Mattner, Walter 194
May, Paul 256
McGlothlin, Erin 22, 139
McLuhan, Marshall 187, 188, 194, 237
Medick, Hans 25, 26
Meers, Philippe 40
Meise, Sylvia 193
Meyen, Michael 37, 210, 215, 233, 234
Miggelbrink, Monique 191, 226, 227
Miron, Guy 135
Mitscherlich, Alexander 35
Mitscherlich, Margarethe 35
Moeller, Robert G. 21, 59, 99, 156
Moller, Sabine 32, 40, 126
Monk, Egon 95, 225, 249
Moses, Dirk 59, 79, 101
Mühl-Benninghaus, Wolfgang 95, 203, 209, 226
Mullen, Mary K. 193

Müller-Freienfels, Reinhart 93, 94, 156, 169, 211, 214, 231
Müller-Freienfels, Richard 93
Muslow, Martin 74

Neitzel, Sönke 193, 194, 196, 260, 261
Neumann, Birgit 33
Neven du Mont, Jürgen 92
Niethammer, Lutz 29, 36
Nietzsche, Friedrich 188
Nimmo, Harry 171, 218
Niven, Bill 21, 156
Nora, Pierre 244
Nossack, Hans Erich 76
Nünning, Ansgar 33

Oels, David 60, 114
Olick, Jeffrey 48, 140
Ophüls, Max 87, 88, 224, 250

Payk, Marcus 81, 82, 92
Petrowskaja, Katja 253–255
Pindter, Walter 89, 102, 232
Piorun, Carolin 185
Platon 38, 237
Plievier, Theodor 39, 84, 125
Podehl, Peter 88
Pohl, Dieter 8, 260
Poliakov, Léon 58
Prager, Gerhard 215
Prajs, Henryk 159
Priotto, Cristina 82, 209
Proničeva, Dina 253, 254
Prusin, Alexander Victor 9, 10
Puszkar, Norbert 60, 119, 149

Rauch, Stefanie 32, 40
Reckwitz, Andreas 51
Reese, Martin 201
Reichel, Peter 21, 36, 49, 246
Reich-Ranicki, Marcel 251
Reifenberger, Jürgen 36
Rein, Leonid 10
Remarque, Erich Maria 63, 75, 76, 125, 139, 162, 255, 256
Reschke (Obersturmführer) 7
Resnais, Alain 41, 71, 95, 166, 168

Reuss, Anja 5, 11
Rhodes, Richard 14, 133
Ricciarelli, Giulio 255
Riffel, Dennis 149, 166
Rigney, Ann 33, 40, 51, 52, 108, 244
Rittermann, Hans 144
Rohde-Liebenau, Alix 73, 142
Rohwerder, Max 199
Romanovsky, Daniel 3, 4
Ronkin, Chain-Jankel' 1
Rose, Gillian 51
Roskies, David 252
Rossellini, Roberto 164
Rothberg, Michael 31, 259
Rothstein, Gerhard 58
Rotzoll, Christa 120, 145
Rowohlt, Ernst 114
Rozenberg, Aleksandr 3–5, 9, 10, 15, 133
Rürup, Reinhard 36
Rüsen, Jörn 107, 153
Ruzowitzky, Stefan 251

Saalbach, Hans 55
Said, Edward 33
Salomon, Ernst von 210
Saryusz-Wolska, Magdalena 185
Sauerland, Karol 252
Saupe, Achim 106
Schabacher, Gabriele 189, 207, 237, 238
Schauding, Michael 39
Scherer, Stefan 21, 22, 39, 75, 76, 131, 183, 214, 230, 232, 240, 241, 243, 246, 250
Schildt, Axel 39, 105, 215, 216, 226–228, 234
Schilling, Regina 263
Schimke, Max 56
Schlant, Ernestine 24, 129, 184
Schlumbohm, Jürgen 25, 26
Schlüter, Kai 83, 84
Schmid, Hans 20, 65, 117, 160, 167, 170, 175, 203, 224, 240
Schmidt, Arno 76
Schmiegelt, Ulrike 8, 199, 221
Schnabel, Ernst 214
Schneider, Gerhard 76
Schneider, Thomas F. 63
Schnitzler, Arthur 87, 93, 131

Schoemaker, Pamela 101
Schoenberner, Gerhard 129, 223
Scholz, Anne-Marie 155
Scholz, Hans 17–20, 22, 28, 33, 34, 39, 41, 52–81, 83–89, 92, 93, 98–104, 110–124, 126, 127, 129–136, 138–145, 147–152, 154–156, 158, 159, 162–164, 166, 170–172, 174, 176, 184, 185, 192–204, 206, 209, 211, 214, 215, 220, 222, 224, 226, 230, 237, 239, 240, 242, 244–250, 256, 260–262, 264
Scholz, Stephan 183
Scholzens, Familie 55
Schönert, Jörg 50
Schorntsheimer, Michael 142, 209
Schreiber, Liev 253
Schreyer, Maxim D. 252
Schuller, Konrad 72
Schuller, Wolfgang 240
Schulz, Gerhard 9, 15, 133, 135, 136
Schulz, Wilhelm 9
Schütz, Erhard 101
Schwab, Alexander 69
Schwab-Felisch, Hans 69, 70, 73, 74, 79, 82, 100, 101, 143
Schwan, Christian 55
Schwartz, Barry 21, 189
Schwarz, Michael 131
Schwarzkopf, Ottilie 91
Schwerbrock, Wolfgang 142
Scott, John 100
Scott, Walter 33
Seghers, Anna 76
Seibert, Peter 23, 113, 160, 175, 184, 221, 231, 240
Seitz, Helmut 193
Selvinsky, Ilya 252
Sendyka, Roma 253
Sethe, Paul 81
Severin, Pitt 142
Shapiro, Paul A. 21
Shulhani, Shlomit 135
Siegert, Bernhard 150–152
Siegling, Hans 129, 172
Singer Bashevis, Isaac 209
Skakun A. 3, 11, 13, 15
Smilovickij, Leonid 1, 4, 9, 10

Sobchack, Vivian 187
Spargo, Clifton R. 31
Spector, Shmuel 1, 4, 124
Spigel, Lynn 228
Spörri, Myriam 115
Springer, Axel 60
Squarra, Kurt 232
Stach, Sabine 42
Stahel, David 103
Staiger, Janet 39, 50, 52
Stamm, Marcello 74
Star, Susan Leigh 189, 191, 238, 239
Stark, Walter 66, 67, 70, 71, 88, 139
Staudte, Wolfgang 182
Stecker, Christina 215, 216
Stein, Hubert 11, 12
Sterz, Erika 98
Stier, Oren Baruch 166, 169
Stiglegger, Marcus 167–170, 175, 230
Stoll, Katrin 8, 16, 22, 195, 251, 252
Strohhammer, Karl 194
Strub, Christian 106, 109
Stubbe-da-Luz, Helmut 61, 62, 115
Sylvanus, Erwin 95
Szacka, Barbara 261
Sznaider, Natan 31

Taberner, Stuart 156
Telemann [Martin Morlock] 231, 235
Tergit, Gabriele 70, 73, 98, 101, 102
Tessin, Georg 56, 162
Thomas, D.M. 253, 254, 257
Thomas, Peter 214
Tiburtius, Joachim 71, 78
Tilitzki, Christian 93
Timm, Uwe 199, 251, 255, 264
Tokarska-Bakir, Joanna 190
Toker, Leona 252
Törnquist-Plewa, Barbara 32
Traninger, Anita 255
Tschuggnall, Karoline 126
Tykwer, Tom 42

Umgelter, Fritz 19, 23, 27, 39, 41, 89, 91–94, 98, 102, 111, 156, 158, 160–171, 174–176, 178, 185, 192, 196, 197, 211– 214, 227, 229–233, 236, 242, 247, 249, 257, 258

Verhoven, Paul 34
Vice, Sue 22, 251, 253
Vinnitsa, Gennadij 1, 3–6, 9, 10, 14, 16, 136
Vos, Tim P. 101
Vowinckel, Annette 42
Vries, Axel de 136
Vries, Jan de 25, 31

Wachtendonk, Walter 9
Wagener, Hans 98
Wagner, Hans-Ulrich 102, 206
Wagner-Pacifici, Robin 21, 189
Wajda, Andrzej 261
Walden, Michael 95
Walke, Anika 11, 252
Walkhoff, Hans 14, 136, 137, 254
Walser, Martin 76, 209
Warburg, Aby 108, 244
Wasko, Janett 51
Weckel, Ulrike 52, 104, 140–142, 234
Wege, Lotte 78
Wegener, Harriet 61–65, 67–70, 77, 86, 94, 100, 102, 114, 115, 118, 120, 139, 181, 204, 245, 246, 260
Wehmeier, Gustav 3
Weinke, Annette 182
Weischedel, Wilhelm 60, 80
Welzer, Harald 34, 126, 193, 194, 196, 260, 261
Wessels, Wolfram 215
Westermann, Hans Herbert 83
Westphal, Gert 19, 23, 83–88, 102, 150–152, 154, 163, 175, 185, 192, 196, 197, 246
Wetherell, Margaret 109
Weyrauch, Wolfgang 60, 112–114, 245
Wickert, Erwin 150
Wiechert, Albert 9
Wieviorka, Annette 172
Wigoder, Geoffrey 1, 4, 124
Wild, Felicitas (siehe Lourié Felicitas)
Wilk, Werner 75, 143
Witsch, Joseph 63

Wodianka, Stephanie 21, 51, 156
Wohner, Wolfgang 176
Wolfe, Thomas 205
Woolgar, Steven 189, 191

Yi, Soonhyung 193
Young, James Edward 135
Young, Nigel 31

Zajas, Paweł 63, 102

Zedler, Jörg 204
Zeidler, Manfred 7
Zoch-Westphal, Gisela 83
Zuckmayer, Carl 84
Zweig, Arnold 76

Żółkiewski, Stefan 51
Żyliński, Leszek 210

Danksagung

Danksagungen sind ein gedächtnisorientiertes Genre. Es geht um die Erinnerung an die vielen Menschen, die hinter jeder wissenschaftlichen Arbeit stehen. Der Ursprung dieses Buches lässt sich ziemlich genau festlegen: Im Mai 2014 referierte Wolfgang Mühl-Benninghaus während seiner Vorlesung zur Mediengeschichte der Bundesrepublik an der Humboldt-Universität zu Berlin über *Am grünen Strand der Spree*. Seine Behauptung, der Fernsehfilm habe bereits 1960 den Holocaust thematisiert, stand im Widerspruch zu meinem damaligen Wissen über dieses Thema, was mich wiederum dazu bewegte, der Sache nachzugehen. Als ich ein Jahr später an das Deutsche Historische Institut Warschau (DHI) wechselte, plante ich, die Fallstudie über *Am grünen Strand der Spree* in ein umfangreicheres Projekt über die Rezeption von Geschichtsfilmen zu integrieren. Es war ein großes Glück, das Forschungsvorhaben am DHI durchführen zu können, wo es möglich war, meine Pläne flexibel umzusetzen und den Quellen zu folgen, sobald sich welche ergaben. Den Großteil des Archivmaterials konnte ich während eines Forschungsaufenthalts am Leibniz-Zentrum für Zeithistorische Forschung in Potsdam (ZZF) sichten. Die Niederschrift des Manuskripts und seine Veröffentlichung ermöglichte mir ein Stipendium der Alexander von Humboldt-Stiftung an der Johannes Gutenberg-Universität Mainz.

Am DHI unterstützten mich meine Kolleg:innen: Sabine Stach ermutigte mich dazu, die Geschichte von *Am grünen Strand der Spree* drei Mal aus drei verschiedenen Perspektiven zu erzählen; Katrin Stoll erklärte mir die Spezifik des *Holocaust by bullets*; Felix Ackermann stand mit seiner Expertise zur belarusischen Geschichte zur Seite; Andrea Huterer übersetzte die russischen Quellen ins Deutsche; Artur Koczara half mir bei der Bearbeitung der Abbildungen und der Bibliografie. Meine Kollegen an der Universität Lodz, Tomasz Załuski und Karol Jóźwiak, fanden viel Zeit für den Austausch über die materielle Basis der Erinnerungskultur. Roma Sendyka und die Mitarbeiter:innen des Krakauer Research Center for Memory Cultures zeigten mir neue Forschungsperspektiven auf den Holocaust auf. Am ZZF konnte ich mein Vorhaben anschließend u. a. mit Frank Bösch, Christoph Classen, Hanno Hochmuth, Achim Saupe, Annette Vowinckel und Irmgard Zündorf besprechen. Meine Zeit dort deckte sich mit dem Aufenthalt von Tobias Ebbrecht-Hartmann, der damals u. a. zu den medialen Repräsentationen der Beteiligung von Lett:innen am Holocaust forschte. Diese Verbindung half mir eine wichtige Lücke in meinem Projekt zu schließen. Zwar nicht im ZZF, aber immer noch in Potsdam, gab mir Helmut Peitsch wichtige Hinweise zum Kultur- und Literaturbetrieb der 1950er Jahre. Während meines Stipendiums an der Johannes Gutenberg-Universität Mainz erhielt ich großzügige

Unterstützung von Gabriele Schabacher und Alexandra Schneider. Die Gespräche im medienkulturwissenschaftlichen Kolloquium eröffneten mir neue Dimensionen der Medientheorie. Von Mainz aus gesehen war die von Astrid Erll geleitete Frankfurt Memory Studies Platform nur ‚um die Ecke'. Dort konnte ich das Konzept des ‚subkutanen Gedächtnisses' intensiv diskutieren, was letztlich dazu führte, dass ich das Manuskript in der Reihe „Media and Cultural Memory/Medien und kulturelle Erinnerung" einreichen konnte.

Im Hintergrund vieler geschichtswissenschaftlicher Arbeiten stehen Archivmitarbeiter:innen, die den Forschungsprozess mit ihrem Wissen und ihrer Kenntnis der Quellenlandschaft unterstützen – so auch in diesem Fall. Helga Neumann vom Archiv der Akademie der Künste in Berlin erschloss den Nachlass von Hans Scholz im Akkordtempo, um mir das Material rechtzeitig vorlegen zu können. Cara Grube vom Archiv des Hoffmann und Campe Verlags ermöglichte mir die Einsicht in die dort aufbewahrte Dokumentation. Jana Behrendt vom Historischen Archiv SWR in Baden-Baden stellte mir das Hörspiel und das dazugehörige Schriftgut unbürokratisch zur Verfügung. Ebenso effizient und unkompliziert war die Zusammenarbeit mit Petra Wittig-Nöthen vom Historischen Archiv WDR. Die Rekonstruktion des Ablaufs der Ghettoauflösung in Orscha wäre ohne das Engagement der Archivar:innen der Ludwigsburger Außenstelle des Bundesarchivs sowie des Staatsarchivs München nicht möglich gewesen. Einsicht in weitere Quellen ermöglichten mir die Mitarbeiter:innen des Bundesarchivs in Berlin und Freiburg, des Berliner Landesarchivs, des Deutschen Literaturarchivs Marbach, des Deutschen Tagebucharchivs Emmendingen, des United States Holocaust Memorial Museums, des FSB Archivs in Moskau sowie der Organisation Yahad-in Unum. Hinzu kam die Unterstützung zahlreicher Bibliothekar:innen der Staatsbibliothek Berlin, der Universitätsbibliothek Mainz, der Bibliothek der Universität Lodz sowie der Bibliotheken des DHI, des ZZF, des Instituts für Zeitgeschichte in München, der Deutschen Kinemathek und der Topographie des Terrors. Zum Abschluss meines Forschungsvorhabens plante ich eine Reise nach Orscha, die aufgrund der COVID 19-Pandemie sowie der angespannten politischen Lage in Belarus nicht stattfinden konnte. Den Ort erkundete für mich der belarusische Fotograf Andrei Liankevich, der nun seine Heimat verlassen musste und dem ich für seinen Mut sehr verbunden bin.

Meine Mutter, Joanna Jabłkowska, war die erste kritische Leserin des Manuskripts. Ein besonderer Dank für ihre sorgfältige Lektüre und wichtige Impulse im Hinblick auf Verbesserungen gilt den Gutachter:innen: Judith Keilbach und Wulf Kansteiner. Ebenso essenziell waren die Bemerkungen von Astrid Erll. Das Lektorat übernahmen Anna Labentz und Katharina Weisrock. Myrto Aspioti, Stella Diedrich und Ulla Schmidt vom De Gruyter Verlag waren für den reibungslosen und angenehmen Ablauf der Redaktionsarbeiten verantwortlich.

Mein Mann und meine Töchter haben mich mit sehr viel Geduld und Unterstützung durch die Forschungsarbeit und Schreibphase begleitet. Sie reisten mit mir auf den Spuren von *Am grünen Strand der Spree*, duldeten die Umzüge und den doppelten Schulwechsel, die mit den langen Forschungsaufenthalten in Deutschland verbunden waren. Selbst in Zeiten der Pandemie und des Homeschoolings sorgten sie dafür, dass ich mich zum Arbeiten zurückziehen konnte. Lieber Emil, liebe Maria und liebe Helena, ich weiß eure Teilhabe an diesem Projekt sehr zu schätzen und bin euch unendlich dankbar dafür! Maria, ich drücke die Daumen, dass es bald besser wird, und bin sehr stolz auf dich.

Warschau, im Oktober 2021

www.ingramcontent.com/pod-product-compliance
Lightning Source LLC
Chambersburg PA
CBHW031422150426
43191CB00006B/354